Early Families of Raymond Maine

Robert L. Taylor

HERITAGE BOOKS
2006

HERITAGE BOOKS
AN IMPRINT OF HERITAGE BOOKS, INC.

Books, CDs, and more—Worldwide

For our listing of thousands of titles see our website
at
www.HeritageBooks.com

Published 2006 by
HERITAGE BOOKS, INC.
Publishing Division
65 East Main Street
Westminster, Maryland 21157-5026

Copyright © 1998 Robert L. Taylor

Other books by the author:

Early Families of Limington, Maine

History of Limington, Maine

Death Notices from Freewill Baptist Publications, 1811-1851
David C. Young and Robert L. Taylor

All rights reserved. No part of this book may be reproduced or transmitted in any form or by any means, electronic or mechanical, including photocopying, recording or by any information storage and retrieval system without written permission from the author, except for the inclusion of brief quotations in a review.

International Standard Book Number: 978-0-7884-0861-5

Bob Taylor was working on this book when he died on March 12, 1996.
It is a tribute to him that this book is published.

                                                          Rose Taylor

Table of Contents

Preface

Early Families of Raymond, Maine

Preface

Raymond's town and vital records were destroyed when Mrs. Irene Crockett's home was consumed by fire in 1932. The only town book saved at the time was a large ledger, now stored at the town clerk's office, that was stored in Mrs. Crockett's porch. It is from this book that the enclosed records of births were taken, containing information not only on Raymond but also on Casco families before the two towns separated in 1841.

I have attempted to add spouses names along with other vital data to each family listed in the original book. Marriage dates when given were either obtained from Cumberland County marriage records, which can be found at the Maine Historical Society, or from old marriage records found in the old Raymond Hall by Ernest Knight. I have a transcript of those saved vital records. A few marriages were taken from old newspaper listings. Death records of individual children were also a source for information on their parents.

I have typed up what information I could find on the head of the household, with the corresponding child members.

For further material on the families given, I would suggest consulting the following sources:

Printed family genealogies on certain families, such as: Strout, Jordan, Small, Hayden, Tenney, Plummer, Verrill, Winslow, Wight, Knight, Libby, Shurtleff, Mayberry, Files, Brackett, Sawyer, Lombard, Edwards & Churchill.
Printed Maine town histories, such as History of Windham, Casco, Standish, Gorham, Otisfield, Limington, and Limerick.
Family records I gathered on the following families: Jordan, Leach, Maxfield, Cook, Staples, Brown, Longley, Mitchell, Ring, Murch, Cobb, Small, Davis, Nash, Plummer, Thurlow, Berry, Spiller, and Dingley.

It may be noted that in checking the families of Raymond and Casco, as listed in the 1850 U.S. census and other sources, some children were not included in some cases, especially in the situation where that family fell in the section of Raymond that became Casco in 1841.

My interest in the project came about while compiling the Strout family data for my work on the Early Families of Limington, Me.

Feb. 1995   Robert Taylor
                                                                         Box 115
                                                                         Danville, Me. 04223

ADAMS, Joshua b. Sept. 27, 1779, Falmouth, son of Moses & Susanna (Merrill) Adams, d. Mar. 4, 1846 ae 66 yrs., 1 mo. He m. Sept. 4, 1804 in Gray, Sabrina Skillings, daughter of Josiah & Susanna (Noyes) Skillings. He m. (2) Lydia Small of Raymond. She b. Sept. 9, 1801, daughter of Simeon & Deborah (Strout) Small of Raymond, d. Oct. 3, 1871. Children:

Caroline, b. May 10, 1806 Gray. She m. int. Dec. 10, 1825 in Gray, James Skillins of Gray.
Isaac, d.y.
Priscilla S., b. Apr. 11, 1811, d. Oct. 20, 1889. She m. John Cash Jr. of Raymond. She m. (2) Apr. 16, 1846, John A. Hodgdon both of Raymond.
Isaac, b. July 26, 1814, (see below)
Enoch Tewsbury, b. Sept. 22, 1816 Gray,
Mary Jane, b. July 17, 1819 Gray, d. Sept. 10, 1895 Garland. She m. Rev. Jonathan Cook.
Sarah S., b. July 26, 1821 Gray, d. Apr. 14, 1864 Garland, Me. She m. John Bartlett.
Sabrina, b. Feb. 17, 1833, d. Dec. 7, 1912 Raymond. She m. Peter A. Thurlow of Raymond.
Joshua Rodney, b. Mar. 2, 1835, (see below)
Francis S., b. Oct. 13, 1836, d. Jan. 7, 1904 at U.S. Veterans Home, Napa County, Ca.
Israel, b. Mar. 2, 1839, d. June 26, 1862, killed in Battle of Wilderness.

ADAMS, Isaac b. July 26, 1814 Gray, son of Joshua & Sabrina (Skillings) Adams, d. Aug. 28, 1907 ae 93 yrs., 1 mo., 2 das. Lynn, Mass. He m. Dec. 31, 1838, Lydia Bryant of Raymond. She b. Sept. 28, 1817, Raymond, daughter of William & Rebecca (Spiller) Bryant of Raymond, d. Mar. 6, 1906 ae 89 yrs., 5 mos., 9 das. Lynn, Mass. They are buried in Mt.. Auburn in Auburn. Children:

Dorothy King, b. Feb. 27, 1841, d. Oct. 29, 1917 Auburn.
William Bryant, b. Dec.19, 1842, d. Mar. 21, 1922 Auburn, Me. He m. Mar. 4, 1880, Harriet L. Caswell of Auburn.
Mary J., b. Dec. 16, 1848, d. June 11, 1919 Garland. She m. Lewellyn O. Oaks of Garland, Me.
Arvilla Belmont, b. Mar. 14, 1847, d. Dec. 2, 1936 Lynn, Mass. She m. Irvin A. Pierce of Auburn.
Annette, b. Apr. 28, 1850. She m. in 1888, Edward R. Caldwell of Brockton, Mass.
Sarah J, b. June 24, 1853, d. 1861.
Thomas Jordan, b. Oct. 9, 1855, d. Dec. 9, 1900 Auburn. He m. at Gorham, N.H., Mary A. Raynes.
Ella Ladora, b. Aug. 3, 1858, d. July 1953 Wells, Me. She m. Herbert W. Ricker.

ADAMS, Joshua Rodney b. Mar. 2, 1835, son of Joshua & Lydia (Small) Adams. He m. Nov. 10, 1861 in Casco, Mary J. Lane. She b. Nov. 11, 1835, daughter of Wentworth R. & Lavina (Jordan) Lane, d. July 5, 1898 ae 62 yrs., 7 mos., 14 das. She m. (2) William P. Woodbury. He d. Sept. 28, 1904 ae 76 yrs. Children:

Willas F., b. Nov. 27, 1865, d. Apr. 15, 1896.
Harry S., b. Dec. 30, 1867, d. Jan. 5, 1894.

ADAMS, Isaac b. 1810 Limerick, son of Abraham & Mary (Fogg) Adams of Limerick, d. May 13, 1867 ae 56 yrs., 6 mos., 26 das. North Raymond. He m. July 25, 1839 in New Gloucester, Lydia Fogg both of Raymond. She b. June 14, 1814, daughter of Silas & Charity (Hutchinson) Fogg, d. Feb. 5, 1889 North Raymond. His brother, Jacob Adams, b. Apr. 4, 1813 Limerick, d. July 22, 1840 ae 27 yrs., 3 mos., 15 das. Children:
Mary A., b. June 13, 1841
Jacob, b. June 14, 1844, d. Sept. 30, 1851 ae 7 yrs., 3 mos., 15 das.
John Q., b. June 14, 1848, d. Oct. 10, 1851 ae 3 yrs., 4 mos.
James F., d. Oct. 3, 1851 ae 1 yrs., 27 das.
John J.F., b. Jan. 31, 1854.
Sarah J., d. Oct. 11, 1861 ae 8 yrs., 4 mos., 13 das.

ALEXANDER, Alexander. Children:
Mary A., b. June 6, 1796.
Jeremiah, b. Oct. 6, 1793.
Betsey, b. May 22, 1801
George, b. May 12, 1805

ALLEN, Egnatus. Children:
Susanna, b. May 29, 1816.
Joseph, b. July 26, 1820.

ALLEN, Joseph b. July 26, 1820, son of Egnatus Allen, d. Sept. 4, 1903 ae 83 yrs., 1 mo., 9 das. Raymond. He m. Dec. 24, 1840, Elsie O. Strout of Raymond. She b. Mar. 8, 1819, daughter of Prince & Rachel (Strout) Strout of Raymond, d. Sept. 29, 1896. They lived at North Raymond. Children:
Virginia, b. June 29, 1841, d. Sept. 12, 1874. She m. William R.T. Welch.
Joseph A., b. Nov. 9, 1843, d. Feb. 12, 1902 W. Dighton, Mass. He m. Oct. 21, 1867. Julia McLellan both of Raymond.
Charles L.F., b. Nov. 6, 1846, (see below)
Christiana S., b. May 20, 1847, d. Apr. 9, 1849.
Daniel F., b. Mar. 29, 1850, d. Jan. 10, 1853.
Elijah N., b. Apr. 11, 1852, d. Sept. 11, 1853.
Sally F., b. Oct. 26, 1853, d. July 26, 1855.
Nathaniel H., b. Apr. 28, 1855, d. May 28, 1902. Washburn, Me.
Lillian, b. Feb. 27, 1857, d. July 12, 1885.
Elvena, b. Mar. 13, 1860, d. July 19, 1938 Raymond. She m. Charles F. Symonds.

ALLEN, Charles L. F. b. Nov. 6, 1846, son of Joseph & Elsie O. (Strout) Allen of Raymond, d. Dec. 15, 1930. He m. Nov. 14, 1874 Sarah J. Brown both of Raymond. She b. Aug. 18, 1856, daughter of John Nelson & Louisa (Strout) Brown of Raymond, d. Nov. 25, 1877. He m. (2) Dec. 8, 1880 in Casco, Rhoda E. Brown, sister of his first wife. She b. Oct. 18, 1863, d. Dec. 25, 1943. Children:
Sarah E., b. Apr. 28, 1881, She m. June 27, 1906, Grover Cleveland Whitney.
Anson J., b. July 16, 1889.

ALLEN, William D. m. Sally Nash of Raymond. She b. Sept. 6, 1810 daughter of Elijah & Mary (Small) Nash of Raymond, d. Jan. 14, 1850 ae 39 yrs., 3 mos., Raymond. He m. (2) Margaret Rogers, daughter of Isaac Rogers, d. Feb. 26, 1865 ae 54 yrs., 2 mos. Children:
Mary S., b. Oct. 4, 1834, d. May 17, 1836 ae 1 yrs., 7 mos., 13 das.
Mary S. 2d, b. Feb. 27, 1837.
Elijah, b. Sept. 1, 1839, d. Sept. 26, 1839 ae 4 weeks.
Elijah N., b. Aug. 25, 1840, d. Mar. 7, 1841 ae 6 yrs., 12 mos.
Hannah N., b. June 20, 1842.
Almeda D., b. Mar. 5, 1845.
Sarah J., b. Apr. 25, 1847.

AVERILL, Ethan b. Apr. 12, 1792 Greenfield, N.H. He m. Oct. 26, 1814, Mary Cook of Casco. She b. Apr. 7, 1794, daughter of Hezekiah & Sally (Whitney) Cook, d. 1850. They lived in Farmington, Raymond, Pittson and Portland. Children:
Sally, b. July 26, 1815.
Eliza A., b. May 28, 1819.
David, b. July 29, 1821.
Gerry, b. Jan. 14, 1823, lived in Cambridgeport, Mass.

BAILEY, Daniel m. Jan. 19, 1824 in Otisfield, Rebecca Jumper of Harrison, he of Raymond. Children:
Abigail, b. Dec. 11, 1824.
Phebe M., b. Dec. 25, 1826
Mary M.H., b. Apr. 13, 1828
Anna, b. July 4, 1834

BARROWS, Samuel b. about 1803 Walpole, Mass. He m. in 1823, Jane Riggs both of Bridgton. She d. July 1, 1865 ae 67 yrs. Raymond. Children:
Mary Jane, b. Dec. 31, 1824 Bridgton.
Aaron Tyng, b. Dec. 24, 1829, (see below)
Abigail Electra, b. June 20, 1832, d. Apr. 19, 1911. She m. Apr. 25, 1852, Jonas Edwards. He b. Feb. 29, 1828, d. Mar. 8, 1911 Poland.
Samuel A., b. Jan. 20, 1836.

BARROWS, Aaron Tyng b. Dec. 24, 1829, son of Samuel, d. Mar. 10, 1882. He m. Nov. 21, 1858, Matilda J. Leavitt of New Gloucester, he of Raymond. She b. Nov. 5, 1843, d. Nov. 15, 1864. He m. (2) Aug. 19, 1865, Cynthia J. Jones of Gray. She b. 1844, d. Feb. 16, 1878. Children:
William L., b. Aug. 18, 1859.
John F., b. Dec. 7, 1861.
Evangline, b. Oct. 14, 1862, m. Oct. 30, 1878 in Raymond, Albert Crockett. He b. Mar. 5, 1855, d. Aug. 25, 1924 Windham.
Seth H., b. Oct. 16, 1864, d. Jan. 22, 1864.
Lucinda, b. Feb. 11, 1867, She m. (2) June 7, 1905, Oliver D. Haskell of Windham.
Abbie J., b. Jan. 8, 1868.

Blanche, b. Dec. 29, 1870, d. Apr. 2, 1871.
G. Freddy, b. Apr. 3, 1871. He m. Mar. 20, 1898, Bertha S. Snow of Scarboro.
Locada, b. June 28, 1875, d. Mar. 8, 1847 ae 72 yrs. She m. Otis S. Brown.
Samuel H., b. Mar. 26, 1877.

BARROWS, Samuel Adolphus b. Jan. 20, 1836, Waterford, son of Samuel, d. Jan. 19, 1890. He m. Feb. 12, 1865 in Raymond, Mary H. (Jackson) Rolfe, widow of Henry Rolfe. She b. Jan. 4, 1845 Poland, daughter of Daniel & Lydia (Staples) Jackson, d. Jan. 4, 1917 ae 71 yrs., 11 mos., 17 das. Livermore Falls. Children:
Lizzie J., b. Nov. 22, 1866, d. Oct. 28, 1883.
Daniel J., b. June 23, 1867, d. May 31, 1948.
George E., b. Nov. 8, 1869, d. Dec. 20, 1949. He m. Jan. 1, 1908, Jesse Witham both of Raymond.
Esmorilda A. (Millie), b. Nov. 8, 1869. She m. Dec. 24, 1888, Frank A. Plummer.
Ella, b. May 26, 1872. She m. Dec. 12, 1896 in Gray, John O. Berry.
John H., b. Sept. 24, 1875.
Annie E., b. July 26, 1876, d. May 15, 1905. She m. (2) Apr. 28, 1903, Almer Thurlow.
Lettie E., b. Nov. 22, 1880, d. Oct. 2, 1972 Wilton, Me. She m. May 14, 1899, James F. McDonald of Gray. She m. (2) Oct. 13, 1906, Albert Tufts of Wilton.
Lizzie J., b. Oct. 28, 1883.
Flossie Lena, b. May 11, 1886.

BARTLETT, Stephen b. Mar. 6, 1819 Portland, son of Stephen & Mary (Knight) Bartlett, d. Aug. 2, 1887 ae 69 yrs., 8 mos. He m. Mar. 6, 1841, Deborah Strout of Raymond. She b. Jan. 31, 1823, daughter of Elias & Rhoda (Strout) Strout of Raymond, d. Oct. 21, 1892 Raymond. His mother, Mrs. Mary Bartlett, b. about 1783, living in 1850 Raymond. Children:
Elias S., b. Feb. 22, 1843, (see below)
William K., b. Nov. 17, 1844, d. May 31, 1863 ae 18 yrs., 6 mos., Chanilly, Va.
Eliza Jane, b. Apr. 30, 1847, d. Oct. 23, 1934, m. Nehemiah Strout.
Edward L., b. Raymond, d. Nov. 7, 1927 ae 78 yrs. Jay. He m. Jan. 16, 1869, Minnie A. Cobb of Raymond, buried Canton Point Cemetery in Canton.
Elizabeth M., b. Mar. 3, 1850, d. Apr. 6, 1852 ae 14 yrs., 6 mos.
John S., b. Oct. 13, 1853, (see below)
Evalina Cleaves, b. Nov. 26, 1855, d. Sept. 11, 1936. She m. June 20, 1876 in Raymond, Fairfield Grant. She m. (2) July 3, 1883, Edward H? Hall of Raymond.
Philip, b. Oct. 19, 1857, (see below)
Warren S., b. May 10, 1860, d. Dec. 22, 1925. He m. Sept. 3, 1890, Hattie A.
Alonzo D., b. Sept. 30, 1863, (see below) Strout.
Mary Ann, b. Mar. 23, 1865, d. June 23, 1965. She m. Mar. 23, 1884 in Casco, Warren C. Strout of Raymond.

BARTLETT, Elias Strout b. Feb. 22, 1843 Raymond, son of Stephen & Deborah (Strout) Bartlett, d. Jan. 18, 1914 ae 70 yrs., 10 mos., 25 das. He m. Oct. 9, 1868 in Standish, Adelaide Josephine Edwards of Standish, he of Raymond. She b. 1850, d. 1925. Children:

Mabel, b. July 15, 1873, m. Sept. 22, 1889, Charles E. Strout.
Frank, b. Apr. 21, 1880, d. June 22, 1946. He m. Dec. 23, 1899, Nellie
George Elias, b. Feb. 7, 1884, d. Nov. 24, 1937.

BARTLETT, John S. b. Oct. 3, 1853, son of Stephen & Deborah (Strout) Bartlett, d. Sept. 14, 1925 ae 71 yrs. He m. July 4, 1875 in Casco, Margaret McLellan. She b. Oct. 1, 1857, dau. of William & Margaret K. (Edwards) McLellan. Children:
Lizzie, b. Feb. 12, 1878.
Blanche E., b. May 30, 1879, d. Jan. 22, 1880.
Charles A., b. Sept. 20, 1889.

BARTLETT, Philip b. Oct. 19, 1857, son of Stephen & Deborah (Strout) Bartlett, d. Mar. 28, 1905 ae 65 yrs. He m. June 15, 1878 in Raymond, Minerva D. Rolfe both of Raymond. She b. Sept. 19, 1859, daughter of James & Caroline O. (Jordan) Rolfe, d. Jan. 12, 1925. Children:
William K., b. Mar. 25, 1879
Bertrice, b. Dec. 26, 1880, d. Oct. 19, 1881.

BARTLETT, Alonzo D. b. Sept. 30, 1862, son of Stephen & Deborah (Strout) Bartlett, d. May 21, 1918. He m. Apr. 13, 1884 in Raymond, Lizzie Dora Strout both of Raymond. She b. Dec. 29, 1868, d. July 27, 1899 Mechanic Falls. Children:
Eugene C., b. Feb. 20, 1885
Cessia L., b. Feb. 18, 1888.
Flossie,

BARTON, Isaac b. Apr. 28, 1756 Falmouth, son of Penual & Mary (Burnell) Barton, d. May 18, 1814 ae 58 yrs. He m. Jan. 12, 1781, Hepsibah Davis both of Raymond. She b. Sept. 5, 1761 Scarboro, daughter of John & Mary (Elder) Davis, d. Jan. 20, 1817 ae 56 yrs. Raymond. He was a Revolutionary soldier. Children:
Mary, b. July 13, 1783, m. Dec. 1803, Henry Jackson. He d. Apr. 27, 1853 ae 72 yrs. Naples.
Robert B., b. Oct. 19, 1784, d. Feb. 8, 1801.
Dorcas, b. Aug. 1, 1786, d. Jan. 13, 1874, m. Aug. 16, 1841 in Otisfield, George Small both of Raymond.
Ebenezer, b. Sept. 19, 1788.
William, b. Sept. 9, 1790, d. Nov. 8, 1837, m. Dec. 15, 1815 in Poland, Nancy Emery of Poland, he of Raymond.
Hepzibah, b. May 13, 1792, d. Oct. 15, 1820 ae 28 yrs., unm.
Isaac, b. June 1, 1795, (see below)
John, b. Sept. 3, 1797, (see below)
Jennie, b. June 26, 1799.
Daniel b. June 29, 1801, (see below)

BARTON, Isaac b. June 1, 1795, son of Isaac, d. Mar. 17, 1872 ae 76 yrs. Poland. He m. May 5, 1817, Hannah Emery of Poland. She b. Mar. 1, 1797 New Gloucester, daughter of Mark & Anna (Maguire) Emery, d. Nov. 20, 1891 ae 95 yrs., 8 mos., 19 das. (For other children, see Emery Gen. p. 425) Children:
Isaac, b. Nov. 4, 1818. He m. May 4, 1840, Rebecca Trites of New Brunswick.

Albion, b. Mar. 25, 1821, d. June 15, 1863.
William, b. Apr. 22, 1823. He m. Maria Colburn of Paris, Me.
Anna, b. Jan. 28. 1825, d. Sept. 2, 1892 Poland. She m. James Mitchell.

BARTON, John b. Sept. 3, 1797, son of Isaac, d. May 8, 1851 ae 51 yrs., 6 mos. He m. Elizabeth Mayberry. She b. July 24, 1797, daughter of Richard & Mary (Jordan) Mayberry of Casco, d. Mar. 6, 1849 ae 51 yrs., 8 mos. He m. (2) Sept. 27, 1849. Elsey (Strout) Brown, She b. Feb. 1807, daughter of Jesse & Elsey (Strout) Brown, d. Oct. 3, 1871 ae 64 yrs., 8 mos. She m.(2) int. June 15, 1852 in Poland, Amos Estes both of Poland. He d. Jan. 11, 1870 ae 69 yrs., 2 mos., 17 das. Children:
Miranda, b. Feb. 9, 1825, d. Sept. 26, 1851. She m. Nov. 1843, James Strout of Raymond.
Elizabeth Ann, b. Aug. 6, 1827, d. May 15, 1864.
Mary, b. July 13, 1830, d. Aug. 31, 1835 ae 5 yrs.
Octavia M., b. Aug. 8, 1833.

BARTON, Daniel b. June 29, 1801, son of Isaac & Hepsibah (Davis) Barton, d. Apr. 28, 1883 ae 81 yrs., 10 mos. He m. Jan. 14, 1823, Elizabeth Spiller of Raymond. She b. May 18, 1802, daughter of John & Elizabeth (Day) Spiller, d. Nov. 10, 1876 ae 74 yrs. Children:
Rebecca, b. June 17, 1824, d. Sept. 15, 1859 ae 35 yrs., 3 mos. She m. Thomas Grace.
Randal, b. Dec. 20, 1826, d. Apr. 12, 1866, m. Mar. 11, 1857, Hannah M. Tripp
Elizabeth, b. Oct. 4, 1832, d. Jan. 25, 1852 ae 20 yrs., 3 mos.
Daniel, b. Mar. 15, 1836, d. Mar. 5, 1854 ae 17 yrs., 11 mos., 20 das.
Hilantha E., b. Aug. 6, 1839, d. Apr. 7, 1859 ae 19 yrs., 8 mos.

BARTON, Jacob d. Feb. 8, 1858 ae 80 yrs., 10 mos. He m. Apr. 28, 1799 in Windham, Annie Cook both of Windham. She daughter of Daniel & Annie (Varney) Cook. He m. (2) int. Apr. 22, 1803, Mrs. Hannah Staples of Thompson Pond. She d. Aug. 15, 1856 ae 70 yrs. Her mother, widow Staples, d. Mar. 12, 1834 at Jacob Bartons. They settled in the Shadigee section of Casco. Children:
Annie, b. Feb. 8, 1800, d. Feb. 23, 1876 ae 75 yrs., 15 das. She m. Daniel Fickett of Casco.
Jeremiah, b. about 1808, (see below)
Ebenezer, b. 1812 (see below)
William, b. 1815, (see below)
Elliot, d. Mar. 6, 1898 ae 78 yrs., 1 mo., 2 das. Raymond.

BARTON, Jeremiah b. about 1808, son of Jacob, living in 1850 ae 42 yrs. Naples. He m. Feb. 22, 1830, Sarah Mitchell of Windham, he of Raymond. Children:
Edward, b. Jan. 1, 1838
Phebe, b. Mar. 2, 1833
Charles, b. Nov. 2, 1835, He m. Carline F. Jordan.
Eliza, b. Nov. 29, 1837. She m. John Putnam Martin.
Hannah, b. Dec. 21, 1839. She m. Charles Martin.

BARTON, Ebenezer b. 1812, son of Jacob, . Mar. 1894. He m. Oct. 9, of 1836, Mary J. Cook both of Raymond. She b Mar 22 1816, daughter of Richard & Mary (Mayberry) Cook, d. Mar. 21, 1879. Child:
Edwin A., b. Sept. 21, 1837. He m. Mary Ann Pinkham.

BARTON, William b. about 1811, son of Jacob, d. Nov 20, 1992. He m. int. Oct. 26, 1834 in Otisfield, Sally Shedd of Otisfield. Child:
Hester A.P., b. Jan. 1, 1837

BATCHELDER, Benjamin (Mrs. Jonathan Bachelder d. May 1834 ae 73 yrs Raymond.) Children:
Daniel & James, b. Jan. 8, 1837, d. Jan. 23, 1837.
Alonzo F., b. Dec. 16, 1837.
Hannah, b. Jan. 9, 1840.

BATTY, John b. May 11, 1809 England, d. Nov. 17, 1873 ae 64 yrs., 6 mos., 6 das. He m. Phebe A. Pinkham. She b. Apr. 22, 1814, daughter of Edmund & Miriam (Gould) Pinkham, d. Jan. 23, 1903 ae 88 yrs., 5 mos., 3 das. Children:
Lydia Ann, b. June 3, 1836, d. Mar. 21, 1910. She m. June 24, 1854 Timothy J. Peasley.
Joseph, b. Feb. 25, 1839, d. Feb. 28, 1911.
Rhoda, b. July 10, 1844, d. Oct. 17, 1902.
Elizabeth Mary, b. Dec. 4, 1849, d. 1931. She m. June 7, 1883, Charles W. Winters.
John Walter, b. June 7, 1858, d. Feb. 21, 1940.

BERRY, Timothy b. about 1798, son of Moses & Lydia (Strout) Berry, d. July 21, 1822 Raymond. His parents were formerly of Limington where they married on Mar. 23, 1793. Moses Berry and his family came to Raymond in 1800. In 1803 they moved to Scarboro where they lived before finally moving to Poland. Timothy m. Sarah Davis of Raymond. She b. 1782/3, daughter of Gideon & Abigail (McKenney) Davis of Raymond. She was living with her son, Jeremiah in 1850, age 65 and in 1860 was with her son Gideon and reported age was then 77 years. Children:
Abigail, b. June 2, 1820.
Jeremiah, b. June 15, 1824, (see below)
John, b. June 15, 1826.
Gideon, b. June 28, 1828, (see below)

BERRY, Jeremiah b. June 15, 1824, son of Timothy, d. Jan. 4, 1863. He m. July 16, 1848, Lydia Meriam Small of Raymond. She b. Mar. 31, 1831, daughter of Levi & Jane (Leavitt) Small, d. May 18, 1905. She m. (2) July 16, 1875, William Bean of Limington. Children:
John, b. Nov. 25, 1849. He m. Sarah L. Rolfe. She b. 1854, d. 1871. He m. (2) July 18, 1872, Mary S. Strout of Harrison.
Sarah R., b. Mar. 20, 1851, d. July 8, 1857.
Freeman, b. Nov. 5, 1853, d. Jan. 7, 1887 Webb's Mills, Casco.
Albert, b. Mar. 13, 1856, d. Aug. 5, 1856.

Albert, b. Aug. 13, 1858, d. Dec. 19, 1858.
Nellie, b. Apr. 6, 1859, d. 1936 Raymond. She m. Mar. 6, 1880 in Raymond, Samuel Colby Jordan of Raymond.
Jennie, b. Oct. 5, 1860.
Jeremiah, b. Oct. 31, 1862, d. Mar. 1, 1864.

BERRY, Gideon b. June 28, 1828 Casco, son of Timothy & Sarah (Davis) Berry, d. July 11, 1891 Raymond. He m. Dorcas Rolfe. She b. Oct. 23, 1831, daughter of William & Sally (Jordan) Rolfe, d. 1913. Children:
Elizabeth, b. Mar. 13, 1850, d. Apr. 29, 1878.
Ann M., b. Apr. 4, 1851, d. Sept. 3, 1931 ae 79 yrs., 4 mos., 29 das. Westbrook.
Mary S., b. June 17, 1853. She m. Charles M. Brown.
Esther S., b. Dec. 17, 1856, d. 1956. She m. John B. Rand.
Ellen, known as Nellie, b. Apr. 6, 1859, d. 1936. She m. Mar. 6, 1880 in Raymond, Samuel Colby Jordan. He b. Nov. 3, 1853, d. Feb. 18, 1941.
John O., b. July 8, 1861, (see below)
Jeremiah, b. Sept. 1, 1861, d. 1945.
Addie E., b. Feb. 27, 1867, d. Oct. 18, 1873.
Herbert Milton, b. Mar. 16, 1869, d. Oct. 25, 1947.
Charles, b. Nov. 14, 1871, He m. Dec. 8, 1894, Lizzie M. Winslow.
Franklin G., b. Mar. 2, 1876, d. July 12, 1927.

BERRY, John 0. b. July 8, 1861, son of Gideon, d. 1940. He m. Apr. 30, 1885 in Raymond, Hattie Welch of Casco, he of Raymond. She b. 1867, d. 1890. He m. (2) Mar. 12, 1892 in Casco, Mary S. Welch. She b. Nov. 7, 1861, daughter of Sewall & Abigail (Libby) Welch, d. 1894. He m. (3) Dec. 5, 1896 in Gray, Grace E. Barrows of Raymond. She b. Oct. 3, 1873, daughter of Samuel A. & Mary (Jackson) Barrows. Children:
Henry Clifford, b. June 3, 1887.
Everett J., b. Feb. 2, 1890. He m. Nov. 7, 1908, Lucy E. Edwards.

BERRY, Abraham Strout b. Sept. 10, 1801 Raymond, son of Moses & Lydia (Strout) Berry, d. Jan. 21, 1869 ae 67 yrs., 4 mos., 11 das. Poland, He m. Sarah Strout. She b. about 1800, daughter of John & Rebecca (Strout) Strout, living in 1850 New Gloucester. He is buried at West Poland. He had another brother, besides Timothy, named Moses Jr., baptized Nov. 6, 1796 Limington, who m. int. Sept. 28, 1822, Sally Tripp of Poland, he of Raymond. Children of Abraham & Sarah:
Almira, b. Nov. 9, 1823, d. Dec. 9, 1823.
Jonathan, b. Feb. 26, 1825, d. Apr. 27, 1895. He m. Aug. 24, 1848 in New Gloucester, Rebecca Strout both of Poland.
George W., b. Oct. 26, 1828, (see below)
Timothy, b. Apr. 20, 1832, d. Nov. 11, 1920 New Gloucester. He m. Apr. 13, 1854 in Poland, Angelia Thurlow of New Gloucester. He m. (2) Nov. 19, 1861, Mary Jane Farwell of Raymond, he of Poland.

BERRY, George Washington b. Oct. 26, 1828, son of Abraham, d. July 18, 1865 in Georgia. He m. Apr. 25, 1849, Clarissa Strout both of Poland. She b. May 31, 1838

New Gloucester, daughter of John & Clarissa (Tripp)(Elwell) Strout of Raymond, d. Oct. 14, 1910 Portland. He was a member of Co. H., 14th. Me. Reg't. Children:
Rosina J., b. Mar. 24, 1851, d. Apr. 30, 1894 New Gloucester. She m. David Gilman Tripp.
Roxalana, b. Sept. 12, 1854. She m. May 27, 1875 in Gray, Levi Jones.
George Freeman, b. Sept. 10, 1856, d. May 27, 1931 Gray
Rebecca, b. Apr. 6, 1861, d. Nov. 15, 1908 ae 47 yrs., 7 mos., 9 das
Cora E., b. Mar. 29, 1864.
Sarah Frances, b. June 3, 1867, d. Mar. 19, 1952. She m. (3) Perley Cox
Dexter R., d. Nov. 15, 1909 ae 47 yrs., 7 mos., 9 das. New Gloucester

BOLTON, Samuel b. Jan. 29, 1791, d. Apr. 17, 1845 ae 54yrs., 4 mos. He was born in Windham or Standish, according to two of his children's death records. He m. Oct. 13, 1817 in Gorham, Mary Silla of Gorham, he of Windham. She b. Oct. 4, 1794, daughter of John & Mary (Murch) Silla of Gorham, d. Jan. 19, 1856 ae 62 yrs. Raymond. She m. (2) Gideon Plummer of Raymond. He d. Apr. 2, 1870 ae 87 yrs. Raymond. Children:
Jane, b. Jan. 22, 1819, m. Nov. 15, 1840, Beni Jordan of Raymond. She m. (2) Mar. 23, 1846, William Jordan, his brother.
William, b. Oct. 3, 1820, d. May 19, 1838 ae 17 yrs.
Martha A., b. Dec. 13, 1822, d. Oct. 13, 1903 ae 85 yrs. Naples (Mrs. Lewis)
Charles, b. Mar. 4, 1825, d. June 16, 1840 ae 15 yrs.
Rebecca, b. June 13, 1827.
Lydia A., b. Aug. 13, 1829, d. Sept. 5, 1865 ae 36 yrs.
John, b. _ 1831.
Samuel A., b. Oct. 18, 1833.
Mary P., b. Jan. 25, 1836, d. Sept. 5, 1865.
William 2nd, b. Oct. 12, 1838.

BOLTON, James d. Jan. 8, 1835. his child- Freedom, b. Jan. 4, 1832.

BRACKETT, Joseph b. Nov. 10, 1785 Limington, d. Aug. 1855 Casco. He m. Feb. 8, 1810, Lydia Pugsley of Cornish. He m. (2) Sept. 25, 1853 in Casco, Mrs. Sally (Gammon) Jackson both of Casco. She was the widow of Henry Jackson. His widow, Sally Brackett, aged 80, was living in Naples when she applied for her husband's pension for service in the War of 1812. Children:
Lydia, b. June 217, 1810, d. Oct. 1859. She m. Apr. 23, 1837 in Otisfield, Benjamin Jones both of Raymond.
Esther C., b. Oct. 26, 1811. She m. Stephen Caldwell.
Lorana, b. July 11, 1813, d. Sept. 14, 1832 ae 21 yrs., 3 mos.
Joshua, b. May 26, 1815, (see below)
Robert, b. Aug. 9, 1817, (see below)
Joseph, b. Sept. 26, 1819, d. 1896/7. He m Sarah H. Jackson.
Thomas, b. May 9, 1821, d. July 26, 1881.
Samuel, b. Apr. 19, 1823. He m. int. Sept. 10, 1853, Sarah Jackson.
Martha M., b. May 10, 1825. She m. Charles Mayberry.
Benjamin, b. Nov. 22, 1827, d. Sept. 28, 1849 ae 21 yrs., 10 mos. Casco.
Mary, b. June 5, 1830, d. Mar. 19, 1899. She m. William Hamlin.

John, b. Nov. 30, 1830.

BRACKETT, Joshua b. May 26, 1815, son of Joseph, d. Feb. 21, 1899 ae 84 yrs., 8 mos., 25 das. Portland. He m. Sally Strout of Casco. She b. May 15, 1807, daughter of Samuel & Jerusha (Emery) Strout, d. July 2, 1838 Sweden, Me. He m. (2) Dec. 29, 1840 in Bridgton, Caroline Wight of Naples, he of Raymond. She d. May 24, 1900 ae 88 yrs., 1 mo. Westbrook. Children:
Jefferson B., b. Mar. 6, 1833, d. Sept. 18, 1901.
Madison B., b. Mar. 6, 1833, (twin)

BRACKETT, Robert b. Aug. 17, 1817, son of Joseph, d. July 29, 1895. He m. Apr. 14, 1839, Mary G. Gammon. She b. Aug. 31, 1818, daughter of John & Sarah (Cook) Gammon, d. June 27, 1881 ae 63 yrs., 2 mos. Naples. Children:
Charles Edward, b. Oct. 19, 1839, d. June 7, 1911 Naples.
Martha A., b. Oct. 19, 1839, (twin) She m. Richard C. Gay of Casco.
Mary Jane, b. May 5, 1847 She m. Lyman W. Holden.
Robert, b. 1849. He m. Hattie Cook.
John G., b. 1852. He m. July 28, 1874, Hannah Ella Edwards.
Augusta Anna, b. June 20, 1854 Naples.
Frank, b. 1859, d. July 1, 1866 ae 7 yrs., 2 mos.

BRACKETT, Chipman b. Aug. 21, 1808 Westbrook, son of Capt. John & Polly (Warren) Brackett of Harrison, d. Apr. 28, 1881. He m. Dec. 9, 1831, Amanda Wight, he of Harrison. She b. Sept. 11, 1807. Child:
Cyrus Hilliard, b. Oct. 15, 1834.

BRACKETT, Levi b. Nov. 27, 1813 Falmouth, son of John & Fanny (Cobb) Brackett. He m. Dec. 25, 1852 in Brownfield, Nancy Jane Cram.

BRAGDON, William b. Dec. 30, 1791 Limington, d. July 18, 1879 He m. Nov. 15, 1818, Hannah Bryant both of Limington. She b. Sept. 1, 1800 Saco, d. Apr. 14, 1859 Limington. Children:
John, b. Mar. 28, 1823.
Louisa, b. June 2, 1826
Freeman, b. Aug. 3, 1829
Sally, b. Apr. 15, 1825, d. Sept. 15, 1827.

BRAZIER, Harrison. Children:
Abbie F., b. May 12, 1857
John, b. July 7, 1860

BRIDGHAM, Levi b. May 1, 1784 Marlboro, Mass., d. Dec. 8, 1818 ae 34 yrs. He m. int. Nov. 1, 1806 in Westboro, Mass., Martha Belknap. She b. Mar. 21, 1784 Westboro, Mass., d. Oct. 1815. Children:
Catherine B., b. Feb. 1, 1807 Westboro, Mass.
Esther B., b. Nov. 7, 1810, d. Oct. 1805.
Judith, b. Nov. 7, 1811, d. Dec. 30, 1811.
Levi, b. Nov. 17, 1812, d. Oct. 1815.

Otis, b. July 11, 1815, d. Oct. 1815.

BROWN, John b. Oct. 3, 1783 Raymond, son of Andrew & Rachel (Small) Brown, d. Dec. 10, 1875 ae 92 yrs. Deering. He m. May 31, 1807 in Windham, Relief Kemp of Gorham, he of Gray. She was born in Groton, Mass., daughter of Ebenezer Kemp of Windham. He m. (2) Thankful Nash of Raymond. She b. Mar. 26, 1793, daughter of Elijah & Mary (Small) Nash of Raymond. She d. June 16, 1855 ae 62 yrs. He moved to Windham in 1835. His father, Andrew Brown came from Scarboro in 1788 and settled on the western shore of Little Sebago Pond, near Indian Island. Andrew's farm was on the edge of Gray, but all associations were with Raymond. He was permitted to pay his taxes in Raymond, and had all the benefit of citizenship there. Andrew Brown, d. May 2, 1838 ae 84 yrs., 3 mos. Gray. His wife, Rachel (Small) Small, b. Nov. 17, 1759 Scarboro, d. Feb. 22, 1845 ae 85 yrs., 5 mos. Gray. They had 7 daughters and 5 sons. Children of John Brown:
Elijah, b. Jan. 7, 1808.
Relief, b. Sept. 8, 1809, d. Mar. 5, 1835.
John, b. Feb. 26, 1813.
Edward, b. Feb. 19, 1815.
Levi S., b. May 27, 1819.
Otis, b. Feb. 1, 1821.
Eleanor, b. July 26, 1823.
Darius, b. Mar. 9, 1828.
Mary, b. July 7, 1834.

BROWN, Joshua Jr., b. May 8, 1785 Gray, son of Andrew & Rachel (Small) Brown. He m. Dorcas Jordan of Raymond. She b. Feb. 22, 1791, daughter of Roger & Peggy (Crisp) Jordan of Raymond, d. Mar. 12, 1849 ae 58 yrs. Raymond. She m. (2) in 1823, Levi Jordan both of Raymond. He b. May 2, 1797, d. Jan. 14, 1867 Raymond. Children:
Serena, b. Jan. 16, 1812, d. Aug. 18, 1816.
Sally, b. Dec. 3, 1813.
Jordan, b. Apr. 22, 1816, (see below)
Annie, b. Apr. 25, 1818, drowned May 27, 1830 in Rattlesnake Pond.
Mark, b. Sept. 29, 1820, (see below)

BROWN, Jordan b. Apr. 22, 1816, son of Joshua, d. Feb. 3, 1894. He m. Hannah Plummer of Raymond. She b. May 8, 1820, daughter of William & Hannah (Plummer) Plummer, d. 1893. They are buried at Cumberland Center. Children:
Alvah B., b. Jan. 10, 1839, d. Aug. 19, 1927 Portland.
Almon L., b. Mar. 18, 1841, (see below)
Sarah F., b. July 30, 1842, d. Apr. 30, 1843
Mark B., b. Mar. 5, 1850, d. June 14, 1870 ae 20 yrs., 3 mos.
Ann M., b. Mar. 25, 1852, d. 1882. She m. George C. Felt.
Robert G., b. June 20, 1855, d. Oct. 6, 1935 ae 80 yrs., 3 mos.
Dora C., b. Apr. 8, 1858.
William P., b. Sept. 15, 1862. d. Sept. 1, 1915 ae 52 yrs. Cumberland, Me.

BROWN, Almond L. b. Mar. 18, 1841, son of Jordan. He m. Apr. 7, 1865 in Raymond, Rhoda J. Symonds of Raymond. She b. July 4, 1844, daughter of John J. & Jane (Strout) Symonds of Raymond, she living in 1913 Caribou, Me. Children: Emma J., b. Aug. 11, 1866.
John D., b. Dec. 31, 1867.
Ina L., b. June 5, 1870.

BROWN, Mark b. Sept. 29, 1820. son of Joshua, d. Aug. 4, 1849 Raymond. He m. Feb. 12, 1845 in Raymond, Elizabeth M. Nash both of Raymond. She b. Jan. 23, 1823, daughter of John & Hannah (Moses) Nash of Raymond, d. June 21, 1866 ae 42 yrs., 11 mos. His widow m. (2) ___ Thurlow and m. (3) Jan. 22, 1865 in Raymond, Noah Ricker of Raymond.
Children:
Joshua E., b. Oct. 12, 1845, d. Apr. 3, 1846 ae 5 mos., 21 das.
Joshua I., b. Feb. 3, 1848.
Hannah W., b. Dec. 3, 1849, d. Nov. 5, 1870 ae 20 yrs., 11 mos.

BROWN, Andrew b. Aug. 28, 1799, son of Andrew & Rachel (Small) Brown, d. Mar. 29, 1883 ae 83 yrs., 7 mos. Raymond. He m. Oct. 27, 1822 in Gray, Sally Russ of Raymond, he of Gray. She b. Nov. 6, 1802 Strong, Me., d. Apr. 1, 1884 ae 81 yrs., 4 mos. Raymond. They live in Gray, just on the line with Raymond.
Children:
Margaret, b. Dec. 21, 1823, d. Aug. 17, 1864.
Harriet, b. Dec. 23, 1825, d. Apr. 9, 1831 ae 5 yrs., 3 mos.
Eliza N., b. Jan. 13, 1828, d. June 8, 1901. She m. Nov. 26, 1848, William P. Hayden.
Elias, b. Dec. 10, 1830, d. Mar. 20, 1833 ae 3 yrs., 3 mos.
Ira M., b. Apr. 14, 1832, (see below)
Oliver, b. Aug. 12, 1834. He m. Feb. 7, 1863, Hannah M. Jordan of Raymond. She d. Mar. 24, 1866 ae 25 yrs., 8 mos., 24 das. He m. (2) Sept. 17, 1869, Mary E.M. Watson of Gray.
Hattie J., b. Oct. 1, 1836, d. Sept. 7, 1914. She m. Thomas Morton.
Alvan, b. Mar. 20, 1829, (see below)
Elias, b. Nov. 26, 1841, d. Jan. 7, 1863 ae 21 yrs., 1 mo., 11 das.
Emma, b. May 6, 1845, d. July 25, 1924. She m. Oct. 2, 1864, Daniel H. Chipman of Raymond.
Nellie A., b. June 20, 1848. She m. Nov. 11, 1877 in Windham, Thomas Jackson Brown of Raymond.

BROWN, Ira M. b. Apr. 14, 1832 Gray, son of Andrew, d. Mar. 8, 1911 ae 78 yrs., 11 mos., 24 das. Windham. He m. Nov. 26, 1863 in Raymond, Emma K. Kelly. She d. Aug. 5, 1893 ae 45 yrs. He also once had a wife, Sarah L. Benson. Children:
Charles E., b. Oct. 19, 1864, in 1904 of Los Angeles, Ca.
Willard P., b. Dec. 5, 1866, d. Mar. 31, 1901, m. Mar. 11, 1895 Lizzie L. Love.
Lillian A., b. Nov. 28, 1869, d. Apr. 22, 1872 ae 2 yrs., 7 mos
Dora E., b. Oct. 9, 1871, m. Feb. 6, 1894, Hugh P. Morrill.

BROWN, Alvin b. Mar. 20, 1839, son of Andrew, d. Sept. 29, 1911 ae 72 yrs., 6 mos., 9 das. New Gloucester. He m. Dec. 25, 1861, in Gray, Sarah Frances Jordan of Raymond, he of Gray. She b. Dec. 29, 1842, daughter of Lemuel & Amanda (Strout) Jordan, d. Aug. 18, 1911 New Gloucester. Children:
Perley E., b. Feb. 3, 1865, d. 1886.
Gertrude L., b. June 4, 1866, in 1911 of Melrose, MA.
Leon E., b. Nov. 1, 1868.

BROWN, Simon b. Apr. 8, 1782, son of Joshua & Esther (Dam) Brown of Raymond, d. May 18, 1853 ae 77 yrs. He m. int. May 9, 1811, Polly Stanton of Poland, he of Raymond. She b. Mar. 30, 1787, daughter of Paul & Joanna (Ricker) Stanton, (Wentworth Gen.), d. Feb. 12, 1857 ae 70 yrs. Raymond. His father, Joshua Brown, b. Sept. 15, 1747, d. Dec. 25, 1825 ae 78 yrs., and his wife, Esther, b. June 23, 1757, d. Apr. 10, 1832 ae 75 yrs. They moved to Raymond in 1779. Children:
William, b. Apr. 25, 1812, d. May 25, 1867 ae 55 yrs., 1 mo. He m. in 1836, Esther Fickett of Casco.
Sewall, b. Feb.- 18, 1814, (see below)
Ira, b. June 20, 1816, d. Apr. 14, 1831 ae 15 yrs.
Benjamin S., b. Mar. 18, 1818, (see below)
Thomas J., b. Oct. 20, 1820, d. Jan. 19, 1894 ae 73 yrs., 3 mos. He m. Nov. 28, 1867, Myra Chute of Casco.
Freeman, b. Oct. 21, 1823, (see below)
Alfred, b. May 5, 1827, (see below)
Ira 2nd, b. Sept. 15, 1835, (see below)

BROWN, Sewall b. Feb. 18, 1814, son of Simon, d. Aug. 27, 1874 ae 60 yrs., 7 mos., 25 das. He m. Feb. 3, 1841, Charlotte Plummer both of Raymond. She b. Aug. 27, 1817, daughter of Jesse & Mary (Marwick) Plummer of Raymond, d. Feb. 11, 1849 ae 31 yrs. He m. (2) Ann (Morrill) Poole, widow of Asa Poole. She b. Sept. 6, 1825, daughter of William & Margaret (Knight) Morrill of Raymond, d. June 22, 1896 ae 70 yrs., 9 mos., 16 das. Raymond. She m. (3) Jordan Plummer of Raymond. He d. Jan. 4, 1888 ae 68 yrs. No. Raymond. Children:
Mary, b. Apr. 17, 1842. She m. Matthew C. Morrill of Raymond.
Addie J., b. Aug. 1846, d. Dec. 24, 1927. She m. June 17, 1885, Erastrus Augustus Plummer of Raymond.
Asa P., by second wife, b. Oct. 22, 1858. He m. Freda Hawkes.
Charlotte P., b. June 4, 1864, d. Mar. 4, 1926 New Gloucester. She m. Frank M. Hawkes.

BROWN, Benjamin S. b. Mar. 18, 1818, son of Simon, d. Feb. 11, 1892 ae 73 yrs., 1 mo., 13 das. He m. Sept. 10, 1843, Mary Mains of Raymond. She b. Jan. 26, 1826, daughter of Benjamin & Mary (Knight) Mains, d. Nov. 7, 1910 ae 84 yrs., 9 mos., 11 das. Raymond. Children:
Clarinda, b. Mar. 24, 1844. He m. Feb. 5, 1861, George Frederick Jordan of Casco.
George W., b. Feb. 16, 1846, d. Aug. 20, 1906. He m. June 2, 1872, Abbie Ella Davis of Raymond.
Ann Maria, b. June 3, 1848. She m. Sept. 16, 1867, Henry Graffam.

Charles, b. Feb. 15, 1853, (see below)
Abbie Susan, b. Feb. 8, 1856. She m. Mr. Thurston.
Samuel B., b. Jan. 3, 1863, (see below)

BROWN, Charles M. b. Feb. 15, 1853, son of Benjamin S., d. May 12, 1898 ae 44 yrs., 7 mos., 18 das. He m. Mary Elizabeth Berry of Raymond. She b. June 17, 1853, daughter of Gideon & Dorcas (Rolfe) Berry. Children:
Arthur T., b. Feb. 9, 1879, m. Nov. 27, 1902, Fannie J. Mayberry.
Susie E., b. Oct. 2, 1882, d. Apr. 4, 1894.
Bernice W., b. Feb. 18, 1883.
Addie E., b. June 21, 1887. She m. Nov. 29, 1902, Frank D. Moore. She m. (2) Sept. 21, 1906, Winfield S. Rolfe of Raymond. She m. (3) Sept. 17, 1910, Bertie T. Rolfe of Raymond.

BROWN, Samuel Boothby b. Jan. 3, 1862, son of Benjamin S., d. Jan. 22, 1944 ae 81 yrs. Raymond. He m. Nellie B. Martin of Naples. She b. Jan. 3, 1862 Naples, d. Jan. 22, 1944 ae 41 yrs. Raymond. Children:
Sumner Jordan, b. Jan. 12, 1886. He m. Sept. 5, 1908, Annie G. Foster.
Percie Dingley, b. Feb. 5, 1888. She m. May 13, 1905, Alfred H. Strout.
Leland Stanford, b. Dec. 11, 1890, living in 1918 Cumberland, Me.
Ella E., b. Sept. 6, 1892, d. Oct. 21, 1918 Portland. She m. Sept. 12, 1908, Ernest C. Hall.
Clementine Stanton, b. May 15, 1898. She m. an Edwards.
Warren Stanley, b. Dec. 24, 1900.
Jennie Latham, b. June 9, 1895. She m. Aug. 13, 1910, Horace E. Files.
Loring Mains, b. Dec. 3, 1902.
Lillian Agnes, b. Apr. 10, 1908.

BROWN, Freeman b. Oct. 21, 1823, son of Simon. He m. Jan. 5, 1851 in Windham, Lois G. Brown of Windham, he of Raymond. She b. Apr. 22, 1820, daughter of William & Hannah (Elder) Brown Of Windham, d. Feb. 5, 1854. He m. Nov. 30, 1856, Hannah P. Haskell of Poland, he of Raymond. Child:
Cora P., b. Sept. 27, 1857.

BROWN, Alfred b. May 5, 1827, son of Simon, d. Dec. 1, 1890 ae 63 yrs. Raymond. He m. May 16, 1852, Mary Ann Hayden of Raymond. She b. Sept. 24, 1834, daughter of John & Harriet (Plummer) Hayden, d. Aug. 24, 1909 ae 74 yrs., 11 mos., 11 das. Raymond. Children:
Herbert, b. Oct. 27, 1858, d. Oct. 15, 1894 ae 36 yrs. Falmouth.
Frank Alfred, b. July 8, 1855, d. Sept. 9, 1894. He m. Annie E. (Nason) Kimball of Raymond.
Edith Skillin, (adopted), b. Feb. 15, 1870.

BROWN, Ira M. b. Sept. 15, 1835, son of Simon, d. Mar. 13, 1904 ae 68 yrs., 6 mos., 3 das. Windham. He m. Oct. 25, 1857 in Raymond, Harriet J. Hayden both of Raymond. She b. Feb. 20, 1837, d. Oct. 26, 1922 ae 85 yrs., 8 mos., 6 das. They are buried at No. Windham. Children:
Lunette F., b. Dec. 31, 1858, m. Apr. 17, 1880, Dana Pierce Lowell.

Ida A., b. Nov. 21, 1860, m. Peter Trickey of Windham.
Colby H., b. Dec. 4, 1862, m. Annie Davis.
Otis, b. Oct. 17, 1866, m. Locada Barrows of Raymond.

BROWN, Joseph b. Mar. 4, 1784, son of Joshua & Esther (Dam) Brown, d. Oct. 2, 1821 ae 37 yrs. He m. Dec. 13, 1810, Sarah Jordan of Raymond. She b. July 18, 1788, daughter of Roger & Peggy (Crisp) Jordan, d. Nov. 14, 1821. Children:
Peggy Crisp, b. Apr. 4, 1811, d. Mar. 27, 1833 ae 22 yrs. Raymond. m. Apr. 22, 1830, Daniel Small of Raymond.
Thomas, b. Feb. 7, 1813.
Jordan, b. Apr. 27, 1815, (see below)
John, b. Sept. 2, 1817, d. Mar. 21, 1837 ae 19 yrs., 6 mos. m. Caroline Cook.
Joseph Jr., b. Feb. 25, 1819, d. Feb. 3, 1899.

BROWN, Jordan b. Apr. 27, 1815, son of Joseph d. Feb. 3, 1894 ae 78 yrs. 9 mos., 4 das. He m. May 21, 1837, Catherine Staples. She b. Jan. 1, 1816, daughter of David Staples, d. Aug. 31, 1883 ae 67 yrs., 8 mos. (See Biographical Review of Cumberland County, p. 539) Jordan was a native of North Raymond and both of his parents died when he was a small child. Children:
John Small, b. Apr. 6, 1840, (see below)
Thomas J., b. Apr. 6, 1840, (see below)
Sarah E.A., b. July 30, 1842, d. Apr. 30, 1843.
Joseph White, b. Dec. 5, 1847. He m. Jan. 1, 1870, Annie Jackson Harris of New Gloucester.

John Small Brown, b. June 18, 1838, son of Jordan, d. June 10, 1911 Portland. He m. Apr. 16, 1860 in Gray, Sarah Amanda Shaw of Gray, he of Raymond. She b. Oct. 15, 1844, d. Apr. 12, 1928 ae 83 yrs., 5 mos. They are buried in Gray Village Cemetery at Gray. Children:
Walter S., b. Feb. 10, 1861.
Charles W., b. July 9, 1863.

BROWN, Thomas Jackson b. Apr. 6, 1840 Raymond, son of Jordan, d. Jan. 3, 1908 ae 67 yrs., 8 mos., 27 das. He m. July 2, 1862, Althea Perkins Messer. She b. July 20, 1844 Waterville, d. Nov. 11, 1867 ae 37 yrs. He m. (2) Nov. 11, 1877 in Windham, Nellie A. Brown of Raymond. She b. June 20, 1848 Raymond, daughter of Andrew & Sally (Russ) Brown, d. 1938. Child:
Lizzie A., b. Apr. 11, 1866, m. Dec. 4, 1882, Frank W. Edwards.

BROWN, William b. Oct. 3, 1800, son of Joshua & Esther (Dam) Brown, d. Mar. 9, 1864 ae 63 yrs., 5 mos., 8 das. He m. Rachel S. Brown of Raymond. She b. Aug. 20, 1806, daughter of Andrew & Rachel (Small) Brown, d. Mar. 28, 1872 ae 72 yrs., 7 mos., 2 das. Raymond. They are buried in Raymond Village Cemetery and with him is his sister, Abigail L. (Brown) Cummings, who d. Aug. 11, 1876 ae 85 yr., 3 mos. Children:
Margaret M., b. Feb. 10, 1829, d. Oct. 3, 1903 ae 73 yrs., 7 mos., 3 das. Oxford. She m. Aug. 5, 1869. Moses Truman Haskell of Poland.

Rachel S., b. Feb. 23, 1831, d. May 10, 1905 Raymond. She m. Mar. 4, 1861. John E. Mussey of Raymond.

BROWN, Daniel b. Mar. 1785, son of Andrew & Rachel (Small) Brown, d. Feb. 5, 1872 ae 86 yrs., 10 mos., 5 das. He m. Sally Taylor (Edwards Gen.), d. Apr. 14, 1815 ae 34 yrs. He m. (2) Apr. 10, 1815, Polly Witham of New Gloucester. She b. Dec. 12, 1791 New Gloucester, daughter of Thomas & Sarah (Parsons) Witham of New Gloucester, d. Jan. 14, 1872 ae 81 yrs. New Gloucester. Children:

Sally, b. Feb. 26, 1804. (One d. Dec. 21, 1890 ae 86 yrs., 8 mos., wife of Jacob Favor)
Rachel, b. June 24, 1806.
Ellison, b. Aug. 24, 1809 (see below)
Ephraim L., b. Aug. 24, 1812, d. Sept. 13, 1860 ae 48 yrs. He m. Mary J. Symonds of Raymond. She m. (2) Oct. 15, 1864, Henry A. Symonds.
Daniel, by second wife, b. Nov. 16, 1815, d. Mar. 11, 1891 ae 75 yrs., 3 mos. Auburn, m. Caroline Snell.
Joseph, b. Feb. A, 1817, (see below)
David, b. Aug. 9, 1820, d. Jan. 14, 1907 ae 86 yrs., 5 mos., 5 das., Auburn.
Sylvina, b. Apr. 29, 1823.
Mary, b. Oct. 9, 1825, d. 1901 Gorham, m. Benjamin Davis Small of Raymond.
John, b. July 1, 1828.
Freeman, b. Mar. 6, 1831, (see below)
Thankful, b. Dec. 20, 1833.
Thomas, b. Dec. 22, 1836, m. Nov. 28, 1867, Mrs. Phebe Jordan of Raymond.

BROWN, Ellison b. Aug. 24, 1809, son of Daniel, Living in 1850 ae 40 yrs. Poland. He m. Lucinda Chipman. She b. Oct. 7, 1812, daughter of Daniel & Anna (Tripp) Chipman, Living 1850 ae 37 yrs. Poland. Children:
Ephraim, b. Apr. 8, 1832.
Alma, b. June 14, 1833.
William, b. July 10, 1834.
Sarah H., b. Jan. 4, 1836.

BROWN, Joseph b. Feb. 4, 1817, son of Daniel, d. June 10, 1906 Auburn. He m. Juliette Edwards of Casco. She b. Oct. 1, 1825, daughter of Ephraim & Margaret (Brown) Edwards of Casco, d. Oct. 25, 1894 ae 88 yrs., 9 mos. Portland. Children: (13 in all)
Lorenzo Thurston, b. Dec. 9, 1846, d. Feb. 28, 1918 Auburn.
Maria Tenney, b. Sept. 11, 1849, d. June 19, 1873 ae 23 yrs., 9 mos.
Sarah Melvina, b. Dec. 9, 1851.
Roxana T., b. June 16, 1855.
David, b. June 16, 1860 (or Jan. 16, 1859), d. Sept. 24, 1940 Auburn.
Annie Frances, b. July 16, 1858, d. 1915, m. William J. Wilson.

BROWN, Freeman b. Mar. 6, 1831, son of Daniel, d. Apr. 10, 1909 ae 78 yrs., 1 mo., 18 das. Westbrook. He m. June 18, 1854, Esther W. Jordan of Raymond. She b. May 7, 1832, daughter of Henry & Keziah (Tenney) Jordan Jr., d. June 13, 1893 ae 61 yrs., 1 mo., 10 das. Westbrook. He m. (2) Martha Ellen or Nellie Brackett.

She b. Aug. 26, 1864 Harrison, d. Jan. 2, 1909 ae 45 yrs., 4 mo., 21 das. Westbrook. They are buried in Hillside Cemetery in Gorham. Children:
Irving, b. May 22, 1856, d. Oct. 4, 1859 ae 3 yrs., 4 mos.
James H., b. Jan. 23, 1858, d. Oct. 1, 1859 ae 8 mos., 8 das.
Ernest C., b. Oct. 6, 1860, d. 1885.
Alice P., b. Sept. 13, 1862, d. 1875.
Louise L., b. Aug. 6, 1864.
Josephine J., b. May 27, 1866, d. 1875.
Julia E., b. July 30, 1869.

BROWN, John b. Feb. 17, 1762, d. July 21, 1849 ae 86 yrs., 5 mos. He m. Rachel Bailey, who d. July 7, 1849 ae 65 yrs. Her sister, Jane Bailey, d. Oct. 22, 1849 ae 65 yrs.

BROWN, Ephraim b. Apr. 24, 1792, son of John & Rachel (Bailey) Brown, d. Feb. 16, 1875 ae 82 yrs., 10 mos. He m. Anna Shaw of Standish. She b. Apr. 18, 1799, daughter of Enoch & Rachel (Philbrick) Shaw of Standish, d. May 10, 1851 ae 52 yrs. He m. (2) Nov. 14, 1852, Mrs. Huldah H. (Gammon) White, divorced wife of Ezekiel White. She b. May 16, 1808, daughter of John & Sarah (Cook) Gammon of Casco, d. Feb. 15, 1890 ae 81 yrs., 5 mos. She was living in Naples at the time she applied for her pension for service in the War of 1812. Child:
Samuel S., b. May 3, 1817, (see below)

BROWN, Samuel S. b. May 3, 1817, son of Ephraim, d. Mar. 31, 1909 ae 92 yrs. South Portland. He m. Oct. 28, 1838, Mary Ann Whitten of Parsonsfield, he of Raymond. She d. Jan. 4, 1884 ae 67 yrs., 7 mos., 17 das. Children:
Araminta E., b. Nov. 6, 1839, d. May 20, 1840 ae 6 mos., 6 das.
Amelia M., b. June 1, 1841, d. Feb. 25, 1918 ae 77 yrs., 8 mos., 25 das. Casco. He m. Nov. 23, 1859, John Henry Sawyer.
Clara E., b. Sept. 28, 1843, d. Dec. 19, 1861 ae 18 yrs., 3 mos.
Oscar E., b. Sept. 4, 1845, d. Sept. 19, 1847 ae 2 yrs.
Mary W., b. Sept. 24, 1848, d. Oct. 20, 1861 ae 13 yrs., 1 mo.
John E., b. July 29, 1852.

BROWN, Jesse d. Dec. 16, 1831 ae 67 yrs. Raymond. He m. Dec. 14, 1786 in Gorham, Elsy Strout both of Gorham. She b. Jan. 19, 1771, daughter of George & Rebecca (Freeman) Strout of Gorham, d. May 22, 1847 ae 76 yrs. Raymond. He was a Revolutionary War pensioner and when he applied for his pension on June 29, 1820, his children living him and his wife at the time were: Samuel, age 16, Elsy, age 13 and Peggy, age 11. Children:
George, b. Dec. 3, 1787.
Jesse, b. Jan. 9, 1790, d. May 4, 1856 ae 66 yrs. Poland and buried at Highland Cem. at West Poland. He m. Dec. 12, 1840, Sarah Jane Gilpatrick of Lisbon, he of Raymond.
Lydia, b. Jan. 31, 1792.
Nathaniel, b. Mar. 16, 1800
Samuel, b. Apr. 1, 1804, (see below)

Elsey or Elsie, b. Feb. 1807, d. Oct. 3, 1871, m. Sept. 27, 1849, John Barton of Raymond, m. (2) Int. June 15, 1852, Amos Estes of Poland.
Peggy, b. ca 1809.

BROWN, Samuel b. Apr. 1, 1804 Raymond, son of Jesse, d. Jan. 14, 1871 ae 66 yrs., 9 mos. He m. Patience Strout both of Raymond. She b. Sept. 27, 1801, daughter of Prince & Christiana (Dyer) Strout of Raymond, d. Mar. 23, 1853 ae 51 yrs., 7 mos. He m. (2) in Poland, May 12, 1858, Mrs. Betsey Edwards of Poland. Children:
Daniel, b. May 19, 1826.
John Nelson, b. Jan. 31, 1827, (see below)
Samuel, b. Feb. 20, 1832, (see below)
Rachel S., b. Sept. 27, 1835, d. 1920, m. Capt. Hamlin Turner Buckman of Mechanic Falls. He b. Dec. 8, 1830, d. Oct. 14, 1909.
Sally, b. Feb. 13, 1843, d. Feb. 8, 1861 ae 18 yrs., 13 das.

BROWN, John Nelson b. Jan. 31, 1827, son of Samuel, d. Feb. 9, 1898 ae 71 yrs., 18 das. Raymond. He m. Nov. 27, 1853, Louisa Strout both of Raymond. She b. 1828, daughter of Francis S. & Susannah (Strout) Strout of Limington, d. Feb. 20, 1855 ae 27 yrs. Raymond. He m. (2) Nov. 16, 1856, Francina Spiller of Raymond. She b. Sept. 9, 1835, daughter of Henry & Matilda (Cash) Spiller, d. Jan. 11, 1917. Children:
Sarah J., by second wife, b. Aug. 18, 1856, d. Nov. 25, 1877, m. Charles L.F. Allen of Raymond.
Patience E., b. June 3, 1859, m. May 20, 1876, William A. Dolley.
Rhoda E., b. Dec. 26, 1861, d. Dec. 25, 1943, m. Dec. 8, 1880, Charles L.F. Allen.
Rachel, b. Oct. 18, 1863, m. Oct. 17, 1897, Amsden Parker of Raymond.

BROWN, Samuel Jr., b. Feb. 20, 1832, son of Samuel, d. Jan. 30, 1899 ae 67 yrs., 11 mos., 10 das. Casco. He m. Abbie J. Brown. She b. Sept. 27, 1835 Milton, N.H., daughter of John & Sally Brown, d. Jan. 2, 1898 ae 62 yrs., 10 mos., 25 das. Children:
Herbert, b. Oct. 13, 1862 Ossippe, N.H.
Bryon McKenney, b. Oct. 6, 1861.

BROWN, Winthrop d. Feb. 2, 1812 ae 58 yrs., Raymond. (His son's death record gives his place of birth as Hamilton, Mass.) He m. in 1821, Sophia Longley. She b. May 28, 1796, daughter of Eli & Mary (Whitcomb) Longley of Waterford and Raymond, d. Sept. 8, 1857. They had a son, Oliver Hubbard, b. Jan. 7, 1822 Raymond, d. Feb. 12, 1915 ae 93 yrs., 1 mos, 5 das. Auburn, Me.

BRYANT, William b. Mar. 31, 1795 Saco, son of Ephraim & Martha (Kimball) Bryant of Saco, d. Dec. 19, 1819 ae 24 yrs. He m. Apr. 6, 1817, Rebecca Spiller of Raymond. She b. Dec. 16, 1795, daughter of John & Rebecca (Day) Spiller of Raymond, d. July 23, 1820 ae 24 yrs., 7 mos., 7 das. Children:
Lydia, b. Sept. 28, 1817, m. Dec. 31, 1831, Isaac Adams of Raymond.
William, b. Jan. 1-6, 1820, (see below)

BRYANT, William b. Jan. 19, 1820, son of William, d. Mar. 17, 1890 ae 70 yrs. Raymond. He m. July 25, 1841, Sally B. Jordan of Raymond. She b. Mar. 23, 1819, daughter of Edward & Esther (Brown) Jordan of Raymond, d. Sept. 25, 1894 ae 75 yrs. Children:
Rebecca, b. July 28, 1842, d. Nov. 10, 1922 ae 80 yrs.
William E., b. Dec. 19, 1846, d. Dec. 19, 1881. Hyde Park, Mass.
Lydia Margaret, b. Sept. 22, 1849, m. Dec. 26, 1874, Daniel H. Dole of Portland.

BRYANT, Joshua K. b. July 23, 1791 Saco, son of Ephraim & Martha (Kimball) Bryant of Saco, d. Sept. 1821. He m. Sarah Smith of Raymond. She b. Aug. 6, 1784, daughter of Benjamin & Bridget (Jordan) Smith of Raymond, d. May 28, 1853 ae 68 yrs. She m. (2) Samuel Files both of Raymond. He d. May 15, 1854 ae 72 yrs. Children:
Lewis, b. Nov. 21, 1815.

BRYANT, John M. b. about 1817. He m. in 1837, Abigail D. Berry of Raymond. Was she the daughter of Timothy Berry, born June 2, 1820? The name of John M. Bryant and Cyrus S. Bryant are listed with Valentine Davis, Rhoda A. Jordan, Peggy (Davis) McLellan, Desire (Davis) Tenney, Charles Davis (all related to Rhoda (Jordan) Davis, wife of Gideon Davis of early Raymond, along with Mary D. Jordan and Betsey (Jordan) McDonald. (C.C. Deeds, 415:85) Children:
Eliza S., b. Apr. 15, 1838.
Joseph, b. Mar. 6, 1840, d. Mar. 20, 1849 ae 9 yrs.
John M.B., b. Aug. 14, 1842.
Sarah J., b. June 15, 1846, m. Feb. 25, 1863, William K. Kilburn.
Abbie L., b. Feb. 27, 1850.
Joseph F., b. Apr. 30, 1852, d. Aug. 12, 1939 ae 87 yrs. Auburn.
Desire A., b. Aug. 9, 1855, d. Mar. 7, 1862 ae 6 yrs., 7 mos.
Cyrus Howard, b. July 18, 1857, d. Dec. 23, 1936 a e 79 yrs. So. Paris.
Lincoln, b. Apr. 21, 1860, d. Aug. 27, 1860 ae 4 yrs., 6 das.

BURNHAM, Timothy D. b. Dec. 11, 1802 Harrison, d. July 14, 1883 So. Windham. He m. June 1, 1828, Catherine Dingley. She b. July 11, 1806, daughter of Joseph & Martha (Jordan) Dingley of Casco, d. Aug. 28, 1890 ae 84 yrs. See Biographical Review of Cumberland County, p. 385. Children:
Albion Hall, b. May 11, 1829, d. Jan. 7, 1902 So. Casco.
Ellen K., b. May 19, 1834, d. Jan. 24, 1913 ae 78 yrs., 8 mos., 5 das. Casco. She m. Daniel S. Brown of So. Windham.

BUZZELL, Ebenezer b. Aug. 23, 1809 New York, living in 1850 ae 43 yrs. Casco. He m. Aug. 6, 1834, Martha Holden both of Otisfield. She b. Mar. 15, 1810. Children:
Martha E., b. May 12, 1835, d. Aug. 25, 1845 ae 10 yrs., 3 mos., 11 das.
Georgianna F., b. Mar. 25, 1838.
John E., b. Jan. 1, 1840.

BUTTERS, Charles b. Dec. 26, 1820 Fryeburg, son of Timothy & Sally (McKeen) Butters of Fryeburg, d. Nov. 3, 1893 ae 72 yrs., 11 mos., 7 das. East Livermore. He m. Nancy J. Barrows of Raymond. She b. 1825, d. Aug 4, 1890 Raymond. Children:
William R., b. Jan. 23, 1854, d. Jan. 1, 1935 ae 80 yrs.
Eugenia, b. Aug. 23, 1850, d. 1925, m. Feb. 17, 1871, Mark W. Chase. He b. Dec. 19, 1842, d. Apr. 27, 1877.
Levi, b. July 31, 1856, d. Aug. 23, 1856.
Carol, b. Aug. 29, 1861, d. Oct. 12, 1861.
Irving, b. Apr. 30, 1865, d. Aug. 4, 1865.

CASH, John b. about 1752 Cape Elizabeth, son of Samuel & Alice (Strout) Cash of Cape Elizabeth, d. Dec. 8, 1839 ae 87 yrs. Raymond. (Zion Advocate Dec. 25, 1839) He m. Sept. 3, 1774, Keziah Strout both of Cape Elizabeth. She b. Sept. 16, 1754, daughter of George & Keziah (Doane) Strout of Cape Elizabeth, d. between 1821-30. He came to Raymond in 1780 and a Revolutionary soldier. He in later years lived with his son John and is buried in Raymond Hill Cemetery in Raymond. Children:
John, (see below)
Keziah, b. 1780, d. July 9, 1827 Raymond, m. Sept. 20, 1798 in Windham, Samuel Duran of Durham, she of Raymond.
Molly, b. ca 1782, m. Nov. 6, 1804 in Poland, Luther Gay, both of Raymond, he d. June 4, 1821 ae 56 yrs. Raymond.
Lydia, b. 1785, d. Mar. 4, 1837 ae 52 yrs. Raymond. She m. Apr. 14, 1805 in Raymond, Nathaniel Jordan of Raymond.
Elcy, b. about 1788, living in 1850 ae 62 yrs. Poland. She m. Dominicus Jordan of Raymond. She m. (2) Apr. 6, 1843, Joshua Saunders of Poland, she of Raymond.
Moses, (adopted), bapt. Sept. 22, 1801 Limington.

CASH, John b. ca 1776 Cape Elizabeth, son of John, d. Dec. 8, 1839 Raymond. He m. Sept. 1, 1796 in Windham, Elsie Cash both of Raymond. She b. Oct. 3, 1773 in Cape Elizabeth, daughter of Samuel & Susanna (Strout) Cash, d. Dec. 26, 1846. Children:
Susanna, b. June 11, 1797. She m. Roger Jordan. She m. (2) in 1822, John Jordan of Raymond.
Samuel, b. Mar. 5, 1800, (see below)
Keziah, b. June 22, 1802, d. Jan. 30, 1834. She m. Clark Leach of Raymond.
Matilda, b. Nov. 4, 1804, d. Dec. 1, 1845, m. Henry Spiller of Raymond.
Maria, b. Aug. 17, 1807, d. Nov. 26, 1871, m. Charles Strout of Raymond.
John, b. Mar. 17, 1810, d. July 2, 1834.

CASH, Samuel b. Mar. 5, 1800, son of John, d. June 28, 1879 ae 79 yrs., 3 mos., 23 das. He m. Mary H. Gammon. She d. Mar. 17, 1881 ae 74 yrs. Raymond. Children:
Washington, b. July 13, 1829, (see below)
Hiram M., b. Aug. 26, 1835, (see below)
Rebecca S., b. about 1842, m. Oct. 18, 1859, Charles Edwin Libby.

CASH, Washington b. July 13, 1829, son of Samuel, d. Oct. 11, 1900 ae 71 yrs. Poland. He m. May 11, 1854 in Raymond, Hannah Hodgdon. She b. 1832, d. 1882. He was a member of Co. G., 25th. Me. Reg't.Children:
Walter S., b. Nov. 17, 1856.
Orrin G., b. Sept. 9, 1858.
Charles W., b. Dec. 8, 1860.
William K., b. Aug. 27, 1863.
John H., b. Feb. 18, 1866, d. 1886.
Lizzie D., b. June 14, 1868, d. 1895.
Catherine, b. Oct. 16, 1870.

CASH, Hiram M. b. Aug. 26, 1835, son of Samuel, d. Nov. 29, 1908 ae 73 yrs., 3 mos. He m. Sarah L. (Grant) Crockett, widow of Nelson Grant (1838-1865). She b. Oct. 8, 1842, daughter of Stephen & Sarah (Deering) Grant of Westbrook, d. Feb. 28, 1925. Hiram was a member of Co. K., 5th. Me. Reg't. Nelson Crockett died near Gallaton, Tenn. during the Civil War. The children of Nelson & Sarah (Grant) Crockett were Charles N., b. Jan. 28, 1863 Westbrook, d. Dec. 6, 1935 (He m. Oct. 18, 1890, Julia L. Mann. She b. Dec. 16, 1869, d. Nov. 16, 1905 Haverhill, Mass.) and Carrie E., b. Jan. 27, 1865 Westbrook, d. June 28, 1952. Children of Hiram Cash:
Addie L., b. Mar. 2, 1869, d. Feb. 24, 1942 Casco. She m. William Henry Colby. He b. Aug. 26, 1863.
Harry G. Grant (adopted), b. Jan. 28, 1879.

CASH, Samuel Jr. b. Dec. 20, 1781, son of Samuel Jr. & Susanna (Strout) Cash, d. between 1823-1830 Cape Elizabeth. He m. June 20, 1801 in Gray, Elizabeth Strout of Raymond. He m. (2) Sept. 5, 1811 in Cape Elizabeth, Elizabeth Wilton of Cape Elizabeth. She living in 1830 Cape Elizabeth.Child:
John, b. Mar. 18, 181., (see below)

CASH, John Jr. b. Mar. 13, 1812, son of Samuel Jr., d. Aug. 20, 1845. He m. Priscilla Adams of Raymond. She b. Apr. 11, 1811, daughter of Joshua & Sabrina (Skillings) Adams, d. Oct. 20, 1889. She m. (2) John A. Hodgdon both of Raymond.Children:
Delphina, b. Apr. 20, 1833, d. Jan. 11, 1917, m. William J. Spiller.
Enoch T., b. July 20, 1835, d. Oct. 3, 1905 Portland.
Orland F., b. Aug. 22, 1841, d. Jan. 2, 1906 Gorham.

CASH, Nathaniel b. Oct. 7, 1789 Cape Elizabeth, d. Sept. 1, 1859 ae 70 yrs. Casco. He m. July 24, 1808, Sarah Yeaton both of Cape Elizabeth. He was a son of Nathaniel & Lucy (Strout) Cash of Cape Elizabeth. Children:
Lucy, b. Sept. 25, 1812 Cape Elizabeth
Lavina, b. Nov. 26, 1815 Cape Elizabeth. She m. Isaac Fuller.
Nathaniel, b. Aug. 17, 1820, d. Jan. 15, 1855 ae 34 yrs., 6 mos. He m. int. Dec. 1, 1844, Martha W. Winslow.
John, b. Apr. 22, 1823. He m. May 7, 1846, Mary Ann Butler both of Casco.
Kezia, b. July 21, 1825, d. Mar. 21, 1843 ae 18 yrs.

George, b. Feb. 4, 1827
Sally J., b. June 18, 1829
Harriet E., b. July 20, 1833, d. Jan. 28, 1914 Saco. She m. June 9, 1855, David James Chandler. She left 3 sisters and 5 brothers.

CASH, Arthur b. Nov. 24, 1824, son of Stephen & Elizabeth (Palmer) Cash of Cape Elizabeth, d. Dec. 27, 1888 ae 64 yrs. So. Casco and formerly of Cape Elizabeth. He m. Dec. 28, 1845, Dorcas Ann Mason both of Cape Elizabeth. Children:
Amos M., b. Nov. 25, 1846
Melissa, b. Sept. 24, 1848, d. Aug. 2, 1849
Alonzo, b. June 4, 1850, d. Aug. 17, 1851.
Charlotte K., b. Dec. 2, 1854, d. Aug. 21, 1865.
Statira E., b. Dec. 11, 1856. She m. Lot N. Hooper.
Albina, b. Apr. 6, 1859
Thankful, b. Apr. 23, 1861
Cora F., b. Apr. 12, 1863
Lottie M., b. Aug. 16, 1868.
Edith, b. Nov. 2, 1875
Sarah M., d. Nov. 5, 1863

CHANDLER, David b. Nova Scotia. He m. Erritt ? Cash of Casco. Child:
Berlinda, d. Sept. 5, 1864 ae 6 mos. Casco.

CHASE, William b. about 1791, living in 1850 Raymond. He m. Hannah W. Libby. She b. 1789, daughter of Jethro Libby of Gorham, d. Nov. 24, 1843 ae 54 yrs., 8 mos. He m. (2) Catherine. Children:
Emmerson, b. Jan. 23, 1822.
Mary, b. Jan. 6, 1824.
Alfred, b. Mar. 11, 1816 (see below)
Children:
Marshall D., b. Apr. 7, 1817.
Elliot, b. Jan. 30, 1820, d. Apr. 4, 1911 ae 91 yrs., 1 mo. Raymond.
Emmerson, b. Jan. 23, 1822.
Mary, b. Jan. 6, 1824.
Hannah, b. Jan. 1, 1826, d. May 2, 1841 ae 18 yrs., 2 mos
Emily, b. Feb. 10, 1831.
Franklin, b. Aug. 11, 1846.
Eliza J., b. Aug. 28, 1848.

CHASE, Alfred b. Mar. 11, 1816, son of William, d. Jan. 13, 1888. He m. Rebecca L. Hamlin. She b. Sept. 15, 1817 Standish, daughter of Elijah & Jane (Murch) Hamlin, d. Oct. 18, 1896 ae 79 yrs., 1 mo., 2 das. Children:
Mark W., Dec. 18, 1842, d. Apr. 27 1877. He m. Feb. 17, 1871, Eugenia M. Butters.
Hannah, b. Aug. 22, 1844, d. 1927. She m. Charles S. Watkins
Albert N., b. Nov. 16, 1846, d. Feb. 16, 1878

Thankful C. b. Jan. 29, 1849, d. Jan. 11, 1867. She m. May 4, 1866, in Casco, Levy W. Libby of Standish.

CHELLIS, Sumner b. Mar. 14, 1804 Newfield, d. Aug. 4, 1873 Newfield. He m. Jan. 18, 1827, Susan Murry. She b. Oct. 5, 1806, d. Sept. 23, 1898. Children:
Elizabeth, b. Nov. 25, 1827
Mahala, b. Jan. 27, 1829

CHIPMAN, Daniel b. July 9, 1771 Kingston, Mass., d. July 8, 1855 ae 86 yrs. He m. Dec. 2, 1794, Anna Tripp, he of Sabbathday Pond. She b. Feb. 18, 1775, d. May 26, 1844 ae 69 yrs. Children:
Nancy, b. 1795, d. June 12, 1823. She m. Stephen Stinchfield of Poland.
Benjamin, b. June 21, 1796.
John
Louisa, She m. Amos Cummings.
Jesse, b. Aug. 1803.
Lyman Beecher, b. May 15, 1806, (see below)
Lucinda, b. Oct. 7, 1812. She m. Ellison Brown of Poland.
Mercy Files, b. Aug. 20, 1814, d. Nov. 5, 1892 Poland. She m. Osmyn J. Gerry. She m. (2) __Russell.
Susan Littlefield, b. Dec. 2, 1816. She m. John L. Nason.

CHIPMAN, Lyman Beecher b. May 15, 1805, son of Daniel, d. Feb. 18, 1875 ae 86 yrs. He m. Feb. 12, 1831, Mary Holland Jackson both of Poland. She b. Mar. 18, 1808, d. Oct. 4, 1876. Children:
Ann M., b. Jan. 23, 1832, living 1900 Portland, m. Freedom Nash.
Dorothy Jackson, b. Jan. 12, 1835, d. 1904, m. Aug. 28, 1859, Benjamin F. Milliken.
Susan Maria, b. Jan. 12, 1835, m. Mar. 13, 1859, Horace H. Ricker of Paris.
Orrin Greenfield, b. Aug. 2, 1837, (see below)
Daniel H., b. Dec. 28, 1845, (see below)
Ella Grace, b. Nov. 26, 1851, d. Sept. 26, 1853.

CHIPMAN, Orrin Greenfield b. Aug. 2, 1837, son of Lyman B., living 1900, Deering. He m. Nov. 26, 1863 in Raymond, Mary J. Mason of Raymond. Children:
Frank M., b. Jan. 13, 1864.
Lyman B., b. June 13, 1871.

CHIPMAN, Daniel H. b. Dec. 28, 1845, son of Lyman B., d. Dec. 27, 1900. He m. Oct. 2, 1864 in Raymond, Emma Brown of Gray. She b. May 6, 1845, daughter of Andrew & Sally (Russ) Brown of Raymond, d. July 25, 1924. Children:
Frederic Jackson, b. Feb. 24, 1871. He m. Jan. 1, 1894, Mattie M. Manchester.
Guy Wilbur, b. July 15, 1880, d. Nov. 20, 1947.
Angie Margaret, b. Aug. 1, 1881.

CHURCHHILL, Matthew b. Mar. 20, 1791 Hebron, Me., d. Feb. 7, 1873 ae, 81 yrs., 10 mos. He m. June 14, 1814, Dorothy Hall, he of Buckfield. She b. Feb. 11, 1788 Falmouth, d. Feb. 7, 1869 ae 80 yrs., 11 moss. 24 das. Raymond. Children:

James N.D., b. Mar. 25, 1815, (see below)
Maria Benson, b. Jan. 19, 1817, d. Dec. 6, 1898. She m. Nov. 20, 1837, William Morrill Jr. of Raymond.
Silas H., b. Jan. 13, 1819, (see below)
Matthew Benson, b. Jan. 11, 1819.
Hannah N., b. Oct. 2, 1821, d. Dec. 2, 1898. She m. Oct. 18, 1841, Bela Latham of Raymond.
Sarah Ann, b. Apr. 25, 1825, d. Sept. 29, 1912.. She m. Mar. 26, 1845, William Small of Gray.
Persis M., b. Apr. 25, 1825, d. Feb. 5, 1905 Limerick. She m. Dec. 27, 1850, Samuel S.. Hodgdon.
Joseph Warren, b. Aug. 9, 1829, (see below)
Louisa S., b. June 17, 1831, m. Nov. 9, 1847, Luther Edwards.

CHURCHILL, James N.D. b. Mar. 25, 1815, son of Matthew. He m. Apr. 7, 1836, Orphia Churchill, daughter of Bela Churchill. His wife Orphia was given in Raymond records as Phebe, d. Apr. 12, 1854 age 36 yrs. He m. (2) Hannah Keene White, Children:
Phebe D., b. Apr. 11, 1838.
Bela L., b. Sept. 19, 1841
Elisha P., b. about 1845.
Demerick, b. July 3, 1849.
Dennis F., b. Sept. 19, 1851.

CHURCHILL, Joseph Warren b. Aug. 9, 1829, son of Matthew, d. Dec. 27, 1900. He m. July 8, 1849, Mary Johnthena Doane of Durham. She b. July 4, 1834, daughter of John Randall & Lucy (Strout) Doane, d. Apr. 6, 1915. Children:
Janette, b. Oct. 13, 1850, d. Mar. 21, 1940. She m. Orrin J. Peterson.
John Randall, b. Nov. 10 1851, d. Feb. 3, 1938.
Josepine, b. Oct. 16, 1854.
Matthew, b. Mar. 28, 1858, d. May 28, 1874 ae 16 yrs., 2 mos.
Warren Levi, b. Mar. 24, 1861, d. July 22, 1932 Mechanic Falls.
Jennie Small, b. June 21, 1867, d. June 29, 1904. She m. James W. Krepps.
George Samuel D., b. Feb. 21, 1873, d. Oct. 23, 1936 ae 63 yrs.

CHURCHILL, Silas H. b. Jan. 13, 1819 Raymond, son of Matthew, d. Oct. 7, 1892 Poland. He m. Apr. 10, 1853, Ardilla H. Tobie. She b. Oct. 20, 1836 New Gloucester, daughter of Thomas H. & Mary (Harris) Tobie, d. Feb. 2, 1903 New Gloucester. Three sons survived her, viz: Fred T. of New Gloucester, Walter of Berlin, N.H., and Leroy of Colebrook, N.H. Children:
Frederick Tobie, b. Apr. 15, 1854, d. Mar. 29, 1909 New Gloucester.
Rosilla Tobie, b. Nov. 2, 1855, d. Sept. 10, 1858.
Walter E., b. May 1, 1858.
Silas Leroy, b. July 16, 1860.
Wendal A., b. Apr. 20, 1863, d. 1899.

CHURCHILL, Josiah b. May 22, 1809 New Gloucester. He m. Mar. 27, 1832 in New Gloucester, Katherine Hilton. She b. July 24, 1813 Solon, Me., d. Oct. 27, 1886 New Gloucester. Children:
Sarah Rogers, b. Apr. 10, 1833. She m. Nicholas Jordan.
Lydia, b. Nov. 15, 1834, d. Mar. 4, 1843.
Joseph Fessenden, b. July 1, 1837. He m. Sarah Smith of Auburn. She m. (2) June 15, 1874 in New Gloucester, Emma F. Latham of New Gloucester
Hannah, b. Aug. 21, 1839, d. Aug. 8, 1901 Welchville, Me. She m. Daniel Briggs Yeaton.
Marshal, b. Sept. 25, 1842, d. Mar. 10, 1843.
Loan P., b. May 26, 1844. She m. Charles H. N. Rowe of New Gloucester.

CHUTE, Moses son of Moses & Ruth (Moser) Chute. He m. Elizabeth Brackett. Children:
Mary A., b. Mar. 31, 1835
Jeremiah, b. Feb. 7, 1837
Caroline, b. Apr. 1839

CHUTE, Freedom b. Nov. 24, 1810, d. Nov. 24, 1865. He m. Mary Ann McLucas, who d. June 21, 1858 ae 22 yrs. Children:
Martha A., b. Apr. 24, 1837. She m. int. Oct. 7, 1853, William Jones.
Ruth, b. Mar. 16, 1839, d. Apr. 16, 1855 ae 16 yrs. She m. int. Aug. 5, 1854, Thomas Strout.

CLARK, Benjamin m. Sept. 26, 1772 in Cape Elizabeth, Sarah Jordan. She b. Jan. 4, 1744 Cape Elizabeth, d. Mar. 1, 1825. Children:
Benjamin Jr., b. June 23, 1781 Gorham, d. in War of 1812. He m. Apr. 25, 1805, Judith Stinchfield of New Gloucester. She m. (2) Jan. 10, 1819 in New Gloucester, Henry Jordan of Raymond.
James, b. May 5, 1785, (see below)
Elizabeth, b. Apr. 24, 1778, d. Mar. 26, 1852 Naples. She m. int. Apr. 18, 1801 in Windham, Samuel Leach.

CLARK, James b. May 5, 1785 Gorham, son of Benjamin, d. Dec. 25, 1863 ae 79 yrs., 7 mos. He m. May 19, 1807, Abigail Welch (by Raymond records) Her gravestone and death record of her daughter gives her as Abigail Crosby. She d. Feb. 20, 1856 ae 77 yrs., 1 mos. Both are buried in Naples. Children:
Sally, b. Feb. 28, 1808.
Crosby, b. Mar. 13, 1810, d. Oct. 19, 1873 ae 63 yrs., 7 mos., 7 das.
Benjamin, b. June 19, 1812, d. Oct. 26, 1854 ae 42 yrs., 4 mos.
Betsey, b. Dec. 4, 1814, d. Dec. 25, 1896 Naples, m. Feb. 16, 1840 in Naples, Daniel Stover both of Naples.
Abner, b. July 12, 1817, d. Dec. 26, 1861 ae 42 yrs., 8 mos.
James, b. June 12, 1819, d. Sept. 21, 1906 Naples, m. int. Mar. 28, 1841 in Naples, Julia Ann Larrabee of Sebago.

CLARK, Benjamin Jr., b. June 23, 1781 Gorham, son of Benjamin, d. in the War of 1812. He m. Apr. 25, 1805, Judith Stinchfield of New Gloucester. She m. (2)

Jan. 10, 1819 in New Gloucester, Henry Jordan of Raymond. She b. Sept. 7, 1786 New Gloucester, d. Nov. 6, 1853 ae 67 yrs. Children:
Thankful, b. July 1, 1806 New Gloucester, d. Sept. 25, 1891 Alfred, Me. She m. Nov. 29, 1827 in New Gloucester. David Jordan.
Sally, b. Apr. 29, 1808. She m. jasper Johnson.
Rebecca, b. Apr. 2, 1810, d. Mar. 3, 1877 ae 66 yrs., 11 mos. She m. Jan. 1, 1832, Cyrus leach of Raymond.
Mark F., b. Sept. 13, 1812. He m. Rosanna Snow.
Ebenezer S., b. Sept. 11, 1819.

COBB, Ivory b. 1840, son of William & Mary (Keene) Cobb, d. Feb. 19, 1912 ae 66 yrs., 2 mos. Poland. He m. int. June 26, 1868 in Casco, Celia Ann Edwards. She daughter of Joshua & Eunice (Verrill) Edwards. Children:
Alvin V., b. Nov. 20, 1867.
Gertrude, b. Apr. 22, 1878.
Grace, b. Apr. 22, 1878 (twin)

COBB, Royal G. He m. Sept. 7, 1884 in Raymond, Lavina T. Verrill of Raymond, he of New Gloucester. She b. Mar. 23, 1868, daughter of Jeremiah & Mercy (Tripp) Verrill, d. July 1, 1912 ae 44 yrs., 3 mos., 6 das. Poland. Child:
True M., b. Jan. 13, 1887, d. Apr. 10, 1967.

COFFIN, William H. d. Apr. 18, 1883 ae 54 yrs., 3 mos., 13 das. He m. Dec. 6, 1852 in New Gloucester. Melvina D. Hunt both of Portland. She d. Jan. 8, 1906 ae 75 yrs., 11 mos., 18 das. They are buried at Webb's Mills, Casco. Children:
A.L., b. Mar. 11, 1857, d. Oct. 17, 1869.
Benjamin M., b. Mar. . 1860 (see below)
William Henry, b. Aug. 1862, (see below)

COFFIN, Benjamin M. b. Mar. 1860 Westbrook, son of William H., d. June 3, 1938 ae 78 yrs. He m. Feb. 11, 1884 in Raymond, Eldora A. Libby both of Raymond. She d. Feb. 22, 1902 ae 35 yrs., 10 mos., 19 das. Raymond. He m. (2) Dec. 27, 1903, Mrs. Ida (Knight) Strout, widow of Quincy Strout of Raymond. She b. June 19, 1860, daughter of William L., & Adaline E. (Gilson) Knight, d. May 28, 1904. Children:
Elmira L., b. July 11, 1886.
John, b. Feb. 17, 1889.

COFFIN, William Henry b. Aug. 1862, son of William H. He m. May 24, 1886 in Raymond. Mary A. Strout both of Raymond. She b. Aug. 29, 1869, daughter of Nehemiah & Eliza Jane (Bartlett) Strout, d. Nov. 19, 1926. Children:
William, b. Mar. 26, 1887, d. Apr. 22, 1887.
Warren S., b. Apr. 2, 1888.
Stephen H., b. Sept. 30, 1889. He m. Nov. 8, 1912, Sarah E. Small.

COFFIN, Ephraim N. d. Nov. 15, 1863 ae 65 yrs. He m. Abigail Witham daughter of John Witham. She m. (2) Feb. 27, 1865 in Raymond, Benjamin Walker of Danville, Me. Child:

Simeon G., b. Aug. 24, 1851.

CLAY, Willis b. Oct. 626, 1826 Gorham. He m. Mary Ann Hill both of Gorham.
Child:
Charles, b. May 21, 1864.

COLBY, William Henry b. Aug. 26, 1863, son of Henry & Miranda (Decker) Cobly. He m. Addie L. Cash. She b. Mar. 2, 1869, daughter of Hiram M. & Sarah L. (Grant) (Crockett) Cash, d. Feb. 24, 1942 Casco Child:
Roy Nelson, b. Mar. 15, 1888.

COLE, Charles b. Mar. 9, 1845 New Gloucester, d. Feb. 8, 1924. He m. int. Dec. 1, 1866 in New Gloucester, Frances Ellen Stinchfield both of New Gloucester. She b. Mar. 7, 1845, daughter of William (b. Jan. 24, 1807, d. June 9, 1895) & Rebecca (Preble) Stinchfield (she d. May 6, 1906 ae 62 yrs., 1 mo., 21 das.) Charles came to Raymond in 1867 with his father-in-law, William Stinchfield. His parents, Noah Cole (1812-1846) m. int. Dec. 14, 1831 in New Gloucester. Sally Verrill both of New Gloucester. His mo.her Sally m. (2) Nov. 20, 1859, William Stinchfield both of New Gloucester. See Biographical Review of Cumberland County. Children:
Lillian R., b. May 25, 1867 New Gloucester. d. Feb. 17, 1904. She m. May 21, 1898, Francis H. Witham both of Raymond.
Charles Henry, b. Feb. 7, 1869. He m. May 23, 1896, Celia Evelyn Leighton.
William S., b. June 11, 1872, d. June 14, 1943. He m. Aug. 22, 1898, Angie L. Jordan of Raymond.
Lucy P., b. Mar. 8, 1874. She m. June 29, 1907, Stephen Morrill.
Ira N., b. Jan. 26, 1879, m. Sept. 22, 1906, Josephine Leighton.
Hewitt, b. Jan. 20, 1882, d. Feb. 9, 1955.
Robert, b. Dec. 11, 1883, d. Dec. 19, 1883.
Mary E., b. Apr. 11, 1887, d. May 16, 1891.
Gardiner W., b. May 28, 1887.

COOK, Elijah b. Oct. 29, 1762, d. Dec. 25, 1846 Casco. He was a Quaker and from Windham. He m. int. Nov. 13, 1790 in Windham, Hannah West. She b. Mar. 5, 1770, daughter of Desper & Mary (Green) West of Standish. He m. (2) Dec. 17, 1811, Mrs. Mary (Chick) Thompson of Limington, he of Casco. She b. Dec. 15, 1792 Limington, d. Feb. 8, 1849 Casco. Children:
Reuben, b. Feb. 11, 1791
Nathan, b. Nov. 11, 1792
John, b. Sept. 7, 1794, d. Dec. 3, 1794.
Eli, b. Nov. 1, 1795, d. Dec. 23, 1842.
Isaiah b. June 6, 1797, d. June 20, 1797.
Mary, b. June 6, 1797, d. Feb. 27, 1798.
Ira, b. Jan. 24, 1799
Ezra, b. Jan. 15, 1801, d. Jan. 17, 1801.
Joseph, b. Feb. 13, 1802, d. Apr. 5, 1890. He m. Eunice Grant. He m. (2) Jan. 1, 1865 in Raymond, Mrs. Polly (Strout) Spiller of Raymond, he of Windham.
Mary, b. Feb. 14, 1802
Levi, b. Apr. 1, 1804, d. Apr. 3, 1 804 .

Thomas, b. July 25, 1805, (see below)
Winslow, b. July 9, 1808
Eunice, by second wife, b. Jan. 22, 1813
Lavina,
Noah, b. Aug. 31, 1816
Elijah Jr., b. Aug. 22, 1818, d. Dec. 1911 ae 93 yrs. Windham.
Sylvanus, b. Aug. 31, 1821
Louisa, b. Feb. 13, 1823
Adaline L.P., b. Mar. 6, 1825

COOK, Thomas b. July 25, 1805, son of Elijah, d. Feb. 20, 1849. He m. May 2, 1827, Mary Morton of Limington, he of Casco. She b. Jan. 15, 1800 Limington, d. Aug. 1, 1887 ae 87 yrs., 1 mo. Children:
William H., b. Apr. 19, 1828 Gorham.
Mary Boody, b. May 22, 1830 Limington, d. Feb. 20, 1864. She m. William H. Tenney.
Joshua C., b. Nov. 1, 1832 Raymond, d. Mar. 24, 1918 ae 85 yrs., 4 mos., 23 das.
Edward C., b. Feb. 7, 1835. He m. int. Mar. 8, 1859, Harriet F. Gammon.
Phebe E., b. June 12, 1837, d. Jan. 12, 1906.
Joseph, b. May 8, 1839, d. 1918.

COOK, Nathan b. Sept. 15, 1766, d. Feb. 28, 1846 Casco. He m. July 31, 1790, Polly Maxfield. She b. June 8, 1771, d. July 11, 1864 ae 93 yrs. Children:
Annie, b. Nov. 10, 1790
William, b. Oct. 6, 1792, (see below)
John, b. Dec. 5, 1794, (see below)
Lydia, b. Mar. 1, 1801, d. Feb. 4, 1870 ae 68 yrs., 10 mos. Casco. She m. in 1831, Robinson Pinkham.
Mary, b. Sept. 14, 1798, d. Jan. 26, 1881. She m. Simeon Estes. He b. Sept. 1, 1796, d. Jan. 28, 1881.
Isaiah, b. Mar. 31, 1804, d. Oct. 1891 Skowhegan, Me.
Mark, b. June 28, 1806. He m. Nov. 29, 1836, Hannah C. Foster of Westbrook.
Elizabeth, b. June 28, 1806 (twin). She m. Elijah Pinkham.
Daniel Wilson, b. Mar. 3, 1809, d. Mar. 26, 1837.
Hiram, b. May 2, 1812, d. Oct. 20, 1876. He m. July 9, 1845, Nancy Tibbetts.

COOK, William b. Oct. 6, 1792, son of Nathan, d. Apr. 16, 1870. He m. Jan. 4, 1818 in Otisfield, Catherine Jordan both of Raymond. She b. Apr. 21, 1792, daughter of William M. & Ann (Leach) Jordan, d. June 12, 1871. They lived in Casco. Children:
Solomon W., b. June 23, 1818, d. June 16, 1885.
Rosilla, b. Oct. 29, 1820. She m. Samuel Thomas of Harrison.
Samuel Jordan, b. Mar. 15, 1823, d. Aug. 24, 1836.
Lydia b. Jan. 7, 1827, d. 1908 Casco. She m. William M. Cook. Phoebe
Phoebe H., b. Oct. 7, 1828. She m. int. Aug. 12, 1868, Joseph Batty.
William Franklin, b. Nov. 8, 1830, d. 1910.
Jordan, b. May 14, 1835, d. Apr. 25, 1877. He m. Susan Maria Edwards.
William, b. May 14, 1835, d. Apr. 25, 1877.

COOK, John b. Dec. 5, 1794 Windham, son of Nathan, d. June 28, 1858. He m. Elizabeth Leach of Raymond. She b. Apr. 28, 1799, daughter of Mark & Margaret (Jackson) Leach, d. May 3, 1827 ae 28 yrs. Raymond. He m. (2) Apr. 1829 in Raymond, Margaret Leach of Raymond. She b. Aug. 19, 1806, sister of his first wife, d. Apr. 7, 1864 ae 58 yrs., 7 mos., 26 das. Children:
Caroline C., b. Oct. 14, 1823, d. Dec. 16, 1887 ae 64 yrs. Casco. She m. Joseph Brown.
Mark, b. Apr. 14, 1827, d. Oct. 10, 1826.
Son, by second wife, b. Nov. 7, 1829, d. Nov. 7, 1829.
Son, b. July 1, 1833, d. July 1, 1833.
Mark Leach, b. June 3, 1835, d. Sept. 29, 1838 ae 3 yrs., 4 mos.
Sophronia L., b. Feb. 27, 1837, d. Sept. 30, 1838 ae 1 yr., 7 mos.
Margaret Ann, b. Oct. 27, 1838, d. Apr. 28, 1873 Raymond. She m. Joseph Moors.
Mary Eliza, b. Nov. 21, 1840, d 1908.
John Henry, b. Feb. 1, 1847, d. 1909.

COOK, Ephraim b. July 19, 1760 Dover, N.H., d. July 21, 1853 ae 93 yrs., 2 mos. He m. Oct. 30, 1802 in Otisfield, Mary Gould both of Raymond. She b. Apr. 24, 1774, d. Nov. 15, 1868 ae 94 yrs. Children:
Robinson, b. Mar. 16, 1803, (see below)
Martha, b. Nov. 27, 1804, d. Jan. 12, 1856. She m. in 1827, Nathan Gammon. He b. Oct. 23, 1799, d. Sept. 16, 1876.
Elizabeth, b. Dec. 1, 1806, d. June 8, 1850 ae 43 yrs., 6 mos., 7 das. She m. Josiah Swett of Casco. He d. Mar. 10, 1855 ae 49 yrs. Casco.
Sarah Jane, b. June 15, 1809, d. Nov. 11, 1891. She m. June 14, 1831 in Raymond, Nathan Maxwell of Casco.
Obediah Gould, b. Jan. 12, 1815, d. Feb. 3, 1894 Harrison.
Stephen, b. Apr. 30, 1817, d. June 5, 1844 ae 27 yrs.

COOK, Robinson b. Mar. 6, 1803 Raymond, son of Ephraim, d. July 29, 1877 ae 74 yrs., 3 mos., 15 das. He m. Sept. 14, 1829, Lorana Sanborn. She d. Mar. 26, 1831 ae 30 yrs., 6 mos. He m. (2) Oct. 12, 1834, Eliza Ann H. Maxfield both of Raymond. She b. Jan. 9, 1808, daughter of William & Rebecca (Mann) Maxfield, d. Mar. 7, 1897 ae 89 yrs., 2 mos., 23 das. They are buried in Harrison. Children:
Lorana, by second wife, b. Oct. 13, 1835, d. Dec. 27, 1886.
Laura Jane, b. May 15, 1837, d. Oct. 26, 1861.
Rebecca, b. June 30, 1843.
Abbie, b. Jan. 26, 1848,
Irene, b. Aug. 22, 1851
Almira Maxfield, b. Feb. 2, 1839

COOK, Hezekiah b. Jan. 5, 1773 Windham, son of Daniel & Annie (Varney) Cook, d. Feb. 11, 1863 ae 90 yrs. Casco. He m. Nov. 14, 1793 in Bridgton, Sally Whitney both of Raymond. She b. Oct. 13, 1776, d. Dec. 30, 1858 ae 82 yrs. She was a sister to Mrs. Jane (Whitney) Cook. Children:
Mary, b. Apr. 7, 1794. She m. Ethan Averill.
Ephraim, b. Oct. 24, 1795, (see below)

Daniel, b. June 12, 1798, (see below)
Moses, b. Feb. 18, 1800, moved to Ill.
Charlotte, b. Feb. 16, 1802.
Gary, b. Sept. 2, 1804.
Zachariah, b. Nov. 19, 1806, d. 1888. He m. Betsey Hunton. They settled in Ill.
Hezekiah, b. Mar. 30, 1809.
Asa, b. Feb. 28, 1811, d. Oct. 13, 1834.
Peggy, b. June 26, 1813. She m. Nathan Quimby.
Annie, b. Oct. 13, 1815
Jane, b. May 13, 1818, d. Aug. 24, 1880 ae 62 yrs. She m. Timothy Wight and lived in Casco.
Cyrus, b. May 8, 1821, d. Oct. 27, 1834 ae 13 yrs.

COOK, Ephraim Jr. b. Apr. 24, 1800, son of Hezekiah, d. 1859 Gorham. He m. Eliza Mayberry. She b. July 29, 1807, daughter of Daniel & Betsey (Nash) Mayberry. Children:
Charlotte Ann, b. Dec. 5, 1826. She m. Joshua Howard.
Albert G., b. Oct. 13, 1828, d. Oct. 1893.
Betsey M., b. Sept. 27, 1830. She m. Allen G. Prince.
Samuel M., b. June 8, 1832, d. 1919.
Eveline, b. June 3, 1834. She m. Levi Prince.
Cyrus, b. May 8, 1836
Sarah Jane, b. Sept. 17, 1838
Charles Henry,
Mary Susan,

COOK, Daniel Jr., b. June 12, 1798, d. Sept. 14, 1885 Wayne, Nebra., son of Hezekiah. He m. July 8, 1827, Mary A. Longley. She b. Dec. 18, 1808, d. July 12, 1891 Wayne, Nebra. They were living in Casco in 1850. Children:
Julia, b. July 28, 1828
Roscoe J., b. Mar. 27, 1830
John W., b. Apr. 1832
Greenville, b. Mar. 14, 1834
Frances Laurinda, b. Apr. 12, 1836. She m. Hiram C. Huntoon.
Eli Longley, b. Apr. 3, 1840, d. Apr. 6, 1862.

COOK, Richard b. Aug. 11, 1786, son of Daniel & Mary (Wescott) (Maxfield) Cook, d. May 10, 1871 Casco. He m. Apr. 30, 1811 in Windham, Mary Mayberry both of Windham. She b. June 24, 1790, daughter of William & Rebecca (Bodge) Mayberry, d. July 14, 1862 ae 72 yrs., 25 das. Children:
Martha A., b. July 17, 1812, d. Apr. 12, 1889 ae 76 yrs., 8 mos., 25 das. Casco. She m. Merritt Gay of Casco. He d. Nov. 6, 1884 ae 80 yrs., 8 mos. Casco. Casco
Daniel M., b. Dec. 19, 1813, d. Aug. 19, 1891. He m. Mary Holden.
Mary Jane, b. Mar. 22, 1816, d. Mar. 21, 1879. She m. Oct. 9, 1836, Ebenezer Barton. He b. Mar. 22, 1816, d. Mar. 1894.
Rebecca M., b. Dec. 21, 1817, d. July 25, 1861 ae 43 yrs., 7 mos., 7 das. Casco.
Oliver M., b. Feb. 17, 1819, d. 1871.

Silas B., b. Apr. 15, 1824. He m. Lydia Briggs and lived in Auburn.
William M., b. Aug. 12, 1826, d. Dec. 7, 1912. He m. Lydia Cook Bennett.
Richard, b. Sept. 11, 1828, d. Dec. 28, 1912 Casco. He m. Apr. 22, 1853 in Casco, Martha Ann Leach.
Benjamin Francis, b. July 24, 1832, d. Nov. 28, 1908. He m. Sarah J. Winslow.

COOK, Daniel b. Mar. 30, 1770, d. Oct. 11, 1858 Casco. He m. May 9, 1800 in Otisfield, Jane Whitney both of Raymond. She b. Mar. 27, 1782, d. July 29, 1871 ae 90 yrs., 3 mos. Windham. Children:
Susanna, b. Mar. 30, 1802, d. Dec. 8, 1803
Huldah, b. Apr. 6, 1804, d. Mar. 7, 1874. She m. in 1828, Lemuel Jones.
Maria, b. Mar,. 23, 1806, d. Feb. 28, 1888. She m. Oliver Pope.
Emma, b. Mar. 26, 1808, d. Jan. 17, 1892. She m Feb. 10, 1833, William Hall.
Sarah, b. Mar. 20, 1810, d. July 5, 1850. She m. Aug. 28, 1839, Isaiah Pope.
Salome, b. June 13, 1813, d. Jan. 15, 1904. She m. Clark N. Maxfield.
Valentine, b. Feb. 25, 1816, d. July 11, 1863. He m. Katherine Hamblen of Windham.
Mary Jane, b. Mar. 23, 1819. She m. Joseph Douglass.

CROCKETT, Albert b. Mar. 8, 1855, d. Aug. 25, 1924 Windham. He m. Oct. 30, 1878 in Raymond, Evangaline Barrows. She b. Oct. 14, 1842, daughter of Aaron Tyng & Matilda J. (Leavitt) Barrows, d. Apr. 21, 1935 Windham. Children:
Aaron T., b. Feb. 26, 1879
George 1., b. May 22, 1880
John W., b. Aug. 22, 1886

DALE, Joseph b. 1799, d. 1875. He m. Elizabeth Morton. She b. 1799, d. 1875. They are buried in Westbrook, they living there in 1839/40. His first wife is unknown, but d. Feb. 23, 1834. Children:
James J., b. Feb. 3, 1834, d. July 1, 1834. daughter, by second wife, b. Oct. 26, 1835.
Harriet G., b. Oct. 8, 1837.

DANFORTH, Rev. Samuel b. Feb. 24, 1804 Lynnfield, d. Jan. 28, 1872 Chicago. He m. Aug. 11, 1825, in Salem, Mass., Elizabeth Baker Mussey. She b. July 24, 1809 Portland, dd. Nov. 25, 1871 Lawrence, Kans. Children:
John Mussey, b. Mar. 15, 1826 Salem.
Stillman Akers, b. Mar. 7, 1828 Westbrook. He m. Feb. 18, 1849, Margaret Ann Plummer of Raymond.
Benjamin Lafayette, b. Sept. 28, 1830 Portland. He m. Nov. 11, 1855, Lavinia Gould Leach of Raymond. She b. Apr. 8, 1834.
Amos Blanchard, b. July 26, 1833.
Charles Lewis, b. Jan. 27, 1836 Raymond, d. Jan. 7, 1854.
Mary Elizabeth, b. Apr. 27, 1838 Westbrook, d. July 9, 1838.
Stephen Brown, b. Sept. 14, 1840 Lynn, Mass.
Samuel Chapman, b. Jan. 1, 1845 Saco.
Aurelia B., b. Mar. 3, 1846 Buckfield, d. Apr. 5, 1862 Boston.

DAVIS, John b. Sept. 19, 1757 Scarboro, son of John & Mary (Trueworthy) Davis, d. Sept. 27, 1829 ae 72 yrs. He m. Apr. 8, 1779, Jane Stanford. She b. Feb. 22, 1756, d. July 31, 1845 ae 89 yrs., 5 mos. Raymond. Children:
Elizabeth, b. Nov. 12, 1779, d. Aug. 2, 1857 Casco. She m. Nov. 7, 1799 in Standish, Joseph Dingley Staples both of Raymond.
Dominicus, (see below)
John, b. Mar. 19, 1784, d. Oct. 2, 1805 in West Indies.
Josiah, b. July 24, 1786, (see below)
Benjamin, b. Aug. 6, 1788, (see below)
Jane, b. Jan. 14, 1791, d. Mar. 18, 1859. She m. Dec. 1, 1808, Francis Small.
Lydia, b. May 2, 1793, d. Oct. 31, 1840. She m. Nov. 24, 1811, Gibeon Plummer.
Samuel, b. July 20, 1795, Living 1850 ae 55 yrs. Raymond. formerly of Raymond. He m. Mar. 5, 1834 in Raymond, Hannah Plummer.
Martha, b. Oct. 31, 1797, d. d. June 20, 1846. She m. Oct. 16, 1820, Thomas Witham both of Raymond.
Mary, b. Sept. 5, 1800, d. July 29, 1866. She m. Gideon Hayden. She m. (2) Nov. 30, 1830, Valentine Davis.

DAVIS, Dominicus b. Jan. 8, 1782, d. Jan. 8, 1841. He m. Elcy Cash of Raymond. She b. about 1788, daughter of John & Keziah (Strout) Cash of Raymond, living in 1850 ae 62 yrs. Poland. She m. (2) Apr. 9, 1843, Joshua Saunders of Poland, she of Raymond. Children:
John, b. Oct. 20, 1806.
Woodbury, b. May 20, 1809, (see below)
Jonas, b. Sept. 19, 1813, (see below)
Anna C., b. Apr. 1, 1816, d. July 15, 1863. She m. Hiram Thurlow.

DAVIS, Josiah S. b. July 24, 1786, son of John, d. May 6, 1866 ae 79 yrs., 11 mos., 8 das. He m. Feb. 1, 1810, Mary Small of Raymond. She b. June 9, 1791, daughter of Daniel & Sarah (Starbird) Small, d. Aug. 24, 1827. He m. (2) Mrs. Rachel (Bartoll) Foster, a widow. She b. 1801 Freeport, d. Sept. 21, 1887 ae 85 yrs., 11 mos. Children:
John, b. Sept. 29, 1810.
Daniel, b. Aug. 18, 1812.
Mial, b. Oct. 16, 1814, d. Jan. 22, 1816.
Josiah, b. Feb. 14, 1817.
James, b. June 9, 1821.
Sally S., b. July 20, 1823.
Mary, b. Oct. 8, 1825.
Rachel, b. Sept. 17, 1826.
Benjamin F., by second wife, b. July 17, 1828, d. Sept. 30, 1914 ae 86 yrs., 2 mos., 14 das.
Oliver H.P., b. Apr. 27, 1830.
Lydia P., b. Nov. 7, 1832.
Gibeon P. b. Dec. 18, 1834, (see below)
Martha J., b. about 1837.
Hannah M., d. June 23, 1843.
Susan F., b. about 1841.

Almira B., b. Aug. 21, 1843.
Henry C., b. Nov. 6, 1845.

DAVIS, Gideon Plummer b. Dec. 18, 1834, son of Josiah, d. Nov. 24, 1924 ae 89 yrs Raymond, He m. Melissa Ellen Fulton. She b. June 18, 1844, daughter of Capt. Elijah & Lucy (Abbott) Fulton of Raymond, formerly of Limington and Sebago, d. Sept. 3, 1869. He m. (2) Augusta C. Plummer. She b. Aug. 8, 1850, daughter of Jesse & Pamelia (Roberts) Plummer, d. Mar. 2, 1927 ae 76 yrs., 6 mos., 22 das. Raymond. Child :
Nellie N., b. Nov. 14, 1864.

DAVIS, Woodbury b. May 20, 1809, son of Dominicus. He m. in 1836, Mary Lewis (Cumberland County Marriages) She d. Jan. 17, 1841 ae 22 yrs.
Child:
Edgar B., b. Aug. 22, 1837.

DAVIS, Jonas b. Sept. 19, 1813, son of Dominicus. He m, Jan. 1, 1840 in New Gloucester, Martha Dyer both of Raymond. She b. Oct. 25, 1823, daughter of Samuel & Martha (Bacon) Dyer, d. Dec. 30, 1848 ae 25 yrs. (Her gravestone gives Jan. 30, 1849) He m. (2) Apr. 2, 1850, Elizabeth Osgood of Durham, he of Raymond. She b. Feb. 24, 1817 Durham. Child:
John H., b. Feb. 22, 1842.

DAVIS, Benjamin b. Aug. 6, 1788, son of John, d. Sept. 14, 1854 ae 66 yrs., 1 mo. He m. Nov. 27, 1810 in New Gloucester, Sally Witham of New Gloucester, he of Raymond. She b. Sept. 26, 1790 New Gloucester, d. Jan. 1, 1845 ae 55 yrs., East Raymond. He m. (2) Deborah Tenney of Raymond. She b. Feb. 5, 1808, daughter of Samuel & Deborah (Wilbur) Tenney, d. Aug. 16, 1854 ae 50 yrs. Lucretia Davis, d. Jan. 13, 1857 at Ben Davis house. Child:
Thomas W., b. Dec. 31, 1810, (see below)

DAVIS, Thomas W. b. Dec. 31, 1810, son of Benjamin & Sally (Witham) Davis, d. Feb. 1, 1882 ae 77 yrs. Raymond. He m. Apr. 23, 1834, Paulina Staples. She b. Apr. 25, 1812, daughter of Joseph Dingley & Elizabeth (Davis) Staples, d. Apr. 11, 1895 ae 82 yrs., 11 mos., 11 das. Raymond. They had 13 children, of which 6 were living when their mother died. Children:
Benjamin, b. May 4, 1835, d. Feb. 18, 1873 ae 37 yrs., 9 mos., 14 das.
Laura M., b. Aug. 29, 1836, d. Mar. 20, 1879. She m. Feb. 22, 1872 James Hulme.
Sally P., b. Feb. 27, 1838, d. Oct. 13, 1910. She m. Sept. 15, 1855, Stephen S. Welch.
Martha W., b. Nov. 15, 1840, d. June 26, 1930.
Esther Jane, b. Aug. 31, 1841, d. Nov. 22, 1907. She m. Oct. 22, 1862 William H. Wentworth. She m. (2) George B. Robinson. She m. (3) Oct. 1, 1881, Alonzo Strout of Raymond.
Thomas Manson, b. June 12, 1843, d. July 1, 1864 ae 21 yrs. in Army.
Joseph S., b. Apr. 20, 1845, d. Jan. 23, 1846 ae 9 yrs.
Elvira, b. Dec. 14, 1846, d. Feb. 13, 1896 Raymond. She m. Jan. 1, 1875, Frank Warren Riggs of Casco. He d. June 29, 1944 ae 94 yrs

Joseph S., b. Nov. 15, 1848, (see below)
Elizabeth Hayden, b. Sept. 26, 1851, d. Sept. 7, 1854 ae 4 yrs.
Orinda N., b. Mar. 3, 1853, d. Mar. 17, 1889. She m. Dec. 30, 1871, William Henry Edwards.
Emma Euphemia, b. Aug. 15, 1855, d. May 12, 1881.
Lydia Josephine, b. June 14, 1858, d. Sept. 4, 1918 Augusta. She m. July 25, 1878, Lester Howard Jordan of Raymond.

DAVIS, Joseph Staples b. Nov. 15, 1848, son of Thomas W., d. Feb. 25, 1912 ae 63 yrs., 3 mos., 9 das. Raymond. He m. May 19, 1872, Sarah Hadley. She b. June 3, 1848 Prince William, N.B., d. Aug. 26, 1927 ae 78 yrs. Portland (City Hospital). They are buried in North Raymond Cemetery. Children:
Willis Vinton, b. Sept. 1, 1873, d. Dec. 13, 1874.
Harry Steadman, b. Aug. 12, 1875.
Thomas Manson, b. Feb. 1, 1879.
Orrin Freemont, b. Nov. 20, 1884, living in 1905.
Emma Susan, b. Dec. 9, 1887, m. Owen 0. Elkins of Windham.

DAVIS, Gideon b. Feb.. 14, 1749/50 Scarboro, son of John & Mary (Elder) Davis, d. June 23, 1829 Raymond. He m. July 29, 1773 in Scarboro, Abigail McKenney of Scarboro. Children, order unknown:
Margaret, b. Mar. 26, 1774, d. Sept. 14, 1841 Raymond. She m. Jan. 2, 1794, Jeremiah Hayden.
Abigail, m. Dec. 25, 1802 in Poland, William Schellinger of Poland, she of Raymond. He m. (2) Nov. 28, 1805 in Poland, Elizabeth Waterhouse.
Lizzie, d. unm.
John, b. Apr. 22, 1778, (see below)
Sally, b. about 1785, living in 1850 ae 65 yrs. Raymond. She m. Timothy Berry both of Raymond.
Olive Margaret, d. Aug. 1841 Bridgton. She m. about 1815, Samuel Hamblen, formerly of Gorham. He b. May 13, 1787. Their first 3 children were born in Raymond, others in Bridgton.
Gideon, (see below)

DAVIS, Capt. John b. Apr. 22, 1778, son of Gideon, d. Mar. 26, 1859 ae 80 yrs. He m. Nov. 14, 1805 in Windham, Rhoda Jordan of Thompson Pond, he of Raymond. She b. July 16, 1782 (there was one b. July 22, 1782 in Gorham, daughter of Moses & Mary (Millett) Jordan?), d. Sept. 17, 1850 ae 66 yrs. He and his wife are buried in Webb's Mill Cemetery in Casco. Children:
Valentine, b. Aug. 7, 1806, (see below)
Desire, b. Mar. 22, 1809, She m. Ephraim S. Tenney of Raymond.
Eliza, b. Mar. 27, 1811, d. June 27, 1845. She m. Seba Smith of Casco.
Peggy, b Feb. 7, 1813, d. Nov. 1, 1851. She m. William McLellan.
Charles, b. July 4, 1815, (see below)
Gideon, b. Feb. 17, 1817, d. June 20, 1829 ae 13 yrs.
John, b. Jan. 1, 1819, d. Oct. 5, 1836 ae 13 yrs.
Rhoda, b. Sept. 27, 1820, d. May 14, 1897. She m. int. Nov. 26, 1844 in Casco, Daniel S. Jordan of Raymond, she of Casco.

John, b. Nov. 1822, d. Sept. 27, 1829.

DAVIS, Valentine b. Aug. 7, 1806, son of John, d. Dec. 14, 1871 ae 65 yrs., 4 mos., 7 das. He m. July 20, 1828, Lydia Small of Raymond. She b. Dec. 22, 1803, daughter of Daniel & Sarah (Starbird) Small of Raymond, d. June 27, 1829 ae 27 yrs. He m. (2) Nov. 30, 1830, Mrs. Mary (Davis) Hayden, widow of Gideon who d. Feb. 15, 1824 ae 27 yrs., 2 mos. She b. Sept. 5, 1800, daughter of John & Jane (Stanford) Davis of Raymond, d. July 29, 1866 ae 65 yrs., 11 mos. A Mary Davis, b. Mar. 24, 1804, d. Nov. 3, 1836 ae 32 yrs., 7 mos. was listed in Raymond records as one of his children, but clearly wasn't. Children:
Lydia S., b. Mar. 19, 1829, d. Nov. 1829 ae 27 yrs.
Edgar B., by second wife, b. Feb. 20, 1836, d. May 1837 ae 15 mos.
Orson, b. Aug. 31, 1831, d. Aug. 18, 1865 ae 34 yrs.
Lydia, b. Nov. 18, 1832. She m. Dec. 26, 1858 in Raymond, Joseph B. Jordan. He d. May 14, 1861 ae 32 yrs. She m. (2) Oct. 22, 1864, Henry B. Bennett of Westbrook.
Mary J., d, Sept. 27, 1863 ae 25 yrs., 2 mos. Raymond
Charles, b. Nov. 28, 1840, (see below)

DAVIS, Charles b. July 4, 1815, son of John, d. Dec. 26, 1877 ae 62 yrs., 6 mos. He m. Dec. 9, 1844, Abbie G. Strout of Casco. She b. June 29, 1824, daughter of George Bowie & Eunice (Butler) Strout of Raymond & Webb's Mills, d. Aug. 8, 1875 ae 51 yrs., 1 mo. Children:
Charles William, b. June 18, 1846, d. Sept. 27, 1854 ae 8 yrs., 3 mos
Abbie Ella, b. Nov. 27, 1848, d. Nov. 9, 1921. She m. June 2, 1872 George W. Brown.
Esther L., b. Mar. 16, 1854.
Charles, b. June 27, 1860, d. Nov. 30, 1922 ae 62 yrs. Oxford.
Elias A., b. July 10, 1862, m. Dec. 31, 1892, Edith Andrews
Olive A., b. Aug. 17, 1865.

DAVIS, Charles Jr., b. Nov. 28, 1840, son of Valentine, d. Mar. 25, 1915. He m. Dec. 4, 1863, Adelaide W. Strout of Raymond. She b. July 9, 1845, daughter of Alonzo & Harriet W. (Sawyer) Strout, d. Mar. 19, 1923 Raymond. Children:
Jennie M., b. Oct. 9, 1865. She m. George Robinson.
Hattie A., b. July 28, 1868, m. Nov. 28, 1894, Gilman G. Quint.
Abbie A., b. Jan. 24, 1871, d. Aug. 13, 1951, m. July 26, 1894, William E. Long of Portland.
Valentine, b. June 11, 1874, d, 1960. He m. Oct. 15, 1896, Eva J. Elliot, both of Raymond.
Sumner H., b. July 19, 1877, d. Apr. 27, 1952. He m. May 15, 1915, Bertha (Tripp) McConky of Gray.

DAVIS, Gideon Jr., b. about 1790, son of Gideon. (He was age 18 yrs. in 1808, Eastern Argus, Oct. 6, 1808) He m. Eliza Smith, daughter of Gen. John Kilby Smith of Portland, who d. Sept. 25, 1869 ae 82 yrs., 6 mos. Poland. She m. (2) Nov. 30, 1828, Curtis Walker of Thompson Pond Plantation. He d. Sept. 1849 ae 82 yrs. Casco. Children:

Mary, b. Mar. 18, 1813 Poland, d. Mar. 14, 1833 Otisfield. She m. Ebenezer Edwards
John, b. Oct. 14, 1814 Paris, living in 1840 Casco.
John, b. May 16, 1818
Thomas, b. May 16, 1820 Poland, d. Dec. 2, 1906 Poland.
Sally, b. Aug. 8, 1824.
Benjamin G., b. Oct. 4, 1826 Poland, d. July 13, 1907. Gray.

DAVIS, William H. Children:
Georgia W., b. Jan. 22, 1872
Bertha G., b. Jan. 24, 1876
Addie E., b. Apr. 3, 1879.

DECKER, David b. Mar. 8, 1802 Standish, son of David & Jemima (Decker) Decker. He m. Dec. 2, 1826 in Otisfield, Eliza Dunham of Otisfield, he of Raymond. She b. June 1, 1809 Otisfield, d. Jan. 26, 1842 ae 68 yrs. Children:
Edward, b. Mar. 2, 1827
Eliza A., b. Apr. 6, 1829. She m. Charles Knight.
Stillman, b. Jan. 20, 1831
Levi, b. Dec. 24, 1832
Lucy O., b. Sept. 15, 1838

DECKER, Joshua b. Jan. 21, 1803, son of David, d. Jan. 4, 1860. He m. in 1833, Elizabeth Emery. Child:
Erastrus, b. Oct. 1, 1834, d. 1872. He m. Mary Ann Johnson.

DECKER, William d. Nov. 19, 1871 ae 69 yrs. He m. in 1830, Mary Whitney of Harrison, he of Bridgton. She d. Nov. 2, 1864 ae 79 yrs. Children:
Mary, b. Feb. 6, 1831, d. Feb. 7, 1831
Leonard, b. May 15, 1832
Miranda, b. Aug. 26, 1834.
son, b. Mar. 17, 1837.

DILLINGHAM, Melzer Turner b. June 11, 1807 Turner, d. Feb. 17, 1879 Naples. He m. July 13, 1829 in Durham, Jane Brackett Reed both of Durham. She b. 1807 Peaks Island, d. 1891. Children:
Frances S., b. Aug. 3, 1831, d. Oct. 16, 1916 ae 85 yrs., 2 mos., 10 das. Naples. She m. Rufus Plummer.
Joseph Reed, b. Nov. 13, 1833 Greene, Me., d. Oct. 18, 1904 Portland.

DINGLEY, Capt. Joseph b. Nov. 28, 1729, d. Nov. 23, 1806 ae 77 yrs. Casco. He came as the first settler of Raymond at South Casco in fall of 1770. He m. Mary Jackson, daughter of Henry Jackson and died Dec. 24, 1800 ae 65 yrs.

DINGLEY, Samuel b. June 10, 1757 Cape Elizabeth, son of Capt. Joseph & Mary (Jordan) Dingley, d. Dec. 21, 1825 ae 66 yrs. Casco. He m. Jan. 16, 1783, Keziah Proctor of Windham, he of Raymond. She b. Mar. 19, 1761, daughter of William & Mary (Jackson) Proctor, d. Oct. 22, 1822 ae 61 yrs. Children:

Joseph, b. June 5, 1784, (see below)
William, b. July 8, 1786, (see below)
Samuel, b. Sept. 19, 1788, (see below)
Mary, b. Sept. 7, 1790. She m. Nov. 26, 1814, Mark White of Standish.
Susannah, b. July 11, 1792, d. Nov. 22, 1852. She m. Richard Manning of Casco.
Keziah, b. Sept. 21, 1795, d. Nov. 10, 1872 Depere, Wisc. She m. Jan. 1, 1824, Dominicus Jordan.
Sally, b. Aug. 13, 1799, d. Sept. 17, 1839. She m. Nov. 5, 1826, Daniel Murch of Casco. He d. Nov. 17, 1857 ae 54 yrs.
Jacob, b. June 25, 1802, (see below)

DINGLEY, Col. Joseph b. June 4, 1784, son of Capt. Samuel, d. Jan. 18, 1861 ae 76 yrs., 7 mos., 12 das. He m. Mar. 23, 1806, Martha Jordan. She b. Oct. 28, 1786, daughter of William & Anna (Leach) Jordan, d. June 28, 1846 ae 50 yrs., 8 mos. He m. (2) int. Mar. 24, 1850, Mrs. Prudence (Andrews) Pike, widow of Ivory Pike. She b. Nov. 24, 1802, d. Dec. 30, 1886. Children:
Catherine, b. July 11, 1806, d. Aug. 28, 1890. She m. June 1, 1828, Timothy D. Burnham. He b. Dec. 11, 1802 Harrison, d. July 14, 1883 So. Windham.
William, b. Aug. 31, 1808, (see below)
Keziah, b. Aug. 5, 1810, d. Nov. 2, 1893. She m. Daniel Barnard.
Samuel, b. July 15, 1812, d. Oakdale, Ca. He m. Sarah Sherman. He m. (2) Mary Rice. So. Casco.
Joseph, b. Apr. 10, 1815, d. Oct. 21, 1890. He m. Apr. 10, 1840, Mary Anna Sylvester.
Mary, b. Apr. 25, 1817, d. Dec. 19, 1817.
Ezekial, b. Feb. 7, 1819, d. Feb. 28, 1819.
Martha A., b. Oct. 13, 1822. She m. George W. Triggs of Boston, Ma.
Margaret E., b. Oct. 25, 1828.

DINGLEY, William b. Aug. 31, 1808, son of Joseph, d. Jan. 7, 1887 ae 78 yrs., 4 mos., 7 das. So. Casco. He m. Susan Whitney of Casco. She b. Apr. 22, 1801, d. June 19, 1887. Children:
Julia, b. Oct. 26, 1835, d. 1914. She m. George Tucker of Danvers, Ma.
Joseph, b. Jan. 30, 1837, d. 1856 by drowning.
Maria Antoinette, b. May 5, 1839, d. Mar. 3, 1908. She m. Horatio Gates Reynolds. She m. (2) Charles Shane of Casco.

DINGLEY, William b. July 8, 1786, son of Samuel, d. Feb. 15, 1836 ae 49 yrs. He m. Mar. 27, 1814 in Otisfield, Charlotte Barker of Otisfield, he of Raymond. She d. Sept. 14, 1834 ae 41 yrs.
Children:
James B., b. July 11, 1814, d. Mar. 8, 1841 ae 27 yrs., 5 mos.
George W., b. Jan. 27, 1816, (see below)
Catherine, b. Jan. 3, 1818, d. Oct. 12, 1838.
Mary, b. May 22, 1821, d. Sept. 15, 1824.
Richard M., b. June 23, 1823.

Sumner Stone, b. Jan. 1824, d. Jan. 29, 1859 ae 25 yrs., 5 mos. He m. Feb. 24, 1859 in Raymond, Maria Lucy Fulton of Raymond. She m. (2) Dec. 24, 1865, Capt. Whitman Sawyer.
Charles W., b. June 18, 1826, d. Mar. 1, 1884 New York City.
Royal, b. Oct. 23, 1828, d. Jan. 8, 1857.
Levi G., b. 1833, d. Apr. 20, 1925. He m. Nov. 29, 1866 in Otisfield, Delphia M. Edwards.

DINGLEY, George W. b. Jan. 27, 1816, son of William, d. Aug. 20, 1855 ae 39 yrs., 6 mos. Casco. He m. Dec. 27, 1841, Lydia D. Lovewell of Otisfield. She b. Apr. 3, 1818, d. Apr. 8, 1857.

DINGLEY, Samuel b. Sept. 19, 1788, son of Samuel, d. Mar. 26, 1849 ae 60 yrs., 6 mos. He m. Peggy Jordan. She b. June 2, 1794, daughter of William & Anna (Leach) Jordan, d. Sept. 16, 1836 ae 42 yrs. Children:
Charles, b. Jan. 17, 1815, d. July 30, 1891. He m. Abigail Libby.
Mark, b. Nov. 17, 1816, d. May 19, 1899. He m. Mary Jane Pike.
Mary A., b. July 2, 1818, d. July 30, 1885. She m. Dec. 29, 1843, Andrew Libby.
William J., b. Feb. 7, 1820, d. Dec. 29, 1899. He m. Eliza Watkins.
Margaret, b. Nov. 12, 1821, d. Dec. 11, 1852 ae 31 yrs.
Dominicus, b. Sept. 8, 1823, d. Feb. 10, 1897. He m. Dorcas Chute.
Elizabeth, b. Oct. 15, 1825.
Harriet A., b. Feb. 7, 1829, d. Sept. 11, 1881.
Maria, b. Oct. 1, 1831, d. Nov. 1, 1900.
Dorcas Ellen, b. July 27, 1834, d. July 1, 1859 Raymond.

DINGLEY, Jacob b. June 25, 1802, son of Samuel, d. Apr. 22, 1877 ae 74 yrs., 9 mos., 27 das. Gorham. He m. Jan. 1, 1828 in Gorham, Deborah Libby of Gorham, he of Raymond. She b. Mar. 5, 1810 Gorham, daughter of Ephraim Libby of Gorham, d. Oct. 5, 1880 Standish. They moved to Gorham about 1841. He is buried in the Manning Cemetery at South Casco. Children:
Mary White, b. Jan. 30, 1829, d. Apr. 30, 1904 ae 75 yrs., 3 mos. She m. July 3, 1864, Levi B. Phinney of Gorham.
Franklin, b. Apr. 22, 1830, d. Apr. 7, 1833.
Samuel D., b. Sept. 1832, d. July 22, 1893.

DOANE, John Randall b. Jan. 29, 1799, d. June 18, 1834 Raymond. He m. May 19, 1832, Lucy Strout of Raymond. She b. Apr. 24, 1809, daughter of Prince & Rachel (Strout) Strout, d. Sept. 5, 1895 Auburn. She m. (2) Oct. 6, 1834, Levi Small Jr. of Raymond. She m.(3) Samuel Easter Jr. of Auburn. Child:
Mary J.S., b. July 4, 1833, d. Apr. 6, 1915, m. Joseph Warren Churchill.

DOLLY, William A. d. Apr. 8, 1848 ae 63 yrs. He m. Harriet (Plummer) Hayden, widow of John Hayden (he b. Sept. 19, 1800, d. June 28, 1846) She b. Aug. 21, 1807, daughter of William & Hannah (Plummer) Plummer, d. Sept. 3, 1894 ae 86 yrs. (There was a William A. Dolly of Raymond who m. May 20, 1876, Patience E. Brown of New Gloucester, She b. June 3, 1859, daughter of John Nelson Brown) Children:

Augustus F., b. Feb. 17, 1835.
_, b. Mar. 20, 1836.

DOUGLASS, William Booker b. Apr. 7, 1809 Freeport, Me., d. Apr. 22, 1843 Freeport, Me. He m. Mary Duran of Raymond. She b. Jan. 20, 1811, daughter of Samuel & Keziah (Cash) Duran, d. Nov. 9, 1860 Raymond. She m. (2) Elisha Getchell of Durham. Children:
William Sidney, b. Oct. 10, 1832 Lisbon, Me., d. Oct. 5, 1890 Gray
He m. Nov. 26, 1861, Mary E. Nash of Raymond.
Louisa, b. Sept. 1, 1835.
Mary J., b. Nov. 7, 1841, d. Feb. 10, 1859.

DOUGHTY, Aramanzer. Child:
Lottie R., b. Apr. 23, 1884.

DURALL, William b. Oct. 25, 1801 Otisfield. He m. Nov. 24, 1825, Mary Scribner of Otisfield. She b. Oct. 4, 1802, d. Nov. 9, 1829 ae 26 yrs., 1 mo., 5 das. He m. (2) int. Aug. 2, 1829 in Otisfield, Rachel Edes both of Otisfield. She b. Apr. 24, 1791, d. Mar. 23, 1833. He m. (3) Jan. 24, 1836 in Otisfield, Sally (Hayden) Mayberry of Raymond., widow of Jordan Mayberry . He d. Feb. 10, 1833 ae 38 yrs. Children:
Viana, by second wife, b. Aug. 10, 1831.
Mary E., b. Nov. 27, 1836.

DURAN, Samuel b. Oct. 2, 1776 Durham, son of Matthew & Sarah (Cash) Duran of Durham, d. Jan. 3, 1857 ae 81 yrs. Portland. He m. Sept. 20, 1798 in Windham, Keziah Cash of Raymond. She b. 1780, daughter of John & Keziah (Strout) Cash of Raymond, d. July 9, 1827 ae 47 yrs. Raymond. He m. (2) Aug. 6, 1828, Mrs. Hannah (Runners) Tukey, widow of William Tukey (he d. Apr. 4, 1823 ae 30 yrs.) She d. Aug. 8, 1856 ae 65 yrs. Children:
George S., b. May 23, 1799, (see below)
Keziah, b. May 3, 1801, d. June 14, 1825, She m. Oct. 22, 1818, George Small Jr.
 of Raymond. -- -
Sally, b. Mar. 24, 1803.
Samuel, b. Mar. 31, 1805, (see below)
John C., b. Dec. 24, 1806, (see below)
Rhoda, b. Feb. 28, 1809 .
Mary, b. Jan. 20, 1811. She m. William Boomer Douglass
Annie, b. Mar. .9, 1813.
Azeneth, b. Apr. 11,. 1815, d. Feb. 20, 1842.
Martha, b. July 1817 .
Thankful S., b. Nov. 13, 1819, d. May 15, 1842.
Sophia B., b. June 30, 1821 (or 1822 by Raymond records), d. Oct. 26, 1901. She
 m. Sewall Leavitt of Windham.
Job R., by second wife, b. Nov. 29, 1829.

DURAN, George S. b. May 23, 1799, son of Samuel, d. Sept. 10, 1854 ae 80 yrs. Portland. He m. Ann S. _, who d. Jan. 6, 1852 ae 46 yrs., 5 mos. Children:
Ami, b. Mar. 8, 1826, d. 1870, m. Apr. 8, 1861, Eliza Jackson.

Rebecca F., b. June 30, 1828, d. Nov. 22, 1842.
Keziah, b. Mar. 11, 1830, d. July 8, 1863. She m. Mar. 31, 1850 in Poland, Charles Henry Tripp.
Oliver, b. Sept. 24, 1832, m. Aug. 1, 1852, Mary A. Hodges.
Pamelia A., b. Jan. 30, 1834, d. Sept. 10, 1852 ae 17 yrs., 6 mos.
George S., b. Apr. 12, 1836, d. Dec. 12, 1859 ae 23 yrs., 8 mos. He m. Cordelia P. Strout. She m. (2) Nov. 14, 1864, Francis J. Spiller.
William p., b. July 24, 1838, d. Apr. 9, 1839 ae 15 das.
Elliot C., b. Sept. 18, 1842, served in the 9th. Me. Reg't.

DURAN, John Cash b. Dec. 24, 1806, son of Samuel, d. Apr. 18, 1876 ae 69 yrs. He m. Ruth Strout of Raymond. She b. Aug. 11, 1813, daughter of Samuel Dyer & Mary (Thurlow) Strout, d. July 5, 1894 ae 80 yrs., 10 mos., 24 das. She m. (2) may 11, 1879, James Strout of Raymond. Children:
Samuel D.S., b. Mar. 11, 1835, d. May 10, 1864.
Alonzo G., b. May 29, 1837, d. Sept. 13, 1862 in battle.

DURAN, Samuel b. Mar. 31, 1805, son of Samuel, d. Apr. 20, 1877 ae 73 yrs. Portland. He m. Nov. 1, 1827 in Durham, Hannah Dyer of Durham, he of Raymond. She b. Feb. 1, 1801, daughter of Moses & Mary (Patrick) Dyer of Durham. d. Oct. 1, 1887. Children:
Moses D., b. July 10, 1831, (see below)
Samuel, b. Mar. 3, 1835, (see below)
Hannah, b. Oct. 28, 1839.

DURAN, Moses Dyer b. July 10, 1831, son of Samuel & Hannah (Dyer) Duran, d. Aug. 25, 1889 ae 58 yrs., 1 mo., 15 das. He m. Sophronia B. Strout of Raymond. She b. Nov. 4, 1832, daughter of Charles & Maria (Cash) Strout, d. June 15, 1914 ae 81 yrs., 7 mos., 5 das. Raymond. Children:
Vianna V., b. July 4, 1856, d. May 7, 1915. She m. Oct. 3, 1875 in Casco, Sidney Foster.
Addie L., b. July 13, 1858., d. May 18, 1908. She m. _ _Tripp.
Alonzo G., b. Apr. 12, 1863, d. Oct. 29, 1914 ae 51 yrs., 6 mos.,
Moses D., b. Aug. 10, 1867, d. 1922 Roslindale, Mass.
Sophia, b. Dec. 2, 1869, d. Aug. 7, 1870 ae 8 mos., 7 das.
Sewall L., b. July 25, 1873, living 1915, Roslindale, mass.

DURAN, Samuel b. Mar. 3, 1835, son of Samuel, d. 1914. He m. Phebe Jane Bragdon. She b. Oct. 21, 1843 Poland, daughter of John & Eliza (Thurlow)Bragdon of Poland, d. Nov. 10, 1924 ae 81 yrs., 17 das. Mechanic Falls. Children:
Martha J., b. Nov. 21, 1863.
Josiah C., b. July 30, 1869.
Edith E., b. Apr. 5, 1873.
John, b. Feb. 2, 1875.

DURAN, Francis b. May 13, 1783 Durham, son of Matthew & Sarah (Cash) Duran of Durham, living in 1840 in Raymond & in 1850 Poland. He m. in 1805, Apphia Sawyer. She b. Jan. 9, 1789, living in 1850 age 61 yrs. Poland. Children:
Elisha S., b. Sept. 17, 1806.
Freeman, b. Dec. 17, 1808. ---
David, b. May 31, 1811, living in 1860 ae 49 yrs. Poland. He m. Mary Smith of Poland.
Nathaniel, b. Jan. 13, 1814.
Peter, b. Apr. 12, 1815, d. June 23, 1889 ae 74 yrs., 2 mos., 11 das. Andover, Me.
Francis, b. July 6, 1818, living in 1860 Poland.
Jeremiah G., b. Jan. 2, 1823.
Asbury, b. Dec. 20, 1825, d. Sept. 1826.
Aphia, b. Feb. 9, 1830. She m. Sept. 3, 1846 in Poland, William Smith of Raymond. They lived Poland.

DURAN, Nathaniel b. Feb. 2, 1788 Durham, son of Matthew & Sarah (Cash) Duran of Durham, d. June 22, 1854 Casco. He m. Jan. 17, 1815 in Limington, Mary Young of Limington. She b. 1798, d. 1879. They are buried at Webb's Mills. Children:
Nathaniel Jr., b. Dec. 10, 1816 Durham, d. Apr. 29, 1898 Casco. He m. Oct. 1, 1852, Olive C. Winslow
Betsey, b. Nov. 6, 1817, d. July 13, 1897 Topsham. She m. Dec. 10, 1840 in New Gloucester, Calvin Dyer.
Mary, b. July 12, 1820, d. 1846.
David, b. Apr. 17, 1823, d. May 10, 1906 Gorham. He m. May 3, 1846 in Poland, Adaline Gerry of W. Poland.
Sally, b. Sept. 25, 1825, d. 1832
William, b. Jan. 16, 1829, d. June 14, 1905. He m. Nov. 9, 1856 in Casco, Octavia Tenney.
Emily, b. June 13, 1831, d. 1832.
Sally, b. May 10, 1833, d. Apr. 22, 1918. She m. int. Mar. 1, 1858 in Casco, Benjamin D. Butler of Casco. He b. Mar. 11, 1821, d. Nov. 28, 1898.

DYER, Moses b. Oct. 1, 1809 Durham, son of Moses & Mary (Patrick) Dyer of Durham, living in 1840 by census report. He m. Oct. 3, 1830 in Durham, Anna B. Nason of Minot. He had sisters, Mrs. Benjamin Spiller and Mrs. Samuel Duran Jr., both of Raymond. Children:
Alzora A., b. Jan. 29, 1832, d. Apr. 13, 1833.
Velsora A., b. Nov. 23, 1833.
Margaret J., b. Nov. 8, 1835.
Nathan, b. July 11, 1838.
Harriet, b. July 27, 1840.

DYER Samuel b. Feb. 3, 1783 Limington, son of Daniel & Ruth (Cash) Dyer of Limington. He m. Dec. 1, 1808, Martha Bacon both of Gorham. She b. Mar. 17, 1790, d. Sept. 29, 1872. Three of their 12 children were of Raymond.
Calvin, b. Sept. 15, 1815, (see below)
John Cash, b. Apr. 16, 1822, (see below)

George Levi, b. May 5, 1829, (see below)

DYER, Calvin b. Sept. 15, 1815, son of Samuel, d. Jan. 2, 1896 ae 80 yrs., 19 das. Topsham. He m. Dec. 10, 1840 in New Gloucester, Betsey Duran of Raymond. She b. Nov. 6, 1817, daughter of Nathaniel & Mary (Young) Duran of Casco, d. July 13, 1897 ae 79 yrs., 8 mos., 7 das. Topsham. Children:
Mary Elizabeth, b. Sept. 10, 1841
Mary True, b. Sept. 3, 1843
Margaret Ann, b. Jan. 20, 1845
Elbridge, b. Aug. 2, 1848
Martha, b. Nov. 12, 1850, d. Sept. 9, 1870.
Angeline W., b. Jan. 24, 1853, d. May 17, 1865.
Albert, b. Feb. 28, 1856, d. Mar. 16, 1856.
Adelaide, b. Feb. 28, 1856, d. Dec. 16, 1856.
Orlando, b. Oct. 22, 1857, d. Feb. 21, 1888.

DYER, John Cash b. Apr. 6, 1822, son of Samuel, d. Oct. 4, 1914. Greenview, Ca. He m. Apr. 18, 1847, Elizabeth Ann Strout of Casco, he of Raymond. She b. Jan. 22, 1829, daughter of Hooper D. & Deborah (Small) Strout, d. Nov. 20, 1912 Greenview, Ca. They moved to Nebraska in 1872 and helped found the town of Leroy. Children:
Addison, b. May 27, 1848.
Hooper S., b. June 28, 1851.

DYER, George Levi b. May 5, 1829, son of Samuel, d. Jan. 3, 1885 ae 55 yrs., 9 mos. Sherbrooke, P.O. Canada, formerly of Casco. His wife was Esther, b. about 1828. Child:
Henry H., b. Dec. 20, 1852.

DYER, Thomas. Children:
Oscar F., b. Nov. 28, 1815.
Sarah P., b. May 25, 1817
Elsie S., b. Dec. 16, 1818
Samuel, b. Mar. 28, 1820
Judith, b. July 5, 1821, d. June 22, 1826
Thomas, b. Nov. 24, 1822
Louisa P., b. Feb. 12, 1825
Judith 2nd., b. June 1, 1826
Eleazer P., b. Oct. 9, 1827.

DYKE, George W. b. May 1838 Windham, son of Rev. John W. & Cylena (Holbrook) Dyke, d. Aug. 27, 1894 ae 56 yrs., 2 mos., 30 das. He m. Sept. 9, 1864 in Standish, Harriet McLucas of Casco, he of Raymond. He m. (2) Apr. 18, 1877 in Casco, Dora S. Hunt, who d. Mar. 3, 1895 ae 57 yrs. Children:
Martha Jane, b. May 11, 1871.
Charles W.,
Fred W.

EASTMAN, John d. Feb. 27, 1854 ae 59 yrs. He m. Elmira Stevens. She d. Jan. 5, 1864 ae 70 yrs., 7 mos. Both were born in No. Conway, N.H. Children:
Hannah, b. Apr. 18, 1820. She m. Aaron B. Holden.
Joseph S., b. Feb. 24, 1823, d. Jan. 5, 1875.
Moses S., b. Jan. 3, 1826, d. Apr. 30, 1904 ae 78 yrs., 3 mos., 27 das. Casco.
John, b. Oct. 19, 1827, d. Jan. 27, 1833.

EDWARDS, Caleb b. Aug. 17, 1795, d. Mar. 31, 1885 Otisfield. He m. int. Sept. 23, 1817 in Otisfield, Hannah Welch. She b. May 10, 1795, d. Nov. 30, 1869 Otisfield. He m. (2) May 21, 1870, Mrs. Harriet N. (Strout) Gay of Poland, he of Otisfield. She b. Aug. 19, 1818 daughter of Daniel & Hannah (Strout) Strout, d. Sept. 14, 1900 Casco. She m. (1) July 22, 1855, William Gay both of Raymond. Children:
Rhoda, b. Jan. 4, 1819, d. Sept. 17, 1841.
Abigail, b. Aug. 8, 1821, d. Oct. 6, 1903.
Cordelia Maguire, b. Nov. 8, 1826, d. Feb. 17, 1899.

EDWARDS, William b. Dec. 15, 1779, son of William & Lydia (Baker) Edwards, d. Dec. 31, 1855 ae 77 yrs. He m. Apr. 25, 1803, Joannah Schellinger of Poland, who d. 1804. He m. (2) May 23, 1806, Mary Edwards of Raymond, he of Otisfield. She b. May 20, 1784, d. Jan. 4, 1863 ae 79 yrs. Children:
Rebecca, b. Sept. 1, 1806, d. Feb. 3, 1859. She m. Jan. 1833, Lyman Forbes.
Jeremiah, b. Sept. 2, 1808, d. Oct. 26, 1882.
Ebenezer, b. Dec. 18, 1810, d. Feb. 1, 1882.
Joanna, b. July 18, 1815, d. Dec. 3, 1888. She as Mrs. Johnson of Westbrook m. (2) int. Oct. 22, 1852, Alfred Mains of Raymond.
Martha. b. Aug. 29, 1 81 8

EDWARDS, David b. July 2, 1834, son of Ephraim & Peggy (Brown) Edwards, d. Mar. 5, 1906 ae 71 yrs., 8 mos., 3 das. Malden, Mass. at res. of his son, Charles. He m. Feb. 19, 1853, Eunice Small. She b. Dec. 26, 1832, daughter of George & Joanna (Tripp) Small, d. June 16, 1910 ae 77 yrs., 5 mos. New Gloucester. Children:
Harrison, b. Feb. 8, 1855, d. Sept. 17, 1941 ae 86 yrs. He m. Dec. 4, 1884, Flora E. Rowe of New Gloucester.
Charles Dingley, b. Mar. 7, 1857, living in 1901 Malden, Mass.
David Walter, b. Oct. 28, 1858. He m. Nov. 28, 1889 in Lowell, Mass., Clara Clark Ayer.
Anna Margaret, b. Aug. 14, 1860, d. Nov. 24, 1924.
Lizzie Ella, b. June 7, 1862. She m. June 6, 1889, Albert G. Strout.
Ida Emma, b. Mar. 24, 1864. She m. Nathan G. Hatch of Whitman, Mass.
Fred Albinus, b. Jan. 21, 1869. He m. Dec. 10, 1887 in Poland. Mattie B. Tobie of Poland. She d. Mar. 9, 1891 ae 21 yrs., 2 mos., 2 das. He m. (2) July 1, 1894, Mrs. Rose Mellie (Edwards) Chick of Poland. She b. Sept. 21, 1868, d. Dec. 1910 Raymond.

EDWARDS, William Henry b. July 16, 1848 Otisfield, d. Sept. 14, 1908 Mechanic Falls. He m. Dec. 30, 1871, Orinda N. Davis both of Raymond. She b. Mar. 3,

1853, daughter of Thomas W., & Paulina (Staples) Davis, d. Mar. 1, 1889. He m. (2) Apr. 4, 1885 in Raymond, Alice Elizabeth Strout of Raymond. She b. Aug. 6, 1868, daughter of Nehemiah & Eliza Jane (Bartlett) Strout, d. Apr. 20, 1913 Mechanic Falls. She m. (2) Dec. 20, 1911 in Oxford, Chesley A. Bowen both of Mechanic Falls. Children:
Bertha L., b. May 10, 1884.
Rosie E., b. July 27, 1886, d. Jan. 15, 1891.
Lizzie, b. Dec. 25, 1887.
Jennie, b. Mar. 8, 1889, d. Dec. 26, 1900.

EDWARDS, Nathaniel b. May 24, 1795 Otisfield, d. Sept. 7, 1843 Gardiner. He m. Jan. 2, 1822, Joanna Bradman of Minot, he of Raymond. She d. Mar. 1879 Portland. His widow was a pensioner for his service in the War of 1812. (His father, Nathaniel Edwards, b. June 2, 1752 Haverhill, Mass., d. June 14, 1828 ae 76 yrs. Otisfield. He m. Oct. 1775 in Gorham, Sarah Hunt, according to Otisfield vital records. She b. Apr. 16, 1754, d. Mar. 5, 1832 ae 78 yrs. Raymond.) Children:
Addison, b. Feb. 26, 1823
Laura C., b. Apr. 9, 1824
Sarah A., b. Sept. 29, 1826
Lorana A., b. May 18, 1828
Angeline, b. June 24, 1830
Philanda, b. Sept. 30, 1832.
Henrietta, b. May 24, 1835.

EDWARDS, Ephraim b. May 17, 1797, d. May 13, 1877 ae 81 yrs. He m. int. Aug. 17, 1817, Peggy Jordan of Gray. She was apparently Peggy (Brown) Jordan, as the Edwards gives her as Mary Brown, daughter of Andrew & Rachel (Small) Brown. Peggy or Margaret d. Feb. 24, 1870 ae 77 yrs., 1 mo., 29 das. Both are buried in a family Cemetery on Johnson Hill Road in Poland, next to the Casco town line. Peggy Brown is given in the Otisfield History as born Apr. 28, 1792 in Gray and died Apr. 28, 1868. Children:
William, b. Feb. 1, 1816, (see below)
Asa, b. Feb. 29, 1820 Casco, d. Feb. 28, 1906 Casco. He m. Mar. 3, 1842, Lydia Tripp. He m. (2) May 12, 1899, Mrs. Annie (Herrick) Doughty.
Lydia, b. Dec. 4, 1822, d.y.
Joshua, b. Nov. 1824, d. in Civil War.
Juliette, b. Sept. 25, 1825, d. Oct. 25, 1894. She m. Joseph Brown of Minot.
Jonas, b. Feb. 29, 1828, (see below)
Isaac, d. Oct. 15, 1902 ae 66 yrs., 7 mos. Windham.
Ephraim, d. July 2, 1854 ae 24 yrs.
David, b. July 2, 1834, d. Mar. 5, 1906 ae 71 yrs., 8 mos., Malden, Mass. He m. Feb. 19, 1853, Eunice Small.

EDWARDS, William b. Feb. 1, 1816, son of Ephraim, d. July 17, 1901 ae 85 yrs., 5 mos., 17 das. New Gloucester. He m. int. July 25, 1838, Sarah Ann Elwell both of Poland. She b. Mar. 31, 1821, daughter of Jeremiah & Betsey (Elwell) Elwell, d. Apr. 30, 1902 ae 78 yrs., 2 mos. New Gloucester. Children:

Percis, b. Nov. 23, 1856, d. June 12, 1858 Raymond.
William, b. Mar. 31, 1859, (see below)
Elmer Ellsworth, b. Dec. 14, 1861
Hattie Dora, b. July 23, 1867. She m. Charles Brackett.

EDWARDS, William b. Mar. 31, 1859, son of William, d. Mar. 1937 New Gloucester. He m. July 21, 1878, Estella Thurlow. She b. Aug. 28, 1860 daughter of Peter & Sabrina (Adams) Thurlow of Raymond, d. Aug. 1938 New Gloucester. Children:
Lydia E., b. Feb. 16, 1879. She m. Dec. 31, 1900, Hewitt C. Edwards.
Bryon W., b. May 17, 1880, d. Oct. 9, 1880.
Rachie A., b. Aug. 5, 1881. She m. Nov. 19, 1906, John Perky Witham.
Juliette, b. Apr. 6, 1883. She m. Lawson L. Magquire.
Rubie E., b. July 27, 1884. She m. Harry A. Goss.
Addie A., b. Mar. 14, 1887. She m. Loren Tripp.
Eva L., b. Jan. 20, 1889. She m. John Otis Nelson.

EDWARDS, Jonas b. Feb. 29, 1828, son of Ephraim, d. Mar. 8, 1911 Poland. He m. Apr. 25, 1852, Abigail Electra Barrows. She b. June 20, 1832, daughter of Samuel & Jane (Riggs) Barrows, d. Apr. 19, 1911. They are buried in the Edwards Cemetery in Poland on Johnson Hill. Children:
Samuel Augustus, b. May 28, 1853, d. Sept. 6, 1898.
Channing, b. Dec. 19, 1854, d. June 20, 1863 ae 8 yrs., 6 mos., 11 das.

EDWARDS, Charles Ephraim b. June 10, 1854 Poland, son of Ephraim & Betsey (Carpenter) Edwards. He m. Jan. 17, 1872 in Hebron, Abigail Thurlow. She b. July 12, 1856, daughter of Abraham & Abigail (Elwell) Thurlow, d. Aug. 17, 1875. He m. (2) Aug. 3, 1878, Almeda Strout. She b. Dec. 22, 1858, daughter of Wadsworth & Sarah (Verrill) Strout, d. Mar. 12, 1899 Auburn. He d. Dec. 31, 1933. Buried in New Gloucester. Children:
Charles Lewis, b. 1874, d. Sept. 15, 1875.
Osmyn Emery, b. Apr. 22, 1873, d. Feb. 1899 Yarmouth.

EDWARDS, Asa Miles b. May 26, 1846 Casco, son of Asa & Lydia S. (Tripp) Edwards, d. Dec. 12, 1912 Raymond. He m. Oct. 9, 1867 in Casco, Josephine Robinson. She b. Oct. 9, 1849, daughter of John & Betsey (Small) Robinson, d. Jan. 22, 1908 Raymond. Children:
Morris, b. Feb. 7, 1870, d. Dec. 15, 1878.
Augustus, b. Jan. 8, 1873, d. Dec. 16, 1878.
Freeland, b. Mar. 12, 1874. He m. June 27, 1895, Alfreda D. Clifford.
Gracie, b. Jan. 1, 1876.
Eleanor, b. Apr. 15, 1879, d. Sept. 7, 1918 ae 39 yrs. She m. Sept. 1, 1895, James S. Plummer of Raymond.
Lillian B., b. Jan. 15, 1881. She m. June 27, 1906, Charles V. Gould of Lisbon.

EDWARDS, Stevens b. Dec. 21, 1811, d. June 5, 1890. He m. int. Feb. 11, 1838 in Otisfield, Abigail Hamblen. She b. Sept. 14, 1814, daughter of Elijah & Sarah Jane (Murch) Hamblen, d. Sept. 13, 1900 Raymond. Children:

William P., b. July 16, 1848, d. Sept. 14, 1908.
Ezelia F., b. Aug. 11, 1844.
Frances, b. Aug. 15, 1842, d. July 11, 1888 ae 47 yrs. She m. Daniel L. Milliken.

EDWARDS, Samuel Goodale b. Jan. 28, 1809, son of John & Susanna (Scribner) Edwards, d. Dec. 22, 1883 Casco. He m. Dec. 14, 1837, Dorcas Caswell Whitney of Harrison. She b. Oct. 20, 1820, d. Oct. 8, 1855. Child:
Philip Wadleigh, b. July 4, 1848.

EDWARDS, Frank Willis b. Jan. 30, 1858 Poland, son of Dennis & Nancy (Butters) Edwards. He m. Dec. 4, 1882 in Raymond, Lizzie Althea Brown. She b. Apr. 11, 1866, daughter of Thomas Jackson & Althea Perkins (Messer) Brown. They were living in 1907 in Lisbon, Me. Child:
Flossy Ida, b. Oct. 19, 1883.

EDWARDS, Jeremiah b. Sept. 9, 1839. He m. Mary Ann Benson of Gray.
Child:
Edward Woodbury, b. Oct. 14, 1867.

EDWARDS, Richard b. Feb. 28, 1788, son of William & Lydia (Baker) Edwards, d. Mar. 14, 1842 Casco. He m. int. Mar. 19, 1815, Dorcas Brown of Gray, he of Otisfield. She b. 1797, daughter of Andrew & Rachel (Small) Brown, d. Mar. 12, 1840 Casco. Children:
Julia A., b. Feb. 14, 1816 Casco. She m. William Mayberry.
Humphrey Small, b. Mar. 15, 1818 Casco, (see below)

EDWARDS, Humphrey Small b. Mar. 15, 1818, son of Richard, d. Apr. 1, 1900 Casco. He m. May 16, 1837 in Otisfield, Mary Cobb of Otisfield, he of Raymond. She b. July 20, 1817, daughter of Andrew & Nancy (Elwell) Cobb, d. Apr. 27, 1862 Casco. He m. (2) Dorcas A. (Strout) Robbins of Poland. She b. Aug. 29, 1838 New Gloucester, daughter of John & Clarissa (Tripp) Strout, d. Nov. 23, 1897 Portland. Children:
Dorcas B., b. Mar. 25, 1838. She m. Silas P. May.
Harriet E., b. Apr. 27, 1839, d. May 3, 1895 Poland. She m. May 24, 1854, Thomas Verrill.
Mary, b. Apr. 10, 1865.
Nelson W., b. June 24, 1867

EDWARDS, Elijah Hamblen b. July 8, 1844 Otisfield. He m. Dec. 25, 1875, Eliza J. Cobb. She b. Aug. 25, 1859, daughter of Chipman & Eunice (Tripp) Cobb. Children:
Sarah F., b. Apr. 29, 1881. She m. May 12, 1897, Eugene F. Bickford.
Myrtle L., b. Aug. 10, 1882. She m. Dec. 16, 1897, Chester Mosher.
Nellie, b. Aug. 10, 1889. She m. Oct. 2, 1849, George Albert Varney.
Granville, b. Jan. 18, 1891.
Charles C., b. Nov. 16, 1894
Georgianna, b. Aug. 6, 1895.

EDWARDS, Isaac F. b. Apr. 5, 1840, son of Abram & Sarah (Morse) Edwards, d. Aug. 21, 1911. He m. Apr. 25, 1864, Mary E. Strout of Raymond. She b. Sept. 11, 1841, daughter of Joseph & Mary (Strout) Strout, d. Oct. 28, 1881. He m. (2) Oct. 27, 1894 in E. Raymond, Hattie A. Smith of Casco.
Children:
Matilda A., b. Apr. 3, 1867.
__, b. July 19, 1865, d. July 30, 1879.

ELKINS, Samuel d. 1849 ae 69 yrs. Raymond. He m. Mary Jordan. She b. Apr. 24, 1788, daughter of John & Jane (Stanford) Davis, d. Mar. 1860 Casco. Children:
Molly, b. Jan. 27, 1814, d. Oct. 11, 1819.
Eunice, b. Aug. 28, 1816, d. Feb. 10, 1882. She m. int. Jan. 7, 1849 in Casco, Joseph Skinner of Casco.
Roger, b. Feb. 21, 1819, d. Feb. 28, 1820.
Mary, b. Sept. 30, 1821.
Hezekiah, b. Mar. 31, 1824. He m. May 13, 1849, harries E. Libby. She b. June 15, 1832, daughter of Henry & Dorcas (Jordan) Libby, d. May 27, 1854 ae 22 yrs.
Samuel, b. Apr. 4, 1826.

EMERY, Mark b. Mar. 24, 1791. He m. Lydia Bessey of Paris. Children:
Jane, b. Dec. 1, 1817
James, b. Mar. 3, 1820

ESTES, Samuel b. Mar. 4, 1822, son of William & Betsey (Stanton) Estes, d. Sept. 15, 1895 New Gloucester. He m. May 8, 1849 in Casco, Margaret Strout of Raymond. She b. Jan. 26, 1832, daughter of Joshua & Martha (Tyler) Strout, d. Aug. 23, 1915 Mechanic Falls. They are buried in New Gloucester. Children:
Alverdo, b. Feb. 8, 1850, d. Mar. 15, 1920 New Gloucester.
Jannette, b. _10, 1852.
Winfield S., b. Aug. 23, 1853, d. May 8, 1909 New Gloucester.
Ida M., b. Jan. 29, 1855, d. Jan. 16, 1922 New Gloucester. She m. William H. Eveleth of New Gloucester.
Ann Luella, b. Mar. 10, 1856, d. July 10, 1918 New Gloucester. She m. James Segar.
Amos, b. Dec. 13, 1858, d. Aug. 11, 1872 ae 14 yrs., 7 mos., 11 das.
Charles A., b. Jan. 20, 1859, d. Dec. 11, 1926 New Gloucester.
Frank W., b. Apr. 30, 1861.
Edgar L., b. Mar. 18, 1861.
Nellie G., b. Mar. 10, 1865. She m. Sept. 20, 1873, J. Weston Drew of Poland.
Hattie, b. Feb. 6, 1867, d. Sept. 30, 1887.
John E., b. Dec. 28, 1868, d. Dec. 25, 1933 Lewiston.
Grace L., b. Feb. 25, 1871.

ESTES, Simeon b. Sept. 1, 1796, son of Simeon & Hannah Estes, d. Jan. 28, 1881. He m. Mary Cook of Casco. She b. Sept. 14, 1798, daughter of Nathan & Mary (Maxfield) Cook, d. Jan. 26, 1881. They moved to China, Me. in 1837. Children:
Eliza Ann, b. July 9, 1826, d. Dec. 7, 1856 ae 30 yrs., 5 mos. Casco.
Isaiah Cook, b. Apr. 1, 1828 Casco, d. Nov. 8, 1919 Auburn.

Hannah Cook, b. Sept. 30, 1830. She m. Mar. 3, 1852, Miles K. Hilton and lived at Castle Hill, Me.

ESTES, Amos d. Jan. 11, 1870 ae 69 yrs., 2 mos., 17 das. He m. int. in Poland, Abigail Elder of Windham, he of Poland. She b. Nov. 9, 1796, d. July 22, 1848 ae 51 yrs., 9 mos., 19 das. He m. (2) Margaret _, who d. Sept. 1, 1851 ae 43 yrs., 5 mos., 16 das. He m. (3) int. June 15, 1852 in Poland, Mrs. Elsie (Brown) Barton both of Poland. She b. Feb. 1807, daughter of Jesse & Elsey (Strout) Brown, d. Oct. 3, 1871 ae 64 yrs., 8 mos.

ESTES, William Stanton b. 1826, son of William & Betsey (Stanton) Estes. (See Wentworth Gen.) He m. int. July 2, 1852 in Poland, Maria C. Clark both of Poland. Child:
Silas S., b. Sept. 22, 1862.

EVANS, John B. b. Feb. 19, 1830 Alton, N.H., d. Aug. 11, 1913 ae 86 yrs., 6 mos., 7 das. Standish. H e m. Sarah Elizabeth Welch. She b. about 1825, daughter of Thomas & Rhoda (Smith) Welch, d. Aug. 29, 1911. Children:
George Edward, b. Dec. 7, 1856. He m. int. Apr. 5, 1890 in Standish, Emma J. Harmon.
John W., b. July 27, 1862, d. Aug. 31, 1950 Portland.
Nellie, b. July 27, 1862, d. July 5, 1932 Conway, N.H. She m. Walter R. Burnell.
Birney, b. Oct. 13, 1867, d. Apr. 16, 1956.
Flora B., b. Mar. 18, 1877. She m. Mulberry Harmon.
Loring, b. Oct. 31, 1872, d. 1913.
Charles Forest, b. May 31, 1875.
Emma Louise, b. June 3, 1856, d. July 30, 1873.

FARWELL, John b. Sept. 3, 1843 Gray. He m. Oct. 26, 1862, Margaret Verrill of Poland. She b. Aug. 11, 1843, daughter of Nathaniel & Margaret (Merrithew) Verrill. His parents were Henry (b. June 1, 1806 Shirley, Mass., d. Sept. 19, 1895 Raymond) & Martha (Wentworth) Farwell (b. Dec. 10, 1807 Limington, d. May 29, 1894 Raymond) Children:
Eliza J., b. Nov. 7, 1862.
George E., b. Mar. 30, 1866. He m. Dec. 14, 1895, Rhoda E. Strout.
Carrie B., b. June 25, 1876.

FICKETT, Daniel b. June 1784 Scarboro, son of Abner & Abigail (Brown) Fickett, d. Dec. 11, 1862 ae 78 yrs., 6 mos. He m. Hannah Brown. He m. (2) Anna Barton. She b. Feb. 8, 1800, daughter of Jacob & Annie (Cook) Barton, d. Feb. 23, 1 876 . Children:
Levi, b. Nov. 15, 1808, (see below)
Esther, b. June 18, 1811, d. Nov. 25, 1891 ae 82 yrs. She m. William Brown.
Abigail, b. Feb. 27, 1813. She m. Moses Bachelder.
Joseph, b. Dec. 27, 1814. He moved near to Bangor.
Fanny, b. Sept. 21, 1818
Darius, b. Feb. 1, 1821

Sarah Ann, b. Aug. 7, 1823, d. May 5, 1899 ae 75 yrs., 7 mos. She m. int. June 7, 1845, Hezekiah Lombard. He d. May 4, 1911 ae 96 yrs., 28 das. Raymond.
Moses, by second wife, b. Dec. 10, 1824, d. Sept. 3, 1893. He m. Frances Chute.
Hannah P., b. May 27, 1827. She m. Apr. 18, 1847, John Lombard. She m. James H. Lombard.
Daniel, b. Mar. 28, 1829, d. Mar. 9, 1899. He m. Mary Ann Chute.
Zachariah I., b. Oct. 17, 1830, d. Apr. 20, 1894 New Gloucester. He m. Oct. 12, 1851 in New Gloucester, Mary Wilbur of New Gloucester.
Lydia Ann, b. Nov. 3, 1832, d. Apr. 19, 1859. She m. John McLucas of Casco.
Hathaway I., b. Aug. 29, 1834. He m. Caroline Hartson.
Harriet F., b. July 13, 1836, d. Jan. 30, 1873. She m. James Lombard.
Eliza A., b. May 13, 1839, d. Jan. 9, 1919. She m. Stephen R. Marean of Standish. She m. Sept. 21, 1904, Christopher C. Plummer.
Mark, b. May 13, 1839 (twin) He m. Dorcas Small. He m. (2) Sarah A. Jenness.
Mary Ellen,
Martha W., She m. Thomas Wilbur.

FICKETT, Levi b. Nov. 15, 1808. He m. Sept. 24, 1837, Sarah Fickett. Child; Mary E, b. Dec. 2, 1840.

FIELD, John d. Jan. 10, 1868 ae 76 yrs. He m. Nov. 26, 1818, Olive Plummer. She b. Jan. 2, 1802, daughter of Elliot & Jenney (West) Plummer, d. Sept. 1, 1891 ae 89 yrs., 8 mos. They are buried in Highland Cemetery in Bridgton. Children:
Ezekiel, b. Nov. 5, 1820, d. Mar 10, 1827
Mary J., b. Apr. 8, 1823, d. Feb 27, 1827
Almira, b. Sept. 20, 1825, d. Feb. 28, 1827
Elliot P., b. Feb. 22, 1828.

FIELD, James William b. about 1838, d. Sept. 17, 1871. He m. Lizzie Hodgkins He was age 24 and of Poland when he served in Co. G., 23th Me. Reg't in 1862. He m. Sarah Ann Verrill.

FILES, Jonathan b. Nov. 4, 1785 Gorham, son of William & Hannah (Sturgis) Files of Gorham, d. Apr. 29, 1873. He m. Sept. 11, 1811, Esther Libby. She b. 1792, d. Apr. 15, 1873. Children:
Charlotte, b. Jan. 26, 1813, d. July 18, 1892. She m. Jan. 10, 1834, Mahlon Davis Hayden of Raymond.
Hannah, b. Aug. 13, 1814, d. Nov. 11, 1880. She m. June 9, 1834, William Plummer of Raymond.
Edward, b. June 25, 1817, (see below)
Allen, b. Nov. 7, 1820, m. Eliza McKeaver.
Jane, b. Jan. 12, 1824, d. May 27, 1904. She m. Stephen Fogg of Raymond.
John, b. Oct. 4, 1825, d. Sept. 18, 1828.
John 2nd, b. Feb. 10, 1830, (see below)
James A., b. Nov. 26, 1836, (see below)

FILES, Edward b. June 25, 1817, son of Jonathan, d. Oct. 8, 1896 ae 79 yrs., 3 mos., 13 das. He m. int. May 1, 1847, Lucy T. Wilson of New Gloucester, he of

Raymond. She b. about 1818, daughter of Gowen & Tammy Wilson of New Gloucester, d. Dec. 4, 1859 Raymond. He m. (2) Almira (Strout) Small, widow of Simeon Small of Raymond, d. June 7, 1872 ae 50 yrs. Children:
Electra, b. Mar. 2, 1848, d. Dec. 1, 1917.
Esther, b. Aug. 6, 1850, d. June 30, 1947 Peabody, Mass.
Lucy W., b. Nov. 3, 1853, d. Jan. 26, 1931 Salem, Mass.
Laurette H., b. Jan. 4, 1856, d. May 18, 1947.
Orrin, b. Feb. 19, 1859, d. Sept. 30, 1860.

FILES, John b. Feb. 10, 1830, son of Jonathan, d. Sept. 17, 1894 ae 64 yrs., 6 mos., 28 das. Raymond. He m. int. Mar. 8, 1851, Mary G. Wilson of New Gloucester, he of Raymond. She b. July 11, 1829 New Gloucester, d. May 8, 1916. Children:
Erastus A., b. Mar. 18, 1848, (see below)
George T., b. Sept. 5, 1860, d. 1940.

FILES, Erastus A. b. Mar. 18, 1848, son of John, d. Sept. 19, 1939 Saco. He m. Dec. 14, 1871, Narcissa Strout both of Raymond. She b. Nov. 15, 1853, daughter of Collins & Eliza Strout) Strout, d. Mar. 24, 1939 ae 84 yrs., 4 mos., 9 das. Casco. Children:
Orrin F., b. July 12, 1874, d. 1946.
Frederick, b. Oct. 19, 1877, d. 1947.

FILES, James Addison b. Nov. 26, 1836, son of Jonathan, d. Apr. 16, 1896 Meredith, N.H. He m. int. Dec. 9, 1852, Vesta Ann Merrill both of Raymond. She b. Apr. 20, 1835 New Gloucester. He m. (2) July 18, 1885, Mrs. Nettie May Dockham Daniels. Children:
Georgianna, b. Sept. 8, 1853.
Allen, b. June 26, 1855.
Abba, b. Nov. 10, 1859.

FILES, Thomas b. 1783 Gorham, d. July 28, 1847 ae 64 yrs. Portland. He m. June 11, 1807, Statira Phinney of Gorham. She d. May 6, 1865 ae 80 yrs. Portland. Children:
Ebenezer, b. Dec 25, 1807, d. Jan. 1808.
Wentworth P., b. June 27, 1809
Mercy, b. July 6, 1810, d. Oct. 12, 1812.
Almira, b. Sept. 19, 1813.
Thomas, b. Jan. 11, 1816, d. June 4, 1818.
Eunice, b. Nov. 27, 1818.
Thomas 2nd., b. Mar. 29, 1821
Sally D., b. Mar. 8, 1824.

FILES, Samuel b. Aug. 7, 1781 Gorham, d. May 15, 1854 ae 72 yrs. He m. int. Aug. 10, 1805 in Gorham, Katherine Linnell of Gorham. She b. Feb. 8, 1781, d. Feb. 12, 1824 ae 43 yrs. He m. (2) Sarah (Smith) Bryant, widow of Joshua K. Bryant of Raymond. She b. Aug. 6, 1784, daughter of Benjamin & Bridget (Jordan) Smith, d. May 28, 1853 ae 68 yrs. He m. (3) Nov. 6, 1853 in Raymond,

Mary Mason. He m. (4) Louisa Smith, daughter of Benjamin & Sarah Smith, d. Apr. 30, 1903 ae 92 yrs., 9 mos., 7 das. Casco. Children:
Joseph, b. July 7, 1816, d. Dec. 27, 1851 ae 35 yrs. He m. Nov. 19, 1837, Louisa Bryant both of Raymond.
Eliza Ann, d. Apr. 28, 1845 ae 24 yrs. She m. William Rolfe Jr.

FISHER, Henry M. m. Apr. 4, 1858 in Raymond, Ellen Jordan of Raymond, he of Medford, Mass. Children:
Calvin E., b. May 17, 1859.
Charles H., b. Aug. 20, 1864.

FOGG, Silas b. Jan. 25, 1781, son of James & Molly (Scammon) Fogg, d. Apr. 6, 1833 ae 52 yrs. He m. June 12, 1803, Charity Hutchinson both of Windham. She b. Nov. 24, 1784, d. Nov. 10, 1865 ae 81 yrs. Children seen in Raymond:
Stephen, b. Oct. 8, 1812, (see below)
Eliza, d. Mar. 26, 1886 ae 76 yrs. She m. Stephen Thurlow of Raymond.
Lydia, b. June 14, 1814, d. Feb. 5, 1889. She m. July 25, 1839 in New Gloucester, Isaac Adams both of Raymond.

FOGG, Stephen b. Oct. 8, 1812, son of Silas, d. Mar. 17, 1903 ae 90 yrs., 5 mos., 11 das. He m. Jane Files of Raymond. She b. Jan. 2, 1824, daughter of Jonathan & Esther (Libby) Files, d. May 24, 1904 Raymond. They are buried in New Gloucester. Children:
Silas A., b. Apr. 29, 1842, d. Sept. 29, 1862 ae 20 yrs., 5 mos. Raymond.
Allen Files, b. Apr. 6, 1844, d. Aug. 26, 1870 ae 26 yrs., 4 mos., 16 das.
Sarah Louise, b. May 6, 1851, d. Sept. 5, 1863 ae 12 yrs., 4 mos.

FOGG, Ai Scammon b. Sept. 18, 1818 Limerick, son of Scammon & Eunice (Dole) Fogg of Limerick, d. Nov. 17, 1893 Gray. He m. int. Oct. 18, 1843, Miriam Foster Fogg of Gray, he of Raymond. She b. July 2, 1817, d. May 9, 1884. They are buried in Gray Village Cemetery in Gray. Child:
Charles, b. July 24, 1844 Raymond.

FOGG, Samuel in 1880, was age 52 yrs., and his wife, Emeline was age 44 yrs. Child:
Ida, b. Aug. 29, 1871.

FLOOD, Samuel m. Dec. 4, 1817, Parmelia Libby. He b. Dec. 28, 1794, d. June 26, 1826. Child:
Lettie, b. Jan. 20, 1824.

FORD, James b. Aug. 19, 1796 Gray, Me., d. Apr. 1, 1865 Maineville, Hamilton Tp., Warren County, Ohio. He m. Dec. 3, 1818, Lucy Latham of Gray. She b. Dec. 18, 1798, d. Dec. 25, 1891 Maineville, Ohio. Children:
Eliab Latham, b. Sept. 20, 1819
James, b. Mar. 14, 1823, d.y.
Mary Jones, b. July 24, 1824
Lucy Latham, b. Apr. 10, 1827.

Nathaniel, b. May 19, 1829
Charles Latham, b. Apr. 29, 1833.

FOSS, George Warren d. Apr. 13, 1916 ae 79 yrs. Raymond. He m. Elizabeth A. Higgins. She d. Apr. 16, 1921 ae 81 yrs. Children:
Cyrus W., b. about 1871.
Alvin, b. Dec. 27, 1871 Poland. He graduated from Bates in 1897.
Arthur H., b. Jan. 19, 1883, d. 1963. He m. May 3, 1911, Angie Goldie Strout.

FOSTER, Christianna. Child:
Elnora L., (adopted), b. Apr. 3, 1865.

FOSTER, James Henry b. about 1804 Gray, Me, son of Samuel & Martha (Humphrey) Foster of Gray. He m. Lorana H. Spencer. She d. Aug. 20, 1850 ae 37 yrs., 9 mos. He m. (2) Apr. 17, 1851, Dorcas Strout of Raymond. She b. June 26, 1818, daughter of Richard & Ruth (Strout) Strout, d. July 4, 1852 ae 33 yrs., 7 mos. He m. (3) Oct. 6, 1852 in Casco, Mrs. Fanny (Meserve) Skinner of Casco, he of Raymond. She was a daughter of Elias Meserve and the widow of William Skinner. Children:
James H., d. Mar. 6, 1862 ae 33 yrs., 6 das.
Daniel C., b. Apr. 11, 1830, (see below)
Alfred, b. 1831, (see below)
Leonard, b. about 1839, living in 1850 Raymond.
Lucinda J., b. Oct. 10, 1841 New Gloucester, d. June 17, 1905. She m. Benjamin Spiller.
Samuel E., b. Feb. 20, 1843.
Sarah F., b. 1846
Willard, b. Mar. 18, 1848, d. in Civil War, m. Aug. 1864, Mary Ann Edwards.
Sidney, by second wife, b. June 27, 1852, d. Feb. 19, 1915 ae 62 yrs., 7 mos., 22 das. He m. Oct. 3, 1875, Vienna Duran.

FOSTER, Daniel C. b. Apr. 11, 1830 Gray, son of James H., d. May 7, 1918 ae 88 yrs. He m. Rachel (Strout) Tenney, widow of Stephen. She b. Mar. 10, 1820, daughter of Prince & Rachel (Strout) Strout of Raymond, d. 1891 South Casco. Children:
Lorana, b. Dec. 23, 1849, m. Winfield Scott Watkins of Casco.
Sarah M., b. Mar. 17, 1852, living 1917 Portland. She m. Oct. 27, 1876, Daniel P. Parker of Gorham.
Victoria E., b. Oct. 25, 1853, d. May 27, 1855 ae 19 mos.
Melissa B., b. Apr. 28, 1858, d. Dec. 23, 1907, m. May 30, 1879, Nelson Shaw.
Samuel L., b. Jan. 28, 1860, living 1917 Taunton, Mass.
Alfred M., b. Feb. 6, 1862, living 1917 Bradford, Mass., m. Aug. 10, 1890, Lillian W. Foster of Casco.
Charles H., b. Jan. 9, 1856, drowned Nov. 27, 1875 in Rattlesnake Pond.

FOSTER, Alfred b. 1831, d. 1861. He m. int. Jan. 2, 1853 in Raymond, Lucy Emmeline Spiller both of Raymond. She b. Nov. 15, 1837, daughter of John Jr. &

Elizabeth (Strout) Spiller, d. Nov. 5, 1919 ae 81 yrs. Westbrook. She m. (2) int. Sept. 14, 1868, Josiah Winslow. He b. Mar. 15, 1834, d. Nov. 12, 1913. Children:
Frances, b. July 29, 1856.
Addie H., b. Nov. 24, 1857, d. Aug. 15, 1956 No. Yarmouth, Me. She m. John Swett.

FOSTER, Charles J. b. Dec. 6, 1849 Gray. He m. int. Jan. 20, 1877 in Raymond, Ella C. Spiller of Raymond, he of Gray. She b. Apr. 26, 1857, daughter of John & Esther (Morrill) Spiller, d. May 23, 1937. She m. (2) Nov. 11, 1893, Horace Strout of Raymond. Children:
Addie G., b. Oct. 1, 1877, m. July 11, 1897, Harry F. Neal.
Willis H., b. July 2, 1879, m. Oct. 2, 1904, Lillian P. Jordan.
Annie G., b. Sept. 1, 1884, m. Sept. 8, 1908, Sumner Jordan Brown.

FOSTER, Christianna. Adopted child:
Elnora L., b. Apr. 3, 1865

FRANK, Winslow m. Aug. 9, 1873, Marsella Strout of Raymond. She b. Feb. 8, 1854, daughter of Wadsworth & Sarah (Verrill) Strout, d. Oct. 20, 1936 Portland. Children:
Melvin F., b. June 14, 1877.
Marcina, b. Feb. 8, 1854, d. Oct. 20, 1936 Poland.

FRANK, George b. about 1848. He m. Mary A. ____, who d. July 16, 1874 ae 23 yrs., 3 mos.

FRENCH, John. Child:
Charlotte, b. Jan. 5, 1857.

FRINK, Samuel C. Child:
Alma L., b. Dec. 30, 1833.

FRINK, Silas an itinerant preacher. He m. Sept. 2, 1828 in Poland, Sally P. Woodward of Minot. Children:
J. Lindsey, b. May 26, 1829, living in 1909. He m. July 29, 1855, Alice D. Wentworth.
Dennis C., b. 1833.

FRINK, William S. Child:
Joseph, b. Jan. 6, 1820

FULTON, James E. b. about 1839, son of Capt. Elijah & Lucy (Abbott) Fulton. His father, d. Apr. 7, 1874 ae 65 yrs., and his mother, b. July 9, 1807 Limington, d. Nov. 1, 1873 ae 66 yrs., 3 mos. James m. Jan. 19, 1860 in Raymond, Kezia Dingley Murch of Casco. She b. June 29, 1836, daughter of Daniel & Sally (Dingley) Murch. He m. (2) Susan Dingley Murch. She b. May 17, 1827, daughter of Daniel & Sally (Dingley) Murch, d. Jan. 20, 1890 ae 62 yrs. Children:
Sumner D., b. Dec. 5, 1860.

Mabel C., b. Dec. 19, 1862, d. Dec. 22, 1885 Raymond.
Lucy A., b. Aug. 17, 1867.
Melissa E., b. Aug. 16, 1869.

GAMMON, John b. July 11, 1771, son of Joseph Gammon, d. June 11, 1858. He m. June 15, 1797, Sarah Cook of Windham. She b. 1775, daughter of Daniel & Mary (Varney) Cook, d. Aug. 27, 1849 ae 74 yrs., 7 mos. Children:
Nathan, b. Oct. 23, 1799, (see below)
Cyrene, b. Apr. 25, 1802, d. Dec. 1, 1880 ae 78 yrs., 7 mos.
John, b. July 16, 1805, (see below)
Huldah, b. May 16, 1808, d. Feb. 15, 1890 ae 81 yrs., 9 mos. She m. Ezekiel White whom she divorced. She m. (2) Nov. 14, 1852, Ephraim Brown of Raymond.
Alvah, b. Feb. 2, 1811, (see below)
Christianna, b. Dec. 20, 1815, d. Mar. 23, 1892 Naples. She m. Apr. 16, 1843, Nathaniel Lord of Naples. They lived at Cooks Mills in Casco.
Mary, b. Aug. 31, 1818, d. June 27, 1881 Naples. She m. Apr. 14, 1839, Robert Brackett.

GAMMON, Nathan b. Oct. 23, 1799, son of John, d. Sept. 16, 1876. He m. in 1827, Martha Cook of Casco. She b. Nov. 27, 1804, daughter of Ephraim & Mary (Gould) Cook, d. Jan. 12, 1856 ae 51 yrs. He m. (2) int. July 24, 1857 in Casco, Charity Skillings. Children:
John Eastman, b. Feb. 19, 1829, d. Jan. 19, 1832 ae 3 yrs.
Lorana, b. Feb. 4, 1832, d. Feb. 9, 1881 ae 49 yrs. She m. int. Apr. 21, 1851 in Casco, John Lord.

GAMMON, John b. July 16, 1805, son of John, d. May 12, 1877. He m. in 1827, Jemina McLellan. She b. Aug. 2, 1806, daughter of Joseph & Diana (Jordan) McLellan, d. Mar. 2, 1850 ae 43 yrs., 7 mos. Casco. He m. (2) Aug. 26, 1850, Joanna Edwards of Casco. She b. Sept. 18, 1804, d. May 12, 1877 Calais, Me. Children:
Mary E., b. Aug. 25, 1828, d. Sept. 5, 1828.
Permelia, b. Dec. 25, 1829, d. Sept. 4, 1849 ae 19 yrs.
Ira P.W., b. Feb. 1, 1831, d. 1886.
Isaac M., b. Oct. 13, 1833, d. Sept. 29, 1834 ae 11 mos., 15 das.

GAMMON, Alvah b. Feb. 2, 1811, son of John, d. Feb. 3, 1890 ae 79 yrs., 1 da. He m. Deborah Edwards. She d. July 12, 1866 ae 66 yrs. He m. (2) int. May 8, 1867 in Casco, Mrs. Cemantha S. Wight. She d. Oct. 10, 1896 ae 68 yrs. Child:
Harriet F., b. Dec. 7, 1837.

GAMMON, Nathaniel b. Aug. 10, 1827, d. June 1911 Webb's Mills, Casco. His father, Nathaniel (b. about 1780. d. Jan. 1, 1864 Casco) m. Oct. 12, 1806 in Windham, Mary Hodgdon both of Windham. His mother, Mary d. Dec. 2, 1851 ae 72 yrs., 2 mos. Casco. His father m. (2) Mar. 23, 1853 in Gorham, Mrs. Betsey Hollis of Gorham, he of Casco. She d. Apr. 12, 1876 ae 83 yrs. Naples.

GAMMON, Mark. Child:

Imogene, b. Apr. 6, 1867.

GAMMON, Charles. He was living in 1880 in Westbrook. Child:
Fanny, b. Mar. 21, 1870.

GAY, Lewis b. Mar. 10, 1747 Stroughton, Mass., son of David & Hannah (Talbott) Gay, d. June 29, 1823 ae 73 yrs., 3 mos. 3 das. Raymond. He m. Mar. 28, 1771, Mary March both of Newbury, Mass. She b. Dec. 2, 1748 Newbury, Mass, d. Feb. 27, 1850 ae 101 yrs., 2 mos., 14 das. No. Bridgton. In the fall of 1776 he was drafted from Ipswich, Mass where he had removed from Newbury to go into the Continental Army. They came to Casco from Buxton in 1786. Children:
Mary, b. May 20, 1772 Newburyport, Mass., d. May 14, 1806 ae 34 yrs. Portland. She m. Joseph Hancock.
Hannah, b. Aug. 17, 1774, d. Dec. 27, 1795 ae 21 yrs. unm.
Ichabod M., b. Oct. 11, 1774 Ipswich, Mass., (see below)
Jose, b. Mar. 26, 1783 Buxton.
David, b. Sept. 22, 1789 Raymond. He m. Dec. 22, 1817, Eunice Pride of Waterford.

GAY, Ichabod March b. Oct. 11, 1776 Ipswich, Mass., son of Leiws, d. Apr. 24, 1860 Casco. He m. Hannah Gay. She b. 1778, d. Apr. 22, 1842 ae 64 yrs. He came to Casco at the age of 10. Children:
Peter, b. Feb. 22, 1800, d. Oct. 27, 1800.
Lewis, b. July 27, 1801, (see below)
Merritt, b. Mar. 10, 1804, (see below)
Mary M.P., b. June 26, 1806, d. Feb. 7, 1860.
Hannah, b. Aug. 17, 1808
William, b. May 13, 1811, (see below)
Sophronia, b. Apr. 30, 1818, d. Nov. 3, 1864 ae 46 yrs., 6 mos.
Patience, b. Dec. 5, 1820. She m. int. Nov. 6, 1852, John Jones of Farmington.

GAY, Lewis b. July 27, 1801, son of Ichabod M., d. Nov. 3, 1872 ae 71 yrs., 3 mos., 8 mos. He m. Oct. 26, 1826, Mary Maxfield. She b. June 18, 1799, daughter of Eliakim & Rebecca (Mann) Maxfield, d. July 13, 1891 ae 92 yrs. Children:
Andrew R., b. Aug. 17, 1827, d,. Mar. 3, 1884 Casco. He m. May 12, 1866 in Standish, Mrs. Rebecca (Libby) Staples. She b. June 4, 1823 Gorham, d. Oct. 9, 1886 Casco.
Benjamin C., b. Feb. 5, 1829, d. May 10, 1900. He m. Susan Pike.
Jesse G., b. Sept. 22, 1830, d. May 10, 1897. He m. Mariam Murch.
Ellen Maria, b. July 25, 1832, d. Mar. 14, 1912. She m. Joseph Skinner.
Rebecca M., b. Nov. 10, 1836 d. Nov. 21, 1905. He m. Addison Shaw.
Abigail S., b. Feb. 28, 1839, d. Aug. 28, 1846 ae 7 yrs., 6 mos.
Tewsbury, b. Nov. 19, 1848.

GAY, Merritt b. Mar. 10, 1804, son of Ichabod M., d. Nov. 9, 1884 ae 80 yrs., 8 mos. Casco. He m. Martha Ann Cook of Casco. She b. July 17, 1812, daughter of Richard & Mary (Mayberry) Cook, d. Apr. 12, 1889 ae 76 yrs., 8 mos., 25 das. Casco. Children:

Hannah Elizabeth, b. Oct. 3, 1838, d. Jan. 26, 1926 Casco. She m. Elias Jordan.
Solomon Merritt, b. Aug. 21, 1841 (the first male born in Casco) d. 1914. He m. Nov. 23, 1855, Emeline Brackett.
Richard C., b. Mar. 16, 1847, d. Sept. 25, 1883. He m. Martha A. Brackett.
Benjamin,

GAY, William b. May 20, 1811, son of Ichabod M., d. Nov. 20, 1860 ae 49 yrs., 6 mos. He m. May 1836 in Westbrook, Elizabeth W. Lary of Westbrook. She d. Apr. 5, 1855 ae 46 yrs., 7 mos., 10 das. He m. (2) July 22, 1855, Harriet N. Strout of Raymond. She b. Aug. 28, 1818 Raymond, daughter of Daniel & Hannah (Strout) Strout, d. Sept. 14, 1900 Casco. She m. (2) Mar. 21, 1870, Caleb Edwards of Otisfield, she of Poland.

GAY, Luther d. June 4, 1821 ae 56 yrs. Raymond. He m. Nov. 6, 1804 in Poland, Mary Cash both of Raymond. She b. ca 1782, daughter of John & Keziah (Strout) Cash of Raymond. Children:
Lydia C., b. May 22, 1808, d. Nov. 24, 1827 ae 19 yrs.
Mary A., b. Dec. 14, 1811
Nathaniel, b. Apr. 22, 1814
Keziah C., b. May 26, 1816
Elsie Cash Jordan, b. Mar. 6, 1819
Elvira, b. Sept. 8, 1821

GERRY, Jacob b. Nov. 26, 1786 Harvard, Mass., d. Dec. 26, 1845. He m. Mar. 22, 1807, Dolly March of Poland. She b. May 1, 1787 Falmouth, d. Apr. 15, 1874 ae 87 yrs. Bath, Me. Buried at W. Poland. Children:
Ninette, b. Feb. 4, 1808, d. June 4, 1863, m. Zachariah Leach Jr.
Osmyn J., b. Feb. 14, 1812, d. 1861. He m. Dec. 3, 1837, Mercy F. Chipman both of Raymond.
Elbridge, b. June 11, 1814, (see below)
James S., b. June 24, 1816, d. Jan. 16, 1889 ae 72 yrs., 10 mos.
Eliza Jane, b. Nov. 15, 1818, m. Jan. 9, 1842, James Allen Winslow.
William T., b. Mar. 25, 1822, d. Apr. 6, 1899, m. Julia Ann Keene.
Adaline L.P., b. May 29, 1825, d. Nov. 30, 1911 Gorham, m. David Duran.
Peltiah M., b. Apr. 18, 1830.

GERRY, Eldbridge b. June 11, 1814, son of Jacob, d. Aug. 21, 1881 ae 67 yrs., 2 mos. Raymond. He m. Abigail Hayden of Raymond. She b. Dec. 3, 1816, daughter of Jeremiah & Margaret (Davis) Hayden, d. Feb. 18, 1843 ae 26 yrs., 2 mos. He m. (2) Lavina, who d. Oct. 28, 1871 ae 52 yrs., 2 mos. Living with them by 1850 census was Keziah Hardy, age 67 yrs. Children:
Abigail M., b. Sept. 9, 1842, d. Apr. 23, 1917. He m. Joseph C. Sawyer of Raymond. She m. (2) June 1, 1868, Robert T. Smith of Raymond. She m. (3) Plummer.
Eliza J., d. Dec. 12, 1842 ae 1 yr., 7 mos.
Eliza J., by second wife, b. Dec. 10, 1846, d. July 17, 1865 ae 19 yrs., 7 mos.

GERRY, George b. July 6, 1851, son of Timothy & Deborah (Strout) Gerry, d. Aug. 2, 1910. He m. Lucy A. Small of Casco. She b. Jan. 18, 1849, daughter of Richard & Ruth (Strout) Small, d. Mar. 26, 1933 Casco. His father, Timothy was b. Sept. 11, 1805, and a brother to Elliot Gerry, b. Oct. 14, 1810, both in Waterboro. Children:
Harrison, b. Oct. 17, 1872, d. Nov. 4, 1900. He m. Nov. 29, 1893, Sarah J. Searles.
John B., b. July 28, 1874, d. Mar. 22, 1902 E. Raymond. He m. Aug. 20, 1896, Bessie M. Jordan.
Mertie R., b. June 26, 1885, d. Mar. 22, 1918. She m. June 24, 1905, Guy B. Stackford.

GERRY, James Frank b. Aug. 27, 1844 Limerick, son of Elliot & Sarah M. (Strout) Gerry, d. Dec. 17, 1935. He m. Jan. 14, 1865 in Raymond, Viola Strout of Raymond. She b. July 6, 1843, daughter of Benjamin & Susan (Spiller) Strout, d. Apr. 1, 1918 ae 74 yrs., 8 mos., 16 das. Raymond. They had no children, but adopted a son.
James A., (adopted), b. Apr. 22, 1869, d. Dec. 13, 1958. He m. Aug 27, 1899, Mrya Evelyn Strout both of Raymond.

GIBBS, Seth b. Apr. 25, 1810 Windham, son of Alpheus & Abigail (Wheeler) Gibbs. He m. Jan. 1835, Anna Leach of Raymond. She b. Dec. 27, 1813, daughter of Zachariah & Betsey (Simonton) Leach, d. Feb. 21, 1841 ae 27 yrs., 2 mos. He m. (2) in 1841, Mary Ann Brown of Bridgton. Children:
Albert, b. Apr. 3, 1837.
James, b. Jan. 6, 1 841, d. Sept. 13, 1 841.
George, by second wife, b. Feb. 23, 1843, d. Aug. 9, 1845 Bridgton.

GIBBS, Uriah b. Jan. 21, 1794, son of Alpheus & Abigail Gibbs, d. Sept. 27, 1831 Raymond. He m. June 187, 1823, Roxana Kimball. She d. Apr. 10, 1883 ae 81 yrs. No. Bridgton. He and his family are buried in Bridgton. Children:
Roxanna E., b. Mar. 25, 1824, d. Jan. 9, 1825 Bridgton.
Sabrina R., b. Oct. 8, 1825, d. Feb. 26, 1871.
Laurette, b. Jan. 30, 1828, d. July 26, 1879.
Calvin, b. Jan. 3, 1830 .

GIBSON, William m. int. Apr. 7, 1838, Jane Manchester of Gray, he of Poland. Child:
Rosina, b. Apr. 12, 1839.

GOULD, Obediah b. Apr. 21, 1777, son of Massey & Elizabeth (Robinson) Gould, d. July 11, 1860 ae 85 yrs. Casco. He m. Aug. 12, 1798, Mary Cook of Windham. She b. Oct. 29, 1762, d. Nov. 21, 1835. He m. (2) Nov. 1836 in China, Sarah Estes both of Raymond.

GOULD, Isaiah b. Oct. 25, 1801 China, Me., son of Obediah & Mary (Cook) Gould, d. Dec. 30, 1882. He m. Jan. 28, 1835, Catherine Maxfield. She b. Apr. 5, 1808, daughter of Josiah & Nancy (Partridge) Maxfield, d. May 26, 1887 ae 79 yrs., 1 mo., 21 das. Children:
Mary, b. May 6, 1836, d. Jan. 7, 1854 ae 19 yrs.
Charles, b. June 22, 1838, d. June 17, 1878 ae 40 yrs.
Isaiah Varney, b. Nov. 18, 1840, d. Jan. 31, 1929 ae 88 yrs.
Alpheus, b. Dec. 26, 1842, d. Nov. 22, 1872.
Anna M., b. Dec. 26, 1842, d. May 19, 1861.
Lizzie, b. Oct. 12, 1847, d. Aug. 18, 1864.
Rufus M., b. Oct. 26, 1850.

GRAFFAM, James b. Sept. 13, 1821, son of Peter & Betsey Graffam. He m. Louisa M. Smith. She d. May 18, 1896 ae 70 yrs., 5 mos., 20 das. Casco, daughter of Daniel & Sarah (Hamblen) Smith of Standish. Child:
Sarah J., b. Feb. 1, 1854.

GRAFFAM, Peter b. May 31, 1783 Windham, son of Enoch & Charity (Mayberry) Graffam. He m. Aug. 29, 1813 in Portland, Betsey Boston of Portland. She d. Feb. 4, 1833. He m. (2) Jane Jillison of Naples. Children:
William H., b. Dec. 29, 1814.
Rebecca, b. Nov. 28, 1816, d. Oct. 16, 1824.
James, b. Sept. 12, 1821, d. Aug. 21, 1911.
Mary J., b. July 12, 1824, d. Jan. 19, 1903 Raymond. She m. (2) Josiah Webb.
Betsey, by second wife, b. Jan. 19, 1834, d. Jan. 3, 1909 Naples. She m. Ebenezer Barton.
Henry, b. Dec. 19, 1836, d. Feb. 26, 1910 Oxford
Mark, b. Dec. 1839.

GREEN, (Nathan) Penfield d. May 7, 1871 ae 61 yrs., 9 mos. Naples. He m. Aug. 28, 1836 in Raymond, Mariam Proctor of Naples, he of Raymond. She b. Mar. 16, 1818, daughter of David & Fanny (Chute) Proctor of Naples, d. Sept. 10, 1893 ae 75 yrs., 5 mos. Child:
Almira, b. Mar. 15, 1837.

HALL, Stephen b. Jan. 18, 1798, son of Israel & Abigail (Hutchinson) Hall, d. July 17, 1878. He m. May 11, 1821, Catherine Mayberry. She b. Mar. 24, 1803, daughter of Richard & Mary (Jordan) Mayberry, d. Apr. 25, 1885 ae 82 yrs., 1 mo. Webbs Mills. Children:
Mary, b. Nov. 23, 1822. She m. June 1, 1845, Simon Huston Mayberry.
Silas Whitney, b. May 12, 1824.
Emeline, b. Apr. 2, 1828, d. Feb. 6, 1907. She m. Joseph Anderson.
Webb, b. Jan. 10, 1831. He m. Emily Anderson.

Sophronia Leach, b. June 19, 1833, d. July 17, 1890.
Margaret, b. Apr. 15, 1836. d. Oct. 19, 1898-ae 62 yrs., 6 mos., 4 das. She m. Nov. 10, 1854, Josiah G.M. Spiller.
Harriet Elizabeth, b. Feb. 3, 1839. She m. Sylvanus B. Lamb.
Jordan Mayberry, b. Mar. 6, 1842.
Annie Small, b. Mar. 15, 1845.

HALL, John b. Apr. 14, 1795 Gorham, son of Israel & Abigail (Hutchinson) Hall, d. 1866. He m. Oct. 3, 1818, Jane Fogg. She b. Sept. 10, 1798, daughter of Lemuel & Rebecca (Powers) Fogg, d. 1876. Children:
Abigail, b. Dec. 29, 1819. She m. David Pride.
Stephen, b. Jan. 14, 1822, d. May 4, 1861. He m. Angeline Sanborn.
Cyrus Hamblen, b. Mar. 5, 1823. He m. Susan Emeline Perkins.
Alvin, b. Feb. 3, 1826, d. May 4, 1861 ae 35 yrs., 3 mos. He m. Lydia R. Winslow.
Rebecca Powers, b. July 4, 1828. She m. Moses Gowen Roberts.
Frank Otis, b. Apr. 16, 1832, d. Feb. 10, 1866.
Miriam Jane, b. June 30, 1835. She m. Nathan Pride Roberts.
Charles Edward, b. Dec. 18, 1835. He m. int. June 21, 1866, Maria Wilson of Lynn, Mass.

HALL, Judah m. Dorcas Jane Tripp. She b. July 12, 1838, daughter of John & Deborah (Verrill) Tripp. Child:
Hannah Louise, b. Aug. 9, 1866.

HALL, Edward Cobb b. Dec. 23, 1843, son of William & Emma (Cook) Hall, d. Mar. 30, 1894 ae 50 yrs., 3 mos., 6 das. He m. Emily Duran. He d. Aug. 8, 1909 ae 59 yrs., 11 mos., 8 das. Children:
George H., b. Apr. 5, 1875, d. 1925. He m. Nov. 29, 1899, Cora B. Hodsdon.
Roscoe V., b. Jan. 24, 1877.
Roland M., b. Mar. 14, 1879.
Blanche B., b. Feb. 6, 1882, d. Dec. 28, 1906. She m. Oct. 18, 1905, Perley P. Knight.
Valentine Cook, b. Oct. 30, 1883.
Fanny D., b. Sept. 20, 1886.

HALL, Silas d. June 26, 1843 ae 85 yrs. Raymond. His wife, Hannah, d. Feb. 4, 1843 ae 75 yrs. Raymond. Children:
Silas Paul, b. Sept. 20, 1822.
John Bisbee, b. May 22, 1829.

HALL, Edward Haven b. May 7, 1853 Portland, son of Edward & Nancy M. (Haven) Hall, d. Jan. 2, 1907 Raymond. He m. Nov. 21, 1877, Harriet Weeks of Portland. They divorced Oct. 13, 1883 and he m. (2) July 3, 1883, Evelina Cleaves (Bartlett) Grant of Raymond. She b. Sept. 26, 1855, daughter of Stephen & Deborah (Strout) Bartlett, d. Sept. 11, 1936 No. Yarmouth. Children:
Irving, b. Dec. 28, 1883, m. Dec. 23, 1902, Alice D. Rogers.
George W., b. June 8, 1885, m. May 8, 1909, Mildred Strout.
Ernest C., b. May 4, 1887, m. Sept. 12, 1908, Ella B Brown.

Ella W., b. May 10, 1889, d. May 11, 1960 Portland, m. Mar. 15, 1909, Clyde H. Jordan.

HALL, Elisha b. Dec. 21, 1818 Turner, Me., d. May 20, 1889 ae 70 yrs. No. Raymond. He m. int. Jan. 20, 1861, Sarah Gurney of Minot. She d. Apr. 6, 1890 ae 70 yrs. Child:
Sarah S., b. Mar. 12, 1865, d. Apr. 6, 1890.

HAM, William b. 1795, son of Benjamin & Jane (Proctor) Ham. He m. Mary Watkins. She b. Mar. 27, 1807, daughter of Jacob & Maria (Wheelwright) Watkins, d. Mar. 24, 1892. Children:
Sally, b. Jan. 6, 1831
William, b. Dec. 9, 1835.

HAMLIN, Jonathan b. Jan. 3, 1781 Gorham, Me. He m. June 17, 1810, Hannah Murch. She b. July 20, 1785 Buxton, d. Dec. 10, 1860 Otisfield She and her son, William are buried in cemetery at Casco Village. She m. (2) Samuel Strout. He b. Apr. 17, 1767 Gorham, d. Feb. 13, 1858. Child:
William, b. July 25, 1825, d. Jan. 9, 1901.

HAMLIN, Mark R. b. about 1812, son of Elijah (b. Apr. 2, 1779, d. Mar. 20, 1866) & Jane (Murch) Hamlin who m. Nov. 12, 1801 at Gorham,) Living in 1850 ae 33 yrs. Raymond. He m. Thankful R. Child:
William F., b. Mar. 31, 1855.

HAMLIN, Stephen b. Aug. 20, 1820, d. Oct. 17, 1885 ae 64 yrs. Raymond He m. Dec. 29, 1859 in Raymond, Elizabeth Ann Rankins both of Raymond. She b. Sept. 2, 1836 Hiram, d. Apr. 28, 1876 ae 39 yrs., 9 mos., 26 das. Children:
Charles Franklin, b. Dec. 26, 1864, d. Dec. 26, 1865 ae 12 mos.
Ella J., b July 9, 1867.
Dana Howard, b. June 8, 1868.
Henry S., b. Apr. 23, 1872.

HANCOCK, Joseph Jr., d. at sea. He m. Jan. 26, 1792 in Windham, Mary Gay of Raymond, he of Otisfield (m. int. Dec. 21, 1791 filed at Standish) She b. May 10, 1772 Newburyport, Mass., daughter of Lewis & Mary (March) Gay, d. May 14, 1806 ae 34 yrs. Portland. Children:
Lewis Gay W., b. Nov. 7, 1795 Otisfield, (see below)
John W., b. Oct. 1, 1798.

HANCOCK, Lewis Gay W. b. Nov. 7, 1795 Otisfield, son of Joseph. Children:
Mary, b. July 6, 1819
Matilda, b. June 19, 1820
Cynthia, b. Mar. 5, 1823
Jane, b. Oct. 28, 1824
Catherine, b. Mar. 11, 1826

HANSON, Rufus son of Ichabod & Annie (Elliot) Hanson of Windham. He m. July 13. 1833 in Windham, Mary Ann Strout of Raymond, he of Windham. She b. Dec. 16, 1816, daughter of Joshua & Martha (Tyler) Strout, d. June 28, 1869 Biddeford. Children:
Joshua C., b. May 20, 1834
Augustus W., b. Jan. 1, 1836

HANSON, Jerry
Children:
Ona G., b. Aug. 19, 1821
Enos H., b. Mar. 4, 1823
Stephen M., b. Apr. 23, 1824
Arabella H., b. Feb. 17, 1826
Caroline S., b. Oct. 24, 1827
Eunice C., b. Aug. 10, 1829
Julia L., b. May 10, 1831
Jeremy, b. Sept. 10, 1833, d. Mar. 8, 1836

HARMON, Samuel b. Nov. 8, 1798. He m. Sally Murray, who d. Oct. 22, 1846 ae 53 yrs., and buried at North Windham. He m. (2) Dorcas Foster. Children:
Ira, b. June 1, 1821, d. Oct. 16, 1885. He m. Elsie Gammon.
Benjamin, b. Nov. 6, 1822.
Jordan, b. Apr. 25, 1827, d. Jan. 12, 1906 ae 28 yrs., 6 mos.
Lewis J., b. Mar. 27, 1829, d. Dec. 29, 1853 ae 24 yrs., 9 mos.
John, d. Jan. 30, 1852 ae 20 yrs., 8 mos.

HARMON, James b. 1795 Standish, d. Nov. 22, 1822 Raymond. He m. May 27, 1821 in Belfast, Mary Campbell. She m. (2) Jan. 12, 1824 in Westbrook, Barzilla Buckley of Westbrook and later of Danville, Me. She b. Mar. 17, 1799 Kingston, N.H. Child:
Daniel H., b. June 13, 1821.

HARMON, Henry b. Dec. 4, 1841 Harrison d. Nov. 19, 1922 ae 80 yrs. Raymond. He m. Ellen Richardson of Naples. She b. 1842, d. 1929. Children:
Louise M. b. 1863, d. Apr. 23, 1923. She m. Joseph C. Sawyer of Raymond.
Henry L., b. 1866, d. Mar. 10, 1923 ae 56 yrs., 6 mos., 23 das. Raymond.
Mabel Florence, b. 1870, d. 1965. She m. June 21, 1896 in Gray, Charles Rogers Knight.
Bertrand F., b. 1873, d. June 23, 1909 ae 35 yrs., 13 das.
Fred E., b, Nov. 8, 1878, d. Apr. 12, 1954.

HARDY, John b. about 1802 Windham, d. Nov. 27, 1864. He m. C. She b. about 1815, d. Aug. 12, 1850. He m. (2) Eunice, who d. Mar. 22, 1856. He m. (3) Jane (Young) Clay of Standish. She d. July 12, 1864. He m. (4) int. Nov. 21, 1864, Mrs. Elizabeth Libby of Poland, he of Raymond. Children:
Eliza, b. Jan. 15, 1824, d. Feb. 1, 1824.
John, b. June 12, 1825.
Mary F., b. June 29, 1827.

James H., b. Mar. 24, 1829, d. Apr. 18, 1830.
James H 2nd., b. Feb. 22, 1831, d. Aug. 1, 1834.
Alfred, b. Sept. 17, 1834.
Edward, b. May 16, 1835, d. Oct. 12, 1855.
Freeman, b. July 21, 1838
Emery E., b. June 30, 1841.
Hannah E., b. Aug. 16, 1843, m. July 20, 1864, John C. Stevens of Gorham.
Adrianna E., b. Apr. 4, 1846.

HARDY, Samuel b. about 1812 Poland, living in 1850 ae 68 yrs. Poland. He m. June 3, 1832, Sarah Jane Rich of Harrison, he of Otisfield. Children:
Henry H., b. Oct. 30, 1832.
Sally A., b. Jan. 30, 1835, d. Feb. 12, 1854.
Adolpheus D., b. Feb. 6, 1837, d. July 29, 1853.
James M., b. Mar. 1, 1839, d. Dec. 13, 1901 ae 62 yrs. Naples.
Charles A., b. Feb. 13, 1841, d. Dec. 26, 1913 Andover, Mass.
Daniel S., b. Aug. 11, 1843
Eliza E., b. Sept. 6, 1845.
Ella C., b. Jan. 30, __

HARDY, Jonathan Jr. He m. Mary Jordan, according to the death record of his son, Jonathan. Children:
Ann, b. June 7, 1805
Loisa, b. Aug. 7, 1807.
Mary, b. June 14, 1809
James, b. Aug. 25, 1812.
Jonathan, b. July 26, 1815, d. Feb. 13, 1892 ae 81 yrs., 6 mos., 17 das. Troy, Me.
Jacob, b. June 15, 1818.
Lydia, b. July 20, 1820.

HARDY, Bradbury m. Abbie Whitney of Raymond. She daughter of Ephraim & Abigail. Children:
Mary M., b. July 18, 1819, d. Jan. 9, 1913 Lewiston. She m. Feb. 5, 1843 in Boston, Mass., George Dewing, m. (2) Thomas H. Barr., m. (3) Johnson Smith.
Susan, b. July 28, 1821.
Freeman, b. Aug. 22, 1823, d. Nov. 22, 1826.
Samuel, b. Aug. 28, 1824, d. Nov. 15, 1826.

HASKELL, Nelker D. b. Aug. 2, 1850, d. Apr. 23, 1916. He m. Aug. 17, 1873, Anna F. Morrill of Raymond. She b. Feb. 13, 1855, daughter of William & Maria B. (Churchill) Morrill of Raymond. Children:
Herman W., b. May 16, 1874.
Elizabeth M., b. July 26, 1877.

HATCH, Wells Hatch, b. Mar. 25, 1806 Gray, son of Thomas & Abigail (Pennell) Hatch of Gray, d. Dec. 9, 1835 ae 29 yrs. Raymond. He m. Nov. 9, 1831, Rebecca Leach of Raymond. She b. Feb. 20, 1810, daughter of Zachariah & Betsey

(Simonton) Leach, d. Apr. 23, 1838. She m. (2) May 7, 1837, James M. Leach of Raymond. He b. Dec. 5, 1808, d. Mar. 18, 1892 ae 83 yrs., 5 mos. Raymond.

HAYDEN, Jeremiah b. Aug. 23, 1768, Braintree, Mass., d. Aug. 25, 1847 ae 79 yrs. He m. Jan. 2, 1794, Margaret Davis. She b. Mar. 26, 1774, daughter of Gideon & Abigail (McKenney) Davis of Raymond, d. Sept. 14, 1841 ae 67 yrs., 6 mos. (Morning Star obit). He came from Gray. Children:

Abigail, b. Mar. 11, 1795, d. Dec. 4, 1815 ae 20 yrs., 9 mos.
Gideon, b. Dec. 19, 1796, d. Feb. 15, 1824 ae 27 yrs., 2 mos. He m. Mary Davis of Raymond.
Jeremiah Jr., b. Sept. 28, 1798, d. Sept. 10, 1818 (gravestone)
John, b Sept. 19, 1800, (see Below)
Esther, b. Dec. 19, 1802. She m. John C. Stevens of Raymond.
Ebenezer, b. Oct. 30, 1804, (see below)
(Mahlon) Davis, b, Aug. 16, 1806, (see below)
Peggy, b. Sept. 3, 1808, d. July 12, 1810.
Clement, b. Mar. 20, 1811, d. Feb. 16, 1885.
Joseph, b. June 25, 1813, d. July 20, 1813.
Joseph H., b. Nov. 18, 1814, d. Sept. 6, 1892.
Abigail, b. Dec. 3, 1816, d. Feb. 18, 1843. She m. Elbridge Gerry of Raymond.

HAYDEN, Ebenezer b. Oct. 30, 1804, son of Jeremiah, d. Apr. 25, 1891 Bloomington, Wisc. He m. May 12, 1826, Jane K. Staples. She b. Nov. 29, 1803, daughter of Joseph D. & Elizabeth (Davis) Staples, d. Dec. 27, 1860, Utica, Wisc. They moved to Utica, Wisc. in 1853. He is buried there in Wisconsin, Crawford County in a cemetery between Eastman and Seneca. Children:

Elizabeth S., b. Apr. 20, 1827, d. Jan. 15, 1849 ae 21 yrs. Westbrook.
Margaret, b. Aug. 8, 1829, d. Dec. 3, 1908. She m. July 16, 1863, Andrew B. Withee of Starks.
Cephas W., b. Sept. 22, 1831, d. Jan. 30, 1922.
Ebenezer, b. Jan. 20, 1834.
Josephine B., b. Dec. 20, 1836.
Albie J., b. Sept. 17, 1842, m. Oct. 31, 1878, Freeman Hayes.

HAYDEN, Mahlon Davis b. Aug. 16, 1806, son of Jeremiah, d. May 4, 1861 ae 54 yrs., 8 mos. He m. Jan. 10, 1834, Charlotte Files. She b. Jan. 26, 1813, daughter of Jonathan & Esther (Libby) Files, d. July 18, 1892 ae 79 yrs., 6 mos., 6 das. Raymond. Children:

Lorette, b. Jan. 14, 1835, d. Apr. 22, 1855 ae 20 yrs., 3 mos.
Maria Louise, b. Apr. 3, 1837, d. Nov. 15, 1922. She m. int. Mar. 28, 1861, Henry J. Lane of Casco.
Franklin Eugene, b. July 16, 1843, d. May 10, 1915.
John H., b. Dec. 25, 1846, (see below)
Mary Jennie, b. Feb. 28, 1845, d. July 25, 1928. She m. Sept. 5, 1883, Dr. John Irving Sturgis of New Gloucester.
Almira P., b. May 26, 1849, d. Feb. 1, 1882 ae 32 yrs. New Gloucester. She m. Nov. 24, 1870 in Auburn, Dr. John Irving Sturgis.

Addie F., b. Jan. 20, 1853, d. Dec. 12, 1908 She m. Dr. John C. Winter of Kingfield.
Lorette, b. July 23, 1857. She m. Frank Curtis Dolley.

HAYDEN, John H. b. Dec. 25, 1846, son Mahlon D., d. Feb. 21, 1921 ae 74 yrs. He m. Mar. 17, 1878 in Windham, Lizzie Ann Wescott of Gorham, he of Raymond. She b. Mar. 10, 1858 Augusta, d. May 2, 1940 Bangor. Children:
Edward C. (adopted), d. Nov. 17, 1878.
John Irving, b. Oct. 26, 1881, d. Aug. 7, 1958.
Charlotte M., b. Apr. 8, 1888, m. Dr. James Donald Clement of Belfast.

HAYDEN, John b. Sept. 19, 1800, son of Jeremiah, d. June 28, 1846. He m. Nov. 26, 1825, Harriet Plummer of Raymond. She b. Aug. 21, 1807, daughter of William & Hannah (Plummer) Plummer, d. Sept. 3, 1894 ae 86 yrs. She m. (2) William Dolly. He d. Apr. 8, 1848 ae 63 yrs. Children:
William P., b. Jan. 7, 1827, (see below)
John Colby., d. Nov. 21, 1896 ae 61 yrs., 11 mos., 19 das.
Jeremiah,
Mary Ann, d. Aug. 24, 1909 ae 74 yrs., 11 mos., 11 das. Raymond. She m. ___Brown.
Harriet J.,
Clarissa A.
Esther.

HAYDEN, William P. b. Jan. 7, 1827, son of John, d. May 10, 1903 ae 76 yrs., 4 mos. He m. Nov. 26, 1848 in Gray, Eliza Ann Brown. She b. Jan. 13, 1828, daughter of Andrew & Sally (Russ) Brown, d. June 8, 1901. Children:
John A., b. June 15, 1852, d. May 20, 1929 Portland.
Charles Sumner, b. Apr. 16, 1858, (see below)

HAYDEN, Charles Sumner b. Apr. 16, 1858, son of William P., d. Mar. 19, 1901 Raymond. He m. Dec. 21, 1878 in Raymond, Clara Leona Jordan both of Raymond. She b. Sept. 11, 1859, daughter of Levi & Rosanna (Thurlow) Jordan, d. Mar. 1, 1924 ae 63 yrs., 5 mos., 26 das. No. Yarmouth. Child:
Neil S., b. Sept. 20, 1885.

HAYDEN, Elias W. b. 1796, d. 1886. He m. Feb. 23, 1825 in Poland, Anna Tenney of Raymond. She b. Aug. 15, 1799, daughter of Henry & Polly (Hayden) Tenney, d. 1886. Children:
Richard, b. Dec. 10, 1825, (see below)
Leonard H., b. May 1828.
Keziah T., b. Jan. 1830.
Eliza A., b. Apr. 1834.
Oren, b. Jan. 1836.
Thankful Ellen, b. Nov. 6, 1838.

HARDEN, Richard b. Dec. 10, 1825, d. Dec. 4, 1905. He m. int. Apr. 12, 1851, Sarah Jane Gilman of Poland, he of Raymond. Child:

Abbie A., b. Oct. 14, 1851.

HAWKES, Frank M. b. 1860 Windham, son of Cyrus & Emily J. (Cobb) Hawkes of Windham. He m. Nov. 29, 1883, Charlotte P. Brown both of Windham. She b. June 4, 1864, daughter of Sewall & Ann (Morrill) Brown, d. Mar. 4, 1926 ae 61 yrs., 9 mos. New Gloucester. Children:
Leon S., b. Sept. 21, 1886, d. Oct. 26, 1943.
Angie, b. Sept. 5, 1891.
Georgie J., b. Jan. 11, 1894.

HIGGINS, Mrs. Phebe d. Apr. 12, 1887 ae 82 yrs., 12 mos. E. Raymond at the home of George W. Foss. She born in Cape Elizabeth and moved to Dixmont. (Morning Star, May 5, 1887). Child:
Daniel H., b. June 13, 1821

HODGKINS, Whitman d. Dec.. 17, 1863 ae 40 yrs. Poland. He was a member of Co. E., 13th Me. Reg't and was killed, for which his widow received a pension. He m. Maria Verrill of Raymond. She b. Jan. 29, 1820, daughter of Nathaniel & Sally (Elwell) Verrill, d. Apr. 7, 1896. Children:
Orraminta, b. June 6, 1843, m. Jan. 3, 1864, John Strout Jr.
Stacy C., b. Dec. 5, 1846, d. Oct.6, 1925 m. June 4, Susan Strout of Poland.
Charles Bean, b. June 13, 1856, d. Feb. 7, 1939, m. Hannah S. Rand.
Melvina D., b. June 9, 1858.
Amos B., b. Dec. 19, 1859.
Whitman, b. Apr. 6, 1862, d. Oct. 31, 1942, m. May 30, 1888, Betsey M. Latham of Gray.

HODGDON, Samuel S. b. Feb. 12, 1827, son of Silas & Elizabeth (Scribner) Hodgdon of Otisfield, d. Oct. 14, 1904. He m. Dec. 27, 1850, Persis M. Churchill of Raymond. She b. Sept. 1 7, 1827, daughter of Matthew & Dorothy (Hall) Churchill, d. Feb. 4, 1905 ae 77 yrs. Limerick. Children:
Elizabeth W., b. Sept. 30, 1856, d. Oct. 20, 1892. She m. Horace Strout.
Samuel S., b. Sept. 9, 1859, d. June 5, 1931. He m. Fannie McNally.
Sarah Ellen, b. Sept. 5, 1861, d. 1938 Lisbon. She m. Hadley Hunt. She m. (2) John Hodgkins.
Mabel, b. May 23, 1863, living 1905 Portland. She m. Zenus Haines.
Alfred Lyman, b. June 6, 1865.

HODGDON, John A. b. about 1826. He m. Apr. 16, 1846, Mrs. Priscilla (Adams) Cash, widow of John Cash Jr. both of Raymond. She b. Apr. 11, 1811, daughter of Joshua & Sabrina (Skillings) Adams, d. Oct. 20, 1889. Children:
Harriet E., b. Oct. 31, 1846 (one m. int. Dec. 31, 1883 Joseph Verrill of New Gloucester, she of Raymond.)
Lowell P., b. Mar. 25, 1849.
John C., b. June 18, 1851.
George S., b. Oct. 25, 1855.

HOLDEN, Nathan b. Aug. 22, 1773, d. Mar. 11, 1853 Casco. He m. Feb. 9, 1797, Esther Damon. She b. Nov. 3, 1763, d. July 9, 1847 Casco. He m. (2) Anna (Hobbs) Marston of Falmouth. Child:
William Parker, b. Nov. 1, 1799. (see below)

HOLDEN, William P. b. Nov. 1, 1799 Malden, Mass. He m. May 26, 1825 in Bridgton, Lydia Brigham. She b. July 5, 1799 Marlborough, Mass., (Samuel Holden of Raymond m. Aug. 11, 1834 in Gray, Abigail Hayden of Gray) Children:
William P., b. Oct. 25, 1826
Lydia A., b. Oct. 21, 1827
Esther D., b. Sept. 26, 1829

HOLDEN, Levi P. b. Feb. 3, 1803 Otisfield, d. Mar. 24, 1876. He m. July 1, 1832 in Otisfield, Ann Leach of Raymond. She b. June 12, 1805, daughter of Samuel & Elizabeth (Clark) Leach, d. Dec. 7, 1869 ae 64 yrs. Children:
Lyman, b. May 28, 1833
Mary E., b. Apr. 25, 1835

HOLDEN, Samuel Knight b. Apr. 18, 1811, d. Sept. 3, 1889. He m May 11, 1835, Abigail Hayden of Gray. She b. 1810, d. 1889. Children:
Clarissa A., b. Mar. 31, 1836, d. Feb. 3, 1895. She m. Edward Mayberry
Harriet E., b. Dec. 6, 1837, d. Feb. 5, 1892. She m. int. June 5, 1865, Frank H. Smith.

HOLDEN, John b. Oct. 12, 1785, d. Jan. 25, 1865 ae 80 yrs., 8 mos., 13 das. Casco. He m. June 7, 1804, Polly Ray both of Otisfield. She b. Oct. 11, 1773, d. Sept. 25, 1843 ae 69 yrs., 11 mos., 4 das. He m. (2) Aug. 25, 1844, Mrs. Mary (Johnson) Mayberry, widow of Edward Mayberry, d. Mar. 13, 1874 ae 84 yrs. Children:
Alpheus, b. Apr. 1, 1811, d. June 29, 1893.
Mary, b. Mar. 9, 1814. She m. int. Feb. 24, 1846, Daniel M. Cook of Casco.

HOLDEN, Daniel b. Aug. 12, 1812 Otisfield, d. Nov. 5, 1892 ae 80 yrs. Raymond. He m. Sept. 6, 1846 in Casco, Eliza W. (Phinney) Rowell of Raymond, he of Casco. She b. Jan. 7, 1810, daughter of Clement & Joanna (Wallace) Phinney, d. Apr. 6, 1891. Child:
Martha L., b. Dec. 2, 1847, d. Oct. 31, 1865 ae 17 yrs.

HOOPER, Noah b. Apr. 1833 Windham, son of Henry & Olive (Nason) Hooper, d. Feb. 7, 1904 ae 70 yrs., 9 mos., 7 das. Raymond. He m. Caroline A. Cutler. She b. 1840, d. July 1, 1884. They are buried at So. Casco. Children:
Fred B., b. Aug. 1862. He m. Nellie S. Chute of Casco.
Maria H., b. Apr. 5, 1871.
Herbert, b. Oct. 1874.
Oliver, b. Jan. 28, 1875.
Ruth A., d. Oct. 31, 1900 ae 32 yrs. She m. James M. Plummer.

HOOPER, William H. Jr. m. Aug. 4, 1878 in Gorham, Etta Flora Lombard of Raymond, he of Standish. She b. Aug. 6, 1857, daughter of Hezekiah & Sarah Ann (Fickett) Lombard, d. Sept. 14, 1946 Lebanon. She m. (2) Charles F. Miles. Child: Addie, b. Mar. 1, 1879.

HOOPER, Fred B. m. Nellie S. Chute of Casco. (In 1905 of Raymond). Child: Willie H., b. Mar. 5, 1888.

HULME, James b. Nov. 22, 1822 Ireland He is buried in Gray Village Cemetery in Gray. Was he the one of Lewiston who m. Apr. 15, 1865 in Lewiston, Mrs. Adeline B. Hatch of Lisbon? He m. Feb. 22, 1872, Laura H. Davis both of Raymond. She b. Aug. 29, 1836, daughter of Thomas & Paulina (Staples) Davis, d. Mar. 20, 1879. He m. (3) May 19, 1894 in Casco, Phebe C. (Hill) Leavitt. She b. May 26, 1836, d. July 27, 1907 ae 71 yrs., 2 mos. Gray. Children:
James Everett, b. Apr. 1, 1874, d. Jan. 18, 1881.
Annie Laura, b. Apr. 10, 1875 She m. July 27, 1901 in Somersworth, N.H., Fred W. Benson of Saco.
George Milton, b. Oct. 1876.

JACKSON, Henry Jr. b. Mar. 2, 1754 Cape Elizabeth, son of Henry & Jane (Jameson) Jackson, drowned Mar. 21, 1808 ae 51 yrs. Raymond in Dingley Pond (Eastern Argus, Mar. 31, 1808) He m. int. Sept. 10, 1780, Sarah Davis both of Raymond. She b. 1759 Biddeford, daughter of John & Mary Trueworthy, she formerly a widow. She d. Nov. 30, 1836 (Raymond record) or Nov. 7, 1838 (Pension record) He came to Raymond in the fall of 1776 and was a Revolutionary soldier. His five surviving children applied for their father's pension in 1849 (Zebulon K. Harmon Papers, found at Maine Historical Society) Henry Jackson Jr. was a brother to Mary Dingley, (wife of Joseph), Margaret Leach, (wife of Mark), Sarah Jordan (wife of Samuel) and Ralph Jackson. Children, first 5 were named his survivors in 1849, order unknown.
Henry, b. about 1781, (see below)
Mary, b. about 1781, living in 1849 (Mrs. Mary Bartlett)
Miriam, b. about 1787, d. Jan. 20, 1853 ae 66 yrs. She m. Jacob Chaplin of Naples.
Gideon, b. about 1787, d. Feb. 22, 1865 yrs. He m. int. Dec. 24, 1810, Hannah Davis both of Otisfield. She d. Dec. 2, 1847 ae 63 yrs., 5 mos. They are buried in Naples.
Richard, b. 1801, d. Nov. 1860. He m. Mary Ingalls and settled in Harrison.
Hannah,
Peggy, She m. Wilson Tower.
William,

JACKSON, Henry b. about 1781, son of Henry, d. Apr. 27, 1853. He m. Dec. 1803 in Raymond, Mary Barton (eastern Argus, Jan. 6, 1804) She b. July 13, 1783, daughter of Isaac & Hepzibah (Davis) Barton, d. Apr. 16, 1830. He m. (2) Sarah H. Gammon. She m. (2) Sept. 25, 1853 in Casco, Joseph Brackett of Casco. He b. Nov. 10, 1785 Limington, d. Aug. 1855 Casco. As being the widow of Joseph Brackett, she applied at the age of 80 years for her husband's pension for his service in the War of 1812. Children:

Almeda, b. Feb. 13, 1805
Amanda, b. Sept. 5, 1807. She m. int. July 1, 1843, James Burgress of Otisfield.
Henry, b. Aug. 5, 1809, drowned July 13, 1828 ae 21 yrs. Sebago Lake.
Robert, b. Aug. 8, 1812, d. Aug. 9, 1812.
Mary, b. Sept. 15, 1816
Joseph T., b. Oct. 30, 1824, d. Feb. 11, 1833
Henry, b. Oct. 31, 1832
Sally, b. Feb. 20, 1834. She m. int. Sept. 10, 1853 in Casco, Samuel Brackett of Casco.
Joseph, b. Aug. 20, 1836, d. Mar. 4, 1840.
Fanny, b. Nov. 15, 1837. She m. Aug. 13, 1856, Charles Mains.
Abigail, b. Nov. 5, 1840. She m. int. Nov. 29, 1857 in Casco, William Page.

JACKSON, Ralph b. Oct. 2, 1770 Cape Elizabeth, son of Henry & Rachel (Dyer) Jackson, d. Apr. 12, 1851 Naples. He m. int. Mar. 24, 1791, Hannah Proctor of Windham, he of Raymond. She d. July 6, 1838 ae 72 yrs., 9 mos., daughter of William & Susannah (Hall) Proctor. They lived in the Naples section of Casco. Children:
William, b. Oct. 29, 1791, (see below)
Anthony, b. July 1, 1794, (see below)
John, b. Oct. 10, 1796, (see below)
Susanna, b. Apr. 7, 1799, d. Sept. 19, 1886 ae 86 yrs., 4 mos., 16 das. She m. William Proctor. He d. June 4, 1870 ae 71 yrs., 8 mos.
Joseph, b. Jan. 4 1804, (see below)
Eliza, b. Oct. 7, 1807. She never married.
Major, d. Mar. 25, 1916 ae 78 yrs., 10 mos., 16 das. Naples.

JACKSON, William b. Oct. 29, 1791, son of Ralph, d. Nov. 23, 1848 ae 57 yrs., 10 mos. He m. Apr. 23, 1818, Jane Proctor of Windham, he of Raymond. She d. Sept. 28, 1855 ae 59 yrs., 11 mos., 5 das. Children:
Mary Jane, b. June 10, 1818, d. June 3, 1892. She. m. Feb. 12, 1838 Clark Watkins of Casco.
Greenlief, b. Oct. 25, 1819, d. Nov. 7, 1863 ae 44 yrs., 13 das. He m. int. int. mar. 3, 1844 in Naples, Betsey Jackson.
Hannah, b. Mar. 12, 1821, d. Mar. 24, 1884. She m. int. Jan. 29, 1843 in Naples, Sylvester Paul.
William, b. Aug. 20, 1823. He m. Feb 12, 1852, Lucinda Morton both of Naples.
Lorenzo, b. Apr. 2, 1825, d. May 3, 1891 ae 66 yrs. He m. Mar. 9, 1852 in Casco, Susan Morton of Standish, he of Naples.
Caroline, b. Mar. 21, 1826, d. 1855. She m. Major W. Knight.
Andrew, b. Sept. 29, 1828.

JACKSON, Anthony b. July 1, 1794, son of Ralph, d. Sept. 15, 1856 ae 62 yrs., 2 mos. He m. int. Dec. 24, 1815 in Otisfield, Sally Lakin of Otisfield, he of Norway. She d. Jan. 8, 1868 ae 68 yrs., 11 mos., 16 das. They lived in a section of Casco that is now Naples. Children:
Rachel, b. Apr. 18, 1816
Harriet, b. Nov. 17, 1818

Joseph, b. Dec. 10, 1821
Sophronia, b. Dec. 17, 1824. She m. Jan. 19, 1848, George W. Hall of Naples.
Charles, b. May 16, 1827, d. May 30, 1828.
Elizabeth A., b. Jan. 1, 1833, d. Jan. 14, 1843 ae 12 yrs., 5 mos.
Lavina, d. May 27, 1905 ae 75 yrs., 5 mos., 26 das. She m. Lendall Morton.
Zebulon, b. Jan. 25, 1835.

JACKSON, John b. Oct. 10, 1796, son of Ralph & Hannah (Proctor) Jackson, d. Feb. 20, 1881 ae 84 yrs., 1 mo., 10 das. Naples. He m. Susan Fogg. She b. Mar. 1799 Limington, d. May 7, 1877 ae 78 yrs., 1 mos., 12 das. Naples. Some of their children are recorded in Naples Vital Records. Children:
Hiram, b. Dec. 11, 1821, d. Oct. 31, 1828
Betsy, b. Oct. 28, 1823
George Washington, b. Jan. 24, 1827, d. Oct. 19, 1884 ae 57 yrs.
Caroline, b. Nov. 19, 1829

Joseph Jackson, b. Jan. 4, 1804, son of Ralph, d. Apr. 17, 1877 ae 73 yrs. Naples. He m. Mary Proctor, who was maybe the one b. Jan. 16, 1802, daughter of Nehemiah & Mary Proctor, (age 76 yrs., living in 1850 Naples) Children:
Huldah, b. July 8, 1829
Charity, b. Apr. 19, 1833, d. Oct. 10, 1891. She m. Hanson Irish.
Martha Matilda, b. Oct. 21, 1839. d/ July 8, 1903 ae 64 yrs. Naples. She m. C.C. Plummer.

JACKSON, Amaziah b. Mar. 21, 1841, son of Daniel & Lydia (Staples) Jackson of Raymond. He was a member of Co. C., 25th. Me. Reg't. He m. int. July 24, 1862, Esther L. Strout of Casco, he of Raymond. She b. Feb. 12, 1842, daughter of Abraham & Susan (Thurlow) Strout, d. Apr. 17, 1925 Oxford. She m. (2) July 22, 1877 in Oxford, Lewis Thing Smith, a native of Waterboro, Me. Children:
Emily Augusta, b. Dec. 29, 1864, d. Oct. 8, 1931. She m. Henry Martin (alias, David Nadeau, b. Apr. 10, 1853 Madawaska). She m. (2) Apr. 22, 1899, Stephen R. Thurlow both of Poland.
Minnie, b. Mar. 1867, m. John Titus, m. (2) a Fletcher of Oxford.
Willie, b. May 1870, d. 1874.
Effie, b. Sept. 1873, d. Mar. 1874.

JELLISON, Stephen b. June 16, 1772 Gloucester, R.I., d. Sept. 6, 1836 Casco. He m. in 1801 Lancester, N.H., Phebe Bordan. She b. Mar. 9, 1779 Plainfield, Conn., d. May 6, 1854 ae 76 yrs. Casco. He came to Casco in 1816. See Biographical Review of Cumberland County, p. 335. (In this source his birth is given as Sept. 15, 1779 Richmond) Children:
Stephen Durand, b. July 31, 1804, d. Apr. 29, 1827 ae 22 yrs. Raymond.
Phebe, b. June 7, 1806, d. May 9, 1854. She m. Jonathan Morrow.
Joseph B., b. Dec. 10, 1807, d. July 24, 1889
Luke, b. Aug. 30, 1811, d. Jan. 14, 1862 in the army.
Van Ransallear, b. Mar. 5, 1815, d. 1841 Poland.
David Cargill, b. May 13, 1817, d. Oct. 6, 1897 Otisfield.

JEPSON, Elijah b. Aug. 9, 1781 Berwick, d. Aug. 5, 1866 ae 84 yrs., 11 mos., 26 das. He m. int. Mar. 10, 1804, Hannah Hill of Sanford. They are buried in Cook Cemetery in Casco. He m.(2) Nov. 18, 1838, Rhoda P. Pinkham both of Raymond. She b. July 7, 1799, daughter of Edmund & Miriam (Gould) Pinkham, d. Oct. 7, 1881 ae 82 yrs., 3 mos., 3 das. Casco. Children:
Abigial, b. Aug. 4, 1806.
Mark, b. Dec. 8, 1811.

JOHNSON, Charles b. Dec. 1, 1835.

JONES, Benjamin Jr., b. about 1801 Scarboro, living in 1850 ae 49 yrs. Casco. He m. int. Jan. 23, 1822 in Scarboro, Mary Sweat of Raymond. He m. (2) Apr. 23, 1837 in Otisfield, Lydia Brackett both of Raymond. She b. July 27, 1810, daughter of Joseph & Lydia (Pugsley) Brackett, d. Oct. 1859 ae 50 yrs. Casco. Children:
Sally Ann, b. Apr. 17, 1823, d. Feb. 14, 1848.
George W., b. Aug. 9, 1825
Olive M., b. May 15, 1828, d. Feb. 1830 ae 1 yr.
Oliver, b. May 2, 1830.
Lorraine, by second wife, b, Feb. 4, 1838.
Benjamin, b. May 24, 1839.
Caroline, b, Oct. 5, 1840.

JONES, Nicholas m. int. Aug. 31, 1833, Lucinda Thurlow both of Poland. Children:
Rosetta, b. May 3, 1834, d. Dec. 2, 1913. She m. Dwinal Verrill.
Abigail, b. Jan. 10, 1836.
Almond, b. June 14, 1838, d. Aug. 9, 1870.

JONES, Solomon d. Mar. 12, 1823 and his wife, Betsey, d. Oct. 1829

JORDAN, Roger b. Aug. 23, 1750 Cape Elizabeth, d. Oct. 9, 1837 ae 67 yrs. East Raymond. He m. Mar. 21, 1780 on Windham, Peggy Crisp both of Raymond. She b. June 26, 1757 Somesetshire, Great Britain, d. Aug. 13, 1793 Windham. Her father, Thomas Crisp m. June 24, 1793 in Windham, Katherine Welch both of Windham. (Mr. Crisp is buried in a private grave site on Raymond Hill, in the woods across from the Baptist Church) Roger m. (2) May 10, 1794 in Windham, Mrs. Experience (Wood) Wilson both of Raymond. (Experience was the widow of Sgt. Charles Wilson, who d. July 30, 1778 in the Army) She b. Dec. 2, 1748, d. Dec. 13, 1841 ae 93 yrs. Roger's parents, James Jordan, d. July 24, 1805 ae 86 yrs., and his mother, Phebe (Mitchell) Jordan, d. Oct. 26, 1801 ae 80 yrs. Children:
Thomas Crisp, b. Aug. 16, 1780. He m. Apr. 10, 1803 in Gray, Hannah Brown.
    She daughter of Andrew & Rachel (Small) Brown and d. Oct. 28, 1850 ae 69 yrs.
James, b. Jan. 13, 1782, d. Apr. 5, 1843 Casco. He m. Apr. 4, 1805, Abigail
    Farrington Wight.
Edward, b. Oct. 14, 1783, (see below)
Jeremiah, b. Oct. 10, 1785.

Nathaniel, b. Oct. 5, 1786, (see below)
Sarah, b. July 18, 1788, d. Nov. 14, 1821. She m. Dec. 13, 1810.
Mark, b. Feb. 22, 1791, d. June 5, 1853.
Dorcas, b. Feb. 22, 1791, d. Mar. 11, 1849. She m. Joshua Brown Jr. She m. (2) in 1823, Levi Jordan of Raymond.

JORDAN, Edward b. Oct. 14, 1783, son of Roger, d. Jan. 2, 1856 ae 72 yrs. Raymond. He m. Apr. 9, 1806, Esther Brown of Raymond. She b. Nov. 9, 1785, daughter of Joshua & Esther (Dam) Brown, d. Feb. 5, 1829 ae 43 yrs., 2 mos. Raymond. He m. (2) July 18, 1829, Margaret Leach of Raymond. She b. Aug. 7, 1800, daughter of Elder Zachariah & Betsey (Simonton) Leach, d. Oct. 23, 1839 ae 39 yrs. Raymond. He m. (3) Martha (Tyler) Strout, widow of Joshua Strout. She b. Dec. 30, 1794 Limington, d. Dec. 2, 1867. Children:
Ashsah A., b. Oct. 6, 1806, d. Apr. 23, 1830 ae 23 yrs., 6 mos., 5 das.
Elias B., b. Mar. 19, 1808, (see below)
Freeman, b. Mar. 14, 1810, d. Apr. 22, 1822 ae 12 yrs., 1 mo.
Fanny, b. Apr. 1, 1812, d. May 10, 1854 ae 42 yrs., 1 mo., 8 das. Raymond.
Polly, b. Aug. 26, 1814, d. Apr. 25, 1838.
Thomas, b. Dec. 18, 1816, d. Nov. 20, 1850.
Sally B., b. Mar. 23, 1819, d. Sept. 25, 1897. She m. July 25, 1841, William Bryant of Raymond.
Peggy M., b. June 23, 1821, d. Mar. 11, 1882 Casco. She m. Feb. 6, 1842, Freeman Ring of Casco.
Esther F., b. June 5, 1823, d. Feb. 17, 1851. She m. Nov. 23, 1845, John S. Small of Raymond.
Abigail H., b. Mar. 10, 1825, d. June 26, 1840 ae 15 yrs., 3 mos., 16 das
Oliver Perry, b. Aug. 25, 1827, (see below)
Elizabeth Ann, b. Oct. 23, 1830
Edward, b. Dec. 31, 1832, d. Aug. 26, 1835.
Rebecca H., b. Dec. 26, 1836.
Winfield Scott, b. Apr. 8, 1841, d. Aug. 24, 1842 ae 16 mos.

JORDAN, Elias B. b. Mar. 19, 1808, son of Edward, d Feb. 10, 1828 ae 19 yrs., 10 mos., 21 as. He m. Sept. 14, 1826, Lavina Jordan of Raymond. She B. Sept. 3, 1804, daughter of Henry & Polly (Simonton) Jordan, d. Oct. 29, 1857. She m. (2) Nov. 2, 1833 in Otisfield, Wentworth Riggs Lane of Raymond. Child:
Freeman, b. Feb. 6, 1827, d. Jan. 25, 1894 Cumberland. He m. Dec. 9, 1866, Sarah M. Johnson.

JORDAN, Oliver C. b. Aug. 27, 1827, son of Edward, d. Feb. 2, 1898 ae 71 yrs., 5 mos., 15 das. Raymond. He m. Elizabeth Ann Barton. She b. Aug. 6, 1827, daughter of John & Elizabeth (Mayberry) Barton, d. May 15, 1864 ae 36 yrs., 9 mos., 9 das. He m. (2) Jennie Frail, who d. Nov. 20, 1894 ae 54 yrs., 8 mos., 9 das. He m. (3) Dec. 7, 1893 in Raymond, Lucretia A. (Morton) Mains of Windham. She daughter of Ransom & Abigail (Rand) Morton. Children:
Charlotte H., b. Sept. 15, 1852.
Harriet E., b. Apr. 26, 1855, d. Aug. 20, 1859 ae 4 yrs., 4 mos.
Willis C., b. Sept. 7, 1857, d. Sept. 2, 1859 ae 2 yrs.

Lenora B., b. June 27, 1863, d. Mar. 19, 1882.
Lillian, by second wife, b. June 5, 1869, d. July 8, 1873.
Bessie M., b. Nov. 4, 1877. She m. Aug. 26, 1896, John B. Gerry.

JORDAN, Nathaniel b. Oct. 5, 1786, son of Roger, d. Dec. 15, 1869 ae 82 yrs. He m. Jan. 25, 1807, Mary Brown of Gray, he of Raymond. She b. Oct. 22, 1787, daughter of Andrew & Rachel (Small) Brown, d. Oct. 27, 1847 ae 62 yrs. Children:
Andrew B., b. Mar. 22, 1808, (see below)
Mark, b. Dec. 3, 1809, d. Mar. 5, 1837 Windham. He m. Mary Snow.
Osyman, b. Jan. 23, 1812, d. Oct. 1835 Raymond. He m. Oct. 11, 1835, Mary Allen both of Raymond.
Dorcas, b. Oct. 6, 1814. She m. Mar. 19, 1834, Betsey Stinchfield.
Mehitable, b. Mar. 16, 1817, d. May 12, 1843. She m. Feb. 27, 1840, Francis Small 3rd. of Raymond.
John B., b. Apr. 8, 1819, d. Feb. 17, 1842.
Mary A., b. July 16, 1825. She m. Feb. 4, 1852, Amos T. Giddings of Danville.
Rachel, b. Mar. 25, 1827, d. Jan. 6, 1873. She m. July 1, 1860, John Rolfe of Raymond.
Marshall, b. Oct. 3, 1830, d. Mar. 29, 1898 Harrison. He m. July 1890, Rosie T. Rowe.

JORDAN, Andrew Brown b. Mar. 22, 1808, son of Nathaniel, d. Mar. 6, 1840 ae 32 yrs. He m. Oct. 10, 1832 in Raymond, Olive Shaw of Standish. She b. Apr. 20, 1795, d. Nov. 13, 1884, or by gravestone d. Oct. 15, 1884. Children:
Ephraim B., b. Apr. 15, 1832, d. Sept. 30, 1834.
Osmyn, b. June 24, 1834, (see below)
Ephraim B., b. May 19, 1836, d. Feb. 15, 1839.
Ann B., b. Nov. 27, 1838, d. July 19, 1894. She m. Sept. 21, 1856, Thomas Witham Jr.

JORDAN, Osmyn b. June 24, 1834, son of Andrew, d. July 31, 1929 Raymond. He m. May 11, 1859 in Raymond, Minerva Staples both of Raymond. She b. May 2, 1838, daughter of Nathaniel & Esther (Mann) Staples, d. May 18, 1914. Children:
Mary Elizabeth, b. Mar. 25, 1860, d. Feb. 19, 1935. She m. Frank Wentworth.
Ephraim Brown, b. Apr. 29, 1863, d. Apr. 23, 1950.
Annarrill, b. Jan. 24, 1868. She m. George Albert Murch.
Albertina, b. May 16, 1874, d. Nov. 24, 1967 Gray, unm.
Angie Libby, b. May 2, 1878, d. Jan. 14, 1957. She m. Aug. 22, 1898, William H. Cole.

JORDAN, Hezekiah b. Sept. 9, 1759, d. May 16, 1828 ae 69 yrs. He m Sept. 15, 1782 in Windham, Eunice Davis both of Raymond. She b Mar. 6, 1763, daughter of John & Mary (Trueworthy) Davis, d. Apr. 27 1836 ae 74 yrs. Raymond. He left a widow and 6 children. Children:
Ezra Davis, b. Mar. 1, 1783. He m. Dec. 9, 1810 in Gray, Peggy Brown.
James, b. Feb. 14, 1785, (see below)
Mary B., b. Apr. 24, 1788. She m. Samuel Elkins of Raymond

Hezekiah, b. May 17, 1791.
Roger, b. July 3, 1793.
Charles, b. Mar. 30, 1795, (see below)
Eunice, b. May 7, 1799, d. Oct. 10, 1856. She m. Sept. 25, 1825, Richard Manning Spiller.
John, b. July 11, 1797, (see below)
Dorcas, b. Aug. 24, 1802, d. Apr. 5, 1842. She m. Dec. 5, 1822, Henry Libby.
William, b. Nov. 18, 1804, d. Dec. 19, 1829 Raymond.
Peggy, b. July 17, 1808, d. June 6, 1809.
Eliza, b. Jan. 20, 1810, d. Jan. 22, 1810.

JORDAN, James b. Feb. 14, 1785, son of Hezekiah. He m. Sept. 24, 1799 in Gray, Mrs. Joanna (Wilson) Starbird, widow of Henry Starbird of Gray. She was the daughter of Sgt. Charles & Experience (Wood) Wilson. Her mother was the second wife of Roger Jordan of Raymond. Children:
Peggy, b. Mar. 5, 1810.
Hezekiah, b. Feb. 13, 1814.
Achsah, b. June 17, 1816.
Betsey, b. Sept. 5, 1820.

JORDAN, Charles b. Mar. 30, 1795, son of Hezekiah, d. Nov. 15, 1857 Gorham. He m. Oct. 30, 1818, Sally Brown, who d. Mar. 5, 1821. Her sister, Abigail (Brown) Cummings, raised her son, Edward Jordan. He m. (2) Rebecca Phinney of Standish. She d. Oct. 5, 1848 ae 53 yrs. Gorham. They lived and died in Gorham and are buried on the Fort Hill Road there. Children:
Edward, b. May 27, 1820, d. 1901 Raymond.
Mary A., by second wife, b. Apr. 22, 1822.
James, b. Jan. 18, 1823.
Sally B., b. Jan. 18, 1825.
Emeline, b. Feb. 23, 1827.
Statira, b. Feb. 22, 1829, d. Nov. 6, 1846 ae 6 yrs.
Eunice, b. Jan. 22, 1831.

JORDAN, John b. July 11, 1797, son of Hezekiah, d. Mar. 29, 1886 ae 88 yrs., 7 mos. He m. in 1822, Susannah (Cash) Jordan, widow of Roger Jordan of Raymond. She b. June 11, 1797, daughter of John & Elsie (Cash) Cash. He m. (2) Mary, who d. Apr. 12, 1887 ae 86 yrs. Children:
Caroline, b. May 9, 1824. She m. Silas Young of Boston.
Emeline, b. Oct. 25, 1826.
Elias, b. Jan. 1, 1828. He m. Serena C., who d. Apr. 24, 1854 ae 21 yrs., 9 mos. He m. Nov. 20, 1855, Hannah Elizabeth Gay.
Julian, b. June 20, 1830. She m. William Hayes of Boston.
Hezekiah, b. May 6, 1833, d. Apr. 6, 1909 ae 75 yrs., 11 mos. Casco.
George Frederick, b. Jan. 29, 1837. He m. Clara Brown.

JORDAN, Samuel b. 1744 Falmouth, d. May 10, 1809. He m. Feb. 11, 1766 in Cape Elizabeth, Sarah Jackson of Cape Elizabeth. She b. Jan. 4, 1744, daughter of

Henry & Jane (Jameson) Jackson, d. July 29, 1804 Raymond. He was the first settler of Raymond. (See Lewiston Journal article, Jan. 21, 1888) Children:
Mary, b. Oct. 23, 1766, d. Dec. 23, 1812. She m. Francis Symonds of Raymond.
John, b. Oct. 28, 1768, (see below)
Hannah, b. 1770, d.y.
David, b. June 20, 1773, (see below)
Samuel, b. Sept. 21, 1775, (see below)
Henry, b. May 8, 1778, (see below)
Thomas, b. 1780, d. 1789.
James, b. Oct. 11, 1783, settled in Ohio.
Zachariah, b. July 2, 1787, d. May 7, 1864 ae 76 yrs., 10 mos. Limerick. He m. June 3, 1832, Esther Merrill of New Gloucester. He m. Apr. 21 1840, Sabrina Page.

JORDAN, John b. Oct. 18, 1768 Cape Elizabeth, son of Samuel, d. Dec. 16, 1861 ae 93 yrs., 1 mo., 20 das. He m. May 1, 1792, Dorcas Davis of Raymond. She b. Mar. 1, 1767, daughter of John & Mary (Trueworthy) Davis, d. Aug. 21, 1829 ae 64 yrs. Children:
Sarah, b. Nov. 2, 1792, d. Nov. 3, 1869. She m. Aug. 25, 1811, William Rolfe of Raymond.
Samuel, b. Oct. 17, 1794 (see below)
Mary, b. Jan. 28, 1797, d. June 8, 1850 ae 53 yrs. E. Raymond.
John, b. May 31, 1799, (see below)
Henry, b. Oct. 21, 1801, (see below)
Dorcas, b. Nov. 6, 1803, d. July 20, 1874 ae 71 yrs.
James, b. Jan. 9, 1806, (see below)
Lemuel, b. Jan. 11, 1808, (see below)

JORDAN, Samuel b. Oct. 17, 1794, son of John, d. Oct. 12, 1831 ae 36 yrs. He m. Nov. 25, 1819 in Raymond, Martha Small of Raymond. She b. Sept. 27, 1793, daughter of Daniel & Sarah (Starbird) Small, d. May 16, 1866 ae 72 yrs., 8 mos. Children:
Albinas, b. May 2, 1821, (see below)
Daniel, b. July 11, 1823, (see below)
Lemuel, b. May 22, 1825, d. June 8, 1885.
Zachariah, b. Nov. 23, 1826, d.y.
Colby, b. Jan. 23, 1828, (see below)

JORDAN, Albinus b. May 2, 1821, son of Samuel Jr., d. July 13, 1883 ae 62 yrs., 2 mos. He m. Sophronia Small of Raymond. She b. Mar. 14, 1830, daughter of George & Keziah (Duran) Small Jr., d. Jan. 10, 1902 ae 72 yrs. Children:
Franklin O.N., b. Dec. 23, 1855, d. Apr. 6, 1902 ae 49 yrs. Raymond. He m. Hannah Brazier. She b. May 1865 Windham. Their daughter, Gracie L., b. Oct. 29, 1888, m. Oct. 8, 1904, Irving A. Plummer.
Ida F., b. June 17, 1856, d. Aug. 5, 1860.
Ida F., b. Apr. 29, 1857, d. June 15, 1857 ae 7 weeks.
Lester William, b. May 31, 1858. He m. June 18, 1882, Esther Ann Edwards.
Ida Lucetta, b. Jan. 9, 1860, d. Sept. 14, 1860 ae 7 mos., 4 das.

Emily R.S., b. Aug. 24, 1862, d. Oct. 10, 1864 ae 2 yrs., 1 mo., 16 das,.
Charles F.S., b. July 18, 1864, d. May 22, 1866 ae 1 yrs., 10 mos.
Freddie A., b. Aug. 1, 1866, d. Sept. 1, 1866 ae 1 mo.
Georgia A., b. June 29, 1868.
Flora May, b. Feb. 9, 1870, d. Dec. 31, 1871 ae 2 yrs.
Angie Eva, b. Mar. 29, 1873, d. Apr. 19, 1873 ae 3 weeks.

JORDAN, Daniel Small b. July 11, 1823 Raymond, son of Samuel Jr., d. Feb. 5, 1891 ae 67 yrs., 7 mos. He m. int. Nov. 26, 1844 in Casco, Rhoda Ann Davis of Casco, he of Raymond. She b. Sept. 27, 1820, daughter of John & Rhoda (Jordan) Davis, d. May 14, 1897 ae 76 yrs., 7 mos., 16 das. Children:
Ransom D., b. Apr. 20, 1846, d. Sept. 7, 1867 ae 21 yrs.
Anson, b. Apr. 24, 1847, d. Oct. 17, 1867 ae 20 yrs.
Isaac Davis, b. Sept. 5, 1851, d. Apr. 3, 1922.
Isaiah E., b. Feb. 5, 1854, d. Nov. 24, 1867 ae 4 yrs.
Martha M., b. Feb. 16, 1855, d. July 24, 1890. She m. Dec. 12, 1880 in Casco, Almon M. Parker of Gorham.
Isadore E., b. Aug. 29, 1861, d. May 23, 1891.

JORDAN, Colby b. Jan. 23, 1828, son of Samuel Jr., d. Apr. 18, 1885. Casco He m. Dec. 25, 1852, Sarah A. Tenney of Casco, she of Raymond. She b. Dec. 22, 1834, daughter of Ephraim S. & Desire (Jordan) Tenney. He m. (2) Aug. 20, 1881, Abbie C. Plummer of Raymond, he of Casco. Child:
Samuel Colby, b. Nov. 3, 1853, d. Feb. 18, 1941. He m. Mar. 6, 1880 in Raymond, Nellie S. Berry of Raymond.
Charles E., b. May 20, 1858, d. Jan. 25, 1884 Casco.
Helen M., b. June 25, 1860.
Jennie, b. Jan. 10, 1864, d. Sept. 24, 1883 Casco.

JORDAN, John b. May 31, 1799, son of John, d. July 23, 1864 ae 65 yrs. (Morning Star, Nov. 2, 1864) He as John 3rd. m. Nov. 6, 1823 in Durham, Thirza Brown of Pownal, he of Raymond. She d. Sept. 17, 1880 ae 79 yrs., 4 mos. She was a daughter of Joseph & Polly Brown. Children:
Mary Ann., b. Apr. 17, 1824, d. Dec. 14, 1878. She m. Nov. 28. 1851, John S. Small of Raymond.
Dorcas, b. July 9, 1826. She m. Apr. 3, 1853, Isaiah Elder both of Raymond.
Joseph B., b. July 11, 1829, (see below)
Samuel J., b. Sept. 6, 1831, d. Dec. 7, 1856 ae 25 yrs. m. May 13, 1856, Eleanor Nash of Raymond.
John H., b. July 4, 1834, (see below)
Zachariah, b. May 13, 1837, d. June 12, 1861 ae 23 yrs.
Mahala B., b. Jan. 27, 1841, d. Mar. 23, 1864 ae 23 yrs.
Melissa B., b. Sept. 4, 1844, d. Jan. 17, 1852 ae 8 yrs., 4 mos.

JORDAN, Joseph B. b. July 11, 1829, son of John, d. May 14, 1861 ae 32 yrs. Casco. He m. int. Oct. 8, 1853 in Casco, Lydia M. Noyes of Casco, he of Raymond. She d. July 23, 1856 ae 21 yrs., 5 mos. Raymond. He m. (2) Dec. 26, 1858 in Raymond, Lydia S. Davis of Raymond Gore, he of Raymond. She b. Nov. 13, 1832,

daughter of Valentine & Mary (Davis) (Hayden) Davis. She m. (2) Oct. 22, 1864 Henry B. Bennett. Children:
Charles H., b. Jan. 14, 1853, d. Sept. 18, 1875 ae 20 yrs., 8 mos. Raymond.
Joseph, by second wife, b. Aug. 16, 1860.

JORDAN, John H. b. July 6, 1834, son of John, d. Apr. 22, 1888 ae 53 yrs., 9 mos. He m. int. Aug. 21, 1858 in Gray, Mary A. Stinchfield of New Gloucester, he of Raymond. She b. June 21, 1837 New Gloucester, d. Mar. 8, 1926 Raymond. Children:
William H., b. June 2, 1860, d. Jan. 25, 1929.
Clara M., b. Jan. 12, 1862.

JORDAN, Henry Jr., b. Oct. 21, 1801, son of John, d. Oct. 13, 1859 ae 57 yrs., 7 mos. Raymond. (Morning Star, gives Oct. 28) He m. Mar. 10, 1825, Keziah Tenney of Raymond. She b. Oct. 16, 1805, daughter of John & Sally (Stinchfield) Tenney of Raymond, d. Sept. 14, 1859 ae 54 yrs. Raymond. They are buried in Raymond Hill Cemetery. Children:
Sally T., b. June 18, 1827, d. June 7, 1843 ae 7 yrs.
Cyrus, b. Jan. 6, 1830, d. Jan. 16, 1904. He m. Feb. 12, 1866, Julia Moore.
Esther W., b. May 7, 1832, d. June 13, 1893. She m. June 18, 1854, Freeman Brown.
Henrietta, b. Oct. 25, 1835, d. May 8, 1843 ae 7 yrs., 6 mos.
James Monroe, b. Mar. 9, 1838 (see below)
Roscoe, b. Apr. 9, 1841, d. Apr. 13, 1843 ae 2 yrs., 4 das.
Aurilla, b. June 21, 1848, d. Apr. 16, 1851 ae 4 yrs.
Mary, b. Apr. 5, 1849, d. Apr. 5, 1854.

JORDAN, James Monroe b. Mar. 9, 1838, son of Henry, d. Dec. 19, 1862 ae 24 yrs., 9 mos. He is buried at Raymond Hill Cemetery. He m. int. Dec. 11, 1852, Dorcas A. Libby of Raymond. He m. (2) May 29, 1861, Emma A. Brown. She d. Nov. 7, 1865 ae 20 yrs., 11 mos., daughter of Ephraim & Mary J. (Symonds) Brown. Children:
Sebra W., b. May 2, 1857, d. 1939.
Eliza A., b. May 18, 1858, d. Aug. 4, 1879 ae 21 yrs., 2 mos., 17 das.
James M., b. Aug. 5, 1860
Frank A., b. Oct. 22, 1862

JORDAN, James b. Jan. 9, 1806, son of John. He m. Sept. 24, 1833, Sally Symonds both of Raymond. She b. Apr. 12, 1809, daughter of Nathaniel & Martha (Starbird) Symonds, d. Sept. 24, 1904 ae 95 yrs., 10 mos., 10 das. New Gloucester. Children:
Cynthia Elizabeth, b. Sept. 29, 1834, d. Feb. 22, 1849 ae 14 yrs. E. Raymond.
Josephine, b. Aug. 31, 1837, d. Aug. 2, 1922 Cambridge, Mass. She m. Alvin F. Foss of Minot.
Sally A., b. Dec. 18, 1840, d. Aug. 8, 1867. She m. Mar. 17, 1866, Alvin F. Foss of Minot.
Whitman Howard, b. Oct. 27, 1851, d. May 8, 1931 Orono, Me.

JORDAN, Lemuel b. Jan. 11, 1808, son of John, d. June 4, 1885 ae 77 yrs., 6 mos. He m. Amanda F. Strout of Raymond. She b. May 7, 1815, daughter of Ebenezer & Betsey (Moses) Strout, d. Oct. 28, 1853 ae 38 yrs., 6 mos. He m. (2) Feb. 16, 1856 in Raymond, Huldah Symonds both of Raymond. She b. Aug. 16, 1806, daughter of Nathaniel & Martha (Starbird) Symonds. He m. (3) Oct. 26, 1862, Mary D. Staples. She b. May 23, 1820, daughter of Joseph D. & Elizabeth (Davis) Staples, d. Sept. 14, 1894. Children:
Alvin B., b. Sept. 25, 1835, (see below)
Lydia E., b. Jan. 15, 1838, d. Apr. 13, 1867. She m. Aug. 14, 1860, in Raymond, Robert Thurlow Smith of Raymond.
Hannah M., b. June 30, 1840, d. Mar. 24, 1866 ae 25 yrs., 2 mos., 24 das. She m. Feb. 7, 1863, Oliver Brown of Casco.
Sarah Frances, b. Dec. 29, 1842, d. Aug. 18, 1911 New Gloucester. She m. Alvin Brown.
Mary E., b. May 16, 1845, d. July 5, 1866. She m. Sept. 16, 1863, James Henry Leach of Raymond.
Lorenzo, b. Oct. 23, 1847, d. Mar. 30, 1849 ae 17 mos.
Lester N., b. Sept. 16, 1850, (see below)
Infant dau., d. Nov. 23, 1853 ae 10 weeks.

JORDAN, Alvin Bacon b. Sept. 29, 1835, son of Lemuel, d. Nov. 13, 1909 ae 74 yrs., 1 mo., 14 das. Portland. He m. Nov. 11, 1858, Caroline Peabody Sawyer. She b. Oct. 20, 1835, daughter of John & Rebecca (Longley) Sawyer, d. Apr. 23, 1872. Children:
Amanda, b. June 13, 1860.
Mabel R., b. Aug. 17, 1861.
George W., b. Dec. 29, 1862.
Eva G., b. Mar. 24, 1866.
Jennie S., b. May 14, 1867.

JORDAN, Lester N. b. Sept. 16, 1850, son of Lemuel, d. Sept. 20, 1927 ae 77 yrs. 4 das. No. Yarmouth. He m. Nov. 29, 1874, Lydia A. Jordan both of Raymond. She b. July 9, 1852 Raymond, daughter of Levi Jr & Rosanna (Thurlow) Jordan, d. May 26, 1934 ae 81 yrs., 8 mos., 17 das. No. Yarmouth, Me. Children:
Callie, b. Sept. 23, 1875, d. May 20, 1876 ae 7 mos., 22 das.
Clyde H., b. Feb. 15, 1880, d. Apr. 4, 1937 No. Yarmouth
Lillian, b. Nov. 8, 1886 Portland. She m. Oct. 21, 1904, Willis H. Foster.

JORDAN, David b. June 20, 1773, son of Samuel, d. July 3, 1850 ae 77 yrs. He m. Apr. 15, 1802 in Gray, Olive Brown of Gore between Raymond & Gray, he of Raymond. She b. 1780, daughter of Joshua & Esther (Dam) Brown, d. Jan. 30, 1831 ae 51 yrs. When she died she left husband and 6 children. He m. (2) int. July 30, 1833 in Oxford, Mrs. Hannah Emery of Otisfield, he of Raymond. They are buried in Poland. Children:
Joshua, b. Jan. 21, 1803, d. Jan. 4, 1860. He m. in 1833, Elizabeth Emery.
Esther, b. Nov. 16, 1804, d. Nov. 7, 1827 Raymond.
Polly, b. June 16, 1811, d. Nov. 20, 1811.
Hiram, b. Mar. 19, 1809, (see below)

Mary, b. Oct. 29, 1813, d. Dec. 30, 1888. She m. Jan. 19, 1837, Peter Estes of Poland.
Olive, b. Dec. 24, 1816, d. 1896. She m. May 3, 1841, Isaac Hunt of Minot.
Darius, b. Apr. 22, 1821, d. Feb. 4, 1905. He m. July 1, 1841, Marcia B. Scribner.
Margaret, b. Sept. 27, 1823. She m. Sept. 5, 1847, Solomon Thorn.
Hannah, by second wife, b. Oct. 23, 1834, d. Sept. 14, 1856 ae 22 yrs.

JORDAN, Hiram b. Mar. 19, 1809, son of David, d. Oct. 26, 1866 ae 57 yrs., 7 mos. Raymond. He m. in 1833, Rebecca Humphrey of Gray, who d. Jan. 1847. He m. (2) in 1848, Phebe Hamlin. She m. (2) Nov. 24, 1867 in Raymond, David House. Child by 2nd. wife:
Charles S., b. Aug. 17, 1860.

JORDAN, Samuel b. Sept. 21, 1775, son of Samuel, d. Oct. 11, 1859 ae 84 yrs., 20 das. Raymond. He m. May 21, 1797, Rachel Humphrey of Gray. She b. Aug. 30, 1776 Gray, d. Nov. 7, 1871 ae 95 yrs., 2 mos., 8 das. Raymond. He was the first lawful white man born in Raymond, his father being the first settler. Children:
David, b. Apr. 7, 1798, (see below)
Isabella, b. July 4, 1799. She m. Oct. 7, 1819, Joseph Symonds.
Sarah, b. Feb. 13, 1801, d. Sept. 29, 1858 Bridgton. She m. Thomas Wales.
Cyrus, b. Jan. 1, 1803, (see below)
Jonas, b. Nov. 11, 1804, (see below)
Lydia M., b. Aug. 5, 1810, d. Jan. 8, 1813.
Cynthia, b. Feb. 18, 1814, d. Dec. 17, 1832 ae 18 yrs., 10 mos.
Anson, b. Aug. 29, 1816, d. Mar. 14, 1863 ae 46 yrs., 6 mos. He m. Matilda Hale of Porter. She d. Mar. 1848 ae 29 yrs., 8 mos. Raymond.
Nelson, b. Oct. 20, 1818. He m. Susan Staples Morrison.
Susan, b. Oct. 18, 1820, d. Sept. 28, 1883.

JORDAN, David b. Apr. 7, 1798, son of Samuel, d. Sept. 13, 1882 ae 84 yrs., 2 mos., 6 das. New Gloucester. He m. Nov. 29, 1827 in New Gloucester, Thankful Clark of Raymond. She b. July 1, 1806, daughter of Benjamin & Judith (Stinchfield) Clark, d. Sept. 25, 1891 Alfred. They are buried in New Gloucester. Children:
Isabel, b. Dec. 8, 1828, d. Sept. 8, 1893 New Gloucester. She m. Oct. 25, 1857, Henry Cummings of New Gloucester.
Julia Clark, b. May 19, 1831, d. May 24, 1831.
Benjamin Clark, b. June 26, 1833, d. Dec. 21, 1912. He m. int. Aug. 6, 1864 in New Gloucester, Annie L. Meserve of Buxton.
Juliette J., b. Jan. 1, 1836, d. Oct. 18, 1903. She m. Mar. 26, 1861 in New Gloucester, Orrin G. Nash.
Anson, b. May 3, 1839, d. Aug. 19, 1841.
Emeline Leach, b. June 28, 1841.
Lyman G., b. Mar. 12, 1845.
John, d. May 7, 1915 ae 77 yrs. Augusta.
Mark F., b. Mar. 31, 1848, d. Aug. 13, 1897 ae 49 yrs., 4 mos., 3 das. New Gloucester.
Lester Howard, b. Aug. 15, 1850, (see below)

JORDAN, Dr. Lester Howard b. Aug. 18, 1850, son of David, d. Aug. 25, 1928 ae 78 yrs., Raymond. He m. July 25, 1878, Josephine Lydia Davis both of Raymond. She b. June 15, 1858, daughter of Thomas W. & Paulina (Staples) Davis, d. Sept. 4, 1918. He graduated from Bowdoin Medical College in 1870. They are buried in New Gloucester. Children:
Carl M., b. Oct. 20, 1878, d. Apr. 17, 1880.
Dana Stanford, b. May 22, 1887, d. May 1951.
Gladys, b. May 8, 1889, d. Jan. 3, 1965.
Bernard, b. June 8, 1896.

JORDAN, Cyrus b. Jan. 1, 1803, son of Samuel, d. Sept. 28, 1881. He m. June 18, 1828, Elsie Wales of Bridgton, he of Raymond. She b. Apr. 14, 1804, d. Mar. 27, 1854 ae 51 yrs. Raymond. He m. (2) Abbie Crane. Children by first wife:
Thomas W., b. Nov. 28, 1829.
Samuel, b. July 10, 1833, d. Apr. 16, 1834.
Joseph L., b. July 10, 1833, d. July 13, 1833.
Jonas A., b. June 22, 1835.
Sarah Frances, b. Mar. 28, 1837, d. Dec. 4, 1841 ae 4 yrs., 3 mos.

JORDAN, Jonas b. Nov. 11, 1804, son of Samuel, d. June 28, 1875 ae 70 yrs. Danville Junction, he of Poland. He m. Apr. 18, 1835, Alma M. Brackett, who d. Apr. 6, 1880 ae 74 yrs. He is buried in Gray Village Cemetery in Gray. Children:
Samuel, b. Feb. 23, 1836, d. Aug. 21, 1865.
Reuben B., b. Mar. 20, 1837, d. Feb. 24, 1899 Gray.
Elvira B., b. Dec. 19, 1838, d. May 7, 1849.
Sarah W., b. Dec. 15, 1840.
Margaret M., b. Nov. 9, 1842.
Susan M., b. Aug. 5, 1844.

JORDAN, Henry b. May 8, 1778, son of Samuel, d. Mar. 15, 1860 ae 83 yrs. He m. Dec. 3, 1803 in Cape Elizabeth, Polly Simonton. She b. Nov. 6, 1780, d. Mar. 22, 1816 ae 35 yrs., 4 mos. He m. (2) Jan. 6, 1819, Judith (Stinchfield) Clark, widow of Benjamin Clark, she of New Gloucester, he of Raymond. She b. Sept. 7, 1786 New Gloucester, d. Nov. 6, 1853 ae 67 yrs., 8 mos. (See Biographical Review of Cumberland County, p. 314) Children:
Lavina, b. Dec. 3, 1803, d. Oct. 29, 1857. She m. Sept. 14, 1826, Elias Jordan. She m. (2) Nov. 21, 1833, Wentworth R. Lane.
Eliza, b. Apr. 15, 1806, d. June 23, 1884 ae 78 yrs., 2 mos. She m. Mar. 27, 1847, Cyrus Latham.
Zachariah, b. Dec. 9, 1807, d. Aug. 19. 1836 ae 29 yrs. Raymond.
George Washington, b. Oct. 8, 1810, (see below)
Henry, b. Feb. 26, 1813, d. Dec. 2, 1881.
Polly, b. Feb. 9, 1816, d. Dec. 18, 1874.
Ebenezer S., by second wife, b. Sept. 11, 1819, d. 1890.
Julia A., b. May 6, 1821, drowned May 27, 1830 in Rattlesnake Pond ae 9 yrs.
Clarinda, b. Mar. 12, 1823, drowned May 27, 1830 Rattlesnake Pond ae 7 yrs 2 mos.

Ephraim S., b. Mar. 27, 1825, d. Nov. 24, 1826 ae 1 yr., 8 mos.
Judith S., by second wife, b. Apr. 24, 1827, d. Oct. 2, 1875 New Gloucester.
Orpha P., b. Mar. 23, 1830, d. Sept. 19, 1885. She m. Jan. 1, 1857, William P. Woodbury of Westbrook.

JORDAN, George Washington b. Oct. 8, 1810, son of Henry, d. Feb. 28, 1879 New Gloucester. He m. Dec. 5, 1837, Lydia Allen of Poland, he of Raymond. She b. Feb. 10, 1817, d. May 10, 1906 ae 89 yrs., 3 mos. New Gloucester. They are buried in New Gloucester. Children:
Allen H., b. June 8, 1840, d. July 8, 1920
Eliza J., b. June 21, 1842, d. June 17, 1925. New Gloucester.

JORDAN, Nathaniel b. Feb. 23, 1777, son of Dominicus & Catherine (Maxwell) Jordan, d. June 26, 1842 ae 65 yrs. He m. Apr. 14, 1805 in Raymond, Lydia Cash of Raymond. She b. 1784, daughter of Samuel & Susanna (Strout) (Eddy) Cash, d. Mar. 1, 1837 ae 52 yrs. Raymond. His father, Dominicus, d. Mar. 13, 1823 ae 77 yrs., and his mother, Catherine (Maxwell) Jordan, d. Sept. 16, 1826 ae 77 yrs. Children:
Eliza, b. Sept. 6, 1805, d. June 21, 1834. She m. Oct. 1824, Thomas Morton.
Osman, b. July 6, 1807, d. Sept. 20, 1810 ae 3 yrs.
Dominicus, b. Jan 12, 1810, d. Mar. 13, 1823.
Osman, b. Nov. 1811, d. Jan. 21, 1812 ae 2 yrs.
Bani, b. Dec. 21, 1812, (see below)
Mary, b. July 3, 1816, d. Jan. 20, 1840 ae 24 yrs.
Robert, b. Sept. 19, 1819. He settled in Ipswich, Mass.
William, b. Aug. 25, 1821, (see below)
Caroline, b. Sept. 28, 1824, d. Sept. 19, 1826 ae 2 yrs.
Caroline, b. Sept. 23, 1826. She m. Charles F. Barton.
Lydia A., b. Mar. 13, 1829. She m. George W. Blackstone.
Cyrus, b. Nov. 16, 1832, drowned May 5, 1834 Plummer's Mill.

JORDAN, Bani b. Dec. 21, 1812, son of Nathaniel, d. Dec. 23, 1843 ae 30 yrs. He m. Nov. 15, 1840, Jane Bolton both of Raymond. She b. Jan. 22, 1819, daughter of Samuel & Mary (Silla) Bolton, d. July 20, 1896 ae 76 yrs. Windham. She m. (2) Mar. 23, 1846, William Jordan, her former husband's brother. Children:
Almond, b. Sept. 1, 1841.
Charles, b. Feb. 11, 1843.
Georgianna, b. June 19, 1844, d. Feb. 1851 ae 7 yrs., 5 mos.

JORDAN, William b. Aug. 25, 1821, son of Nathaniel. He m. Mar. 23, 1846, Jane (Bolton) Jordan, widow of Bani Jordan. She d. July 20, 1896 ae 76 yrs. Windham. Child:
William, b. Aug. 17, 1847, d. Feb. 12, 1868 ae 20 yrs., 5 mos.

JORDAN, Nathaniel b. Nov. 1, 1793, son of Nathaniel & Hephzibah (Bodge) Jordan, d. Feb. 12, 1873 Poland. He m. Feb. 14, 1821 in Cape Elizabeth, Eleanor Tate. She b. 1800, d. 1886. He and his wife and three of their sons are buried in Eastern Cemetery in Gorham.

Elizabeth, b. July 27, 1821.
George T., b. Jan. 15, 1824.
Moses S., b. Mar. 29, 1826.
Edwin W., b. July 3, 1828, d. 1856.
Alvinza, b. Feb. 13, 1831, d. May 1898 Mechanic Falls.
Henry Norris, b. Sept. 18, 1833 Poland, d. 1882.
Fannie F., b. Mar. 19, 1836 Poland.
Maggie E., b. Feb. 2, 1840.
John W., b. Jan. 1, 1843, d. 1924.

JORDAN, Levi b. May 2, 1797, son of Nathaniel & Hephzibah (Bodge) Jordan, d. Jan. 14, 1867 Raymond. He m. Mar. 14, 1819, Fanny Brown. She b. Aug. 13, 1796, daughter of Joshua & Esther (Dam) Brown, do. Oct. 28, 1822 ae 26 yrs. He m. (2) Mrs. Dorcas (Jordan) Brown, widow of Joshua Brown and daughter of Roger Jordan. She b. Feb. 22, 1791, d. Mar. 12, 1849 ae 58 yrs., 1 mo. He m. (3) Dec. 12, 1849 in Gorham, Esther Wescott of Gorham, he of Raymond. She d. Sept. 15, 1878 ae 71 yrs. and buried with her parents at White Rock section of Gorham. Children:
William B., b. June 2 1819, (see below)
Joseph B., b. Aug. 29, 1822, d. June 13, 1896 Windham. He m. (2) Sept. 17, 1854, Olive S. Rogers. She d. Oct. 26, 1861 ae 33 yrs 3 mos., 13 das.
Benjamin, by second wife, b. July 3, 1824, d.y.
Fanny, b. July 15, 1826, d. July 27, 1904. She m. Albert Strout of Raymond.
Levi, b. Aug. 23, 1828, (see below)
Ann B., b. Jan. 8, 1831, d. Oct. 23, 1897. She m. Aug. 30, 1849, Freeman Strout of Raymond.

JORDAN, William B. b. June 2, 1819, son of Levi, d. May 31, 1868. Windham. He m. Dec. 6, 1843 in Windham, Ellen Knight. She b. May 11, 1821, daughter of Reuben Knight, d. 1906. He and his wife are buried in Windham, near the rotary on 202. Children:
Isaac R., b. Sept. 16, 1844.
Alphonzo, b. Apr. 28, 1848.

JORDAN, Levi Jr., b. Aug. 23, 1828, son of Levi, d. Jan. 15, 1904 Raymond. He m. Aug. 30, 1850 in Raymond, Rosanna Thurlow of Raymond. She b. Jan. 13, 1824, daughter of Robert & Hannah (Proctor) Thurlow, d. May 5, 1907 ae 83 yrs., 3 mos., 19 das. Raymond. Children:
Lydia A., b. July 9, 1852, d. Mar. 26, 1934. She m. Nov. 29, 1874, Lester A. Jordan.
William E., b. May 28, 1854, d. Mar. 19, 1925.
Elizabeth W., b. Feb. 22, 1857, d. 1919. She m. Oct. 13, 1887, Frank D. Eager of Wardsborough, Vt.
Clara L., b. Sept. 11, 1859, d. Mar. 1, 1924 No. Yarmouth. She m. Dec. 21, 1878 in Raymond, Charles J. Hayden both of Raymond.
Charles S., b. June 20, 1869, d. 1930.

JORDAN, Daniel R. b. Apr. 24, 1798, d. Dec. 4, 1872. He m. Mar. 4, 1820, Phebe McLellan. She b. Mar. 3, 1802, daughter of Joseph & Diana (Jordan) McLellan, d. Mar. 16, 1867. Children:
Mary A., b. Mar. 30, 1822, d. Dec. 30, 1858. She m. May 1, 1845, Henry Rolfe of Raymond.
Augustus, b. Jan. 28, 1824.
James Monroe, b. Dec. 14, 1825, (see below)
Harriet, b. Dec. 6, 1827 Sebago, d. Jan. 16, 1911. She m. Dec. 11, 1852, Lemuel Rolfe of Raymond.
Joseph, b. Feb. 15, 1832 Sweden, d. Aug. 10, 1855 Raymond.
Caroline O., b. Feb. 15, 1834 Sweden, d. Oct. 16, 1838
Ruth, b. Dec. 27, 1837.
Caroline O., b. Dec. 27, 1838. She m. May 4, 1854, James Jordan Rolfe of Raymond.
Solon S., b. Nov. 9, 1840, d. Oct. 9, 1849.

JORDAN, James Monroe b. Dec. 14, 1825, son of Daniel R. & Phebe (McLellan) Jordan of Casco, d. July 1, 1910 ae 86 yrs., 6 mos., 5 das. Casco. He m. May 18, 1856, Mary Davis Smith of Casco. She b. May 2, 1839, daughter of Sebra & Eliza (Davis) Smith, d. Apr. 26, 1935. He was a member of Co. C., 25th Me. Reg't and lived at Webbs Mills.

JORDAN, Moses d. June 17, 1824. Was he the Moses, b. 1749 and once of Gorham and his wife, Mary Millett? Mary, d. Oct. 10, 1828. Rhoda (Jordan) Davis, wife of John Davis of Raymond was probably their daughter. Their son Charles d. Jan. 15, 1816.

JORDAN, Benjamin b. June 1800 Windham, son of Nathaniel & Hephzibah (Bodge) Jordan, d. May 26, 1863. He mar. 20, 1825, Judith Tenney. She b, Oct. 18, 1804, daughter of John & Sally (Stinchfield) Tenney, d. Sept. 17, 1838 ae 33 yrs., 8 mos. He m. Dec. 1838, Hannah (Silla) Cook, widow of John Cook. (They m. Nov. 20, 1824 in Baldwin) She daughter of John & Mary (Murch) Silla of Gorham and d. May 22, 1882 ae 78 yrs. Children:
Ephraim, b. Nov. 27, 1827. He m. Sarah Hurd.
Alvin, b. Aug. 1, 1829, d. June 19, 1910 Portland. He. m. Susan R. Small of Portland.
Abigail, b. Aug. 25, 1831, d. Feb. 17, 1854. She m. Andrew Dyer.
Ai, b. Jan. 2, 1833.
John T., b. Jan. 21, 1834.
Reuben Tenney, b. Jan. 21, 1834.
Judith G., b. July 18, 1838, d. Sept. 26, 1838 ae 3 mos.
Gideon H., by second wife, b. Oct. 20, 1840, d. May 25, 1915 Naples.
Lydia E., b. May 15, 1842, d. Nov. 27, 1899 ae 57 yrs., 6 mos., 12 das. She m. George D. Staples of Bridgton.
Benjamin F., b. Sept. 26, 1844, d. Aug. 26, 1870.
Cyrus F., b. Nov. 8, 1846, (see below)

JORDAN, Cyrus F. b. Nov. 8, 1846, son of Benjamin, d. Dec. 28, 1881. He m. Dec. 31, 1870, Jerusha Strout of Raymond. She b. Oct. 16, 1846, daughter of Rev. Nathaniel & Susannah (Davis) Strout of Casco, d. Aug. 26, 1914. Children:
Herbert F., b. Nov. 24, 1872.
Alvin Eveleth, b. Jan. 2, 1876, d. Mar. 7, 1879.
Austin W.T., b. May 17, 1882.

JORDAN, Ezekiel b. Apr. 15, 1770 Cape Elizabeth, d. Dec. 27, 1852 ae 82 yrs., 8 mos. He m. Mar. 27, 1793 in Windham, Anne Mayberry both of Raymond. She b. Nov. 30, 1769, d. Aug. 10, 1798 ae 28 yrs. He m. (2) May 1799, Mehitable Maxwell. She d. June 31, 1861 ae 86 yrs., 4 mos. Children:
Abigail, b. June 12, 1796.She m. John Means.
Anna, b. July 30, 1798, d. Aug. 15, 1847 ae 49 yrs. Casco. She m. June 10, 1822, James Staples. He b. Apr. 4, 1786, d. Aug. 6, 1874 Casco.
Polly, b. June 25, 1799, d. Apr. 21, 1826.She m. John Tukey. He d. Mar. 5, 1816 ae 35 yrs. She m. (2) Mar. 15, 1818, Zadoc Sylvester of Casco.
Charles, by second wife, b. Mar. 29, 1800, (see below)
Ezekiel, b. Dec. 26, 1801, d. Apr. 15, 1872. He m. Oct. 1834, Eliza Ann Mayberry.
Mehitable, b. May 18, 1804, d. June 13, 1804.
Jerome B., b. May 2, 1805. He m. Sept. 26, 1861, Eliza Ricker.
Elsie, b. Mar. 3, 1808. She m. July 4, 1836, John McCluer. They lived in St. Albans.
Adaline, b. Feb. 24, 1811, d. July 2, 1863.
Israel, b. Nov. 11, 1813, d. Sept. 29, 1862.

JORDAN, Charles b. Mar. 29, 1800, son of Ezekiel, d. Jan. 30, 1881 ae 80 yrs. Casco. He m. int. Mar. 23, 1831, Alice Bean. She b. May 3, 1802, daughter of John Bean of Otisfield. Children:
Collins H., b. Apr. 29, 1834. He m. Apr. 15, 1867, Minerva King.
Elfreda H., b. Nov. 25, 1832. She m. Ezekiel R. Pinkham.
Elizabeth, b. Dec. 14, 1835, d. Mar. 7, 1853.
Freeman, b. Mar. 8, 1837. He m. June 2, 1865, Abbie Johnson.
Tewsbury, b. Aug. 18, 1838, d. Dec. 13, 1862.

JORDAN, William Maxwell b. 1767 Cape Elizabeth, d. Jan. 5, 1820 ae 53 yrs. He m. Mar. 27, 1793 in Standish, Ann Leach both of Raymond. She b. Aug. 29, 1768, daughter of Mark & Margaret (Jackson) Leach, d. Aug. 14, 1842 ae 74 yrs. Children:
Mark, b. Sept. 12, 1790, (see below)
Catherine, b. Apr. 21, 1792, d. June 12, 1871. She m. Jan. 4, 1818 in Otisfield, William Cook of Casco.
Peggy, b. June 2, 1794, d. Sept. 19, 1836 ae 42 yrs. She m. Samuel Dingley Jr. of Casco. He d. Mar. 26, 1849 ae 60 yrs., 6 mos.
Dominicus, b. Jan. 17, 1796, d. Jan. 5, 1869 Depere, Wisc. He m. Kezi Dingley.
William, b. Mar. 6, 1798, d. Mar. 31, 1834.
Peter, b. Oct. 10, 1799, (see below)
Martha, b. June 25, 1801, d. June 19, 1805.
Asa, b. July 30, 1803, d. June 15, 1805.

Samuel, b. June 6, 1805, d. Dec. 19, 1880 Westbrook.
Elizabeth K., b. Apr. 19, 1807, d. Feb. 24, 1863 ae 55 yrs., 10 mos. She m. in 1826, Jesse Symonds. She m. (2) int. Nov. 5, 1833 in Denmark, Frederick Nutting of Casco, she of Denmark.
Asa 2nd, b. Aug. 24, 1809, d. Feb. 4, 1811.

JORDAN, Mark b. Sept. 12, 1790, son of William M., d. June 5, 1865 ae 74 yrs. Casco. He m. Jan. 10, 1813, Mary Fernald of Poland, he of Raymond. She b. July 21, 1789 Poland, d. Nov. 6, 1831 ae 42 yrs., He m. (2) int. Aug. 19, 1832 in Otisfield, Emily Nutting of Otisfield, he of Raymond. She d. Jan. 14, 1865 ae 61 yrs. Casco. Children;
William, b. Apr. 22, 1813. He m. Eliza Woodford. He m. (2) Aug. 2, 1854, Elvira Thayer.
John F., b. Mar. 22, 1816.
Catherine, b. May 1, 1818. She m. June 1846 in Casco, Washington Bray.
Charles E., b. Mar. 13, 1820.
Harriet F., b. May 2, 1822. She m. Sept. 7, 1846 in Casco, David Torrey of Deering.
Elizabeth, b. Nov. 10, 1824, d. Sept. 10, 1828.
Margaret, b. Mar. 23, 1828, d. Apr. 5, 1863 Somonauk, Ill. She m May 24, 1853, Nathan Cook Sylvester.
Francis J., by second wife, b. Nov. 9, 1834.
Peter, b. May 11, 1836, d. Apr. 5, 1923. She m. Julia Smith
Mary E., b. Apr. 16, 1840, d. 1919. She m. Dr. Webster Wight.
Charles F., b. Sept. 16, 1842, d. Mar. 2, 1911. He m. Margaret Louise Grant.

JORDAN, Peter b. Oct. 11, 1799, son of William M., d. Dec. 18, 1873 Windham. He m. Mary Wight of Otisfield. She b. Jan. 14, 1804, d. Nov. 7, 1875 Windham. Children:
Anna, b. Feb. 25, 1827, d. Sept. 30, 1841
Mark, b. June 22, 1828. He m. Sarah Hanson.
James Newton, b. Sept. 25, 1829, d. June 11, 1830 ae 8 mos., 16 das.
Frederick Nutting, b. Mar. 7, 1831.

JORDAN, James b. Jan. 13, 1782, son of Roger & Peggy (Crisp) Jordan of Raymond, d. Apr. 5, 1843 ae 61 yrs. Casco. He m. Apr. 4, 1805, Abigail Farrington Wight. She b. Apr. 16, 1787, daughter of Joseph & Olive (Mann) Wight of Casco, d. July 18, 1869 ae 82 yrs. Children:
Peggy C., b. Jan. 26, 1806
Dorcas, b. Oct. 18, 1807, d. June 10, 1845. She m. Nov. 19, 1833, John S. Small of Raymond.
Joseph W., b. May 26, 1810
Amos, b. Aug. 9, 1812, (see below)
Olive, b. Jan. 5, 1815, d. Oct. 30, 1815.
Roxy W., b. July 5, 1817
Olive M., b. Aug. 25, 1819
Polly, b. Nov. 15, 1821
Esther F., b. Nov. 4, 1828

JORDAN, Amos b. Aug. 9, 1812 Raymond, son of James, d. Aug. 26, 1866 ae 54 yrs. Casco. He m. Dec. 14, 1837. Hannah Jackson of Otisfield, he of Raymond. She b. Aug. 8, 1814, daughter of Thomas & Mary (Whitehead) Jackson of Otisfield, d. June 22, 1886 ae 71 yrs., 10 mos., 11 das. Casco. Children by family register:
Joseph S., b. June 3, 1838 Raymond, d. Apr. 25, 1843 Casco.
Almeda W., b. Jan. 4, 1840 Otisfield, d. Aug. 7, 1843 Casco.
Caphira B., b. May 6, 1842 Casco, d. Aug. 29, 1843 Casco.
James, b. Dec. 1, 1844 Casco, d. Jan. 6, 1907 Casco.
Thomas, b. July 3, 1846 Casco, d. Sept. 10, 1846 Casco.
Joseph, b. Aug. 17, 1847 Casco.
Thomas 2nd., b. May 19, 1852 Casco.
Edward, b. May 1, 1855, d. Apr. 11, 1858 Casco.

JORDAN, Thomas Crisp b. Aug. 16, 1780, son of Roger & Peggy (Crisp) Jordan. He m. Apr. 10, 1803 in Gray, Hannah Brown daughter of Andrew & Rachel (Small) Brown. She d. Oct. 28, 1850 ae 69 yrs. Bellvernon, Pa. Children:
Edward, b. Mar. 2, 1804
Sarah V., b. Apr. 17, 1806
Roger, b. July 12, 1808

JORDAN, Rosilla b. about 1847, living in the family of Daniel R. Jordan in 1850. She d. Feb. 4, 1870. Child:
Lula B., b. Oct. 4, 1869, d. Dec. 4, 1869.

KENNARD, Elijah b. Jan. 9, 1794 Windham, d. Nov. 18, 1883. He m. Lucy Perry. She b. Oct. 14, 1798 Paris, daughter of Zededee & Judith (Tucker) Perry of Norway, d. Feb. 6, 1826. Child:
Juliette, b. June 4, 1823. She m. Nov. 1847, Robert Winslow.

KIMBALL, Joshua m. int. Oct. 11, 1838, Abigail Bartlett of Otisfield. She d. June 5, 1846 ae 43 yrs., 8 mos., 5 das. Buried in So. Casco. Children:
Charles H., b. Oct. 28, 1819, d. May 11, 1844 ae 24 yrs., 6 mos., 13 das.
Joshua, b. Feb. 20, 1822. He m. int. May 12, 1844, Fanny Strout both of Casco. She d. June 5, 1846 ae 43 yrs., 8 mos., 5 das.
Hubart C., b. Feb. 18, 1824
Sally W., b. Feb. 18, 1826
Mary A., b. Mar. 14, 1829
Nathaniel, b. Oct. 4, 1831
Margaret A., b. Aug. 22, 1835
Isaac B., b. July 29, 1839

KNIGHT, George b. Oct. 9, 1810, son of Nathaniel & Susanna (Roberts) Knight, d. Dec. 31, 1880 ae 70 yrs. He m. Mar. 19, 1834, Abigail Estes. She b. Apr. 27, 1813, d. Nov. 12, 1867 ae 51 yrs., 6 mos., 16 das. Children, given in family register:
Benjamin, b. Jan. 15, 1835, (see below)
Sarah J., b. Nov. 4, 1836. She m. John H. Mayberry of Windham.

Albion K.P., b. Oct. 16, 1838, (see below)
Esther S., b. Aug. 9, 1840, d. Mar. 16, 1928. She m. Oct. 2, 1859, Levi Libby of Raymond.
Catherine, b. Mar. 22, 1844, d. 1891. She m. Apr. 30, 1865, Woodbury Plummer both of Raymond.
George C., b. Apr. 30, 1852, (see below)
Abby A., b. Sept. 3, 1856. She m. July 22, 1877 in Gorham, Leonard S. Freeman of Windham, she of Raymond.

KNIGHT, Benjamin b. Jan. 15, 1835, son of George, d. May 20, 1917 ae 82 yrs. He m. Apr. 10, 1861, Annette Rogers. She b. June 1, 1836, daughter of Isaiah & Lydia (Gray) Rogers of Windham, d. Feb. 17, 1894 ae 57 yrs., 8 mos., 15 das. Raymond. Children:
Howard P., b. Dec. 19, 1863.
Charles Rogers, b. July 16, 1869, d. 1950. He m. June 21, 1896, Mabel Florence Harmon.
Adelbert C., b. July 8, 1875.
Lydia Rogers, b. Jan. 10, 1863, d. Feb. 29, 1865.

KNIGHT, Albion K.P. b. Oct. 16, 1838, son of George, d. Dec. 23, 1917 ae 79 yrs., He m. Apr. 13, 1864 in Raymond, Emily J. Watkins of Casco. She b. Nov. 1, 1844, daughter of Clark & Mary Jane (Jackson) Watkins, d. Apr. 28, 1867 ae 22 yrs., 6 mos. He m. (2) Orrilla Buck. Child:
Lula F., by second wife, b. Feb. 4, 1872. She m. Sept. 15, 1889, Hiram C. Sawyer of Raymond.

KNIGHT, George C. b. Apr. 30, 1852, son of George, d. Mar. 13, 1928 ae 75 yrs., 10 mos., 12 das. He m. Mar. 17, 1877 in Raymond, Helen E. Morton of Naples, he of Raymond. She b. Oct. 2, 1852, daughter of Charles G. & Elizabeth (Proctor) Morton, d. Dec. 19, 1899 Raymond. He m. (2) Aug. 25, 1900 in Portland, Alice B. Marean. She daughter of Stephen & Elizabeth (Fickett) Marean. Children:
Herbert C., b. Apr. 29, 1870, d. Sept. 20, 1880.
Lizzie D., b. Apr. 27, 1879. She m. July 2, 1898, Amos F. Spiller.
John E., b. June 29, 1882, d. Sept. 13, 1882.

KNIGHT, William L. d. Aug. 18, 1906 ae 71 yrs., 11 mos., 18 das. He m. Adaline E. Gilman, who d. Apr. 6, 1870. He m. (2) July 25, 1870, Augusta A. (Small) Sewall. She b. Mar. 6, 1850, daughter of Alonzo & Miranda (Strout) Small, d. Nov. 11, 1878. He m. (3) Bashaba S. Small of Raymond. She b. Mar. 6, 1852, daughter of Alonzo & Miranda (Strout) Small, d. Mar. 31, 1901 Raymond. (She left two daughters, Mrs. Charles H. Parker & Mrs. John Symonds.) Children:
Ida E., b. July 19, 1861, d. May 24, 1904. She m. Apr. 29, 1877, Quincy Strout. She m. (2) Dec. 27, 1903, Benjamin M. Coffin.
Willie A., b. Aug. 19, 1865.
Lewis H., b. June 19, 1867.
Augusta A., by third wife, b. Nov. 22, 1871, d. Mar. 5, 1872.
Maranda (Minnie), b. Jan. 6, 1877. She m. Nov. 26, 1891, Charles A. Parker.
Hattie, b. July 6, 1879. She m. Aug. 14, 1894, John Symonds.

KNIGHT, Eliakim b. 1803, son of John & Mercy (Gregg) Knight. He m. int. Mar. 1823, Mary Mains. She b. Apr. 25, 1802, d. Oct. 23, 1877. Children:
John A., b. June 9, 1847.
Olive V., d. June 11, 1904 ae 67 yrs. She m. John Sakin.
Hepzibah (Lombard) Knight, wife of William, d. Sept. 16, 1878 Raymond Cape.

KNIGHT, Johnson W. b. Aug. 1, 1808, d. Sept. 25, 1882 Otisfield. He m. int. Apr. 21, 1833, Harriet Holden of Otisfield, he of Raymond. She b. Apr. 17, 1815. Children:
Edwin R., b. Sept. 5, 1825
Mary J., b. Jan. 13, 1838
Dorcas E., b. July 26, 1840

KNIGHT, Aaron b. June 12, 1823. He m. July 21, 1844, Mary Whittum of Otisfield, he of Casco. He lived with William Jordan.

KNIGHT, Benjamin d. May 16, 1833 of brain fever.

KNIGHT, Apollas m. Nov. 2, 1817, Martha L. Riggs of Raymond, he of Otisfield. She b. Aug. 28, 1797.

KNIGHT, James Johnson b. May 22, 1799 Otisfield. He m. Apr. 12, 1827, Sophia Holden both of Otisfield. She b. Dec. 21, 1808 Otisfield. Children:
James B., b. Sept. 13, 1827
Eliza, b. Feb. 1, 1829
Elijah G., b. Oct. 30, 1830
Harvey M., b. July 18, 1832
Aaron H., b. July 7, 1834
Robert, b. May 3, 1837
Catherine M., b. Feb. 13, 1840

LANE, Wentworth Riggs b. Nov. 20, 1807 New Gloucester, d. Feb. 2, 1866. He m. Nov. 21, 1833, Lavina (Jordan) Jordan. She b. Sept. 3, 1804 Raymond, daughter of Henry & Polly (Simonton) Jordan, d. Oct. 29, 1857. She was the widow of Elias B. Jordan who d. Feb. 10, 1828 ae 19 yrs., 10 mos., 21 das. (See Biographical Review of Cumberland County, p. 313) Children:
Cyrus, b. Sept. 15, 1834, (see below)
Mary J., b. Nov. 11, 1835, d. July 25, 1898. She m. Nov. 10, 1861, in Casco, Joshua R. Adams.
Henry J., b. May 23, 1837, (see below)
Orrin B., b. Aug. 24, 1838, d. Dec. 16, 1911 ae 73 yrs.
Chester D., b. Mar. 18, 1840, d. 1922 Portland. He m. Sept. 3, 1865, Rebecca E. Manchester of Windham.
Clara J., b. Apr. 8, 1842, d. Oct. 25, 1857.
Harriet E., b. Mar. 27, 1844, d. Mar. 21, 1850.

Cyrus Lane, b. Sept. 15, 1834, son of Wentworth R., d. July 20, 1888 ae 54 yrs. Raymond. He m. May 6, 1866 in Raymond, Gulielma Phillips of Raymond. Children:
Wentworth P., b. Feb. 7, 1869.
Hattie E., b. Nov. 17, 1871.

LANE, Henry J. b. May 23, 1837, son of Wentworth R., d. June 1, 1917 ae 80 yrs. He m. int. Mar. 28, 1861 in Casco, Maria Louise Hayden of Raymond, he of Casco. She b. Apr. 3, 1837 daughter of Mahlon D. & Charlotte (Files) Hayden, d. Nov. 15, 1922 ae 85 yrs. Child:
Clara B., b. June 16, 1862, d. Dec. 22, 1910 ae 48 yrs., 6 mos., 6 das. She m. Charles K. Richards of Falmouth.

LATHAM, Charles b. July 15, 1791, son of Eliab of Gray, d. Feb. 27, 1854 Gray. He m. Nov.. 12, 1814 in Gray, Phebe Humphrey of Gray. She b. Feb. 4, 1795, d. May 8, 1835. He m. (2) in 1836 in Gray, Abigail Lawrence of Gray, he of Raymond. Children:
Washington, b. Feb. 25, 1815, (see below)
Charles H., b. Sept. 21, 1816, (see below)
Bela, b. Feb. 15, 1819, (see below)
Ezra, b. Oct. 7, 1820.
Arthur D., b. Nov. 11, 1822, d. Apr. 3, 1857.
Lucy A., b. Nov. 11, 1824, d. Feb. 9, 1843.
Phebe E., b. Apr. 7, 1827, d. Mar. 6, 1844.
Cynthia J., b. June 1, 1829.
Sarah, b. June 28, 1831, d. Sept. 9, 1848. She m. Apr. 11, 1849, David S. Dunlap.
Sirvetus,
Mary, b. May 8, 1835.

LATHAM, George Washington b. Feb. 25, 1815, son of Charles. Children:
Wealthy, b. Feb. 23, 1838.
Ezra, b. Oct. 29, 1840.
Charles E., b. Oct. 28, 1844.

LATHAM, Charles H. b. Sept. 18, 1816, d. Aug. 23, 1844, son of Charles. He m. in 1836 in Gray, Abigail Lawrence of Gray. Children:
Mary A., b. June 22, 1838.
Martha S., b. July 25, 1840, d. Sept. 25, 1842.
Lucy A., d. Mar. 11, 1844.
Charles Jr., d. Aug. 23, 1844.
Phebe, d. Mar. 6, 1844.
Esther, b. Oct. 1, 1843, d. Oct. 11, 1843.
Arthur, d. Apr. 13, 1857.

LATHAM, Bela b. Feb. 15, 1819, son of Charles, d. Sept. 21, 1890 ae 71 yrs. No. Raymond. He m. Oct. 18, 1841, Hannah Churchill. She b. Oct. 23, 1823, daughter of Matthew & Dorothy (Hall) Churchill of Raymond, d. Dec. 2, 1898 ae 76 yrs. Children:

Lucy A., b. Aug. 9, 1842, d. Feb. 16, 1843.
Bela A., b. Mar. 16, 1845, d. July 21, 1864 ae 19 yrs.
Charles H., b. Apr. 19, 1847.
Phebe J., b. Aug. 13, 1850. She m. Sept. 24, 1868. James H. Leach. She m. (2) Nov. 12, 1913 in Poland, John R. Churchill.

LATHAM, Charles Otis b. July 30, 1846 Gray, son of George & Mary A. (Emery) Latham, d. 1872 New York, N.Y. He m. Feb. 28, 1870 in Gray, Calista W. Edwards both of Gray. She b. June 6, 1849, daughter of William & Sarah W. (Elwell) Edwards, d. Nov. 21, 1934. She m. (2) Nov. 17, 1876, Rufus Small of Raymond. He b. Feb. 1, 1849, d. Sept. 12, 1919. Children:
Jennie L., b. Aug. 4, 1871, d. Nov. 16, 1918 ae 47 yrs., 3 mos., 12 das. Lewiston.
Laurette E., b. Feb. 23, 1877.

LATHAM, Cyrus b. Feb. 6, 1799 Gray, d. Oct. 11, 1897 Lowell, Mass. He m. Sept 29, 1819, Betsey Stinchfield of New Gloucester, he of Raymond. She b. Dec. 28, 1788 New Gloucester, daughter of Ephraim & Sarah (Herring) Stinchfield, d. Feb. 23, 1846 Lowell, Mass. He m. (2) Mar. 27, 1847. Eliza Simonton Jordan of Raymond, he of Lowell, Mass. She b. Apr. 15, 1806, daughter of Henry & Polly (Simonton) Jordan, d. June 23, 1884 ae 78 yrs., 2 mos. Children:
Elvera, b. Sept. 22, 1820, d. Sept. 29, 1820.
Elizabeth, b. Aug. 20, 1821, d. Apr. 2, 1911 Hyde Park, Mass. She m. Dooers Cole.
Cyrus H., b. June 1, 1824, d. Apr. 21, 1893.
Sarah S., b. Dec. 11, 1826, d. June 14, 1862.
Lesther H., b. May 20, 1829, d. Dec. 22, 1913.
Mary Susan, b. Oct. 15, 1831, d. Nov. 9, 1911.

LEACH, Mark b. Nov. 29, 1742 Kittery, d. Jan. 23, 1822 ae 79 yrs. (His gravestone gives the date of Dec. 23, 1821) He m. May 1, 1764 in Cape Elizabeth, Margaret Jackson. She b. May 12, 1742, daughter of Henry & Jane (Jameson) Jackson, d. June 20, 1821 ae 79 yrs. He was the third settler of Raymond. Children:
Zachariah, b. June 7, 1765, (see below)
Annie, b. Aug. 29, 1768, d. Aug. 14, 1842. She m. Mar. 27, 1793 in Standish, William Maxwell Jordan.
Mark, b. June 10, 1771, (see below)
James, b. Dec. 25, 1773, (see below)
Henry, b. Apr. 17, 1777, d. Oct. 17, 1781.
Samuel, b. Apr. 13, 1781, (see below)
Margaret or Peggy, b. Feb. 12, 1785, d. Oct. 22, 1849. She m. Mar. 5, 1807, Isaac Whitney.

LEACH, Zachariah b. June 7, 1765, son of Mark, d. Nov. 3, 1841 ae 76 yrs., 6 mos. He m. Apr. 5, 1792, Betsey Simonton. She b. Dec. 25, 1772 Cape Elizabeth, d. Aug. 7, 1825 ae 53 yrs., 6 mos. He m. Oct. 22, 1829, Mrs. Anna (Magurie) (Emery) Somes of New Gloucester, he of Raymond. Her former husbands were Mark Emery who she m. in 1789 and Jonathan Somes of New Gloucester who she

m. in 1822. She d. June 2, 1865 ae 96 yrs. Poland where she lived with her daughter, Mrs. Hannah (Emery) Barton. (Morning Star, July 19, 1865) Children:
Mark, b. Dec. 31, 1792, (see below)
Elizabeth, b. June 12, 1794, d. Sept. 5, 1797.
Jonathan, b. May 1, 1796, (see below)
Zachariah, b. July 15, 1798, (see below)
Margaret, b. Aug. 7, 1800, d. Oct. 26, 1839. She m. July 18, 1829, Edward Jordan of Raymond.
Ebenezer, b. Apr. 11, 1803, d. Jan. 21, 1827 Raymond.
Elizabeth, b. Nov. 14, 1805, d. May 9, 1846 ae 40 yrs., 5 mos., 25 das.
James M., b. Mar. 31, 1808, (see below)
Rebecca S., b. Feb. 20, 1810, d. Apr. 24, 1838. She m. Nov. 9, 1831, Wells Hatch. She m. (2) May 7, 1837, James M. Leach of Raymond.
Samuel, b. Jan. 4, 1813, d. Jan. 20, 1813.
Anna, b. Dec. 27, 1813, d. Feb. 27, 1841. She m. Jan. 1835, Seth Gibbs.
Charles G., b. 1816.

LEACH, James b. Dec. 25, 1773, son of Mark, d. Aug. 15, 1858 ae 84 yrs. 8 mos. Raymond. He m. Apr. 13, 1797 in Standish, Sally Boswell of Standish, he of Raymond. She b. Aug. 31, 1780, d. Nov. 30, 1853. Children:
William, b. Sept. 14, 1797. He m. June 1822, Deborah Webster of Brookville, he of Raymond.
Rachel, b. June 23, 1799, d. Dec. 5, 1861 ae 61 yrs., 3 mos. She m. June 1826, John S. Stackpole.
Henry, b. Nov. 25, 1801, (see below)
Margaret or Peggy, b. Feb. 23, 1803, d. Feb. 10, 1804.
James M., b. Dec. 5, 1808, (se below)

LEACH, Henry b. Nov. 25, 1801, son of James, d. May 17, 1864 ae 61 yrs., 6 mos. He m. Deborah Gould. She b. Jan. 1807, daughter of Benjamin & Ann (Sargent) Gould of Windham, d. June 13, 1896. Children:
Henry, b. Feb. 11, 1830, d. Oct. 3, 1844 ae 11 yrs., 7 mos.
Joseph W., b. Nov. 19, 1831.
Lavina Gould, b. Apr. 8, 1834, d. Feb. 19, 1894. She m. Nov. 11, 1855, Benjamin Lafayette Danforth.
Margaret G., b. June 28, 1836, d. Oct. 19, 1838 ae 2 yrs., 4 mos.
Francis A., b. Oct. 29, 1839. He m. Percy Whitten.
Margaret H., b. Feb. 10, 1840, d. Jan. 29, 1902 Augusta. She m. Freeman Nason
Deborah Persis, b. Apr. 7, 1842. She m. in 1864, George Nutting.
James Henry, b. May 14, 1845, (see below)

LEACH, James Henry b. May 14, 1845, d. Nov. 1, 1904 ae 74 yrs., 4 mos., Gray. son of Henry. He m. Sept. 16, 1863, Mary E. Jordan. She b. May 16, 1845, daughter of Lemuel & Amanda (Strout) Jordan, d. July 6, 1866 ae 21 yrs., 2 mos. He m. (2) Sept. 24, 1868 in Raymond, Phebe J. Latham both of Raymond. She b. Aug. 13, 1850, daughter of Bela & Hannah N. (Churchill) Latham. Children:
Lavina D., b. Dec. 12, 1864.
Bela, by second wife, b. Aug. 26, 1869.

Jennie, b. July 22, 1872. d. Nov. 3, 1902 Gray.

LEACH, James M. b. Dec. 5, 1808, son of James, d. Mar. 18, 1892 ae 83 yrs., 5 mos. Raymond. He m. May 7, 1837, Mrs. Rebecca (Leach) Hatch, widow of Wells Hatch. She b. Feb. 20, 1810, daughter of Zachariah & Betsey (Simonton) Leach, d. Apr. 24, 1838 ae 28 yrs. He m. (2) May 12, 1839, Sarah W. Phinney both of Raymond. She b. Dec. 9, 1812, daughter of Clement & Joanna (Wallace) Phinney, d. Apr. 14, 1876 ae 63 yrs. Raymond. Children:
Mark W., b. Mar. 24, 1838, d. May 23, 1838.
George M., by second wife, b. Mar. 1, 1840, (see below)
Joanne W., (Annie), b. Sept. 21, 1847, d. 1922. Raymond.

LEACH, George M. b. Mar. 1, 1840, son of James, d. June 27, 1916 ae 76 yrs., 4 mos. Raymond. He m. Sarah M. Harmon of Naples. She b. Apr. 1826, daughter of Ira & Elsie (Gammon) Harmon, d. Nov. 29, 1911 ae 65 yrs., 3 mos. Children:
Carl, b. Sept. 14, 1868, d. 1940. He m. Dec. 11, 1901, Percie E. Leavitt.
Robert W., b. Apr. 15, 1870, d. 1933.
John P., b. June 27, 1878, d. Mar. 20, 1879.
Helen M., b. June 7, 1881, d. Feb. 10, 1924 ae 42 yrs., 4 mos.

LEACH, Samuel b. Apr. 13, 1781, son of Mark, d. June 8, 1852 ae 71 yrs. Raymond, and of Naples. He m. Apr. 18, 1808 in Windham, Elizabeth Clark of Raymond. She b. Apr. 24, 1778, daughter of Benjamin & Sarah (Jordan) Clark, d. Mar. 26, 1852 ae 74 yrs. They are buried in Naples. Children:
Elizabeth, b. Mar. 5, 1802.
Clark, b. Mar. 25, 1803, (see below)
Annie, b. June 12, 1805, d. Dec. 7, 1869. She m. July 1, 1832 in Otisfield, Levi P. Holden.
Fanny, b. Sept. 18, 1807.
Hiram, b. Apr. 11, 1810, d. Aug. 29, 1884. He m. int. Jan. 22, 1837, Elizabeth S. Gammon both of Naples.
Peggy W., b. July 26, 1813. She m. June 1, 1841 in Casco, William Potter, Jr.
Samuel, b. Jan. 3, 1816. He m. Aug. 1, 1841, Margaret Mayberry.
Lucinda, b. Dec. 20, 1818. She m. ___ Holt.

LEACH, Clark b. Mar. 25, 1803, son of Samuel, d. Dec. 10, 1838 ae 30 yrs., 8 mos. Raymond. He m. Keziah Cash of Raymond. She b. June 22, 1802, daughter of John & Elsie (Cash) Cash, living in 1850 ae 47 yrs. Raymond. Children:
Mark, b. Sept. 7, 1832.
John F., b. Dec. 7, 1834.
Edward C., b. Aug. 23, 1837.

LEACH, Mark b. Dec. 31, 1792, son of Zachariah, d. Nov. 30, 1831 ae 39 yrs. Raymond. He m. Sept. 30, 1825, Mary Plummer of Raymond. She b Dec. 4, 1802, daughter of Jesse & Mary (Marwick) Plummer, d. May 9, 1873 ae 70 yrs. She m. (2) Joseph Tukey of Raymond Children:
Elizabeth M., b. Jan. 10, 1826.
Margaret Ann, b. Dec. 18, 1828, d. Dec. 17, 1910 ae. 81 yrs., 10 mos. Raymond.

LEACH, Jonathan b. May 1, 1796, son of Zachariah, d. May 25, 1831 ae 35 yrs. He m. May 7, 1826, Jane Plummer of Raymond. She b. May 15, 1804, daughter of Jesse & Mary (Marwick) Plummer, d. May 7, 1874 ae 70 yrs. She m. (2) Jan. 1, 1840, William Nason of Windham, she of Raymond. Children:
Mary Ann, b. Apr. 16, 1827, d. Apr. 30, 1831.
Ebenezer, b. Aug. 6, 1829.

LEACH, Zachariah b. July 4, 1798, son of Zachariah, d. Apr. 3, 1848 ae 50 yrs. He m. May 14, 1826, Ninette Gerry of Raymond. She b. Feb 4, 1808, daughter of Jacob & Dolly (March) Gerry, d. June 4, 1863 ae 55 yrs., 5 mos. Children:
Dorothy, b. Feb. 21, 1827, d. Feb. 22, 1827.
Catherine, b. Dec. 30, 1827.
Elmira E., b. Jan. 22, 1829. She m. Nov. 9, 1853, John H. Sawyer
Jonathan, b. May 17, 1831.
Clarissa D., b. Mar. 4, 1833. She m. Albion K.P. Sawyer of Raymond.
Osmyn G., b Dec. 4, 1834.
Wells Hatch, b. Sept. 1836, d. Jan. 7, 1864 ae 27 yrs., 4 mos. Bath, Me.
Ellen M., b. Jan. 17, 1838, d. Nov. 6, 1840.
Adaline G., b. Oct. 28, 1843.

LEACH, James b. Mar. 31, 1808, son of Zachariah, d. Dec. 10, 1839 ae 30 yrs., 8 mos. Raymond. He m. Oct. 8, 1839, Eliza C. Symonds of Raymond. She b. Apr. 11, 1811, daughter of Nathaniel & Martha (Starbird) Symonds of Raymond. She m. (2) Oct. 28, 1841, Rev. Lorenzo Dow Strout of Raymond.

LEACH, Mark Jr., b. June 10, 1771, son of Mark, d. Nov. 1, 1841 ae 70 yrs., 5 mos. Casco. He m. Nov. 20, 1795 in Raymond, (m. int. filed at Standish), Annie Simonton. She b. Nov. 21, 1776, d. Apr. 28, 1845 ae 68 yrs., 5 mos. Casco. Children:
Joseph, b. May 2, 1797, d. Nov. 7, 1805 ae 8 yrs., 7 mos.
Elizabeth, b. Apr. 28, 1799, d. May 3, 1827 Raymond. She m. John Cook of Casco.
Charles, b. May 25, 1801, d. June 24, 1805 ae 5 yrs.
Mary, b. Nov. 22, 1803, d. Jan. 5, 1827 ae 23 yrs. Raymond.
Margaret, b. Aug. 19, 1806, d. Apr. 1, 1864. She m. Apr. 1829 in Raymond, John Cook.
Cyrus, b. Dec. 26, 1808, d. Sept. 15, 1882 Casco. He m. Jan. 1, 1832, Rebecca Clark of Raymond.
Sophronia, b. May 8, 1811, d. Oct. 13, 1834. (Oct. 31, 1835 by gravestone)
Martha Ann, b. Jan. 6, 1814, d. June 27, 1826 ae 12 yrs., 6 mos.
Almond, b. Apr. 12, 1816, d. Dec. 31, 1885 Woodfords. He m. Clara Higgins.
Emeline, b. Apr. 1, 1820. She m. George Wight and settled in Bridgton.

LEACH, Clark b. Mar. 25, 1803, son of Samuel & Elizabeth (Clark) Leach, d. Dec. 10, 1838 ae 30 yrs., 8 mos. Raymond. He m. Keziah Cash of Raymond. She b. June 22, 1802, daughter of John & Elsie (Cash) Cash, (d. Jan. 30, 1834, she or another living in 1850 ae 47 yrs.) Child:
Mark, b. Sept. 6, 1832.

LEACH, Cyrus b. Dec. 26, 1808, son of Mark & Anna (Simonton) Leach, d. Sept. 15, 1882 ae 72 yrs., 9 mos. Casco. He m. Jan. 1, 1832, Rebecca Clark of Raymond. She b. Apr. 12, 1810, daughter of Benjamin & Judith (Stinchfield) Clark, d. Mar. 3, 1877 ae 66 yrs., 11 mos. Children:
Martha Ann, b. Oct. 20, 1832, d. July 20, 1893. She m. Apr. 22, 1853 in Casco, Richard Cook. He b. Sept. 11, 1828.
Eliza, b. July 4, 1834, d. Mar. 3, 1877 ae 66 yrs., 11 mos. She m. Walker Brackett.
Harriet J., b. Apr. 21, 1838, d. Mar. 8, 1854 ae 15 yrs., 11 mos.
Maria Anne, b. Sept. 10, 1840, d. May 27, 1855 ae 14 yrs., 8 mos., 14 das.
Clara E., b. Feb. 24, 1846, d. Sept. 20, 1858.
Mark Llewellyn, b. Nov. 19, 1848.

LEAVITT, Seth B. b. Oct. 18, 1815, supposed father, Rouse Howland. He m. Sept. 22, 1835, Anna Libby. She b. Nov. 9, 1809, daughter of Andrew & Susan H. (Small) Libby, d. Sept. 28, 1883. He m. (2) Dec. 25, 1884 in E. Raymond, Mrs. Phebe C. Nason. His children were, Emmeline, Matilda, Daniel, Deborah, Andrew L., and Lebbeus.

LEAVITT, Andrew L. b. Jan. 9, 1847, son of Seth B. & Ann (Libby) Leavitt, d. Feb. 19, 1911 ae 64 yrs. He m. Jan. 1, 1875 in Raymond, Hattie Mary Witham both of Raymond. She b. May 1, 1857, daughter of John & Melissa B. (Small) Witham, d. Mar. 27, 1929 ae 71 yrs. Children:
John D., b. Oct. 5, 1875, d. Feb. 7, 1876.
Francis Raymond, b. Dec. 6, 1876. He m Nov. 27, 1899, Mary Emeline Hancock. He m. (2) Nov. 8, 1902, Abbie P. Flint of Cumberland
Percie E., b. July 24, 1879. She m Dec 11, 1901, Carl E. L
John D., b. May 1, 1883. He m. Jan 4, 1911, Celista J. Innes.
Benjamin Small, b. Oct. 14, 1885.

LEAVITT, Daniel W. b. about 1845, living in 1880 ae 35 yrs. Raymond. He m. Sept. 24, 1870, Loantha Frank of Gray, he of Raymond. Children:
Annie A., b. Aug. 2, 1867, d. Feb. 2, 1944. She m. Walter T. Knight.
Mary A., b. Feb. 22, 1869. She m. July 16, 1892, Walter A. Page.
Ralph H., b. May 14, 1871.
Elsie L., b. July 6, 1880.
Luke, b. May 24, 1886.

LEAVITT, John age 60 yrs. m. Sept. 1803 in Raymond, Mrs. Hannah Sharmon, age 74 yrs.

LEAVITT, George A. (One George m. Sept. 4, 1853 in Casco, Mary J. Sanborn) He had a wife Abbie B. Child:
Irving H., b. Nov. 23, 1889

LEWIS, Nicholas S. b. Feb. 2, 1790 Kennebunkport, d. May 28, 1879 Belfast. He m. May 3, 1812, Olive C. Stevens both of Limington. She d. July 12, 1869 ae 75

yrs. Belfast. They moved from Limington to Raymond and then to Thorndike. About 1860 they moved to Belfast. Children:
Stephen, b. July 2, 1814.
Mary, b. Jan. 26, 1818.
Oliver H., b. Jan. 27, 1823.
Olive M., b. Nov. 13, 1825.
Rebecca S., b. Oct. 4, 1828, d. Aug. 4, 1904 Thordike. She m. ___ Files.
James C., b. Jan. 25, 1831
George W., b. May 4, 1833
Annie G., b. June 2, 1836

LITTLEHALE, John b. Oct. 2, 1801, d. June 1, 1881 Rumford. He m. Aug. 22, 1822, Ruth McLennan of Rumford. She d. Feb. 17, 1878 ae 72 yrs. Children:
Diana, b. Apr. 2, 1823. She m. Jan. 26, 1845, Rufus A. Skillings.
Nathan, b. Mar. 19, 1825, d. Apr. 16, 1826.
Emily, b. Jan. 29, 1826, d. Mar. 26, 1826.
Diantha, b. Aug. 25, 1827.
Emily, b. Jan. 25, 1830
William, b. Aug. 21, 1832
John, b. Dec. 25, 1834
Nathan, b. July 10, 1837, d. May 1838
Elisha, b. July 20, 1839.

LIBBY, Joab b. Apr. 24, 1793 Standish. He m. Jane Marwick. She b. 1794 Portland, daughter of Hugh & Mary W. (Atwood) Marwick, d. Jan. 21, 1827 Raymond. He m. Aug. 8, 1827 in Gorham, Sally Libby. She b. Sept.7, 1808. Children recorded in Raymond:
Mary Jane, b. Feb. 3, 1819, d. Apr. 11, 1894 Gorham. She m. George McLellan, m. (2) Jason Plummer.
Caroline, b. Oct. 11, 1821. She m. Apr. 19, 1846, Jason Plummer.
Charles A.M., b. Jan. 10, 1826, d. June 10, 1827.
Charles A., by second wife, b. Sept. 26, 1828, d. Mar. 1, 1830.
Albert, b. Jan. 20, 1831. d. June 2, 1837.

LIBBY, Joel b. Oct. 10, 1792, d. July 21, 1856 ae 63 yrs., 9 mos. Raymond. He m. Dec. 21, 1815, Joanna Clay of Gorham, who d. Mar. 11, 1817. He m. (2) Jan. 31, 1819, Fanny Silla of Gorham. She d. May 24, 1871 ae 75 yrs., 6 mos., 12 das. Children seen in Raymond:
Levi, b. Dec. 4, 1821, d. Aug. 2, 1892 ae 70 yrs., 8 mos. Raymond. He m. Oct. 2, 1850, Esther Knight of Standish. She d. Mar. 16, 1928 ae 87 yrs. Raymond.
Lot Davis, b. Feb. 8, 1824. He m. Nov. 1, 1855, Hannah McLain both of Raymond.
Charles Edwin, b. Dec. 18, 1831. He m. Oct. 18, 1859, Rebecca S. Cash.

LIBBY, Edward b. Aug. 8, 1804, d. Jan. 13, 1867 ae 62 yrs., 5 mos., 12 das. He m. Aug. 20, 1840 in New Gloucester, Christianna Strout of Raymond. She b. July 6, 1816, daughter of Samuel Dyer & Mary (Thurlow) Strout, d. Jan. 7, 1907 ae 96 yrs., 11 mos., 6 das. Westbrook. Their daughter:
Margaret (Welch) Smith, d. Jan. 26, 1911 ae 73 yrs., 6 mos., 6 das. Raymond.

LIBBY, Jethro b. Mar. 19, 1796 Gorham, d. Aug. 26, 1840 Harrrison. He m. Dec. 26, 1819, Olive Flood of Gorham. She b. May 14, 1799. Children:
Elliot, b. Sept. 23, 1820 Gorham.
Lydia A., b. July 20, 1822 Raymond.
Mary J., b. Nov. 20, 1824
Eliza F., b. Dec. 23, 1826

LIBBY, Henry b. July 15, 1795 Gorham, d. Dec. 29, 1849 ae 74 yrs. He m. Dec. 5, 1822, Dorcas Jordan. She b. Aug. 24, 1802, daughter of Hezekiah & Eunice (Davis) Jordan, d. Apr. 5, 1842 ae 42 yrs. Raymond. Children:
Harriet E., b. June 12, 1832, d. May 27, 1854. She m. May 13, 1849, Hezekiah Elkins of Raymond.
Dorcas A., b. Oct. 2, 1834. He m. int. Dec. 11, 1852, James M. Jordan, m. (2) Charles B. Fogg.
Thomas, b. July 27, 1837, d. Mar. 16, 1853.
Margaret B., b. Jan. 31, 1840, d. Nov. 4, 1906. She m. John Tenney of Raymond.
William Henry, b. Jan. 2, 1842.
Angeline, b. Feb. 20, 1845, d. June 1850.
Susan, b. Feb. 21, 1849.

LIBBY, Joseph Jr., b. Sept. 11, 1797, d. July 4, 1873. He m. Oct 5, 1823 in Gorham, Eunice Lombard of Gorham, he of Raymond. Child:
Simon L., b. Aug. 14, 1824, d. Oct. 27, 1825 Gorham.

LIBBY, Joseph b. about 1793. He m. May 22, 1823, Mehitable Moses. Children:
Marshall, b. Apr. 19, 1824
Sarah, b. Jan. 10, 1826. She m. William Smith.
William, b. Apr. 20, 1828

LIBBY, Morris. He m. Sept. 19, 1824 in Gray, Jane Latham of Gray. She d. Nov. 1828 Raymond. They moved to Stoneham, Me.
Son, d. Oct. 1828 ae 10 weeks.

LINSCOTT, Henry L. Child:
Melville C., b. Dec. 8, 1836

LOMBARD, Hezekiah b. Apr. 6, 1816, son of Nathaniel & Elizabeth (McLucas) Lombard, d. May 4, 1911 ae 96 yrs., 28 das. He m. int. June 7, 1845 in Casco, Sarah Ann Fickett of Casco, he of Raymond Cape. She b. Aug. 7, 1823, daughter of Daniel & Hannah (Brown) Fickett, d. Mar. 5, 1899 ae 75 yrs., 7 mos. Children:
Daniel Fickett, b. May 14, 1847, (see below)
Ann Lizzie, b. Nov. 28, 1849, d. Mar. 19, 1910, Raymond. She m. Mark P. Lombard.
Ellen Jane, b. July 20, 1850.
John Elden, b. Apr. 27, 1852, (see below)
Etta, b. Aug. 6, 1853, d. Sept. 14, 1947. She m. Aug. 4, 1878 in Gorham, William H. Hooper.

Royal, b. July 10, 1855, d. Sept. 10, 1856.
Abbie F., b. Dec. 30, 1859. She m. Apr. 22, 1880 in Standish, Walter W. Mains.
Hattie B., b. July 9, 1862, d. Feb. 21, 1939. She m. Charles Shaw.
Charles T., b. Dec. 9, 1867, d. June 27, 1946 ae 78 yrs.

LOMBARD, Daniel Fickett b. Mar. 14, 1847, son of Hezekiah, d. Feb. 11, 8, 1908. He m. Hannah E. Welch of Raymond. She b. Sept. 30, 1854, daughter of Joseph D. & Christiana (Edwards) Welch, d. Apr. 26, 1934 Raymond. Children:
Bert, b. Dec. 2, 1882. He m. July 11, 1908, Adel C. True of New Gloucester.
Raymond, b. Mar. 10, 1885. He m. May 29, 1913, Annie Ellen Plummer.
Harry, b. Apr. 11, 1889.

LOMBARD, John Elden b. Apr. 27, 1852, son of Hezekiah, d. Feb. 11, 1928. He m. Oct. 4, 1885, Hattie S. Field of Gray, he of Raymond. She d. Feb. 21, 1939 ae 74 yrs. Children:
Alice, b. Aug. 14, 1886, d. Nov. 28, 1886.
Clara, b. Nov. 20, 1887.
Ernest, b. Sept. 7, 1889.

LOMBARD, Mark P. b. Mar. 19, 1848 Windham, son of Lorenzo & Elizabeth (Witham) Lombard, d. June 24, 1915 Naples. He m. Aug. 2, 1879, Lizzie Ann Lombard. She b. Nov. 28, 1849, daughter of Hezekiah & Sarah A. (Fickett) Lombard, d. Mar. 10, 1910 ae 61 yrs., 3 mos., 9 das. Raymond. Child:
Manie, b. Aug. 16, 1889. (Mary D., m. Oct. 6, 1908, Charles C. Jones.

LONGLEY, Eli b. Dec. 13, 1762 Bolton, Mass., son of Robert & Anna Longley, d. Sept. 4, 1839 ae 77 yrs. Raymond. He m. Mar. 9, 1784, Mary Whitcomb and moved to Waterford in 1789. She b. Nov. 27, 1767 Bolton, Mass., d. Mar. 10, 1854 ae 86 yrs. at the home of her daughter, Mrs. Rebecca Sawyer. (She d. Feb. 24, 1879 ae 77 yrs. Casco)

LONGLEY, George Washington b. Mar. 6, 1794, son of Eli, d. Aug. 24, 1874 ae 80 yrs., 5 mos. Raymond. He m. Mar. 2, 1826 in Otisfield, Abigail W. Spurr of Otisfield, he of Raymond. She b. Mar. 5, 1795, d. Feb. 20, 1871 ae 76 yrs., 11 mos. Children:
Silas B., b. Mar. 23, 1827, (see below)
Sophia B., b. Dec. 21, 1828, d. 1897. She m. James M. Russell.
Luther M., b, Dec. 11, 1830, (see below)

LONGLEY, Silas B. b. Mar. 23, 1827, son of George W., d. Apr. 6, 1866 ae 39 yrs. He m. Hannah E. __. Children:
Eddie C., b. Aug. 7, 1862
Cora A., b. Aug. 7, 1865, d. Jan. 15, 1942.

LONGLEY, Luther M. b. Dec. 11, 1830 Waterford, son of George W., d. Oct. 12, 1905 ae 74 yrs., 10 mos. Raymond. He m. Jan. 7, 1869 in Lisbon, Sophia L. Butler of Flagstaff, he of Raymond. He m. (2) July 3, 1876, Mary (Staples) Chute, widow

of Alonzo F. Chute. (She m. (1) Nov. 24, 1866) She b. June 26, 1840, daughter of Nathaniel & Esther (Mann) Staples, d. July 8, 1900 ae 60 yrs., 12 das. Children:
Leon Marlin, b. Oct. 27, 1869, d. May 11, 1950. He m. Dec. 26, 1899, Edora M. Sibley.
Sarah Abigail, b. Aug. 23, 1872.
Silas B., b. Aug. 13, 1874, d. No. Anson.
Mary Esther, b. July 7, 1878, d. Apr. 14, 1942. She m. Llewelyn Edwards.

LOVEWELL, Henry Knight b. Aug. 2, 1838 Otisfield, d. June 16, 1862 in army at Carrollto, La., and was of Otisfield. He m. Mar. 25, 1860, Mary Hannah Nash of Raymond, he of Harrison. She b. Nov. 26, 1841, daughter of Daniel & Achsah S. (Small) Nash of Raymond, d. July 31, 1881. (See History of Otisfield) She m. (2) July 29, 1866, James Oscar Woodman of Raymond. Child:
Henrietta K., b. July 8, 1862.

MAINS, Alfred b. July 7, 1805, d. Dec. 14, 1887. He m. Lydia Lombard. She b. Oct. 2, 1814, daughter of Nathaniel & Elizabeth (McLucas) Lombard, d. Jan. 7, 1852 ae 39 yrs., 3 mos. He m. int. Oct. 22, 1852, Mrs. Joanna (Edwards) Johnson of Westbrook, he of Raymond. She b. July 18, 1815, daughter of William & Joannah (Schellinger) Edwards, d. Dec. 3, 1888 ae 73 yrs. Casco. Alfred's wife, Joanna was formerly the widow of Elbridge Johnson of Portland. Children:
Eli L., b. about 1837, d. Jan. 28, 1870 ae 32 yrs., 6 mos.
John, b. Apr. 11, 1837, (see below)
Elizabeth, b. May 8, 1839, d. Sept. 4, 1900. She m. int. May 19, 1864, William Marean both of Raymond.
Ivory, b. June 29, 1843, (see below)
Nathaniel, b. about 1849, d. Sept. 8, 1875.
Alvan A., b. about 1854. He m. May 30, 1894, Sadie H. (Witham) Watson of Casco.

MAINS, Ivory P. b. June 29, 1843, son of Alfred, d. June 6, 1911 ae 67 yrs., 11 mos., 16 das. He m. Caroline A. Skinner. She b. April 1849, d. 1931. Children:
Emma C., b. Aug. 5, 1867.
Isabella, b. Dec. 16, 1868.

MAINS, John b. Apr. 11, 1837, son of Alfred, d. Oct. 21, 1913 ae 76 yrs., 6 mos., 10 das. Naples. He m. Dec. 19, 1862, Amanda M. Rolfe of Raymond. She b. Jan. 4, 1846, daughter of Jordan & Deborah (McLellan) Rolfe, d. July 23, 1887. Children:
Sumner A., b. Mar. 11, 1864, d. Aug. 6, 1912 ae 48 yrs., 4 mos.
Eli L., b. Apr. 13, 1871. He m. July 3, 1898, Isabella Wishhart.
William L., b. Sept. 27, 1875.
Irving I., b. May 10, 1878.
Eddie P., b. Aug. 10, 1880, d. May 8, 1881.
George M., b. July 23, 1887.

MAINS, Winthrop B. b. July 18, 1819, son of Benjamin & Abigail (Nason) Mains, d. Jan. 28, 1905 ae 85 yrs., 6 mos., 15 das. Casco. He m. Mary Jane Shaw. She b. Apr. 1824, daughter of Enoch & Delia (Morton) Shaw, d. Apr. 12, 1845 ae 21 yrs.

He m. (2) Jane H. Smith (according to her son's marriage record, and her sons Daniel & Royal's death record) She b. Aug. 4, 1829, d. Aug. 28, 1870 ae 41 yrs. (Edwards Gen.) He m. (3) Jan. 7, 1871 in Casco, Linda J. or Belinda J. Taylor. She b. May 12, 1850, daughter of Zebulon & Sally Taylor of Poland, d. May 14, 1929 ae 79 yrs. Raymond. Winthrop's father, Benjamin Mains, d. Jan. 8, 1850 ae 80 yrs., 11 mos., and his mother Abigail (Nason) Mains, d. Feb. 1864 ae 84 yrs., 5 mos. (they m. May 30, 1799, he of Windham, she of Gorham) Children:

Daniel, b. Jan. 8, 1850, d. Aug. 18, 1928 Raymond.
Frederic, b. Dec. 26, 1851, d. June 19, 1902.
Samuel, b. Oct. 30, 1853, (see below)
Mary J., b. Nov. 4, 1855. She m. Feb. 27, 1875 in Casco, Augustus Fickett.
Royal G., b. Feb. 24, 1859, (see below)
Eliza, b. June 12, 1868, d. Jan. 24, 1889. She m. Everett Wentworth.
Clara A., b. Jan. 13, 1872, d. Jan. 2, 1921. She m. Sept. 29, 1900 Ernest R. Skillin.
Wescott B., by second wife, b. Apr. 24, 1880, d. Aug. 23, 1946.
Loring S., b. June 17, 1877. He m. Aug. 9, 1900. Bertha E. Graffam of Casco

MAINS, Samuel b. Oct. 30, 1853, son of Winthrop B., d. May 29, 1932 ae 78 yrs., 6 mos., 29 das. He m. June 7, 1874, Elizabeth Jane Edwards, who d. June 12, 1888. He m. (2) Apr. 21, 1896, Annie Skinner of Casco. She b. 1857, daughter of Joseph & Eunice (Elkins) Skinner, d. Apr. 1, 1944. Children:

Wendall, b. Sept. 17, 1875, d. Jan. 25, 1932 Raymond.
Joseph Lincoln, b. Nov. 7, 1877.
Edith may, b. June 17, 1881.
Albert S., b. Oct. 1, 1884, d. Nov. 27, 1904 ae 20 yrs., 1 mo.
Augusta J., b. June 5, 1880, d. Sept. 6, 1880.

MAINS, Royal G. b. Feb. 24, 1857, son of Winthrop B., d. May 10, 1899 ae 39 yrs. He m. Ruth A. Hooper. She d. Oct. 31, 1900 ae 32 yrs. Child:

Winthrop B., b. Apr. 5, 1884. He m. in 1914, Catherine E. Johnson.

MAINS, Levi b. Oct. 31, 1812, son of James & Clary Mains of Otisfield, d. June 4, 1882 ae 69 yrs., 7 mos. He m. Hannah Hamlin. She b. Oct. 27, 1812 Gorham, d. July 9, 1887 ae 70 yrs., 8 mos. They are buried in Otisfield. Children:

Franklin, b. Oct. 18, 1835, d. Oct. 10, 1910 ae 74 yrs., 11 mos., 10 das. Otisfield.
Deborah, b. Jan. 7, 1838, d. Aug. 10, 1855 ae 17 yrs., 7 mos.
Marcia M., b. May 6, 1840.
Francis, d. Oct. 20, 1914 ae 71 yrs., 2 mos., 21 das. Mechanic Falls.

MAINS, Walter Webb b. Oct. 20, 1858, son of Uriah & Ann S. (Welch) Mains, d. Sept. 9, 1939. He m. Apr. 8, 1880 in Standish, Elizabeth Hooper. She b. Nov. 27, 1859, d. June 26, 1918. He m. (2) Apr. 22, 1882, Addie F. Lombard both of Raymond. She b. Dec. 30, 1859, daughter of Hezekiah & Sarah Ann (Fickett) Lombard. Children:

Ethel, b. Sept. 16, 1882
Nellie M., b. May 13, 1885. She m. Dec. 22, 1904, Albert E. Spiller.
William Jasker, b. July 23, 1888.

MAINS, Calvin E. in 1893 was age 45 yrs. He m. Jan. 1, 1884, in Cape Elizabeth, Julia E. Shaw of Windham. Children:
Forestina M., b. Aug. 29, 1884
Earl C., b. July 11, 1887
Pearl C., b. July 11, 1887, (twin)
Susie G., b. June 29, 1889

MANN, Obediah Jr., b. June 24, 1776 Wrentham, Mass., d. Aug. 20, 1863 Skowhegan, Me. He m. Nov. 30, 1809 in Otisfield, Mary Bray. She b. Apr. 8, 1786 Minot, Me., d. Sept. 16, 1860 Skowhegan, Me. (See Sedgley-Burbank Gen.) He moved to Randolph, N.H. in 1816, thence to Skowhegan. His father, Obediah Mann Sr., b. Mar. 4, 1738 Wrentham, Mass., d. 1824 Randolph, N.H. Children:
Amos Anger, b. Sept. 10, 1810, d. May 12, 1884 Lincolnville, Me.
Betsey B., b. Dec. 30, 1811, d. Mar. 24, 1907. She m. Rev. Charles Olin.
Dr. Daniel, b. Dec. 31, 1814, d. Feb. 3, 1892 Boston, Mass.
Roxanne H.,
Rev. William Muzzey, b. Aug. 18, 1816, d. Jan. 12, 1859 Bradford, Vt.
Louisa Jane, b. Mar. 22, 1822, d. Apr. 30, 1919 Cambridge, Mass. She m. Mar. 25, 1845 in Lyndon, Vt. Dr. Horace Stevens.
Mary Maria, b. Sept. 1825. She m. Asa P. Thomas of Skowhegan.

MANN, Fisher b. about 1785, son of Odediah & Mercy (Fisher) Mann, living in 1850 ae 65 yrs. Naples. He m. Mar. 22, 1807, Eleanor Plummer. She b. Mar. 23, 1787, daughter of Aaron Plummer. Children:
Catherine, b. May 27, 1808. She m. Apr. 20, 1835 in Naples, James Neal of Bridgton, she of Naples. He living in 1850 ae 57 yrs. Casco.
Aaron, b. Dec. 11, 1810, d. Nov. 1, 1882.
Emerson, b. Feb. 3, 1813, (see below)
Esther J., b. Oct. 20, 1815, d. Mar. 7, 1911. She m. Nathaniel Staples.
Edmund, b. Oct. 12, 1818, d. Feb. 14, 1898. He m. July 17, 1864, Margaret D.
Daniel, b. Feb. 6, 1821 Welch.
Eleanor J., b. Apr. 20, 1824, d. Aug. 22, 1868. She m. James Chute II.
Abram, b. Mar. 5, 1827
James E., b. July 7, 1828
Mary A, b Sept. 3, 1829. She m. Oliver Chute.

MAREAN, William J. b. Jan. 7, 1827, son of Amos & Elizabeth (Knight) Marean of Standish, d. Mar. 2, 1906 Raymond. He m. int. May 19, 1864, Elizabeth Mains of Standish. She b. May 6, 1839, daughter of Alfred & Lydia (Lombard) Mains, d. Sept. 7, 1900 ae 61 yrs., 4 mos., 1 da. Raymond. Children:
Nathan W., b. Dec. 1864.
Gracie, b. Aug. 16, 1872. He m. July 16, 1893, L. Murray Watkins.

MANN, Emerson b. Feb. 3, 1813 Casco, son of Fisher, d. Aug. 23, 1884 ae 75 yrs. Casco. He m. Dec. 24, 1837 in Naples, Lucinda Cross Mains of Raymond, he of Naples. She b. Jan. 22, 1822, daughter of Benjamin & Mary (Knight) Mains Jr., d. Nov. 16, 1906. Children:
Emeline, b. Apr. 1838, d. May 30, 1913 Casco. She m. John Hasty.

Charles Nelson, b. Sept. 16, 1843 Naples, (see below)

MANN, Charles Nelson b. Sept. 16, 1844 Naples, son of Emerson, d. Aug. 27, 1940. He m. int. June 5, 1869, Francena Dingley of Casco She b. Oct. 12, 1849 in Casco, daughter of Mark & Jane (Pike) Dingley, d. Dec. 31, 1931 ae 82 yrs., 2 mos., 19 das. Raymond. Children:
Julia A., b. Dec. 7, 1869,
Ellen, b. July 25, 1873
Vinnie, b. Sept. 5, 1875
Edna, b. Sept. 9, 1881
James Albert, b. Feb. 3, 1888.

MANNING, Richard d. Mar. 11, 1831 ae 47 yrs. He m. Susannah Dingley. She b. July 11, 1792, daughter Samuel & Keziah (Proctor) Dingley, d. Nov. 23, 1852 ae 60 yrs. Casco. She m. (2) Francis Radoux. He d Nov. 23, 1887 ae 97 yrs., 2 mos.

MARSTON, Rachel d. Dec. 16, 1814.

MARWICK, George son of Hugh & Mary (Atwood) Marwick of Portland, d. about 1849 Cape Elizabeth. He m. Abigail Richardson, who d. Apr. 15, 1872 ae 82 yrs. and buried in Eastern Cemetery in Portland. He was a brother to Jane (Marwick) Libby and Mary W. (Marwick) Plummer both of Raymond. Child:
Hugh, b. Sept. 9, 1817.

MASON, Amos drowned at Great Falls, Apr. 6, 1833. He was a son of Daniel & Mary (Plaisted) Mason of Buxton. He m. Statira Mains. Their daughter, Susan Mason, b. June 9, 1831, d. Aug. 4, 1919, m. John Colby Shaw. She m. (2) Aug. 18, 1901 in Raymond, Stephen C. Young, she of Windham. His father, Daniel Mason was born Jan. 15, 1786 Buxton and m. Nov. 29, 1804 in Buxton, Polly Plaisted and moved to Standish Cape, now Raymond Cape, when their son, Joel was quite young. His mother lived to be almost 100 years old.

MASON, Roger P. b. 1815 Hollis, son of Daniel & Mary (Plaisted) Mason, d. Jan. 2, 1900 ae 84 yrs., 10 mos. He m. Esther Shaw. She b. July 1, 1817, daughter of Enoch & Delilah (Morton) Shaw, d. Oct. 14, 1883 ae 66 yrs., 3 mos., 16 das. Raymond. They are buried in Windham Cemetery in Windham. He m. (2) int. Oct. 1, 1884 in Raymond, Mrs. Frances A. Coombs of Lisbon. He m. (3) Apr. 14, 1896 in Portland, Martha J. (Hurd) Goss. She b. Nov. 17, 1828 Fryeburg, d. Mar. 12, 1899 Raymond. Child:
Abbie J., b. July 7, 1847.

MASON, Joel b. June 1817 Hollis, son of Daniel & Mary (Plaisted) Mason, d. Nov. 6, 1891 ae 74 yrs., 5 mos. Raymond. He m. Apr. 28, 1843 in Standish, Sally P. Ross of Harrison, he of Standish. She b. Oct. 1821, d. Dec. 17, 1904. Children:
Franklin Pierce, d. Sept. 9, 1855 ae 3 yrs., 1 mo.
Georgianna, b. Mar B, 1853
Frances E., b. Aug. 15, 1853; d 1929. She m. William H. Skillin.

Edward M., May 26, 1862, d. Nov 7, 1945. He m. Jan. 16; 1894, Mabel C. Dingley.
Francis E., b. Oct. 23, 1856.

MASON, Nathan m. Martha Silla Libby. She b. Feb. 13, 1829 Gorham, daughter of Joel & Fanny (Silla) Libby. She m. (2) by 1880, Benjamin F. Davis of Raymond. He b. July 17, 1828, d. Sept. 30, 1914 ae 87 yrs., 2 mos., 14 das. Children:
William W., b. Dec. 4, 1850, d. Aug. 24, 1852.
Helen, b. Mar. 22, 1853.
Frederick A., b. June 17, 1854, living in 1880 Raymond.
Fanny, b. Dec. 23, 1855, d. Nov. 25, 1856.

MATHIAS, Daniel. Child:
Rachel, b. Sept. 22, 1839.

MAXFIELD, Josiah b. Mar. 31, 1773 Windham, d. Jan. 3, 1834 ae 61 yrs. Casco. He m. Feb. 21, 1802 in Deering (Portland), Nancy Partridge of Stroutwater. She b. Aug. 27, 1781, d. Sept. 17, 1873 ae 92 yrs. He moved to Raymond from Windham. Children:
Nathan, b. Dec. 13, 1802, (see below)
Catherine, b. Apr. 8, 1808, d. May 26, 1887 ae 79 yrs., 1 mo., 21 das. She m. Jan. 28, 1835 in Windham, Isaiah Gould of Casco.
Clark Norton, b. Jan. 28, 1810, d. Apr. 12, 1893. He m. Aug. 28, 1839, Solome Cook of Raymond.
Joseph, b. Apr. 28, 1812, d. Oct. 22, 1876. He m. Mary Anne Estes.
Annie, b. Mar. 25, 1815, d. Jan. 18, 1834. She never married.
Rufus, b. July 7, 1817, d. Feb. 26, 1847. He m. Mary Ann Cook.
Elizabeth, b. July 22, 1819, d. Oct. 24, 1889. She m. Jesse Stanley
Lydia M., b. July 7, 1822, d. Nov. 19, 1906. She m. Dec. 26, 1847, Nathan Pope of Windham.
Andrew D., b. Nov. 17, 1826, d. June 10, 1904. He m. Louisa Pinkham.

MAXFIELD, Nathan P. b. Dec. 13, 1802, son of Josiah, d. Mar. 18, 1890 Casco. He m. June 14, 1831 in Raymond, Sarah Jane Cook. She b. June 15, 1809, daughter of Ephraim & Mary (Gould) Cook, d. Nov. 11, 1891 See Biographical Review of Cumberland County, p. 487. Children:
Josiah, b. Mar. 17, 1834, d. May 18, 1834.
Josiah Jr., b. Aug. 24, 1835, d. Apr. 18, 1920
Mary E., b. Apr. 19, 1837, d. Oct. 4, 1862
Martha, b. July 11, 1839.
John F., b. June 10, 1840, d. Nov. 5, 1908 Naples.
Rosilla, b. 1841.
Levi, b. 1843
Stephen, b. 1845.
Sophronia, b. 1848.
Nathan, b. 1852, d. 1852.

MAXFIELD, Eliakim b. Jan. 2, 1775, d. Aug. 2, 1849 ae 74 yrs. Casco He m. July 23, 1797, Rebecca Mann of Windham. She b. Oct. 6, 1776 d. May 8, 1842 ae 65 yrs. They are buried in Casco. Children:
William, b. July 8, 1798 (see below)
Mary, b. June 28, 1799, d. July 13, 1891. She m. Oct. 26, 1826, Lewis Gay of Casco.
Miriam, b. Sept. 15, 1800, d. June 14, 1818.
Eliakim, b. Mar. 10, 1802, d. July 21, 1896. He moved to Waterford, Me.
Sally, b. Mar. 11, 1803, d. Oct. 17, 1804.
Rebecca, b. Nov. 10, 1805, d. Aug. 2, 1848. She m. May 4, 1842, Joseph Skinner.
Eliza Ann H., b. Jan. 8, 1808, d. Mar. 7, 1897. She m. Oct. 12, 1834, Robinson Cook of Casco.
Almira T., b Mar. 6, C, 1811, d. Oct. 15, 1894.,
George W., b. Mar. 13, 1813, d. July 25, 1851. He m. Apr. 21, 1842, Rachel Jackson.
James, b. May 2, 1815, d. Sept. 18, 1880. He never married.
John, b. Feb. 12, 1818, d. July 5, 1818.

MAXFIELD, William b. July 8, 1798 Windham, son of Eliakim, d. May 30, 1885. He m. Jan. 6, 1828 in Portland, Mary Waterhouse of Portland, he of Raymond. She b. Dec. 17, 1797, d. May 25, 1880. They moved to Windham about 1855. Children:
Franklin, b. June 4, 1829, d. Dec. 30, 1898 Windham.
Mariam, b. Dec. 31, 1832, d. Apr. 10, 1833 Casco.
Sumner, b. Feb. 9, 1834, d. Sept. 10, 1903. He m. July 15, 1860, Mahala Purington.
Albert, b. Oct. 28, 1836.
Lydia Ellen, b. July 20, 1840, d. Oct. 23, 1868. She m. Feb. 18, 1866, J. Bernard Chandler.

MAY, John b. about 1803 New Gloucester, son of John & Sarah May, d. Oct. 17, 1860 ae 57 yrs. He m. May 5, 1825 in New Gloucester, Hannah Verrill of Portland, he of Poland. She b. Apr.. 25, 1806, daughter of Nathaniel & Sally (Elwell) Verrill, d. Oct. 22, 1894. (John May m. int. Feb. 7, 1827, Eunice Verrill). Children:
Eliza, b. Aug. 22, 1827.
Nancy, b. Nov. 25, 1828, d. Sept. 20, 1915. She m. Sewell D.N. Thurlow & m. (2) Feb. 1, 1904, Cyrus T. Strout.
Harriet, b. Aug. 7, 1829. She m. Oct. 29, 1848, James Frank.
Sophronia, b. Aug. 6, 1831. She m. James Hodgkins of Gray.
Silas, b. Nov. 7, 1834, d. Dec. 21, 1910 New Gloucester. He m. Mar. 16, 1854, Dorcas B. Edwards.
Rufus, b. June 12, 1840, d. July 22, 1894 Gray.
Caroline, b. June 16, 1846. She m. Nov. 24, 1865 in Poland, Richard Edwards.
Adaline, b. June 16, 1846, (twin), d. Mar. 6, 1919 Gorham. She m. Samuel Frank.
John Wesley, b. about 1842, d. Sept. 12, 1897 Poland.

MAY, Jeremiah. Child:

Thomas L., b. Jan. 14, 1823.

MAYBERRY, Richard b. Apr. 25, 1768 Windham, d. Apr. 3, 1832 Casco. He m. Jan. 20, 1793 in Windham, Mary Jordan both of Raymond. She b. July 25, 1775, d. Aug. 15, 1815 (Mayberry Gen. gives her death as Feb. 11, 1833 ae 66 yrs.) Children:
Mehitable, b. Apr. 12, 1793. She m. Apr. 15, 1815 in Otisfield, William Webb. He d. Oct. 8, 1868 ae 77 yrs., 8 mos.
Jordan, b. June 27, 1795, (see below)
Elizabeth, b. July 24, 1797, d. Mar. 6, 1849 ae 51 yrs., 8 mos. Raymond. She m. John Barton of Raymond. He d. May 8, 1851 ae 51 yrs., 6 mos.
Nathaniel, b. Aug. 2, 1800
Catherine, b. Mar. 24, 1803. She m. Stephen Hall.
Martha, b. Sept. 13, 1805. She m. Thomas Mayberry of Otisfield.
Mary Ann, b. Mar. 11, 1808, d. Mar. 25, 1890 ae 82 yrs., 15 das. She m. William Whitney. He d. Sept. 3, 1845 ae 49 yrs. She m. (2) Orsemas Symonds.
Louisa, b. Dec. 11, 1811. She m. Thomas Ingalls of Harrison.
Mary J., b. Aug. 15, 1813.

MAYBERRY, Jordan b. June 27, 1795, son of Richard, d. Feb. 10, 1833 ae 38 yrs. He m. Sarah Hayden of Poland. She m. (2) Jan. 24, 1836 in Otisfield, William Durall. Children:
Margaret, b. Dec. 3, 1821, d. Aug. 12, 1826 ae 4 yrs., 8 mos.
Nathaniel, b. July 4, 1827, d. Sept. 30, 1886.

MAYBERRY, Capt. Richard b. 1735, d. Nov. 4, 1807 ae 73 or 74 yrs. He m. Feb. 21, 1756, Martha Bolton. She b. 1733, d. Jan. 15, 1823.

MAYBERRY, Foster. Child:
Jemima, b. July 6, 1827.

MAYBERRY, Edward b. Sept. 28, 1775 Windham, son of Edward & Martha (Bolton) Mayberry, d. Nov. 13, 1840 ae 65 yrs. He m. in 1807 in Bridgton, Mary Johnson. She m. (2) Aug. 24, 1844 in Otisfield, John Holden. She d. Mar. 13, 1874 ae 84 yrs. Children:
Martha Maria, b. Jan. 9, 1808. She m. int. Feb. 13, 1828, John Webb Esq.
Eliza A., b. Feb. 14, 1809, d. Nov. 4, 1883. She m. Thomas Webb.
Potter J., b. June 14, 1811, (see below)
Susan A., b. Feb. 1813, d. Dec. 30, 1882 . She m. Oct. 1, 1837, Harrison W. Pike.
Johnson, b. Dec. 6, 1814, d. May 7, 1816.
Grinfield, b. May 23, 1818, d. Aug. 24, 1824.
Alice, b. Oct. 6, 1821. She m. Mar. 18, 1841, Samuel Patch.
Greenfield, b. Feb. 6, 1825, d. Sept. 12, 1825.
Edward, b. May 23, 1827, d. May 15, 1883.

MAYBERRY, Potter Johnson b. June 4, 1811, son of Edward, d. Nov. 8, 1896 ae 85 yrs., 5 mos. He m. Phoebe H. Hodgdon of Poland. She b. Sept. 11, 1815, d. Mar. 21, 1890 ae 74 yrs., 6 mos., 16 das. Children:

James A., b. Sept. 6, 1836.
Helen E. M., b. May 12, 1838, d. Sept. 9, 1911 Casco.
Emeline Melissa, b. Dec. 20, 1839, d. Mar. 31, 1887 Haverhill, Mass. She m. Apr. 6, 1865, Nathan Cook Sylvester.

MAYBERRY, Oliver son of William & Rebecca (Bodge) Mayberry, d. June 5, 1872 ae 77 yrs. He m. int. Aug. 9, 1823 in Windham, Betsey Haskell of Windham, he of Raymond. She d. Jan. 25, 1872 ae 79 yrs. Children:
Ann B., b. July 31, 1824, d. Dec. 22, 1851 ae 27 yrs.
Lora, b. Mar. 4, 1826. She m. Joseph Mayberry.
Rebecca E., b. Sept. 7, 1828. She m. James W. Sands.
Mary W., b. June 10, 1831, d. Aug. 27, 1922.
Alonzo, b. May 4, 1836, d. Apr. 16, 1931

MAYBERRY, Benjamin son of William & Rebecca (Bodge) Mayberry, d. Sept. 9, 1867 ae 79 yrs. He m. Mar. 9, 1818 in Otisfield, Lois Buzzell both of Otisfield. She d. Feb. 22, 1876 ae 75 yrs., 9 mos. Children:
William, b. Mar. 27, 1819, (see below)
Thomas N., b. Mar. 17, 1826
Ebenezer J., b. Mar. 29, 1829. He m. Fannie N. Merrill of Poland.

MAYBERRY, William Jr., b. Mar. 27, 1819 Casco, son of Capt. Benjamin, He m. Julia Ann Edwards. She b. Feb. 14, 1816 Casco. Children:
Elias B., b. Aug. 5, 1837
Benjamin F., b. Jan. 28, 1839

MAYBERRY, Maj. Daniel b. Mar. 21, 1773, son of Richard & Martha (Bolton) Mayberry, d. Apr. 21, 1859 ae 86 yrs., 1 mo. He m. May 29, 1803 in Raymond, Betsey Nash of Gray, he of Raymond. She b. Mar. 21, 1773, daughter of John & Elizabeth (Andrews) Nash, d. Mar. 27, 1847 ae 63 yrs., 19 das. Casco. Children:
Elijah, b. Dec. 20, 1803, d. Dec. 21, 1803.
Anna, b. Dec. 1, 1804, d. June 1, 1877. She m. Barclay Wight.
Eliza, b. July 29, 1807. She m. Ephrain Cook Jr.
Elijah, b. May 4, 1809. He moved to Thomaston.
Richard, b. Feb. 14, 1811, d. Dec. 24, 1889. He m. in 1842, Catherine M. Knight. She d. Feb. 6, 1900 ae 83 yrs, Brookline, Mass.
Samuel, b. Oct. 30, 1812. He went away.
Martha, b. Oct. 21, 1814. She m. Aug. 1, 1841, Samuel Leach.
Abigail, b. Apr. 16, 1817, d. June 9, 1904 ae 86 yrs. Neponset, Mass. She m. Nov. 21, 1841, Charles Barbour Walker. She was the last of children to die.
Daniel, b. May 25, 1819, d. Feb. 26, 1896 Portland.
Sophia, b. June 1822. She m. May 12, 1844, Lewis H. Bryant of Raymond. They removed to Cambridge, Mass.
Edward, b. Dec. 22, 1826, d. Aug. 17, 1829 ae 3 yrs., 8 mos., 18 das.
Mary, b. Oct. 7, 1828, d. Aug. 14, 1829 ae 10 mos., 18 das.

MCDONALD, John b. 1782 Gorham, d. Apr. 8, 1857 Standish. He m. Betsey Jordan of Poland. She d. Apr. 8, 1880 ae 93 yrs., They lived in Gorham & Standish. Children:
Stephen, b. July 22, 1814, d. Jan. 5, 1892 ae 77 yrs., 5 mos., 16 das. Sebago.
Joseph, b. Sept. 13, 1816, d. Apr. 4, 1890. Buried in Poland.
Andres
John
Harriet
James
Charles

MCGOWAN, John. Children:
Clara M., b. Aug. 16, _
Dora, b. Aug. 9, 1883.

MCGOWEN, John S. Children:
Clarsa M., b. Aug. 16, _
Dora, b. Aug. 9, 1883.

MCLELLAN, Joseph d. June 23, 1841 ae 63 yrs., 5 mos. Casco (Webb Mills) He m. Nov. 15, 1801 in Windham, Dianna Jordan both of Windham. She b. 1781 Naples, daughter of Jeremiah & Ruth (Chute) Jordan, d. Nov. 5, 1858. Children:
Phebe, b. Mar. 3, 1802 Naples, d. Mar. 16, 1867. She m. Mar. 4, 1820, Daniel K. Jordan. He b. Apr. 24, 1798, d. Dec. 4, 1872.
Ruth, b. Mar. 29, 1804.
Jemima, b. Aug. 2, 1806, d. Mar. 2, 1850. She m. in 1827, John Gammon of Casco.
William, b. Sept. 19, 1808, (see below)
Isaac, b. Dec. 19, 1811, d. Apr. 30, 1833.
Deborah, b. Apr. 7, 1815, d. Aug. 27, 1901 ae 87 yrs., 4 mos., 21 das. Raymond. She m. Jordan Rolfe of Raymond.
Joseph, b. Oct. 5, 1818, (see below)

MCLELLAN, William b. Sept. 19, 1808, son of Joseph, d. Mar. 2, 1859 Raymond. He m. Margaret Davis. She b. Feb. 7, 1813, daughter of John & Rhoda (Jordan) Davis, d. Nov. 1, 1851 ae 38 yrs., 8 mos. He m. (2) int. Aug. 7, 1852 in Raymond, Margaret K. Edwards of Otisfield, he of Raymond. She b. July 1, 1820, d. Apr. 29, 1903 ae 82 yrs., 10 mos. She m. (2) Nov. 24, 1864 in Otisfield, William H. Tenney of Casco. Children:
Isaac, b. Nov. 7, 1833, (see below)
Elizbath M., b. May 9, 1835.
John, b. Feb. 16, 1837, d. July 29, 1838 ae 5 mos., 15 das.
John 2nd, b. June 2, 1839.
Rhoda Ann, b. Oct. 28, 1840, d. Oct. 31, 1855.
William, b. Sept. 3, 1842.
Emeline H., b. Sept. 8, 1845, d. June 14, 1849 ae 3 yrs., 9 mos.
Charles, b. Oct. 14, 1849.

Margaret, by second wife, b. Oct. 1, 1857. She m. July 4, 1875 in Casco, John S. Bartlett. He d. Sept. 14, 1925 ae 71 yrs.
David William, b. Jan. 4, 1859, d. Mar. 20, 1937. He m. May 22, 1887 in Casco, Carrie E. Crockett both of Raymond

MCLELLAN, Joseph b. Oct. 8, 1818, son of Joseph, d. July 3, 1893 ae 75 yrs., 8 mos., 4 das. Raymond. He m. Mary Rolfe of Raymond. She b. June 11, 1816, daughter of William & Sally (Jordan) Rolfe, living in 1850. He m. (2) Louisa J., was she Louisa Plummer, daughter of James? She b. about 1835, living in 1860 ae 25 yrs. Children:
Nathan, b. Nov. 12, 1838, d. Oct. 11, 1840 ae 1 yr., 8 mos.
William H., b. Oct. 23, 1840, d. Sept. 16, 1843 ae 2 yrs., 11 mos.
Jordan R., b. Dec. 5, 1842, served in Civil War.
Joseph P., b. Jan. 24, 1845, d. Oct. 15, 1846
Eliza A., b. Dec. 23, 1846.
Almira, b. Dec. 29, 1848.
Julia L., b. Sept. 9, 1851. She m. Oct. 21, 1867, Joseph A. Allen
Joseph, b. Oct. 12, 1852.
Daniel B., by second wife, b. May 12, 1858
William, b. Sept. 3, 1861.
Albert, b. Oct. 18, 1862.
Mary A., b. Mar. 26, 1866.
Albert S., d. Dec. 26, 1865.

MCLELLAN, Isaac b. Nov. 7, 1833, son of William, d. May 27, 1863 ae 28 yrs., 6 mos., 17 das. He m. Sarah E. Witham. She b. June 2, 1837, daughter of Thomas & Rhoda (Smith) Witham, d. May 18, 1917 ae 79 yrs., 11 mos., 16 das. Mrs. Sarah E. McLellan of Casco m. (2) Aug 26, 1866, Jordan Plummer of Raymond. Children:
Isaac W., b. Feb. 11, 1856.
John S., b. Nov. 19, 1858.
William D., b. Feb. 21, 1862.

MCLUCAS, Jeremiah b. about 1786, son of John & Peggy (Brown) McLucas of Hiram, living in 1850 ae 64 yrs. Casco. He m. int. July 8, 1809, Mercy Lombard of Gorham. She d. Mar. 18, 1874 ae 87 yrs., 11 mos. Children:
Mary A., b. Mar. 1, 1816
Elizabeth, b. Aug. 28, 1817
Marshall, b. Sept. 6, 1819
John, b. Feb. 17, 1821, (see below)
Sarah, b. Mar. 8, 1823, d. Oct. 15, 1825
David, b. Apr. 27, 1825, d. Nov. 8, 1825.
Adaline, b. Oct. 25, 1826
Emeline, b. Oct. 20, 1828.

MCLUCAS, John b. Feb. 17, 1821, son of Jeremiah, d. Aug. 27, 1892 ae 73 yrs. Casco. He m. int. Aug. 23, 1846 in Casco, Cynthia F. Chute. She d. Sept. 7, 1851 ae 22 yrs., 7 mos. He m. (2) Mar. 27, 1853, Lydia Ann Fickett both of Casco. She

b. Nov. 3, 1832, daughter of Daniel & Hannah (Brown) Fickett, d. Apr. 19, 1859 ae 26 yrs., 5 mos. He m. (3) Mar. 18, 1860, Ethalinda Strout of Casco. She b. May 2, 1843 Casco, daughter of Rev. Nathaniel & Susannah (Davis) Strout, d. July 20, 1924 Windham. She m. (2) Daniel A. Foster. Children:
John Clinton, d. July 24, 1864.
George Howard, d. June 25, 1864.

MERRILL, Benjamin Wadsworth b. Jan. 13, 1830 New Gloucester, son of Amos Jr. & Joanna (Haskell) Merrill, d. Mar. 24, 1899 ae 69 yrs., 2 mos., 11 das. He m. Jane Libby. She d. Jan. 8, 1899 ae 68 yrs., 29 das. Raymond. Children:
Emma J., b. May 21, 1858
Irvin, b. Sept. 7, 1864.

MESERVE, George b. about 1804, son of Elias & Betsey (Shaw) Meserve, living in 1850 Casco. (See Shaw Gen.) He m. Mary Mitchell, who d. Apr. 27, 1849 ae 48 yrs., 7 mos. Casco. He m. (2) int. May 31, 1851 in Casco, Martha Bragdon. She d. Apr. 6, 1881 ae 79 yrs., 5 mos. and buried in Highland Cemetery at West Poland. Children:
John Brown, b. Sept. 4, 1842, d. Aug. 11, 1912 Otisfield.
Abigail, m. int. Feb. 2, 1851 in Casco, Isaiah Elder of Windham.
Alonzo, b. May 1, 1844
George F., b. July 7, 1846.
Susan, d. Dec. 11, 1856 ae 27 yrs., 10 mos. She m. Jacob Morrill of Raymond.
Eliza Ann, m. John Woodbury Edwards.

MESERVE, James b. Feb. 2, 1808, son of Elias & Betsey (Shaw) Meserve, d. May 27, 1877 ae 69 yrs., 3 mos., 24 das. So. Casco. He m. int. Mar. 1, 1830, Mary Ann Nason of Standish. She d. Apr. 9, 1849 ae 36 yrs., 7 mos. He m. (2) Feb. 16, 1853, Almira Shaw of Standish. She b. July 2, 1816, d. Oct. 31, 1894. His father, Elias, d. Sept. 24, 1853 ae 72 yrs., 4 mos.

MITCHELL, Asa d. July 30, 1868 ae 58 yrs., 5 mos., 26 das. Gorham. He m. Mary Sylvester. She d. Feb. 2, 1850 ae 42 yrs., 11 mos. They are buried in North Street Cemetery at Gorham. Children:
Emily E., b. Oct. 25, 1840.
Sarah Emery, b. about 1841. She m. Edward Libby.
Mary Emery, b. Nov. 28, 1842, d. July 8, 1907. She m. Reuben Wescott.
Clarinda M., b. Apr. 3, 1846.
Martha L., by second wife, b. Mar. 22, 1853, d. Jan. 5, 1868 ae 14 yrs., 9 mos., 5 das.
Addie L., b. Mar. 16, 1857.

MITCHELL, Thomas b. May 1, 1823, son of William & Fanny (Weston) Mitchell, d. Oct. 20, 1888 ae 65 yrs., 5 mos., 10 das. Casco. He m. int. May 27, 1851 in Casco, Fanny N. Spiller of Raymond. She b. Nov. 26, 1826, daughter of Richard M. & Eunice (Jordan) Spiller, d. Aug. 21, 1906 ae 79 yrs., 8 mos., 22 das. Children:

William M., b. about 1853. He m. Apr. 12, 1881, Louisa M. Fickett of Casco.
Emma, b. July 1, 1854, d. Feb. 5, 1855 Raymond.

MITCHELL, Nehemiah son of Benjamin & Lydia (Porter) Mitchell, d. July 17, 1834 ae 41 yrs. He m. int. May 1, 1825, Elizabeth Andrews of Raymond, he of Otisfield. She b. Aug. 14, 1794, daughter of Elijah & Elizabeth (Andrews) Nash, d. Mar. 22, 1857 ae 62 yrs., 7 mos. She m. (2) Joseph Skillings.

MITCHELL, John bapt. Aug. 28, 1751 Scarboro, d. Mar. 20, 1835 ae 81 yrs. He m. Jan. 11, 1776, Sarah Jordan. She d. July 4, 1827 ae 75 yrs. (A Elizabeth A. (Mitchell) Skillins who m. Jan. 15, 1836 in Raymond, was aged 59 yrs. in 1855.) Children:
Hannah, b. Oct. 5, 1776. She m. Mar. 14, 1795, William Rogers of Windham.
Lucy, b. Oct. 5, 1776, (twin), d. May 22, 1842 ae 65 yrs., 5 mos. She m. Nov. 6, 1794, Josiah Ring of Casco.
Job, b. Nov. 5, 1778, (see below)
Samuel, b. Dec. 28, 1780, (see below)
Sarah, b. June 12, 1783. She m. in 1802, Samuel Ingalls of Bridgton.
Eleanor, b. Nov. 19, 1783, d. Jan. 24, 1842. She m. Joseph Skinner of Casco.
William, b. May 3, 1788, (see below)
Catherine, b. May 3, 1788, (twin), d. May 25, 1853. She m. Nov. 5, 1811, Jonathan Barker.
Susanna, b. Aug. 31, 1790,

MITCHELL, Samuel b. Dec. 28, 1780, son of John & Sarah (Jordan] Mitchell, living in 1860 Casco. He m. Feb. 1, 1815, Polly Brown both of Raymond. (Eastern Argus, Feb. 2, 1815) Children:
Joshua, b. Jan. 9, 1816, d. June 8, 1842.
Peggy, b. Mar. 20, 1818, d. June 28, 1828.
William B., b. Jan. 2, 1823, d. 1898. He m. July 31, 1847, Sarah Brown. She d. July 9, 1890 ae 65 yrs. So. Casco.
Jordan B., b. 1830, d. 1895. He m. Sept. 23, 1860, Martha McLucas. She d. Dec. 20, 1869 ae 22 yrs. He m. (2) int. Nov. 12, 1870, Violette Whitney.

MITCHELL, Joshua H. b. Aug. 11, 1849, son of William B. & Sarah (Brown) Mitchell, d. Oct. 18, 1921 ae 73 yrs., 2 mos., 7 das. Raymond. He m. Nov. 13, 1875 in No. Gorham, Ruth C. Dingley of Casco. She b. Apr. 16, 1854, daughter of Dominicus & Dorcas P. (Chute) Dingley of Casco, d. Mar. 11, 1886. He m. (2) int. Feb. 27, 1887, Mary O. Crockett of Gray. She d. Aug. 8, 1921 ae 78 yrs., 11 mos., 28 das. Raymond. Child:
Charles Herbert, b. Mar. 25, 1881, d. Jan. 11, 1950 ae 69 yrs.

MITCHELL, Job b. Nov. 5, 1778, son of John, living 1860 Casco. He m. Apr. 30, 1808 in Durham. Sarah Skinner of Durham. She b. Aug. 18, 1782, d. July 13, 1855 ae 72 yrs., 5 mos. Children:
Azenath, b. Aug. 13, 1809, d. Dec. 3, 1874 Lewiston. She m. David Nevens.
Eleanor, b. May 25, 1811, d. Feb. 12, 1859 ae 47 yrs., 8 mos., 18 das.

John, b. Aug. 31, 1813. He m. Oct. 1, 1843, Mary Ann Leavitt of Naples, he of Casco.
Joseph, b. July 7, 1815, d. Aug. 18, 1827 Raymond.
Freeman, b. July 18, 1817. He m. int. Nov. 23, 1847, Ann Watkins.
Peter, b. Aug. 17, 1819, d. June 5, 1828 Raymond.
Samuel, b. Sept. 23, 1822, living in 1850.
Albion, b. July 24, 1827.

MITCHELL, William b. May 3, 1788, son of John, d. Feb. 6, 1842 Casco. He m. Sept. 11, 1811 in Otisfield, Betsey Weston. She d. May 8, 1831 ae 38 yrs. He m. (2) Nov. 13, 1831, Fanny Weston of Otisfield. She d. Oct. 26, 1877 about 77 yrs. Otisfield. Children:
Samuel, b. Feb. 11, 1813, He m. Dec. 6, 1843, Charlotte B. Plummer.
Jonathan B., b. Nov. 4, 1814, d. Jan. 15, 1889 ae 72 yrs., 2 mos., 12 das. Bradford.
Joseph, b. July 27, 1818
Fanny, b. Mar. 18, 1821
Thomas, b. May 10, 1823, Oct. 20, 1888 ae 65 yrs., 5 mos., 10 das. He m. int. May 23, 1851 in Casco, Fanny N. Spiller of Raymond.
Josiah, b. Feb. 5, 1825
Mary S., b. May 27, 1827
Olivia, b. Nov. 7, 1828, d. Nov. 15, 1828
Betsey by second wife, b. May 3, 1832, d. May 17, 1832.
Edward, b. Apr. 16, 1833, d. Apr. 18, 1849 Otisfield.
Betsey, b. Feb. 28, 1835, d. May 18, 1913 ae 78 yrs., 2 mos., 19 das. She m. Melvin Shaw.
Charles B., b. Mar. 17, 1837, d. June 28, 1862 Otisfield.
Otis F., b. Feb. 26, 1839, d. Dec. 5, 1913 Otisfield. He m. Oct. 1861, Aurona Edwards.

MOORS, Ephraim b. June 16, 1784, d. Nov. 25, 1859. He m. June 2, 1806, Nancy Raynes both of Otisfield. See History of Otisfield. Children:
Ansel, b. Dec. 24, 1806
Revive, b. July 12, 1808
Mary J., b. Sept. 6, 1810
Nancy S., b. Jan. 29, 1814
Lorenzo, b. Mar. 26, 1816
Relief, b. Apr. 20, 1818
Sophronia, b. __4, 1813, d. __14, 1813.

MOORS, Benjamin Hatch b. Dec. 10, 1806, d. Jan. 17, 1866 ae 59 yrs. Otisfield. He m. Dec. 24, 1833, Eunice Whiting Holden of Casco. She b. Jan. 4, 1806, daughter of John & Polly (Ray) Holden, d. Feb. 28, 1870 ae 64 yrs. Children:
James Churchill, b. Oct. 25, 1834 Otisfield, d. Dec. 31, 1916.
Edward G., b. Jan. 12, 1837, d. Apr. 16, 1843 ae 6 yrs., 3 mos.
John H., b. Oct. 6, 1838, d. Apr. 20, 1843 ae 4 yrs., 6 mos.

MORRILL, William b. Feb. 25, 1795, son of Thomas & Ann (Sawyer) Morrill of Windham, d. June 4, 1861 ae 66 yrs. No. Raymond. He m. Apr. 26, 1812 in

Windham, Margaret Knight of Windham. She b. May 3, 1795, daughter of Elijah & Betsey (Huston) Knight, d. June 15, 1885 ae 90 yrs. Raymond. Children:

Daniel, b. Aug. 30, 1812 Windham, d. May 5, 1832.

George, b. July 7, 1814 Norway, (see below)

William, b. July 11, 1816 Norway, (see below)

Thomas, b. Sept. 19, 1919 Windham, (see below)

Jacob, b. Nov. 5, 1821 Norway, (see below)

Sarah P., b. Sept. 8, 1823 Windham, d. Aug. 25, 1900 ae 75 yrs., 11 mos. 17 das. She m. June 25, 1843, Joshua Snow of New Gloucester. He d. Jan. 23, 1892 ae 75 yrs., 10 mos., 27 das.

Ann, b. Sept. 6, 1825 Windham, d. July 22, 1896. She m. Jordan Plummer of Raymond.

Elijah, b. July 25, 1827, d. Mar. 15, 1833 ae 6 yrs., 6 mos.

Sophronia, b. Sept. 16, 1829, d. Apr. 10, 1830.

Jonas J., b. Mar. 25, 1831, (see below)

Elijah 2nd, b. June 6, 1834, d. Aug. 29, 1897, Yarmouth, Me. He m. Lydia Scribner.

Daniel 2nd., b. May 8, 1836, d. Mar. 27, 1916 Bethel, Me. He m. June 1, 1858, Rebecca C. Scribner of Albany, Me.

Albert, b. May 6, 1839, (see below)

MORRILL, William Jr., b. July 11, 1816, son of William, d. Aug. 17, 1885 ae 68 yrs. Raymond. He m. Nov. 20, 1837, Maria Benson Churchill. She b. Jan. 19, 1817 Falmouth, d. Dec. 6, 1896. They are buried in the Gray Village Cemetery in Gray. Children:

Margaret E., b. July 9, 1838, d. Apr. 1909 Portland. She m. Aug. 18, 1861, Stephen Richmond Small of Gray.

Mary Ann, b. July 13, 1840, d. Mar. 22, 1843 ae 2 yrs., 8 mos.

Matthew C., b. Nov. 5, 1842, d. 1926 Gray. He m. Jan. 4, 1867 in Gray, Mary brown of Raymond.

Mary A., b. Feb. 16, 1845, d. Aug. 10, 1848 ae 3 yrs., 8 mos.

Asa P., b. Jan. 26, 1847, living 1909 Portland.

William, b. Nov. 29, 1848, d. 1929.

Mary A., b. Dec. 6, 1850, d. Mar. 2, 1869 ae 19 yrs.

Maria, b. July 8, 1852, d. Mar. 20, 1915. She m. Benjamin Haskell.

Anna F., b. Feb. 13, 1855. She m. Aug. 17, 1873, Nelker D. Haskell.

MORRILL, Thomas b. Sept. 14, 1819 Windham, son of William, d. Apr. 5, 1895 Albany, Me. He m. Mar. 22, 1846, Belinda Shurtleff both of Raymond. She b. Aug. 6, 1828, daughter of Isaac & Hannah (Symonds) Shurtleff, d. Aug. 2, 1876 Albany. He m. (2) Aug. 22, 1880 in Albany, Mrs. Mary Tyler. She b. July 15, 1825, d. Apr. 5, 1898 Bethel. Children:

Sarah Ann, b. June 11, 1847, d, Nov. 2, 1850 ae 3 yrs., 4 mos., 21 das.

Isaac Shurtleff, b. Jan. 21, 1849, d. Mar. 15, 1898 Bethel.

Charles J., b. Apr. 17, 1851, d. Oct. 30, 1871 Albany.

Sarah Ann, b. Feb. 3, 1853 d. June 24, 1931 Poland. She m. Daniel Edgar Mills.

Hannah Eliza, b. May 20, 1855, d. Mar. 23, 1866 Albany.

Martha L., b. Feb. 21, 1857, d. Nov. 6, 1898 Norway. She m. Harvey I. Brown.

Sophronia, b. Mar. 7, 1859 Albany.
Mary W., b. Mar. 11, 1861 Albany, d. Apr. 5, 1898 Bethel.
Margaret E., b. June 2, 1863 Albany.
Daniel W., b. Aug. 12, 1865 Albany, d. Dec. 3, 1894 Bethel.
David S., b. Dec. 11, 1867 Albany.
Infant daughter, b. Dec. 10, 1870 Albany, d. Dec. 10, 1870.

MORRILL, Jacob b. Nov. 5, 1821, son of William, d. Apr. 4, 1894 ae 76 yrs., 6 mos. He m. Sept. 25, 1845 in Gray, Sarah Smith. She b. Nov. 7, 1821, daughter of John & Lydia (Cleaves) Smith, d. Jan. 26, 1850 ae 28 yrs., 2 mos., 14 das. He m. (2) Susan Meserve of Casco. She daughter of George & Mary (Mitchell) Meserve and d. Dec. 11, 1856 ae 27 yrs., 10 mos. He m. (3) int. June 17, 1857, Emeline L. Partridge of Poland. Children:
Mary A., by second wife, b. May 3, 1851.
Franklin P., b. Nov. 10, 1852.
Rufus R., b. Oct. 10, 1854.
Walter H., b. July 22, 1856. d. Oct. 23, 1856 ae 3 mos.

MORRILL, Jonas J. b. Mar. 25, 1831, son of William, d. Mar. 4, 1889 ae 57 yrs., 11 mos., 11 das. He m. Julia A. Tripp. She b. June 27, 1833 New Gloucester, daughter of John & Deborah (Verrill) Tripp, d. Feb. 24, 1909 ae 75 yrs., 7 mos., 28 das. Children:
Victoria, b. Apr. 27, 1852, d. Sept. 16, 1853 ae 17 mos.
George R., b. Dec. 23, 1854, d. Sept. 21, 1859 ae 4 yrs., 9 mos.
Edwin, b. Feb. 3, 1857, d. Sept. 17, 1859 ae 2 yrs., 7 mos.
Jennie, b. Jan. 8, 1863, d. Jan. 24, 1903 Poland. She m int June 27, 1883 Asbley F. Chipman.
Florilla, b. May 12, 1865, d. Feb. 8, 1936. She m. Nov. 24, 1886 in New Gloucester, Frank A. Quint, he of Gray.
Nellie, b. Oct. 16, 1862, d. Apr. 16, 1863 ae 1 yr., 6 mos.
Roland, b. Dec. 21, 1868, d. Nov. 15, 1952.
Randall Barton, b. June 26, 1872, d. May 6, 1935. He m. (2) Jan. 21, 1905, Leah M. Strout.
Nellie V., b. June 11, 1879, d. May 4, 1964. She m. Dec. 21, 1898, Lewis W. Symonds.

MORRILL, Albert b. May 6, 1839, son of William, d. Feb. 21, 1913 ae 73 yrs., 9 mos., 1 da New Gloucester. He m. Adams. Child:
Alberta F., b. June 8, 1867.

MORRILL, George b. July 7, 1814 Norway, son of William, d. Mar. 3, 1889 ae 75 yrs., Raymond. He m. Lorana Smith of Raymond. She b. Dec. 3, 1810, daughter of John & Lydia (Cleaves) Smith, d. Oct. 6, 1881 ae 70 yrs. Children:
Esther, b. Jan. 18, 1835, d. Jan. 26, 1896. She m. int. June 25, 1852, John Spiller.
Stephen, b. Jan. 28, 1838.
George A., b. Oct. 29, 1840.

MORRILL, John m. Mary Tenney. A Raymond pauper record states that a coffin was made for Polly Morrill of Strong in Oct. 1835 .Children:
Edward, b. Apr. 23, 1813.
Betsey P., b. Sept. 24, 1814.
Israel, b. May 8, 1817.
Abigail, b. Aug. 31, 1821.
Zachariah, b. Sept. 12, 1823, d. Feb. 28, 1897 Poland.
Keziah, b. Dec. 7, 1826.
Lepha R., b. July 7, 1830.
Matilda, b. Nov. 11, 1833.

MORTON, Thomas b. 1786, son of Ebenezer & Susanna (Irish) Morton of Standish, d. Dec. 29, 1852 ae 66 yrs., 7 mos. Naples. He m. int. Mar. 2, 1811 in Standish, Lucy Cummings both of Standish. She b. Aug. 31, 31, 1786, d. Nov. 10, 1832 ae 46 yrs., 3 mos. He m. (2) int. Nov. 16, 1833 in Otisfield, Mrs. Betsey Paul of Otisfield, he of Raymond. She d. Apr. 16, 1874 ae 81 yrs. and is buried in Naples. Children:
Annie, b. Dec. 29, 1811 d. Sept. 22, 1850 ae 37 yrs. She m. May 1836, Francis Proctor.
William Cummings, b. Nov. 14, 1818, d. Feb. 11, 1892 ae 71 yrs. Windham.
Ebenezer, b. Nov. 30, 1822, d. Nov. 2, 1866 ae 43 yrs. Naples.
Lucinda, b. Jan. 9, 1825, d. Jan. 21, 1826.
Lucy, b. Mar. 15, 1828, living 1850 Naples.

MORTON, Thomas m. Oct. 1824, Eliza Jordan. She b. Sept. 6, 1805 daughter of Nathaniel & Lydia (Cash) Jordan, d. June 21, 1834 ae 28c yrs., 4 mos. Children:
Aurelia S., b. Nov. 23, 1824, d. Apr. 3, 1825.
Martha A., b. Apr. 3, 1826
Aurelia S., b. Oct. 2, 1830.

MORTON, Thomas B. b. Mar. 10, 1827 Standish, son of Jacob and Mary (Libby) Morton, d. Nov. 5, 1916 ae 89 yrs., 8 mos. He m. Apr. 10, 1851 in Standish, Nancy G. Mason both of Standish. She d. Jan. 31, 1882 ae 49 yrs., 9 mos. He m. (2) Hattie J. Brown. She b. Oct. 1, 1836 Gray, daughter of Andrew & Sally (Russ) Brown, d. Sept. 7, 1914 ae 78 yrs., 11 mos. Children:
Lizzie E., d. Mar. 11, 1870 ae 18 yrs., 2 mos.
Ida B., b. 1858, d. 1902. She m. John Hooper.
Alice M., b. June 6, 1862, d. June 20, 1923. She m. Nov. 18, 1882 Fred W. Plummer of Raymond.
Ruth A., b. 1865, d. 1952. She m. Charles E. Jordan of Raymond.
Irving D., b. Mar. 13, 1869, d. 1949. He m. Apr. 5, 1890 in Raymond, Louisa H. Plummer both of Raymond.

MULLEN, John (there was one who m. int. June 4, 1837. Abigail Edgerly of Limington, he of Portland?) Children:
Abba A., b. May 15, 1855
Charles E., b. Mar. 25, 1857
Olive WE., b. Jan. 7, 1859

daughter, b. Nov. 30, 1860

MURCH, Daniel Murch, b. Nov. 11, 1803 Buxton, d. Nov. 17, 1857 ae 54 yrs. He m. Nov. 5, 1826, Sally Dingley of Casco. She b. Aug. 13, 1799 daughter of Samuel & Kezia (Proctor) Dingley, d. Sept. 17, 1839 ae 40 yrs., 1 mo. He m. (2) Oct. 12, 1842 in Otisfield, Mary Jane Lovewell. She d. June 15, 1852 ae 35 yrs., 6 mos. Otisfield. She was a sister to Lydia (Lovewell) Dingley, wife of George Dingley. Children:
Susan Dingley, b. May 16, 1827. She m. James E. Fulton. He d. Apr 7, 1874 ae 65 yrs.
Frances M., b. Mar. 3, 1829, d. Nov. 1, 1866
Mariam T., b. July 20, 1832, d. June 5, 1862 She m. Jesse Gay of Casco
George, b. May 11, 1834, d. Apr. 30, 1904 ae 75 yrs., 3 mos., 10 das. He m. Mary Jane Nutting.
Keziah, b. June 29, 1836. She m. Jan. 19, 1860 in Raymond, James E. Fulton.

MUSSEY, John E. b. Jan. 10, 1835 Portland, son of John & Abbie (Lufkins) Mussey, d. Mar. 28, 1925 ae 90 yrs., 2 mos., 18 das. He m. Mar. 4, 1861, Rachel S. Brown of Raymond. She b. Feb. 23, 1831, daughter of William & Rachel (Brown) Brown, d. May 10, 1905 ae 74 yrs., 2 mos., 17 das. Children:
Abbie L., b. Mar. 16, 1863, d. Nov. 9, 1929. She m. Nov. 26, 1882, Sumner C. Watkins of Casco.
Charles W., b. Sept. 6, 1864, d. Aug. 15, 1905 ae 40 yrs., 11 mos.
Daniel Brown, b. May 14, 1868, d. June 2, 1926. He m. Apr. 23, 1902, Grace M. Jordan.
Thomas J., b. Aug. 29, 1870, d. Apr. 18, 1911 Raymond.

NASH, Elijah b. Mar. 2, 1766, son of John & Elizabeth (Andrews) Nash, d. July 28, 1849 ae 83 yrs., 4 mos., 26 das. Raymond. He experienced religion in 1791 and joined the Free-Will Baptist Church in Raymond (Morning Star, Oct. 3, 1849) He m. Mar. 1, 1792, Mary Small of Raymond. She b. Oct. 3, 1769, daughter of Daniel & Thankful (Strout) Small of Raymond, d. Dec. 2, 1849 ae 80 yrs., 2 mos. Raymond. Elijah's father, John Nash was born May 7, 1735 Weymouth, Mass., d. Aug. 8, 1813. His mother, Elizabeth (Andrews), b. Oct. 23, 1739 Stoughton, Mass., d. May 20, 1820 ae 80 yrs., 2 mos., as given by her gravestone. Children:
Thankful, b. Mar. 26, 1793 Gray, d. 1855. She m. John Brown.
Elizabeth Andrews, b. Aug. 16, 1794, d. Mar. 22, 1857. She m. int. May 1, 1825, Nehemiah Mitchell of Otisfield. She m. (2) Joseph Skillin.
John, b. Mar. 22, 1796, (see below)
Simeon, b. Apr. 4, 1798, (see below)
Elijah, b. Apr. 24, 1800, (see below)

Daniel, b. Mar. 6, 1802, (see below)
Eleanor, b. Mar. 1, 1804, d. Jan. 29, 1836 Raymond.
Mary, b. June 23, 1806, d. Dec. 4, 1834 ae 28 yrs. Raymond.
George, b. July 12, 1808, (see below)
Sally, b. Sept. 6, 1810, d. Jan. 14, 1850 Raymond. She m. William D. Allen of Raymond.
Samuel, b. Mar. 12, 1812, d. May 2, 1813 (May 1814 ae 14 mos.)
Samuel 2rd, b. Apr. 11, 1815.

NASH, John b. Mar. 22, 1796, son of Elijah, d. Feb. 27, 1873 ae 76 yrs., 11 mos. He m. Aug. 30, 1820, Hannah Moses of Scarboro, he of Raymond. She b. Aug. 11, 1798 Cape Elizabeth, daughter of Nathaniel, d. Aug. 6, 1840 ae 42 yrs. Raymond. He m. (2) int. Feb. 19, 1842, Orinda (Mills) (Berry) Haines of Scarboro. She b. June 27, 1797, daughter of Jacob & Sarah (Taylor) Mills of Limerick, d. Nov. 16, 1856 ae 59 yrs., 5 mos. Raymond. He m. (3) Sept. 15, 1857 in Raymond, Rebecca (Moses) Fickett. She b. Dec. 19, 1783, d. Jan. 7, 1863 ae 78 yrs. He m. (4) Jan. 1, 1865 in New Gloucester, Deborah A. (Rowe) Eveleth, widow of Aaron of New Gloucester, he of Raymond. (he was age 68 yrs., and she was age 58 at the time). She m. (3) May 3, 1875 in Cumberland, Col. Samuel True of New Gloucester, she of Raymond. Children:
Josephine, b. Oct. 20, 1821.
Elizabeth M., b. July 24, 1823, d. June 21, 1866 Raymond. She m. Feb. 12, 1845, Mark Brown of Raymond. She m. (2) Thurlow, m. (3) Jan. 22, 1865 in Raymond, Noah Ricker of Raymond.
Olive M., b. Oct. 15, 1825.
Daniel W., b. Dec. 12, 1827, He m. Oct. 29, 1861, Sarah Smith of Raymond.
Freedom, b. Mar. 16, 1830. He m. Annie M. Chipman of Raymond.
Esther C., b. Nov. 12, 1832.
Charles B., b. May 27, 1835, d. Dec. 31, 1893 Portland.
Mary, b. Nov. 1838, d. Jan. 6, 1899. She m. Frederick K. Thorpe of Bridgton.

NASH, Simeon S. b. Apr. 4, 1798, son of Elijah, d. Jan. 27, 1882 ae 83 yrs., 10 mos. Raymond. He m. Feb. 17, 1824, Sally Moses of Scarboro, he of Raymond. She b. Dec. 29, 1785, daughter of Nathaniel, d. June 24, 1864 ae 77 yrs., 6 mos. He m. (2) July 12, 1864, Mrs. Mary A. (Abbott) Moses of Raymond. She d. Apr. 16, 1900 ae 89 yrs., 4 mos. Children:
Franklin, b. Dec. 29, 1826, d. Apr. 12, 1854 ae 27 yrs., 3 mos. Raymond. He m. int. Mar. 23, 1853, Emeline Nash of Raymond.
David, b. Jan. 26, 1829, d. May 27, 1876 ae 42 yrs., 4 mos. He m. Emeline (Nash) Nash, widow of his brother.
Sarah, b. Apr. 26, 1839, d. Oct. 9, 1873 ae 34 yrs., 5 mos., 15 das. She m. John Francis Woodman of Sweden, Me.

NASH, Elijah Jr., b. Apr. 24, 1800, son of Elijah, d. Jan. 8, 1877 ae 76 yrs. He m. Apr. 30, 1830, Phebe R. Moses of Scarboro, he of Raymond. She b. Jan. 25, 1807, d. Jan. 28, 1874 ae 67 yrs., 4 mos. Children:
Francis M., b. Apr. 28, 1832, (see below)
Samuel, b. Nov. 29, 1834, d. July 7, 1836.

Eleanor, b. Aug. 26, 1837. She m. May 13, 1855, Samuel Jordan both of Raymond.
Samuel A., b. June 28, 1840, d. Jan. 5, 1893 No. Berwick. He m. Aug. 16, 1870 in New Gloucester, Ella J. Harris.
George S., b. Apr. 25, 1844, d. Apr. 1, 1865 ae 20 yrs., 11 mos., 4 das.

NASH, Francis M. b. Apr. 28, 1832, son of Elijah Jr., d. Dec. 13, 1920 Pepperell, Mass. He m. Julia Wescott of Gorham. She b. Feb. 20, 1835 Gorham, daughter of John & Charity (Humphrey) Wescott, d. Apr. 10, 1896 ae 61 yrs. Westbrook. They are buried in Saccarappa Cemetery in Westbrook. Children:
Oliver M., b. July 1, 1860, living in 1922 Pepperell, Mass.
Enoch W., b. Oct. 17, 1863, d. Sept. 7, 1865 ae 2 yrs.
Enoch G., b. Nov. 14, 1865, d. Feb. 2, 1908 ae 43 yrs., 2 mos., 18 das. Westbrook.
George E., b. Nov. 15, 1867.
Nellie F., b. Oct. 3, 1870. She m. Nov. 25, 1896, Ernest S. Plummer
Hannah C., b. Dec. 4, 1872, living 1920 Pepperell, Mass. She m. Dec 12, 1894, Elmer Mason.

NASH, Daniel b. Mar. 6, 1802, son of Elijah, d. Mar. 6, 1864 ae 62 yrs., 3 das. He m. Jan. 4, 1829, Achsah S. Small of Raymond. She b. July 12, 1798, daughter of Daniel & Sarah (Starbird) Small, d. June 26, 1861 ae 62 yrs., 11 mos., 16 das. He m. (2) Oct. 9, 1861, Sarah Smith both of Raymond. She b. Aug. 8, 1834, daughter of Seba & Eliza (Davis) Smith of Casco, d. June 5, 1883. (See Biographical Review of Cumberland County, p. 420) Children:
Alice, b. 1830, d. Mar. 28, 1830.
Samuel Burbank, b. Jan. 9, 1832, d. Sept. 8, 1835.
Marcus W., b. Mar. 27, 1834, (see below)
Samuel B., b. Mar. 6, 1836, (see below)
Sarah S., b. Apr. 21, 1839. She m. Mar. 25, 1860, Frank Woodman of Sweden, Me.
Mary Hannah, b. Nov. 26, 1841, d. July 31, 1881 ae 39 yrs., 9 mos. She m. Mar. 25, 1860, Henry Knight Lovewell of Harrison. He b. Aug. 2, 1838 Otisfield, d. June 12, 1862 in the Army. She m. (2) July 29, 1366, James Oscar Woodman of Sweden, Me.
Daniel S., b. Jan. 13, 1844, d. Feb. 13, 1844 ae 1 mo.

NASH, Marcus W. b. Mar. 27, 1834, son of Daniel, d. Oct. 4, 1884 ae 50 yrs., 6 mos., 12 das. E. Raymond. He m. July 10, 1858 in Raymond, Sarah Worth Woodman both of Raymond. She b. Mar. 8, 1833 Fryeburg, daughter of John & Sarah (Evans) Woodman of Sweden, Me. Children:
John W., b. Apr. 11, 1861, d. July 21, 1866 ae 4 yrs., 8 mos.
Marcus E., b. June 3, 1863, lived at Kents Hill. He m. Sarah J. Tripp.
Anna W., b. Sept. 24, 1867, d. Dec. 13, 1938 Poland. She m. Robert Tripp.
Hannah C., b. Dec. 22, 1870, d. June 11, 1871 ae 1 yr., 5 mos., 10 das.

NASH, Samuel B. b. Mar. 6, 1836, son of Daniel, d. Nov. 22, 1915 Raymond. He m. Apr. 14, 1861 in Raymond, Abigail Knight Hamlin of Sweden. She b. Aug. 28, 1841 Sweden, daughter of John & Caroline (Evans) Hamlin, d. Apr. 27, 1925 Raymond. Children:

John Waldo, b. July 20, 1862, d. Aug. 26, 1919 Norway.
Henry Perley, b. Dec. 23, 1865, d. Jan. 15, 1866.
George Perley, b. Mar. 20, 1867, d. Mar. 11, 1931 Raymond.
Samuel Haven, b. Dec. 3, 1873, d. Dec. 10, 1878.
Prince Thompson, b. June 26, 1880, d. Oct. 17, 1927 Westbrook.
Willie Merton, b. July 10, 1885, d. June 17, 1911 Portland.

NASH, George Small b. July 12, 1808, son of Elijah, d. Mar. 28, 1895 Raymond. He m. int. Mar. 24, 1833 in Windham, Rebecca Rogers of Windham, he of Raymond. She b. July 3, 1808 Windham, daughter of Isaac & Hepsibah (Jordan) Rogers, d. Nov. 26, 1865 ae 57 yrs. He m. (2) Oct. 4, 1866 in Cumberland, Mrs. Hannah (Cleaves) Haven, widow of Samuel Marston Haven, she of Portland, he of Raymond. She d. May 9, 1885 ae 77 yrs. E. Raymond Children:
Emeline, b. Mar. 6, 1834, living in 1914 Boston, Mass. She m. int. Mar. 23, 1853, Franklin. She m. (2) David Nash. She m. (3) John D. Osgood of Raymond.
Orrin Greanleaf, b. Nov. 15, 1836, (see below)
Mary Elizabeth, b. Feb 18, 1338, d. Mar. 17, 1917 Gray. She m. Nov 21, 1861, William Sidney Douglass
Sarah F., b. May 20, 1842. She m. Mar. 25; 1860, George W. Jameson of Westbrook.

NASH, Orrin Greenleaf b. Nov. 15, 1836, son of George S., d. Sept. 4, 1881. He m. Mar. 26, 1861 in New Gloucester, Juliette J. Jordan of Raymond. She b. Jan. 1, 1836, daughter of David & Thankful (Clark) Jordan, d. Oct. 18, 1903 ae 67 yrs., 9 mos., 17 das. Alfred, Me. Children:
Lendall Wallace, b. July 24, 1862
Clara Rebecca, b. Nov. 7, 1863.

NASON, William b. May 7, 1796 Limington, son of Edward & Abigail (Small) Nason of Limington, d. Jan. 7, 1876 ae 79 yrs., 8 mos. Raymond. He m. May 16, 1826, Elizabeth Haskell of Limington, he of Hollis. She d. Mar. 28, 1837 ae 40 yrs., 2 mos. Hollis. He m. (2) Jan. 1, 1840, Mrs. Jane (Plummer) Leach of Raymond., he of Windham. She b. May 14, 1804, daughter of Jesse & Mary W. (Marwick) Plummer, d. May 7, 1874 ae 70 yrs. (Her first husband was Jonathan Leach who she m. May 7, 1826) Children:
William Freeman, b. 1834, (see below)
Beni Haskell, b. May 22, 1837, (see below)

NASON, Beni Haskell b. May 22, 1837, son of William, d. Feb. 13, 1908. He m. int. Nov. 19, 1856 in Casco, Isabella Phinney of Casco, he of Raymond. She b. Sept. 4, 1837 Portsmouth, N.H., daughter of Stephen & Ann (Somerby) Phinney, d. May 29, 1896 ae 58 yrs., 8 mos., 25 das. Children:
Annie S., b. Dec. 1, 1857, d. 1945. She m. Frank Alfred Brown of Raymond. She m. (2) Dec. 30, 1903, Benjamin Frank Kimball of Raymond. He d. May 11, 1908 ae 55 yrs. Raymond.
Clement, b. Feb. 22, 1867, d. May 28, 1868.

NASON, William Freeman b. Oct. 30, 1834, son of William, d. June 16, 1889 ae 54 yrs. Raymond. He m. Margaret H. Leach of Raymond. She b. Feb. 10, 1840, daughter of Henry & Deborah (Gould) Leach, d. Jan. 29, 1902 ae 61 yrs. Augusta. Children:
Minnie A., b. June 2, 1862. 1879 ae 14 yrs.
William H., b. Feb. 12, 1865, d. Mar. 28,
Ella, b. June 6, 1875.

NASON, Earl b. Nov. 21, 1807 Gorham, son of Uriah Jr. & Jemima (Snow) Nason of Gorham, d. Apr. 12 1875. He m. Feb. 27, 1831, Elmira Morton Of Standish. She d. Feb. 22, 1849 ae 38 yrs. Both are buried at No Gorham.

NEAL, James living in 1850 ae 57 yrs. Casco. He m. Apr. 20, 1835 in Naples, Catherine Mann of Naples. She b. May 27, 1808, daughter of Fisher & Eleanor (Plummer) Mann. She living in 1850 ae 40 yrs., Casco. Children:
Cordelia, b. Feb. 9, 1836
James E., b. Nov. 21, 1837

NOBLE, John 2 nd., b. July 25, 1795, son of John & Lois (Moors) Noble, d. May 25, 1865 ae 70 yrs., 10 mos. Otisfield. He m. Feb. 11, 1818 in Otisfield, Mrs. Betty (Wight) Nutting both of Otisfield. She b. June 30, 1788, d. May 22, 1860 ae 71 yrs., 10 mos. Casco. They lived in Casco. Children:
Nathan Barker, b. Aug. 25, 1818.
Eliza Barker, b. May 31, 1820
Louisa Moors, b. May 4, 1823, d. Aug. 10, 1859 ae 36 yrs., 3 mos. She m. May 30, 1847, William Foster Winslow.
John Whiting, b. July 17, 1826. d. June 2, 1904 No. Palmyra, Me.
Frances Emmeline, b. Mar. 21, 1829, d. Sept 21 1897 Gray. She m. a Sweetser.
Silas Nutting, d. Sept. 26, 1885.
George Washington, b. Jan. 1, 1836.

NOBLE, Stephen. Child:
Edward, b. Oct. 1, 1827

NOBLE, John. Child:
Catherine, b. Oct. 26, 1807.

NUTTING, Frederick b. Nov. 24, 1809, son of Silas & Betty (Wight) Nutting, d. Jan. 28, 1877 ae 67 yrs. He m. int. Nov. 5, 1833 in Denmark, Mrs. Betsey or Elizabeth (Jordan) Symonds, widow of Jesse Symonds. She b. Apr. 19, 1807 Raymond, daughter of William M. & Anna (Leach) Jordan, d. Feb. 24, 1863 ae 55 yrs., 10 mos. Children:
Mary J., b. May 5, 1834, d. June 2, 1909 ae 75 yrs., 7 das. Casco. She m. George Murch. He d. Apr. 30, 1904 ae 75 yrs., 3 mos., 10 das. Casco.
George, b. Aug. 12, 1836, d. Mar. 17, 1904. He m. in 1864, Deborah Persis Leach. He m. (2) Catherine Cook.
Margaret E., b. May 8, 1840. She m. Oliver C. Waterman.
Martha E., b. May 6, 1843. She m. Feb. 1, 1867 in Casco, Jacob S. Watkins.

Rhoda C., b. Mar. 29, 1845, d. 1921.
Annie, b. Mar. 10, 1848, d. Jan. 10, 1856.

NUTTING, George b. Nov. 26, 1811, son of Silas & Betsey (Wight) Nutting, d. Apr. 3, 1829 from a kick by a horse. (The death of George Washington Nutting who was kicked by a horse on this same date is given in Otisfield vital records) His mother, Betty (Wight) Nutting was the second wife of John Noble in 1818.

OSGOOD, John D. b. June 8, 1819 Durham, Me., son of David & Elsie (Duran) Osgood, of Durham, d. Aug. 27, 1882 ae 63 yrs. Raymond. He m. May 31, 1849, Sarah A. Richards. She d. Sept. 9, 1869 Durham. He m. (2) Emeline (Nash) (Nash) Nash of Raymond. She b. Mar. 9, 1834, daughter of George S. & Rebecca (Rogers) Nash, living in 1914 Boston, Mass.

PARKER, William Albert b. Apr. 7, 1850 Topsham, Me., d. Aug. 17, 1914 ae 64 yrs., 4 mos., 15 das. Raymond. He m. Christiana Strout (known as Anna) of Raymond. She b. Oct. 15, 1850, daughter of Collins & Eliza (Strout) Strout, d. Dec. 15, 1932 Portland. (There was an Albert Parker who m. Eliza A. Plummer)
Children:
Amsden A., b. Oct. 5, 1869, d. June 9, 1952. He m. Oct. 19, 1897, Rachel Brown of Raymond.
Charles A., b. Feb. 16, 1872, d. July 13, 1937. He m. Nov. 26, 1891, Minnie Knight,
Myra, b. Jan. 13, 1878, m. Alfred Taylor of Mechanic Falls.
Rufus S., b. Jan. 9, 1884, d. Aug. 18, 1935.
Channing H., b. Aug. 3, 1887, d. Sept. 24, 1908.

PATCH
Children:
Martha, b. Sept. 21, 1815
Mary, b. Apr. 5, 1819
John, b. Mar. 21, 1821
Josiah M., b. Nov. 7, 1823
Olive, b. Nov. 26, 1826, d. Oct. 9, 1828.

PERRY, Joshua b. Jan. 21, 1794 Norway, son of Zebedee & Judith (Tucker) Perry of Norway, d. Sept. 29, 1875 Sweden. He m. Jan. 14, 1821 in Otisfield, Ursuala Wight. She b. Aug. 19, 1792, d. Mar. 28, 1867. Children:
Jarius Ware, b. Dec. 18, 1821.
Abigail, b. Apr. 19, 1823.
Eunice H. (Twins), b. Apr. 19, 1823.
Oliver H., b. Mar. 13, 1825.
Alice Jane, b. Aug. 22, 1827.
Pamelia Dunham, b. June 28, 1829.
Joseph W., b. Jan. 22, 1834.

PHILLIPS, Barney d. June 7, 1881 ae 82 yrs. His wife Sophia W., d. Oct 25, 1868. His sister, Sarah Phillips, d. Feb. 22, 1881 ae 46 yrs He is listed in the 1870 census of Raymond.

PHINNEY, Isaac son of Ebenezer & Sarah (Wentworth) Phinney of Gorham. He m. Edie Merrill. Children:
Orvilla, b. July 12, 1826
Isaac, b. Dec. 28, 1828.

PHINNEY, Clement b. Aug. 16, 1780 Gorham, d. Mar. 2, 1855 ae 74 yrs., 6 mos. Portland. He m. Mar. 24, 1803 in Gorham, Joanna Wallace of Cape Elizabeth. She b. July 19, 1785, d. Jan. 8, 1859. He was a Free-Will Baptist minister and buried at Evergreen Cemetery in Portland. Children, also recorded in Gorham vital records.
Stephen, b. July 13, 1804, (see below)
Decker, b. Sept. 27, 1806, went to Calif.
Mary A., b. Nov. 9, 1808, m. Thomas Foster of Harrison.
Eliza W., b. Jan. 7, 1810, d. Apr. 6, 1894. She m. Oct. 4, 1827, Rice Rowell both of Harrison. She m. (2) int. Aug. 23, 1846 in Casco, Daniel Holden. Children by her first husband were: Franklin, b. Nov. 2, 1828, Eliza A., b. May 9, 1831, m. Oct. 8, 1855, Ephraim Edwards of Poland, & Sarah P., b. Aug. 8, 1833.
Sarah, b. Dec. 9, 1811, d. Apr. 14, 1876 ae 63 yrs. She m. May 12, 1839, James M. Leach both of Raymond.
Hannah, b. Sept. 20, 1814, m. George McAllister of Portland.
Almira W., b. Oct. 27, 1816, d. May 29, 1849 Portland. She m. Sept. 22, 1844, Hugh William Sims of Portland.
Martha B., b. May 1, 1819, d. Apr. 12, 1853 ae 34 yrs. Raymond. She m. Jan. 12, 1840 in Raymond, Hugh Marwick Plummer of Raymond.
Clarissa C., b. Aug. 26, 1821, d. Nov. 14, 1866 ae 45 yrs. She m. May 31, 1854 in Portland, Hugh Marwick Plummer.
Abigail P., b. Oct. 10, 1826, d. Mar. 31, 1900 ae 74 yrs., 6 mos. Raymond. unm.

PHINNEY, Stephen b. July 13, 1804, son of Rev. Clement & Joanna (Wallace) Phinney, d. Aug. 1, 1867 ae 67 yrs. He m. July 4, 1833 in Portland, Ann Somerby. She b. about 1815 Portland, d. Jan. 3, 1856 ae 44 yrs. Raymond. He m. (2) int. June 3, 1856 in Raymond, Isabella, b. Sept. 4, 1837 Portsmouth, N.H., d. May 29, 1896 ae 58 yrs., 5 mos., 25 das. Raymond. She m. int. Nov. 19, 1856 in Casco, Bani Haskell Nason of Raymond.

PHINNEY, Isaac m. Edie Merrill. Children:
Orvilla, b. July 12, 1826.
Isaac, b. Dec. 28, 1828.

PIKE, Ivory H. b. July 23, 1801 Cornish, son of Noah & Joanna (Hurd) Pike, d. Dec. 20, 1842 ae 41 yrs., 5 mos., 7 das. He m. Prudence Andrews. She m. (2) int. Mar. 24, 1850, Col. Joseph Dingley both of Casco. Prudence was b. Nov. 24, 1802, d. Dec. 30, 1886 ae 83 yrs., 1 mo., 6 das. Casco. She left children: Charles H. Pike of Deering, Mary Jane, b. Apr. 25, 1834, d. July 14, 1898 Casco, who m. int. Mar. 3, 1850, Mark Dingley both of Casco, Eliza, b. Sept. 8, 1840, d. May 14, 1924

Naples, m. Mar. 23, 1858 in Casco, Benjamin Proctor of So. Casco. and Mrs. Martha H. Shaw of Sebago Lake.

PIKE, Harrison W. b. 1804 Cornish, brother to Ivory H. Pike. He m. Oct. 1, 1837, Susan Anne Mayberry both of Raymond. She b. Feb. 3, 1813 Casco, daughter of Edward & Mary (Johnson) Mayberry, d. Dec. 30, 1882 ae 83 yrs., 1 mo., 6 das. He later lived in Bloomington, Ill. Children:
Edward M.W., b. July 11, 1838
Winfield S., b. Aug. 6, 1839, d. Aug. 8, 1839.
Noah H., b. Aug. 27, 1840.

PINKHAM, Edmund b. Oct. 3, 1767 Dover, N.H., son of John & Phebe (Tibbetts) Pinkham, d. Dec. 17, 1860 ae 93 yrs., 2 mos., 14 das. Casco. He m. Miriam Gould. She b. Mar. 27, 1772 Dover, N.H., d. Mar. 1, 1865. They came to Casco in 1810. Children:
Rhoda, b. July 4, 1799, d. Oct. 7, 1881 ae 82 yrs., 3 mos., 3 das. Casco. She m. Nov. 18, 1838, Elijah Jepson both of Raymond.
Timothy Robinson, b. Nov. 28, 1802, (see below)
Isaiah, b. Aug. 10, 1803, d. Mar. 15, 1884.
Enoch, b. May 29, 1805, d. Jan. 8, 1899
John, b. Jan. 25, 1808, d. Jan. 18, 1882.
Elijah, b. June 22, 1811, d. May 1, 1861. He m. Sept. 13, 1858, Eliza H. Cook both of Raymond.
Phebe, b. Aug. 22, 1814, d Jan. 25, 1903. She m. John Batty.
Otis, b. Sept. 29, 1816, (see below)

PINKHAM, Robinson b. Nov. 27, 1801, son of Edmund, d. Feb. 27, 1882 ae 80 yrs., 3 mos. He m. Lydia Cook. She b. Mar. 1, 1801, daughter of Nathan & Polly (Maxfield) Cook, d. Feb. 4, 1870 ae 68 yrs., 10 mos. Casco. Children:
Louisa S., b. Feb. 22, 1832, d. Mar. 29, 1854 ae 22 yrs., 7 mos. She m. Andrew Maxfield.
Ann Sylvester, b. Nov. 30, 1834, d. Oct. 24, 1836.
Mary Ann, b. Apr. 15, 1837, d. Mar. 13, 1880. She m. Edwin A. Barton of Casco.
Watson Cook, b. Feb. 7, 1839, d. July 24, 1913.

PINKHAM, Isaiah b. Aug. 10, 1803 Dover, N.H., son of Edmund, d. Mar. 15, 1884. He m. Nov. 29, 1827, Mary D. Murray of Limerick. She b. Mar. 20, 1805 Limerick, d. Dec. 13, 1890 and buried in Lynn, Mass. Children:
Emily, b. Jan. 4, 1828. She m. John Gould of Berwick.
William F., b. Aug. 8, 1829. He m. Aug. 31, 1834, Martha Billings
Sarah G., b. Feb. 3, 1831, d. Apr. 13, 1886. She m. Charles M. Clark.
Martha Ann, b. Dec. 6, 1832, d. Aug. 24, 1853. She m. Joseph Malloy.
Isaiah, b. Dec. 12, 1834.
Francis O.J., b. Aug. 18, 1836. He m. Charlotte A. Smith.

PINKHAM, Otis b. Sept. 29, 1816, son of Edmund, d. Feb. 10, 1844 ae 27 yrs. Casco. He m. Feb. 5, 1839 in Casco, Deliverance S. Edwards. She b. Oct. 15, 1818.

She m. (2) June 29, 1849 in Reading, Mass., Joshua Bryant. (See Edwards Gen.)
Child:
Fernando, b. Oct. 6, 1839.

PLUMMER, Capt. Jesse b. Oct. 1775, son of Jesse & Mary (Davis) Plummer, d. Jan. 29, 1853 ae 77 yrs., 3 mos. His parents married Sept. 6, 1773 in Scarboro. He m. Nov. 26, 1801, Mary Worring Marwick. She b. Apr. 11, 1778 Durham, Me., daughter of Hugh & Mary (Atwood) Marwick of Portland and once of Durham, d. Jan. 13, 1849 ae 69 yrs., 9 mos. She was a sister to Jane (Marwick) Libby, wife of Joab and George Marwick. Children:
Mary, b. Dec. 4, 1802, d. May 9, 1873 ae 70 yrs. She m. Sept. 30, 1825, Mark Leach Jr. She m. (2) Joseph Tukey of Raymond.
Jane, b. May 15, 1804, d. May 7, 1874 ae 70 yrs She m. May 7, 1326, Jonathan Leach. She m. (2) Jan. 1, 1840, William Nason, she of Raymond.
Daniel, b. June 22, 1806, (see below)
Lydia Ann, b. July 2, 1808, d. Dec. 8, 1858 ae 50 yrs., 5 mos. She m. in 1831, Richard Tukey.
Dorothy Leach, b. Dec. 31, 1810, d. May 11, 1835 ae 24 yrs. She m. Joseph Tukey of Raymond.
Hugh Marwick, b. Jan. 4, 1813, (see below)
Jesse, b. Apr. 24, 1815, (see below)
Charlotte L., b. Aug. 27, 1817, d. Feb. 11, 1849. She m. Sewall Brown both of Raymond.
James Atwood, b. Jan. 4, 1820, d. Sept. 15, 1822 ae 2 yrs., 8 mos.

PLUMMER, Hugh Marwick b. Jan. 4, 1813, son of Jesse, d. May 2, 1879 ae 66 yrs. He m. Jan. 12, 1840 in Raymond, Martha D. Phinney. She b. May 1, 1819, daughter of Rev. Clement & Joanna (Wallace) Phinney d. Apr. 2, 1853 ae 34 yrs. Raymond. He m. (2) May 31, 1854 in Portland, Clarissa Phinney. She b. Aug. 21, 1821, d. Nov. 14, 1866 ae 45 yrs., 23 das. Raymond Children:
Clement Phinney, b. July 2, 1840, d. Sept. 17, 1843 ae 3 yrs.
Clement Phinney, b. 1843, d. Jan. 31, 1865 Salisbury Prison, N.C
Mary M., b. Mar. 28, 1844.
Edward M., b. Sept. 25, 1855
Albert B., b. Dec. 29, 1858, d. Aug. 18, 1868.

PLUMMER, Jesse Jr., b. Apr. 24, 1815, son of Jesse, d. Nov. 29, 1894 ae 76 yrs. He m, Dec. 11, 1840, Pamelia Roberts both of Raymond She b. Apr. 23, 1819, daughter of Reuben & Rebecca (Majory) Roberts, d. Jan. 5, 1902 ae 87 yrs., 8 mos., 13 das. Raymond. Children:
Dennis S., b. Dec. 30, 1841, d. Jan. 13, 1850 Raymond.
Summer J., b. June 14, 1846, d. May 23, 1922 Raymond.
Augusta C., b. Aug. 8, 1850, d. Mar. 2, 1927. She m. Gibeon P. Davis of Raymond.

PLUMMER, Daniel b. July 2, 1806, son of Jesse, d. Mar. 24, 1842 ae 35 yrs., 9 mos. He m. Catherine Knight. She b. June 12, 1805, daughter of Nathaniel, d. Sept. 16, 1890 ae 85 yrs. Deering. Children:

Ellen A., b. Apr. 28, 1833, d. Apr. 8, 1898 Newton, Mass. She m. Maj. Jeremiah Parker.
Ebenezer L., b. Apr. 4, 1835, d. Dec. 4, 1864 ae 29 yrs., 8 mos.
Charles A., b. Oct. 4, 1838, d. Mar. 6, 1912 Portland. He m. Sept. 24, 1865, Caroline Purington. She b. July 26, 1842.
Mary Susie, b. Mar. 18, 1841, d. Jan. 12, 1867 ae 29 yrs., 8 mos. She m. Samuel E. Ricker.

PLUMMER, Moses b. May 10, 1780 Scarboro, son of Jesse & Mary (Davis) Plummer, d. Aug. 20, 1855 ae 75 yrs. Raymond. He m. Apr. 19, 1804, Margaret Simonton of Raymond. She b. June 30, 1782 Scarboro, d. Mar. 6, 1829 ae 47 yrs. He m. (2) Dec. 8, 1832 in Casco, Mary Akers. She b. Oct. 26, 1789, d. Dec. 29, 1832. Children:
William, b. June 19, 1805, (see below)
Jesse, b. Feb. 24, 1807, d. May 6, 1827 Raymond.
Lydia, b. Mar. 4, 1809, d. June 3, 1832 ae 23 yrs.
Moses, b. May 5, 1811, d. Apr. 21, 1837 ae 26 yrs.
Eliza, b. Aug. 1, 1813, d. June 29, 1838 ae 25 yrs. She m. Osgood Libby of Scarboro.
Rebecca, b. June 4, 1815, d. May 29, 1838 ae 23 yrs.
Gibeon, b. Nov. 12, 1817, (see below)
Jordan, b. Oct. 27, 1819, (see below)
David, b. June 1, 1822, (see below)
Ebenezer, b. Sept. 3, 1824, (see below)
Mark Leack, b. Oct. 7, 1826.
Margaret Ann, b. Feb. 20, 1829, d. June 12, 1883. She m. Feb. 18, 1849, Stillman Akers Danforth.

PLUMMER, Dr. William b. June 19, 1805, son of Moses, d. May 15, 1855 ae 49 yrs., 11 mos. He graduated from Bowdoin Medical School in 1831. He m. June 9, 1834, Hannah Files. She b. Aug. 14, 1814, daughter of Jonathan & Esther (Libby) Files, d. Nov. 11, 1880 ae 66 yrs. Child:
Erastus Augustus, b. May 3, 1835, (see below)

PLUMMER, Erastus Augustus b. May 3, 1835, son of Dr. William, d. Apr. 21, 1921 ae 85 yrs., 11 mos., 20 das. He m. Jan. 31, 1858, Rebecca J. Tukey of Raymond. She b. Mar. 18, 1839, daughter of Joseph & Dorothy L. (Plummer) Tukey, d. July 3, 1884 ae 45 yrs. He m. (2) June 17, 1885, Addie Jane Brown. She daughter of Sewall & Charlotte L. (Plummer) Brown. She d. Dec. 24, 1927 ae 81 yrs., 3 mos., 24 das. See Biographical Review of Cumberland County, p. 450. Fred William, b. Apr. 6, 1860, (see below) Louise Hannah, b. Oct. 23, 1868, d. Mar. 15, 1954. She m. Apr. 5, 1890, Irving D. Morton.

PLUMMER, Fred William b. Apr. 6, 1860, son of Erastus A., d. Mar. 27, 1926. He m. Nov. 18, 1882, Alice C. Morton. She b. June 8, 1862 Standish, daughter of Thomas B. & Nancy G. (Mason) Morton, d. June 20, 1923 ae 62 yrs., 12 das. Children:
Angie Nancy, b. Dec. 6, 1883, d. 1948. She b. Oct. 29, 1910, Theodore L. Davis.

Clifford I., b. July 6, 1888, d. Mar. 15, 1968 Bridgton.

PLUMMER, Gibeon b. Nov. 12, 1817, son of Moses, d. Feb. 14, 1880 Portland. He m. Nov. 12, 1846, Maria W. Cloudman of Gorham. She b. Feb. 8, 1818 Gorham, d Jan. 9, 1917 Westbrook.
Child:
Sarah S., b. Nov. 16, 1847, d. July 15, 1863 ae 15 yrs., 8 mos.

PLUMMER, Jordan b. Oct. 27, 1819, son of Moses, d. Jan. 4, 1888 ae 68 yrs. No. Raymond. He m. Nov. 20, 1843 in Gray, Margaret Brown of Gray, he of Raymond. She b. 1823, d. Aug. 17, 1864. He m. (2) Mrs. Ann (Morrill) (Poole) Brown, widow of Sewall Brown. She b. Sept. 6, 1825, daughter of William & Margaret (Knight) Morrill, d. June 22, 1896 ae 70 yrs., 9 mos., 16 das. (A Jordan Plummer of Raymond m. Aug. 25, 1866, Mrs. Sarah E. (Witham) McLellan of Casco, widow of Isaac McLellan. Child:
Eliza, b. Aug. 19, 1847, d. Sept. 11, 1934. She m. Lyndon O. Skillins.

PLUMMER, David b. June 1, 1822, son of Moses, d. Dec. 11, 1882 ae 60 yrs., 6 mos. He m. Nov. 11, 1855 in Raymond, Sarah C. Tukey both of Raymond. She b. Sept. 30, 1836, daughter of Joseph & Dorothy (Leach) Tukey, d. May 15, 1883 ae 46 yrs., 7 mos. Raymond. Children:
Anna, d. June 6, 1857.
Emma Florence, b. Oct. 9, 1862, d. Dec. 14, 1921 Raymond. She m. Joseph B. Plummer.
Alice, b. Mar. 17, 1865. She m. Fred Walker.
Dennis, b. Oct. 7, 1867, d. Mar. 23, 1935. He m. Sept. 25, 1894, Arletta T. Wormwood.
Maria C., b. Aug. 15, 1871, m. Jan. 15, 1907, John B. Wormwood.

PLUMMER, Ebenezer b. Sept. 3, 1824, son of Moses, d. Aug. 25, 1900 ae 75 yrs., 11 mos., 21 das. He m. int. Oct. 22, 1852 in Raymond, Eliza Welch both of Raymond. She b. Dec. 15, 1824, daughter of George Jr. & Phebe (Welch) Welch of Raymond' d. Feb. 14, 1886 ae 61 yrs., 2 mos. Children:
Margaret A., b. Aug. 19, 1853, d. June 24, 1863 ae 9 yrs., 10 mos.
Mark Leach, b. Oct. 26, 1855, d. June 23, 1914 Raymond.
William R., b. Sept. 1, 1858, d. Oct. 8, 1918 Raymond.
Charles, b. Apr. 6, 1860, d. Jan. 20, 1923 ae 62 yrs., 9 mos., 14 das.

PLUMMER, Elliot son of Aaron & Lydia (Libby) Plummer, d. Aug. 12, 1817 ae 44 yrs. He m. June 25, 1799, Jenney West both of Raymond. She probably daughter of Desper (b. Sept. 8, 1746 Duxbury, Mass., d. Feb. 15, 1820 Thorndike, Me.) & Mary (Green) West of Standish and Raymond. Children:
Lydia P., b. Mar. 1, 1800, d. Sept. 19, 1853 ae 53 yrs., 6 mos. She m. int. Jan. 27, 1818 in Standish, Major Whitmore.
Olive, b. Jan. 5, 1802, d. Sept. 1, 1891 ae 89 yrs., 8 mos. Bridgton. She m. Nov. 26, 1818, John Field.
Aaron, b. June 30, 1804, living 1891 Bridgton. He m. Diana Dunham.
Mary, b. Sept. 5, 1806. She m. Apr. 28, 1828, Asa Harmon.

Elliot, b. Dec. 27, 1808. He m. Elvira Dunham.
Ezekiel Hanson, b. Apr. 10, 1811, d. Oct. 1815.
Eli, b. Sept. 2, 1813, d. Nov. 3, 1891 Bridgton. He m. Nov. 29, 1837, Patience Green of Standish.
Robert, b. Dec. 1, 1815. He m. Mary Ross.

PLUMMER, William b. 1782, son of Jesse & Mary (Davis) Plummer, d. July 3, 1828 ae 47 yrs. He m. Nov. 29, 1805 in Scarboro, Hannah Plummer. She b. May 20, 1787 Scarboro, daughter of Ai & Elizabeth (Plummer) Plummer, d. Feb. 4, 1877 ae 89 yrs., 9 mos. Raymond. Children:
William, b. Aug. 7, 1806, (see below)
Harriet, b. Aug. 21, 1807, d. Sept. 3, 1894 ae 86 yrs. She m. Nov. 26, 1825, John Hayden of Raymond. She m. (2) William Dolley.
Ai., b. Oct. 29, 1810, (see below)
Elizabeth, b. Jan. 29, 1813.
Daniel, b. June 6, 1815, d. Nov. 23, 1845 ae 30 yrs. He m. Elizabeth __, who d. Mar. 17, 1864 ae 38 yrs., 5 mos.
Mary, b. Dec. 29, 1817.
Hannah, b. May 8, 1820, d. 1893. She m. Jordan Brown of Raymond.
Jason b. July 8, 1822, d. Feb. 7, 1897 ae 75 yrs., 6 mos. Scarboro. He m. Apr. 19, 1846, Caroline S. Libby. She b. Oct. 11, 1821, daughter of Joab & Jane (Marwick) Libby. He m. (2) Mary Jane (Libby) McLellan, widow of George.
Jesse, b. Nov. 18, 1824, d. Aug. 24, 1862 ae 37 yrs., 9 mos.
Alvin, b. July 16, 1827, (see below)

PLUMMER, William b. Aug. 7, 1806, son of William, d. Oct. 7, 1877 ae 71 yrs., 2 mos. Raymond. He m. June 5, 1831 in Scarboro, Jane Harmon of Scarboro, he of Raymond. She b. Apr. 16, 1813 Scarboro, daughter of Stephen & Caroline (Libby) Harmon, d. Apr. 16, 1900 ae 87 yrs. Children:
Mary E., b. Oct. 1, 1832, d. Oct. 15, 1832 ae 11 das.
William, b. Oct. 22, 1833, (see below)
Hannah, b. Nov. 25, 1836, d. Mar. 4, 1903. She m. Bert Bangs of Mechanic Falls.
Lydia, b. Oct. 16, 1840.
Ai, b. Dec. 26, 1842, (see below)
Daniel, b. Oct. 25, 1845, d. Nov. 27, 1854.
Stephen Harmon, b. Apr. 17, 1848, (see below)

PLUMMER, William 3rd., b. Oct. 22, 1833, son of William, d. Mar. 12, 1904 ae 71 yrs., 1 mo., 20 das. Portland. He m. Dec. 4, 1859 in Poland, Ellen A. Tripp of Poland. She b. Jan. 10, 1829, daughter of Nicholas & Charlotte (Thurlow) Tripp, d. Feb. 22, 1913 ae 84 yrs., 1 mo., 2 das. Windham. Children:
Clara A., b. Apr. 25, 1862. She m Oct. 2, 1879, Albert Mason of Poland.
Daniel Lamont, b. May 15, 1864, d. Sept. 21, 1942 Windham. He m. Dec. 12, 1909, Mrs. Leona (Proctor) Shaw.
William Herbert, b. Aug. 10, 1870, d. Aug. 21, 1943. Raymond. He m. Apr. 25, 1914, Georgia Anna Edwards.
Eugene Morton, b. July 8, 1876. He m. Sept. 20, 1905 in Waltham, Mass., Alice Luella Allen.

PLUMMER, Ai b. Dec., 26, 1842, son of William, d. Jan. 2, 1925 ae 82 yrs. Raymond. He m. Ellen A. Strout. She b. Dec. 10, 1853 Poland, daughter of Wesley & Mary A. (Tripp) Strout, d. July 14, 1914 ae 60 yrs. Raymond. Children:
Lydia J., b. Sept. 27, 1874. She m. Ernest L. Thurlow.
Irving A., b. Sept. 28, 1883, d. Sept. 27, 1919. He m. Oct. 8, 1904, Grace L. Jordan.

PLUMMER, Stephen Harmon b. Apr. 17, 1848, son of William, d. Aug. 27, 1929 Raymond. He m. Eva Frances Strout of Raymond. She b. July 24, 1855, daughter of James Jr., & Mary Ann (Haines) Strout, d. Mar. 18, 1926 ae 70 yrs., 7 mos., 24 das. Raymond. Children:
Stephen Ernest, b. Sept. 24, 1872, d. 1941. He m. Nov. 25, 1896, Nellie K. Nash.
James Strout, b. June 4, 1876, d. July 22, 1942 Raymond. He m. Sept. 15, 1895, Eleanor Edwards. He m. (2) July 28, 1921, Lillian Lena (Strout) Strout.
Cyrus H., b. Oct. 3, 1878, d. Apr. 2, 1922 Raymond. He m. June 1, 1907, Barbara Plummer.
John, b. Sept. 1, 1880, d. Sept. 5, 1958 Westbrook. He m. Jan. 31, 1903, Charlotte Butler.
Jennie, b. July 20, 1882, d. 1970. She m. Nov. 3, 1901, Warren Cole.
George, b. Apr. 2, 1884, d. Dec. 21, 1969 Portland. He m. Oct. 29, 1904, Blanche M. Berry.
Charles, b. Apr. 25, 1886, d. 1958. He m. Sept. 28, 1912, Nellie W. Winslow.
Blanche, b. Apr. 5, 1891, d. May 10, 1968 Westbrook. She m. June 13, 1909, Ralph Robinson. She m. (2) Aug. 2, 1933, Charles A. Ballard.

PLUMMER, Ai b. Oct. 29, 1810, son of William & Hannah (Plummer) Plummer, d. May 7, 1872 ae 61 yrs., 6 mos., 8 das. He m. Judith Welch of Raymond, She b. Feb. 27, 1814, daughter of William & Providence (Smith) Welch, d. Nov. 27, 1845 ae 31 yrs., 8 mos. He m. (2) Mar. 22, 1854 in Raymond., Louisa Grant of Westbrook. She daughter of James Jr. & Lydia (Murch) Grant of that place. She d. Feb. 9, 1855 ae 41 yrs. Raymond. He m. (3) Oct. 25, 1855, Judith P. Grant of Westbrook, he of Raymond. She was a sister of his former wife. She d. Oct. 21, 1890 ae 66 yrs., 6 mos. Ai Plummer was living in 1850 as a widower and with him was his sister-in-law, Sally Welch and the children of his sister-in-law, Phebe (Welch) Welch. Children:
Mary E., b. May 6, 1856, d. Aug. 7, 1876 ae 20 yrs., 3 mos.
John G., b. Oct. 10, 1858, d. 1932 ae 73 yrs.

PLUMMER, Alvin b. July 16, 1827, son of William, d. Feb. 14, 1888. Scarboro. He. m. Apr. 16, 1853, Ellen J. Boucher. She b. about 1815 Portland, d. Mar 10, 1904 ae 70 yrs., 1 mo., 21 das. Portland. Children:
Joseph, b. Sept. 13, 1855, living 1917 Omaha, Nebra.
Samuel D., b. Aug. 21, 1858, d. Feb. 5, 1917 ae 59 yrs., 6 mos., 19 das Portland. He m. Aug. 1, 1892, Alice Witham.
Edward Clifford, b. Feb. 28, 1860, d. 1941, living 1917 Portland.

PLUMMER, Gibeon son of Jesse & Mary (Davis) Plummer, d. Apr. 2, 1870 ae 87 yrs. Raymond. He m. Nov. 24, 1811, Lydia Davis of Raymond. She b. May 2, 1793, daughter of John & Jane (Stanford) Davis, d. Oct. 31, 1840 ae 47 yrs., 6 mos. He m. (2) Polly (Silla) Bolton, widow of Samuel Bolton of Raymond, She b. Oct. 3, 1794 Gorham, d. Jan. 19, 1856 ae 62 yrs.

PLUMMER, George W. b. 1822, son of Gibeon & Lydia (Davis) Plummer, d. Mar. 21, 1864 ae 42 yrs. Buried in Raymond Village Cemetery. He m. May 10, 1842, Zilpha Spiller. She b. Jan. 24, 1824, daughter of Benjamin & Thankful (Small) Spiller, d. May 30, 1901 ae 77 yrs., 4 mos., 6 das. Alfred. Children:
Thankful, b. Apr. 30, 1843, d. June 21, 1893 ae 68 yrs.
Mary Ann.
Alpheus, b. 1847, d. July 31, 1863 Raymond.
George W., b. Apr. 1852, d. Aug. 2, 1854 Raymond.

PLUMMER, Isaac b. Dec. 31, 1795 Gorham, son of Christopher & Rebecca (Libby) Plummer, d. May 27, 1883 ae 91 yrs. He m. Aug. 25, 1820 in Gorham, Sarah Harmon of Standish, he of Raymond. She d. Nov. 14, 1832 ae 36 yrs, daughter of Josiah & Anna (Moulton) Harmon of Standish. He m. Margaret Smith. She d. Aug. 26, 1884 ae 75 yrs. She and her husband are buried in the Sapling Cemetery in the White Rock section of Gorham where they lived. Children:
Joseph M., b. Aug. 20, 1820, d. Nov. 22, 1903 Portland. He m. June 30, 1872, Christiana W. Rand.
Albion K., b. Feb. 20, 1823, d. May 7, 1893.
Mary A., b. Feb. 27, 1827, d. July 19, 1852. She m. int. Jan. 7, 1849, Robert Barber.
Elizabeth J., b. Dec. 16, 1829. She m. in 1851, Frank Harmon of Thorndike.
Nehemiah, b. Aug. 31, 1834, d. May 30, 1913 Casco.
Christopher C., b. Sept. 20, 1835, d. May 30, 1915 Casco. He m. Sept. 21, 1904, Eliza A. (Fickett) Marean.
daughter, b. Jan. 3, 1837.
David D., b. Jan. 29, 1836 Gorham, d. Apr. 13, 1916 Gorham.
Esther M., d. June 2, 1909 ae 65 yrs. She m. Charles Crockett.
Gustavus S., b. Mar. 6, 1849 Gorham, d, Nov. 26, 1914 Gorham.

PLUMMER, Samuel son of Jesse & Mary (Davis) Plummer, d. Oct. 20, 1854 ae 69 yrs., 6 mos. He m. Mehitable Brown. She d. Mar. 29, 1854 ae 66 yrs. They lived in Starksboro, Vt. until about 1835. She was maybe daughter of Joseph & Elizabeth (Nutter) Brown from N.H. Children:
James, m. (2) Mrs. Caroline Kimball of Naples. His children: Abram, b. Dec. 3, 1830, Jacob, b. Aug. 3, 1832, Elvira, b. May 25, 1834 & Louisa, b. 1836.
Harriet, b. Sept. 28, 1812, d. Mar. 19, 1852 Windham. She m. June 25, 1835, Zechariah Tenney of Raymond.
David, b. Dec. 31, 1808, (see below)
Alonzo, b. July 27, 1814, (see below)
George W., d. Aug. 9, 1870 ae 44 yrs., 2 mos. (see below)
Jesse 3rd, b. July 7, 1817 Starksboro, Vt. (see below)

PLUMMER, David b. Dec. 31, 1808, son of Samuel. He m. June 7, 1830, Polly Rich. She b. Apr. 20, 1808 Vt., d. Mar. 7, 1861 ae 51 yrs., 11 mos. Children: Catherine, b. Apr. 18, 1832. She m. May 6, 1856, John Roberts.
Emeline, b. Oct. 18, 1834, d. Aug. 19, 1855 ae 23 yrs., 10 mos.
Martha J., b. May 22, 1837.
Anna G., b. Dec. 9, 1841, d. June 9, 1857 ae 15 yrs., 6 mos.
Augustus, b. Jan. 18, 1847, d. Aug. 18, 1848 ae 7 mos

PLUMMER, Alonzo b. July 27, 1814, son of Samuel, d. Mar. 1, 1892 Naples. He m. Jan. 15, 1836, Sarah Mitchell of Casco. She b. Sept. 12, 1816, d. Aug. 5, 1852. He m. (2) Sept. 1852, Adeline Leavitt of Naples. She b. May 22, 1814. Children:
Anson, b. Nov. 20, 1837, d. July 4, 1925 Raymond.
Samuel, b. Aug. 30, 1839.
Francis J., b. July 6, 1841.
Mary E., b. Feb. 27, 1843. She m. Levi Norris Strout of Raymond.
Daniel, b. Dec. 24, 1844.
Joseph, b. Oct. 11, 1846, (see below)
Lydia, b. Nov. 28, 1848. d. Feb. 13, 1915, m. Hall.
Manevelet, d. Nov. 16, 1849 ae 1 yr.

PLUMMER, Joseph b. Oct. 11, 1846, son of Alonzo, d. June 7, 1889. He m. Martha Elizabeth Strout of Raymond. She b. Apr. 3, 1853, daughter of Prince & Mary Elizabeth (Dolley) Strout of Raymond, d. Feb. 1, 1894 Raymond. Children:
Daniel Franklin, b. Mar. 15, 1871, d. Aug. 15, 1955 Casco.
Frederick P., b. Oct. 1, 1873. He m. Dec. 19, 1893, Ida Skillin.
Maria L., b. Aug. 2, 1876, d. May 17, 1878 Raymond.
Albion L., b. May 22, 1878, d.y.
Albion L., b. May 27, 1879, d. June 29, 1879.
Barbara, b. 1882. She m. June 1, 1903, Cyrus H. Plummer.
Samuel M., b. May 11, 1885, d. May 14, 1907 Gray.
Joseph E., b. Sept. 28, 1887, d. Oct. 1, 1888

PLUMMER, George W. d. Aug. 9, 1871 ae 44 yrs., 2 mos. He m. Mary Cook. She d. Aug. 9, 1893 ae 68 yrs., 4 mos., Standish, formerly of Raymond. They are buried in Raymond Village Cemetery in Raymond Child:
Lindley M., b. June 19, 1854, (see below)

PLUMMER, Lindley M. b. June 19, 1854 New Gloucester, son of George W., d. Jan. 22, 1940 ae 85 yrs. Westbrook. He m. Ada Louise Morey of West Gray. She b. Apr. 11, 1864, daughter of Charles E. & Julia (Verrill) Morey, d. Oct. 12, 1900 ae 36 yrs. Raymond. He m. (2) July 29, 1910 in Raymond. Cassina L. Mitchell. She b. July 26, 1861 Machiasport, Me., daughter of Forest & Maranda (Thompson) Mitchell, d. May 2, 1939 ae 77 yrs. Windham. Children:
Arabel, b. Sept. 11, 1880. She m. Dec. 21, 1907, William D. Spiller.
George H., b. Jan. 5, 1883, d. Mar. 29, 1883 Raymond.
Bertie, b. June 7, 1887, d. July 21, 1910.
Georgie, b. Jan. 1, 1890.
Delbert A., b. June 8, 1892

Gertrude, b. Oct. 26, 1894.

PLUMMER, Jesse 3rd., b. July 7, 1817 Starksboro, Vt., son of Samuel, d. Apr. 6, 1894 ae 76 yrs., 8 mos., 16 das. He m. Aug. 2, 1840, Elinor James. She b. May 21, 1821 Starksboro, Vt., d. Aug. 1, 1894 ae 73 yrs., 2 mos., 19 das. Children:
Lydia, d. 5 weeks old.
Samuel, d. ae 7 weeks old.
Alvin E., b. Mar. 6, 1842, (see below)
Caroline, b. May 21, 1843, d. May 27, 1900. She m. Dec. 22, 1859, Silas N. Moore. She m. (2) Dec. 12, 1864, Noah Winslow.
Samuel, b. 1844 Starksboro, Vt., d. Oct. 28, 1864 Libby Prison.
Charlotte, b. June 15, 1848, d. July 5, 1863.
Charles Henry, b. May 27, 1850, (see below)
Abbie P., b. Mar. 10, 1853, d. Feb. 3, 1942 Raymond. She m. Samuel Jordan.
Franklin Augustus, b. May 11, 1854, (see below)
Henry P., b. Sept. 4, 1855.
Eliza A., b. Oct. 3, 1856. She m. Albert Parker.
Joseph B., b. Oct. 4, 1858, (see below)
Eugene, b. May 11, 1860, d. Oct. 15, 1860.
Charlotte, b. Oct. 28, 1861, d. Aug. 1895. She m. Alexander Spears.
Edward Mayberry, b. May 18, 1863, d, May 16, 1949.

PLUMMER, Alvin E. b. Mar. 6, 1842 Starksboro, Vt., son of Jesse, d. Mar. 15, 1908 Portland. He m. Nov. 26, 1866, Emma E.R. Tukey of Raymond. She b. June 3, 1841, daughter of Joseph & Dorothy L. (Plummer) Tukey, d. Sept. 19, 1903 ae 62 yrs., 3 mos., 16 das. Raymond. Children:
Susie M., b. May 1, 1868, d. 1963. She m. Edgar D. Varney.
Jennie H., b. Mar. 29, 1880. She m. George Davis.

PLUMMER, Charles Henry b. May 27, 1850, son of Jesse, d. May 1, 1925 ae 74 yrs., 11 mos. 3 das. Raymond. He m. Apr. 11, 1874 in Milan, N.H., Fannie Hamblen. She b. Mar. 4, 1849 Waterford, Me., d. May 4, 1882 ae 33 yrs., 2 mos. He m. (2) Dec. 20, 1882, Mrs. Celestia A. (Watson) Tukey both of Raymond. She was the widow of Capt. James Tukey. She d. Oct. 30, 1905 ae 62 yrs. 4 mos., 23 das. Raymond Children:
Nellie E., b. Feb. 16, 1875, d. Dec. 21, 1935.
Albert Dennis, b. Aug. 5, 1881, d. Feb. 14, 1954 Raymond. He m. Nov. 22, 1906, Ellen Sutton. She d. July 1, 1923 ae 50 yrs., 8 mos. Raymond.
Fanny H., b. Apr. 27, 1882. She m. Oct. 11, 1929, Clifford Morrill.

PLUMMER, Franklin Augustus b. May 11, 1854, son of Jesse, d. Nov. 2, 1922 ae 68 yrs. He m. Dec. 24, 1886 in Raymond, Esmerilda Adelaide Barrows. She b. May 17, 1869, daughter of Samuel A. & Mary H. (Jackson) (Rolfe) Barrows of Raymond, d. Apr. 25, 1939 Raymond. Children:
Perley L., b. Aug. 16, 1887, d. Oct. 5, 1967 Raymond. He m. June 12, 1912, Mary Barnes.
Guy C., b. Mar. 21, 1888, d. May 18, 1947 Westbrook. He m. Jan. 21, 1918, Mildred P. Greene.

Jesse, b. Oct. 30, 1900, d. Jan. 24, 1901 Raymond.
Jesse Augustus, b. June 14, 1903, d. June 17, 1981 Portland.
Chester, b. Nov. 16, 1907.

PLUMMER, Joseph B. b. Oct. 4, 1858, son of Jesse, d. May 28, 1929 ae 70 yrs. He m. Oct. 8, 1884, Emma Florence Plummer. She b. Oct. 9, 1862, daughter of David Jr. & Sarah C. (Tukey) Plummer, d. Dec. 14, 1921 ae 59 yrs. Children:
Robert David, b. Apr. 8, 1886, d. mar. 12, 1945 Windham. He m. Oct. 8, 1910, Clara Olive Edwards.

PLUMMER, Woodbury b. Aug. 29, 1841, son of Sewall & Eunice (Harmon) Plummer, d. Nov. 13, 1925 ae 84 yrs. Raymond. His father, d. Dec. 25, 1876 ae 71 yrs. and his mother d. Oct. 9, 1859 ae 52 yrs. He m. Apr. 30, 1865, Catherine Knight both of Raymond. She b. 1844, daughter of George & Abigail (Estes) Knight, d. 1891. Children:
Mabel E., b. May 22, 1869, d. May 5, 1936 Raymond.
Lillian M., b. Aug. 9, 1871, d. Nov. 11, 1936 Windham.

PLUMMER, Cyrus H. b. Aug. 26, 1835, d. Mar. 29, 1904 Westbrook. He m. Feb. 14, 1858, Hannah C. Ridlon. She b. May 20, 1840, daughter of Nicholas & Hannah (Hancock) Ridlon, d. Aug. 5, 1903 Westbrook. They are buried in Gracelawn Cemetery in Westbrook. Children:
Winfield S., b. Oct. 1859.
Martha J., b. Mar. 28, 1863.
Herbert, b. Oct. 29, 1866.
Frank, b. Aug. 2, 1868, d. Apr. 21, 1892 Westbrook.

POWERS, Isaac m. Dec. 6, 1810 in Windham, Betsey Hanson both of Windham. She b. Feb. 7, 1795, d. Sept. 21, 1821. Children:
Emeline, b. Jan. 14, 1816
Sarah, b. Feb. 26, 1819
son, b. Aug. 24, 1821.

PROCTOR, Elisha Pote b. May 9, 1821 New Gloucester, son of William & Rhoda Proctor, d. May 10, 1894. He m. Sept. 11, 1848 in New Gloucester, Cibele C. Tripp of Raymond, he of New Gloucester. She b. Sept. 25, 1831, daughter of John & Deborah (Verrill) Tripp, d. Dec. 2, 1902. Children:
John, b. Oct. 24, 1849, d. Oct. 1, 1882.
Orrin E., b. Feb. 20, 1852, d. July 4, 1884.
Anna M. m. int. Dec. 20, 1892 in Raymond, Ralph F. Goodoe of Boston, Mass.
Emma J., m. Aug. 29, 1894 in Raymond, James E. Frellick of Gardiner.
E. Leigh, b. Oct. 4, 1867 New Gloucester, d. 1957 Portland.

PROCTOR, Anthony son of William & Susannah (Hall) Proctor, d. July 29, 1836 ae 67 yrs. He m. Jan. 15, 1795, Mary Small of Windham. They settled in Casco. Children:
William,
Charity,

Jane,
Lewis, d. Jan. 9, 1840 ae 28 yrs., 5 mos.

PROCTOR, David b. Jan. 16, 1792, son of Ebenezer & Bethia (Mayberry) Proctor of Windham, d. May 1, 1861 ae 71 yrs., 3 mos. He m. Sept. 13, 1813, Fanny Chute of Windham. She d. July 4, 1866 ae 74 yrs., 2 mos. They buried in Naples. Children:
Keziah D., b. Dec. 8, 1813, d. Nov. 11, 1875 ae 61 yrs., 11 mos. She m. July 7, 1837, Benjamin A. Goldsmith of Boston, Mass.
Francis, b. Dec. 3, 1816, d. 1890. He m. May 1836, Ann Morton.
Mariam, b. Mar. 16, 1818, d. Sept. 10, 1893 ae 75 yrs., 5 mos. She m. Aug. 28, 1836 in Raymond, Nathan Penfield Green of Raymond.
Thomas C., b. July 25, 1821, d. Sept. 2, 1903 ae 83 yrs., 1 mo. Naples.
Robert Leavitt, b. Dec. 14, 1823.
Mary Elizabeth, b. May 28, 1828, d. June 5, 1901 ae 72 yrs., 8 mos. Naples. She m. Elijah Varney.
Ebenezer, b. Apr. 22, 1831. She m. Betsey Graffam.

PROCTOR, William son of Ebenezer & Bethia (Mayberry) Proctor, d. June 4, 1870 ae 71 yrs., 3 mos. He m. Susanna Jackson. She b. Apr. 7, 1799, daughter of Ralph & Hannah (Proctor) Jackson, d. Sept. 19, 1886 ae 86 yrs., 4 mos., 12 das. (See Naples vital records) Children:
Mark, b. Feb. 26, 1826, d. 1832 ae 6 yrs., 10 mos.
William H., b. July 2, 1827, d. Dec. 15, 1891.
Elizabeth, b. Mar. 8, 1829, d. Sept. 17, 1901 ae 72 yrs., 6 mos., 6 das. She m. Charles G. Morton.
Anthony, d. Feb. 4, 1907 ae 75 yrs., 9 mos., 9 das. Naples.

PROCTOR, Nehemiah. Was his widow Mrs. Mary Proctor, living at Naples with her daughter, in 1853 age 79 yrs. in Naples. (Did she have a daughter, Jane who married Joseph Jackson?) Children:
Mary, b. Jan. 16, 1802.
Abraham, b. Mar. 5, 1804
Rodney, b. Aug. 17, 1 806
Perry, b. July 21, 1809
George W., b. Feb. 9, 1812

RADOUX, Francis b. Sept. 9, 1790 Brittary, France, d. Nov. 23, 1887 ae 97 yrs., 2 mos. He m. Jan. 10, 1815 in France at St. Servants, Jeanne A. Adams. She b. Oct. 15, 1791, d. Sept. 28, 1831. He m. (2) Susannah (Dingley) Manning. She b. July 11, 1792, daughter of Samuel & Keziah (Proctor) Dingley, d. Nov. 22, 1852 ae 60 yrs. Children:
Jane A.A., b. Oct. 19, 1815
Louisa, b. Sept. 1, 1817, d. Dec. 1, 1817 Boston, mass.
Fanny, b. Sept. 1, 1818
Melaine, b. June 24, 1820, d. July 24, 1821, Watertown, Mass.
Celiste, b. Jan. 6, 1822
Delie, b. Mar. 21, 1824

Francis A., b. Jan. 3, 1826, d. Oct. 1, 1912.

RIDLON, Nicholas b. Nov. 29, 1793 Hollis, d. July 7, 1869 ae 75 yrs. He m. Mar. 20, 1819, Hannah Hancock of Buxton. She d. Nov. 8, 1879 Casco. Children:
Robert, b. Sept. 10, 1820 Hollis. He m. Mar. 28, 1842, Susan Graffam.
Mary, b. May 31, 1836. She m. Marshall McLucas of Casco.
Priscilla, b. Apr. 20, 1829. She m. George Jones of Casco.
Isaac H., b. Dec. 25, 1835
Hannah, b. June 20, 1840. She m. Feb. 14, 1858, Cyrus H. Plummer.

RICHARDS, Edward. Child:
Jane, b. June 18, 1830

RICKER, Noah b. Mar. 27, 1812, son of Josiah & Betsey (Marshall) Ricker, d. May 12, 1888 ae 76 yrs. Gray. He m. Nov. 4, 1834, Charlotte H. Foster of Gray, he of Poland. She d. June 21, 1842 ae 27 yrs., 3 mos. He m. (2) Nov. 15, 1842, Anna Small of Raymond, he of Gray. She b. Apr. 9, 1806, daughter of Levi & Elizabeth (Bailey) Small of Raymond, d. Nov.. 4, 1864 ae 58 yrs., 7 mos. He m. (3) Jan. 22, 1865 in Raymond, Mrs. Elizabeth (Nash) Thurlow of Raymond. She b. July 24, 1823, daughter of John & Hannah (Moses) Nash of Raymond, d. June 21, 1866. He m. (4) Caroline, who d. Jan. 3, 1890 ae 67 yrs. (See Wentworth Gen. p. 141) Children:
Samuel F., b. Oct. 1, 1841. He m. Susan Plummer. She d. Feb. 1867 ae 25 yrs.
Charlotte E., b. May 18, 1845, d, Aug. 2, 1858 ae 13 yrs., 2 mos.
George S., b. May 26, 1847.
Daniel N., b. Sept. 1, 1850.

RIGGS, Jonathan came from Stroudwater. (One m. July 9, 1822, Charity Berry of Portland.) Children:
John, b. Mar. 24, 1793
Nancy, b. Feb. 22, 1795, d. June 21, 1805.
Martha, b. Aug. 28, 1797. She m. Nov. 2, 1817, Apollas Knight of Otisfield, she of Raymond.
James, b. Feb. 11, 1800
Loranie, b. May 2, 1802
Patience, b. July 11, 1804,
Comfort, b. July 11, 1804, (twin)
Aaron, b. June 27, 1806
Mary, b. Sept. 19, 1808
Aneline, b. Jan. 29, 1811
Sarah A., b. Aug. 3, 1813
Joseph H., b. June 9, 1816
Hannah, b. July 27, 1818.

RIGGS, Frank Warren b. Jan. 12, 1853 Portland, d. June 29, 1944 ae 94 yrs. He m. Jan. 1, 1875, Elvira G. Davis both of Raymond. She b. Dec. 14, 1846, daughter of Thomas & Pauline (Staples) Davis, d. Feb. 13, 1896 ae 49 yrs., 1 mo., 3 das. See Biographical Review of Cumberland County, p. 653. Children:

Ada, b. July 21, 1870
Lizzie Davis, B. Aug. 15, 1876. She m. June 7, 1893, Frank A. Hanson of Portland.
John W., b. Jan. 5, 1879
Clinton M., b. Nov. 15, 1886

RIGGS, Elmer E. b. 1862 Casco, son of Charles & Eliza (Shane) Riggs, d. 1929. He m. Jan. 6, 1888 Arabella D. Symonds both of Raymond. She b. Dec. 1, 1862, daughter of John J. & Jane (Strout) Symonds, d. May 23, 1932 ae 69 yrs., 5 mos., 30 das. New Gloucester. See Biographical Review of Cumberland County, p. 653. Children:
Jennie L., b. May 20, 1888, d. 1954. She m. Leonard G. Marston.
Annie Eliza m. June 16, 1920, Ralph Edwin Lombard of No. Yarmouth.

RIGGS, Frank Warren b. Jan. 12, 1853 Portland, d. June 29, 1944 ae 94 yrs. He m. Jan. 1, 1875, Elvira G. Davis both of Raymond. She b. Dec. 14, 1846, daughter of Thomas & Pauline (Staples) Davis, d. Feb. 13, 1896 ae 49 yrs., 1 mo., 3 das. See Biographical Review of Cumberland County, p. 653. Children:
Ada, b. July 21, 1870.
Lizzie, b. Aug. 15, 1876. She m. June 7, 1893, Frank A. Hanson of Portland.
John W., b. Jan. 5, 1879.
Clinton M., b. Nov. 15, 1886.

RING, Josiah Jr., b. June 30, 1768 Scarboro, son of Josiah & Phebe (Libby) (Martin) Ring, d. Jan. 28, 1854 ae 85 yrs., 7 mos. Casco. He m. (2) Nov. 9, 1796 in Bridgton, Lucy Mitchell both of Raymond. She b. Oct. 5, 1776, daughter of John & Sarah (Jordan) Mitchell, d. May 22, 1842 ae 65 yrs., 5 mos. His father, Josiah Ring m. (2) Mar. 19, 1795 in Windham, Hannah Newcomb both of Raymond. (she d. Dec. 31, 1806 Raymond.) Children:
Pamelia, b. Dec. 2, 1795.
Matilda, b. June 24, 1797, d. May 17, 1843 ae 45 yrs., 1 mos. She m. int. Oct. 29, 1814, Solomon Lamb of Otisfield.
Cynthia, b. May 30, 1799.
Sarah, b. Jan. 6, 1801, d. Jan. 13, 1806.
Joseph, b. May 11, 1804
John, b. Dec. 2, 1806, (see below)
Seth, b. Feb. 19, 1809, d. Nov. 15, 1841.
Freeman, b. May 11, 1811, d. Mar. 3, 1871 ae 59 yes., 10 mos. He m. Feb. 6, 1842 in Casco, Margaret Jordan of Raymond, he of Casco.
Otis, b. Oct. 16, 1813, d. Jan. 20, 1863 ae 49 yrs., 3 mos., 4 das.
Alden, b. July 6, 1816, d. Dec. 4, 1822.

RING, John b. Dec. 2, 1806 Naples, son of Josiah & Lucy (Mitchell) Ring, d. Mar. 8, 1859 ae 52 yrs., 10 mos. He m. Martha Morse of Otisfield. She b. June 14, 1804, d. Dec. 7, 1855 ae 51 yrs., 6 mos., 14 das. He m. (2) July 20, 1856, Deborah Edwards of Otisfield. She b. Mar. 24, 1810. Children:
Lucy, b. July 24, 1828
Joseph, b. Feb. 12, 1830, d. May 5, 1864 ae 34 yrs.

Colby, b. Dec. 24, 1831, d. Sept 8, 1853 ae 22 yrs.
Alden, b. Dec. 24, 1833
David, b. Oct. 19, 1835, d. Dec. 20, 1835.
Orrin, b. Dec. 1836
Benjamin, b. Oct. 1838, d. Mar. 27, 1913 Greenwood, Me. m. Mar. 14, 1861 in Casco, Sarah B. Smith.

ROBERTS, Reuben He m. Rebecca Majory. Both born in Portland. Children:
Elizabeth, b. Aug. 18, 1813.
Deborah, b. Aug. 18, 1813, (twin)
Martha A., b. Oct. 1816
Pamelia, b. Apr. 23, 1819, d. Jan. 5, 1902 ae 87 yrs., 8 mos., 13 das. Raymond. She m. Dec. 11, 1840, Jesse Plummer of Raymond.
Rebecca, b. Mar. 22, 1826
John, b. Mar. 2, 1832
Ellen, b. May 3, 1834

ROBINSON, John b. Jan. 19, 1801 Windham, d. Aug. 31, 1879 ae 78 yrs., 9 mos. Raymond. He m. Apr. 17, 1828, Betsey Small of Raymond. She b. Sept. 21, 1809, daughter of Levi & Elizabeth (Bailey) Small, d. Sept. 14, 1881 ae 71 yrs., 11 mos., 24 das. Raymond. Children:
Caroline, b. Jan. 3, 1831, d. Nov. 21, 1837 ae 6 yrs., 10 mos.

William Henry, b. Jan. 30, 1834, d. Nov. 3, 1859 ae 25 yrs., 4 mos. Raymond.
Freeland Linscott, b. Nov. 25, 1835, (see below)
Levi Small, b. Oct. 2, 1838, d. May 10, 1864 in battle.
Daniel Small, b. Nov. 30, 1844, (see below)
Josephine, b. Oct. 9, 1849, d. Jan. 22, 1908. She m. Oct. 9, 1862, Asa Miles Edwards.
Georgianna, b. Aug. 22, 1855, d. Aug. 29, 1859 ae 4 yrs., 7 mos., 12 das.

ROBINSON, Freeland Linscott b. Nov. 25, 1835, son of John & Betsey (Small) Robinson. He m. Ulvilda Tenney of Raymond. She b. Sept. 5, 1840, daughter of Cyrus & Sarah (Strout) Tenney, d. June 28, 1864 ae 23 yrs. Raymond. Children:
William Linscott, b. Dec. 29, 1859, d. Feb. 27, 1905. He m. Cora Belle Edwards.
Levi Walter, b. June 20, 1864, d. June 1939. He m. June 9, 1884, Alwilda Edwards.

ROBINSON, Daniel Small b. Nov. 30, 1844, son of John & Betsey (Small) Robinson, d. Mar. 26, 1918 Raymond. He m. Feb. 17, 1866 in Poland, Abbie A. Harris of New Gloucester. She b. Oct. 14, 1845, d. Feb. 14, 1933. Children:
Fred Winfield, b. Dec. 27, 1866, d. 1949.
Carrie, b. Oct. 14, 1875, d. Apr. 20, 1877 ae 18 mos.
Edwin F., b. July 25, 1878. He m. June 24, 1908, Mary MacAusland of Auburn.

ROBINSON, Elliot b. Dec. 27, 1836, d. Dec. 3, 1900. He member of 8th. Reg't, Co. I. He m. Lucinda Dolley. She b. Jan. 28, 1832, d. Nov. 19, 1915. Buried in Raymond Village Cem. Children:

Elizabeth C., b. Aug. 22, 1859, d. Mar. 3, 1936.
Caroline A., b. July 14, 1865, living 1936, Lynn, Mass.
Alice L., b. Nov. 8, 1861.
George E., b. Nov. 1, 1867, d. Mar. 24, 1951 ae 83 yrs. Augusta.
Edith L., b. Oct. 11, 1870.

ROGERS, Amos bapt. July 10, 1768 Falmouth, son of Gershom & Sarah (Waite)(Bangs) Rogers of Windham, d. Mar. 4, 1845 Casco. He m. int. Aug. 14, 1790 Anna Mayberry of Windham. (See Maine Families in 1790, vol. 3) Children:
Rebecca, b. Jan. 22, 1793
Fanny, b. Apr. 23, 1795
David, b. Mar. 19, 1798, (see below)
Esther, b. Apr. 21, 1800, d. Feb. 18, 1825.
Catherine, b. Aug. 21, 1802
Moses, b. Apr. 13, 1804, (see below)
Lewis, b. Mar. 17, 1806, (see below)
Mira, b. Feb. 15, 1808
Mary A., b. July 15, 1810
Osborn, b. May 3, 1812.

ROGERS, David b. Mar. 19, 1798, son of Amos. He m. Mar. 14, 1825 in Durham, Susannah Harmon of Durham, he of Raymond. She b. Oct. 5, 1801. They moved to Somanauks, Ill. in 1852. Children:
Francis H., b. July 9, 1827
Benjamin F., b. Sept. 1, 1829
Elizabeth A., b. Aug. 19, 1831
Almira E., b. Nov. 19, 1835, lived in Grand Island, Ill.
Emily H., b. June 8, 1838
Lory Harmon, b. Jan. 15, 1841, d. Feb. 23, 1923 ae 82 yrs., 4 mos., 8 das. York, Nebra.

ROGERS, Moses b. Apr. 13, 1804, living in 1850 Otisfield. His wife Mary C. d. in 1850 ae 34 yrs. Child:
Walter B., b. Dec. 1836, d. Aug. 6, 1843 ae 6 yrs., 9 mos.

ROGERS, Lewis b. Mar. 17, 1806, son of Amos, d. 1881. He m. Lucy Harmon. She b. 1806, d. 1884. They living in 1850 in Naples and later buried there. Child:
Lavina, b. Apr. 26, 1834.

ROGERS, Isaac b. about 1795, d. Oct. 29, 1863 Casco. His wife, Martha d. Aug. 31, 1877 ae 82 yrs., 2 mos., 14 das. Isaac's mother, Mary d. Jan. 5, 1834 ae 77 yrs. Children:
Lydia, b. Oct. 28, 1820, d. Mar. 1, 1851 ae 30 yrs., 4 mos. She m. William Hodges.
Elisha P., b. July 11, 1823, d. Dec. 29, 1826.
Mary, b. Mar. 31, 1826. She m. Edwin Thompson.
Bathsheba, b. Feb. 24, 1829, d. Nov. 19, 1854 ae 25 yrs., 10 mos. She m. Daniel Blanchard.

Sarah Ann, b. Jan. 7, 1832, d. June 3, 1848 ae 16 yrs., 6 mos.
Sophia, b. Apr. 25, 1835, d. May 10, 1899 ae 64 yrs. She m. Apr. 10, 1864 in Casco, Joseph T. Spiller of Casco.
Rebecca P., b. Dec. 6, 1838

ROGERS, Charles living in 1850 ae 59 yrs. Casco, his wife, Anna ae 54 yrs. She d. Aug. 2, 1850 ae 54 yrs., 2 mos. (Otisfield v.r.) Children:
Julianne, b. June 3, 1818
Fanny, b. May 17, 1820
Osgood, b. Oct. 7, 1823
Westbrook G., b. Mar. 25, 1825
Emmerson, b. Aug. 22, 1827
Keziah, b. Jan. 17, 1830
Otis, b. June 7, 1832
Susan, b. Dec. 29, 1834.

ROLFE, William b. Dec. 25, 1787 Portland, son of Benjamin & Abigail (Wilson) Rolfe of Portland, d. Sept. 11, 1886. He m. Aug. 25, 1811, Sally Jordan. She b. Nov. 21, 1792, daughter of John & Dorcas (Davis) Jordan of Raymond, d. Nov. 3, 1869. He was a War of 1812 pensioner. Children:
Jordan, b. Nov. 14, 1811, d. Jan. 28, 1813.
Jordan 2nd., b. Jan. 15, 1814, (see below)
Mary J., b. June 11, 1816. She m. Joseph McLellan of Raymond.
William, b. Mar. 1, 1819, (see below)
John, b. Oct. 11, 1821, (see below)
Henry J., b. Nov. 17, 1824, (see below)
James J., b. July 7, 1827, d. Sept. 7, 1828.
Dorcas J., b. Oct. 23, 1830, d. 1913. She m. Gideon Berry of Raymond.
James Jordan, b. June 23, 1833, (see below)
Lemuel Jordan, b. Dec. 1, 1836, (see below)

ROLFE, Jordan b. Jan. 15, 1814, son of William, d. Feb. 19, 1895 ae 82 yrs., 1 mo. Portland. He m. Deborah McLellan. She b. Apr. 5, 1815, daughter of Joseph & Diana (Jordan) McLellan, d. Aug. 27, 1901 ae 87 yrs., 4 mos., 21 das. Raymond. Mrs. Deborah Rolfe received a state pension for her husband's service in 25th Me. Reg't during the Civil War. They are buried at So. Casco. Children:
Joseph, b. Nov. 30, 1833, d. Mar. 1868.
William, b. Jan. 15, 1836, d. Jan. 25, 1836.
Sarah, b. Nov. 2, 1836.
Melvina, b. July 28, 1839, d. Oct. 18, 1840.
John, b. Aug. 28, 1841, d. July 11, 1927 Salem, Mass.
Samuel H., b. Oct. 15, 1842, d. July 1, 1894 ae 41 yrs., 9 mos., 7 das.
Amanda M., b. Jan. 4, 1846, d. July 23, 1887. She m. Sept. 19, 1862, John Mains.
Abba, b. Sept. 8, 1849.
Sarah E., b. Mar. 25, 1853.
Lewis, b. July 28, 1857.
Georgie, b. July 15, 1860.

ROLFE, William Jr., b. Mar. 1, 1819, son of William, d. Mar. 10, 1914 ae 95 yrs., 9 das. Auburn. He m. Eliza Ann Files of Raymond. She d. Apr. 28, 1845 ae 24 yrs. Raymond, daughter of Samuel & Katherine (Linnell) Files. He m. (2) int. June 2, 1848 in Casco, Annie Lawrence Small of Casco. She b. May 21, 1821, daughter of Robert & Ann (Lawrence) Small, d. 1889. He m. (3) in 1894, Mrs. Abbie (Jenness) Sturtevant. She b. Apr. 12, 1842 Hebron, d. Apr. 4, 1919 Auburn. He is buried in Mt. Auburn Cemetery in Auburn. Children:
Ellen M., b. Feb. 19, 1843. She m. Nov. 26, 1868, John Staples of Raymond. He b. Oct. 23, 1842, d. Oct. 24, 1938 Lynn, Mass
Maud A., b. July 221, 1861, d. Nov. 24, 1932. She m. July 13, 1897, Charles A. Stackpole.

ROLFE, John b. Oct. 11, 1821, son of William, d. Mar. 5, 1913. He m. Melvina D. Strout of Raymond. She b. Jan. 16, 1823, daughter of Ebenezer & Betsey (Moses) Strout, d. Oct. 31, 1859 ae 36 yrs., 10 mos., 16 das. Raymond. He m. (2) July 1, 1860, Rachel B. Jordan. She b. Mar. 26, 1827, daughter of Nathaniel & Mary (Brown) Jordan, d. Jan. 6, 1873 ae 46 yrs., 9 mos., 16 das. He m. (3) Mrs. Frances (Morse) Walker of Raymond. She b. June 29, 1838 Topsham. John, as well as his brothers, served in 25th Me. Reg't, co. C. He left brothers, Lemuel, William, James and a sister, Mrs. Dorcas Berry, according to his obituary. Children:
Ella H., b. Mar. 21, 1846.
Celia E., b. June 28, 1851.
Ernestine M., b. July 8, 1862.
Mary, by second wife, b. July 8, 1862.

ROLFE, Henry Jordan b. Nov. 17, 1824, son of William, d. Dec . 9, 1907 ae 84 yrs. He m. May 1, 1845, Mary Ann Jordan. She b. Mar. 28, 1822, daughter of Daniel R. & Phebe (McLellan) Jordan, d. Dec. 28, 1858. He m. (2) May 9, 1860 in Raymond, Mary Jackson both of Raymond. She b. Jan. 4, 1845 Poland, daughter of Daniel & Lydia (Staples) Jackson of Poland, d. Jan. 4, 1917 ae 71 yrs., 11 mos., 27 das. Livermore Falls. She m. (2) Feb. 15, 1865, Samuel A. Barrows. Children:
Winfield, b. Feb. 15, 1845, d. Aug. 15, 1846.
Winfield, b. Feb. 3, 1848, d. Aug. 15, 1849.
Winfield Scott, b. May 7, 1850, d. Feb. 6, 1920. He m. Sept. 21, 1906, Addie E. (Brown) Moore.
Granville, b. Aug. 24, 1852, d. Oct. 28, 1852.
Alice V., b. Oct. 15, 1855, d. Feb. 19, 1868.
Sumnerfield, d. Sept. 4, 1854.
Orville Preston, by second wife, b. Mar. 1, 1861.

ROLFE, James Jordan b. June 21, 1833, son of William, d. Aug. 22, 1920. He m. May 4, 1854, Caroline O. Jordan. She b. Dec. 28, 1838, daughter of Daniel R. & Phebe (McLellan) Jordan. Children:
Clarence Sumnerfield, b. May 15, 1856, d. Aug. 8, 1949 Bridgton. He m. May 20, 1879 in Casco, Jennie R. Whitney.
Minerva S., b. Sept. 19, 1859, d. Jan. 12, 1925. She m. June 15, 1878, Phillip Bartlett.
Harry J., b. Oct. 19, 1860, d. Oct. 14, 1932 E. Rochester, N.H.

Herbert E., b. Nov. 3, 1864, d. Jan. 5, 1883.
Herman S., b. July 25, 1866, d. 1929 E. Rochester, N.H.
Effie G., b. Aug. 15, 1868, d. Jan. 22, 1869. She m. Fairfield Edwards.
James Jordan, b. Feb. 24, 1873, d. Dec. 20, 1875.
Archie James, b. Dec. 23, 1876, d. Mar. 11, 1953. He m. Stella Edwards.
Rosilla, b. Aug. 1, 1879. She m. Frank Manchester.

ROLFE, Lemuel Jordan b. Dec. 1, 1836, son of William, living in 1913 No. Deering. He m. int. Dec. 11, 1852, Hattie A. Jordan both of Raymond. She b. Dec. 6, 1827, daughter of Daniel R. & Phebe (McLellan) Jordan, d. Jan. 16, 1911 ae 83 yrs. Portland. He was a member of Co. C., 25th. Me. Reg't. Children:
Oscar W., b. Nov. 17, 1853. Living in 1905 Ruxbury, Mass.
William H., b. Jan. 8, 1856.
Melvina D., b. Oct. 16, 1858, d. Mar. 31, 1862.
Melvina D., b. Feb. 29, 1860, d. Mar. 11, 1871.
Franklin N., b. Dec. 16, 1865, d. Apr. 1871.
Lula B., b. Mar. 16, 1870.

ROSS, Polly b. in York, daughter of Thomas Goodwin, d. Sept. 18, 1864 ae 81 yrs.

SAWYER, John b. July 11, 1800 Standish, son of John & Grace (Jenkins) Sawyer, d. Oct. 16, 1870 ae 70 yrs., Casco. He is buried in Casco. He m. June 19, 1825, Rebecca Longley of Raymond, he of Standish. She b. Aug. 8, 1802, daughter of Eli & Mary (Whitcomb) Longley, d. Feb. 24, 1879 ae 76 yrs. Children:
Franklin, b. May 23, 1826 Windham, (see below)
Hamilton Jenkins, b. Feb. 9, 1828, d. Aug. 9, 1898 Lowell, Mass.
Mary Grace, b. June 7, 1831. She m. June 30, 1856, George Walker of Casco.
Charles Carroll, b. Jan. 3, 1833, d. June 27, 1904 Boston, Mass. He m. Ellen E. Thomas of Brandon, Vt.
Caroline Peabody, b. Oct. 20, 1835, d. Apr. 23, 1872. She m. Nov. 11, 1858, Alvin Bacon Jordan of Raymond.
Whitman, b. June 10, 1838, d. June 20, 1904 Portland. He m. Dec. 24, 1865, Lucy Maria (Fulton) Dingley.
Sarah Brooks, b. May 1, 1840, d. Aug. 24, 1916. She m. Jesse F. Holden.
Jane Lamson, b. June 17, 1842, living 1920 Windham. She m. Nov. 25, 1853, John E. Tukey. She m. (2) Dec. 25, 1870, William Henry Bickford of Windham.

SAWYER, Franklin b. May 23, 1826 Windham, son of John, d. Apr. 16, 1889 Portland. He m. May 2, 1852, Mary P. Lombard of Otisfield. She b. 1827, daughter of Joseph & Mary (Peabody) Lombard of Otisfield. Children:
John H., b. Aug. 7, 1852, d. Apr. 11, 1920 Portland. He m. Sept. 13, Fannie S. Means.
Willis H., b. May 10, 1853, d. 1939 Portland.
Clara C., b. Mar. 1, 1854, d. Apr. 1935 Portland. She m. Albert Caswell.
Gertrude G., b. July 5, 1858.

SAWYER, Joseph Thrasher b. 1804 Falmouth, Me., d. Jan. 19, 1853 ae 48 yrs. He m. Nov. 29, 1827 in Pownal, Me., Elizabeth Sweetser of Portland. Living with him

in 1850 was his mother, Jerusha (Thrasher) Sawyer. She b. May 18, 1773, d. May 10, 1856. Children:
John Henry, b. July 21, 1828, d. Jan. 8, 1923 ae 94 yrs., 5 mos., 19 das. Casco. He m. Nov. 9, 1853, Almira E. Leach. He m. (2) Nov. 23, 1859, Amelia H. Brown of Raymond.
Albion K.P., b. Mar. 2, 1830. He m. Feb. 2, 1855, Clara D. Leach of Raymond.
Bethuel S., b. Aug. 12, 1832.
Mary E., b. July 21, 1836. She m. Aug. 11, 1887 in Portsmouth, N.H., Ephraim Brown.
Joseph C., b. May 3, 1839, (see below)
George O., b. May 8, 1842. He m. Feb. 1, 1865 in Portland, Jane Amelia Pingree of Oxford.
Helen L., b. Dec. 13, 1844.

SAWYER, Dennis Jenkins b. Jan. 27, 1805, son of John & Grace (Jenkins) Sawyer, d. Oct. 22, 1838 ae 33 yrs., 9 mos. He m. Nov. 30, 1837, Deborah Roberts both of Raymond. She b. Aug. 18, 1813, daughter of Reuben & Rebecca (Majory) Roberts. He was a brother to John Sawyer. Child:
Elizabeth, b. Jan. 30, 1839.

SAWYER, Joseph C. b. May 3, 1839, son of Joseph & Elizabeth Sawyer, killed May 3, 1863 ae 24 yrs. in the Battle of Chancellorville. He m. June 22, 1861 in Windham, Abigail M. Gerry of Raymond. She b. Sept. 6, 1842, daughter of Elbridge & Abigail (Hayden) Gerry, d. Apr. 23, 1917. She m. (2) June 1, 1868, Robert Thurlow Smith of Raymond. Child:
Joseph Chancellorville, b. Nov. 11, 1863, d. June 16, 1945. He m. Louise M. Harmon. She b. 1863, d. Apr. 21, 1923.

SAWYER, Lewis M. b. June 24, 1847, son of Joseph Parker & Jane (Strout) Sawyer, d. Mar. 9, 1917 Gray. He m. Jan. 9, 1877 in Portland, Helen M. Wilbur. Children:
Julia J., d. May 17, 1873
Irving, d. Jan. 4, 1879
Annie L. (adopted), b. Aug. 13, 1885.

SAWYER, Nathaniel b. Mar. 16, 1791 Freeport, Me., d. May 8, 1838. He m. Abigail Fickett. Children:
Nathaniel, b. May 26, 1821, d. June 5, 1828.
William H., b. Apr. 14, 1829

SAWYER, Moses b. Apr. 12, 1789 Lisbon, Me., d. July 12, 1878 Lisbon. He m. Dec. 15, 1816, Elizabeth Tebbetts of Brunswick. She b. Jan. 15, 1794, d. Dec. 24, 1875. Children:
Phebe, b. Dec. 15, 1 816 .
George, b. May 6, 1819
a daughter, b. Jan. 21, 1822, d. Feb. 7, 1822.
James A., b. Jan. 4, 1823.
Curtis, b. Dec. 3, 1827.

Wesley, b. Feb. 20, 1830.
Samuel T., b. Jan. 1, 1833.

SCRIBNER, Col. Ebenezer son of Samuel & Sarah (Bucknell) Scribner. He came from Waterboro to Harrison about 1797-8; moved to Waterford, thence to Raymond. He d. Sept. 26, 1859 in Ripon, Wisconsin. He m. Phebe Kimball of Bridgton. Their son, Charles A., b. Oct. 20, 1825, d. July 13, 1828 ae 8 yrs. (History of Harrison)

SCRIBNER, Hervey b. July 21, 1796 Otisfield, d. Dec. 12, 1870. He m. Dec. 8, 1816, Martha Winship. She b. Mar. 20, 1791, d. Apr. 18, 1857. (A Miss. Anna Scribner, d. Aug. 26, 1871 ae 75 yrs. Raymond.) Children:
Orrin, b. Mar. 3, 1826.
Hervey, b. July 15, 1828
Edward, b. June 13, 1830
Martha A., b. Oct. 5, 1832
Darius, d. July 2, 1839

SEARS, DeLancey b. June 13, 1849 Sackville, N.B., d. Jan. 23, 1914 Portland. He m. Mar. 1870 in Upper Sackville, N.H., Annie Mary Hicks. She b. Jan. 27, 1852, d. Jan. 23, 1921. They came from New Brunswick, Canada. They came to Raymond in 1880. They are buried in Evergreen Cemetery in Portland. Children:
Alice L., b. May 23, 1875. She m. May 29, 1944, Alvin F. Dean.
Arletta T., b. Jan. 5, 1879. She m. Sept. 25, 1894, Dennis Plummer
Margaret E., b. Apr. 19, 1892. She m. June 19, 1902, Charles H. Carliss.
Winifred, b. Jan. 11, 1884. She m. William Leonard Crowley.
Raymond, b. Feb. 22, 1888.
Evelyn M., b. Sept. 7, 1890. She m. Oct. 25, 1909, Thomas David Fogg.

SHACKFORD, William H. d. Mar. 12, 1905 ae 70 yrs., 2 mos., 16 das. He m. Mary A. Small. She b. Jan. 4, 1864, daughter of Levi & Deborah (Strout) Small. He m. (2) Elizabeth, who d. Feb. 21, 1895 ae 70 yrs., 24 das and is buried with him at Standish Neck. Child:
Freddy I., b. Apr. 27, 1884. He m. Nov. 24, 1904, Eva M. Strout.

SHANE, Richard Jr., son of Richard & Susannah (Proctor) Shane, d. June 24, 1868 ae 76 yrs., 5 mos., 7 das. Casco. He m. Mar. 18, 1824 in Harrison (now Naples), Betsey Gammon of Stoneham. She living in 1850 age 78 yrs. in Naples. He was a veteran of the War of 1812. His father, Richard, d. Mar. 31, 1828 about 76 yrs. Casco. Children:
Eliza A., b. Feb. 4, 1825, d. Mar. 17, 1920. She m. Charles F. Riggs.
Jane, b. Feb. 2, 1827. She m. Frank Carlton. She m. (2) Mr. Brocklebank.
Charles L., b. Feb. 17, 1829, d. Mar. 20, 1904.
Otis, b. Feb. 12, 1831, d. Mar. 24, 1902 Naples
Samuel, b. Feb. 12, 1833, d. 1917 ae 84 yrs.
Susan Frances, b. Apr. 3, 1835. She m. George Jewett.
Mary Ellen, b. Apr. 10, 1837. She m. Mr. Church. She m. (2) Mr. Small.
George, b. Apr. 15, 1839.

Delphina, b. Apr. 15, 1839, (twin). She m. Rufus Horton.
Emeline, b. Aug. 14, 1841. She m. Joseph D. Dillingham.
Roscoe, b. Dec. 18, 1842, d. Aug. 27, 1912. He m. Alice Perkins.

SHANE, Samuel drowned July 15, 1833 ae 28 yrs. Raymond when he fell from a canal boat. He is buried in the Manning at So. Casco Cem., next to Richard and Susanna (Proctor) Shane, his parents. He was never married.

SHAW, Enoch b. Oct. 11, 1780 Standish, son of Joseph & Eunice (Bean) Shaw, d. Apr. 22, 1860 Raymond. He m. June 20, 1806, Delia Morton of Standish. She d. Feb. 3, 1849 ae 59 yrs., 3 mos. Buried in Manning Cem. in So. Casco. Children:
Ira, b. Feb. 16, 1808, (see below)
Adeline, b. Feb. 8, 1811, d. Dec. 15, 1825 ae 15 yrs.
Esther, b. July 1, 1817, d. Oct. 14, 1883 Raymond. She m. Roger P. Mason of Raymond.
Mary Jane, b. Apr. 1824, d. Apr. 12, 1845 ae 21 yrs. She m. Winthrop B. Mains of Raymond.
John Colby, b. Feb. 8, 1828, (see below)

SHAW, Ira b. Feb. 16, 1808, son of Enoch, d. Mar. 28, 1875 ae 71 yrs. He m. int. Sept. 21, 1834, Judith Hanson of Naples, he of Raymond. She d. July 29, 1873 ae 67 yrs., 6 mos., 11 das. They lived in Casco. Children:
Annorilla, b. Aug. 18, 1835, d. Sept. 20, 1860 ae 25 yrs. She m. H. Quimby Staples of Raymond.
Addison, b. 1839, d. July 31, 1904. He m. June 9, 1875, Rebecca Gay of Casco.

SHAW, Nelson d. May 6, 1930 ae 77 yrs. He m. Melissa B. Foster. He m. (2) Apr. 22, 1911, Maria A. Fox. Children:
Charles A., b. Feb. 23, 1881
Lillian G., b. June 24, 1882
Leslie B., b. Sept. 9, 1887, d. Feb. 19, 1888.

SHAW, Benjamin F. b. Feb. 25, 1837, son of Caleb Shaw. He m. Feb. 12, 1864, Abbie G. Manchester of Windham. Children:
Herbert, b. Apr. 29, 1870, d. Sept. 25, 1870.
Warren F., b. May 23, 1872
Gracie E., b. Apr. 20, 1875, d. Sept. 8, 1875.

SHAW, John Colby b. Feb. 8, 1828, son of Enoch, d. Sept. 17, 1888. He is buried at North Windham. He m. Susan Mains. She b. June 9, 1831, daughter of Amos & Statira (Mains) Mason, d. Aug. 4, 1919. She m. (2) Aug. 18, 1901 in Raymond, Stephen C. Young, she of Windham. Children:
George M., b. Feb. 12, 1865, d. May 4, i 948.
Dora A., b. May 18, 1867.
Lillian G., b. Oct. 28, 1870.
Ella F., d. Dec. 3, 1871 ae 14 yrs., 5 mos., 20 das.

SHAW, Abraham N. b. Nov. 15, 1828 Standish, son of Caleb & Margaret (Mains) Shaw, d. Aug. 11, 1897. He m. Jan. 24, 1851, Martha Ann Pike of Casco, he of Standish. She b. Apr. 25, 1833 Lovell Me., daughter of Ivory H. & Prudence (Andrews) Pike. See Shaw Gen. Children: 2 are given but there were others, (See Shaw Gen.)
Rosilla, b. Dec. 17, 1868.
Addie, b. May 15, 1872.

SHURTLEFF, Isaac b. Apr. 16, 1806 Woodstock, Vt., d. Oct. 6, 1871 ae 65 yrs., 6 mos. New Gloucester. He m. July 8, 1827, Hannah Symonds of Raymond. She b. Dec. 3, 1803, daughter of Nathaniel & Martha (Starbird) Symonds, d. Oct. 8, 1885 No. Yarmouth. They are buried in White's Corner Cemetery in New Gloucester. His father, William, b. Nov. 2, 1756 Stoughton, Mass., d. July 3, 1825 Otisfield. His mother, Lydia (Flagg) Shurtleff, d. June 21, 1857 ae 91 yrs. Children:
Belinda, b. Aug. 6, 1828, d. Aug. 2, 1876 Albany. She m. Mar. 22, 1846, Thomas Morrill both of Raymond.
Nathaniel, b. July 21, 1830. He m. Nov. 30, 1856, Eliza Jane Symonds of Raymond.
William Lewis, b. July 23, 1832. He m. June 12, 1859, Clara J. Symonds of Raymond.
Atwood Symonds, b. Dec. 14, 1835. He m. in 1860, Mary Elizabeth Harmon.
Martha Symonds, b. May 14, 1839. She m. May 1, 1861, Eldbridge E. Whitten.
Isaac Roscoe, b. Mar. 5, 1843, d. Mar 12, 1918. He m. Nov. 8, 1868, Ann L. Hodsdon.

SHURTLEFF, William b. Sept. 3, 1799 Reading, Vt., d. Dec. 25, 1859 Turner, Me. He m. Sept. 5, 1822, Susan Hunt Edwards. She b. July 17, 1800 Raymond, d. Apr. 12, 1865. Children:
Harriet, b. July 26, 1826.
Sullivan, b. Jan. 1828, d. Dec. 16, 1861.

SIMONTON, Ebenezer d. June 14, 1825. He m. Jan. 19, 1804 in Gray, Rebecca Morse of Gray, he of Raymondtown. His mother, Mrs. Rebecca Simonton, d. Apr. 21, 1833 ae 84 yrs. Vassalboro, formerly of Raymond. (Christian Mirror, July 4, 1833) (A Jonathan Simonton, d. Mar. 18, 1853 ae 66 yrs. Harmony, Me. He lived about 24 years in Raymond) Children:
Charlotte, b. Dec. 1, 1804.
Abigail M., b. Apr. 14, 1806.
Jordan, b. July 30, 1807.
Nathan M., b. May 21, 1811.
Eliza A., b. Feb. 19, 1813, d. Feb. 28, 1816.
Ebenezer B., b. Sept. 13, 1819.

SIMS, Hugh William m. Sept. 22, 1844, Almira W. Phinney. She b. Oct. 27, 1816, daughter of Rev. Clement & Joanna (Wallace) Phinney, d. May 22, 1849 Portland. Child:
Thomas G., b. Sept. 12, 1845.

SKILLIN, William H. b. 1843, d. 1919. He m. Frances E. Mason. She Oct. 26, 1856, d. Apr. 29, 1929 ae 72 yrs., 6 mos., 6 das. Portland. Buried in Raymond Village Cemetery. Children:
Harlan L., b. Nov. 29, 1878.
Maud E., b. Oct. 15, 1882, d. 1951. She m. Albert C. Clement.

SKILLINS, Lyndon O. b. Jan. 1840 Garland, d. Jan. 1, 1910 ae 69 yrs., 11 mos., 14 das. He m. Apr. 7, 1866, Eliza A. Plummer both of Raymond. She b. Aug. 19, 1847, daughter of Jordan & Margaret (Brown) Plummer, d. Sept. 11, 1934 ae 87 yrs., 23 das. Raymond. Child:
Ernest L., b. Mar. 1, 1869, d. Apr. 17, 1908 ae 39 yrs., 1 mos, 16 das. He m. Sept. 29, 1900 in Windham, Clara A. Mains.

SKILLIN, Cephas Whitney b. Apr. 6, 1832, son of Edward & Olive (Black) Skillin of Gray, d. Jan. 20, 1909 ae 76 yrs., 9 mos., 14 das. Windham. He m. Apr. 26, 1875, Clara Estes Bragdon of Poland. She d Oct. 7, 1921 ae 73 yrs., 1 mo., 7 das. Windham. Children:
Maude C., b. Apr. 29, 1875.
Lester, b. 1880, d. 1961.
Ida E., m. Dec. 19, 1893, Frederick P. Plummer.

SKINNER, Joseph d. Dec. 5, 1882 ae 93 yrs., 1 mo., 24 das. He m. Eleanor Mitchell. She B. Nov. 19, 1785, daughter of John & Sarah (Jordan), d. Jan. 24, 1842. He m. (2) May 8, 1842, Rebecca Maxfield of Casco. She b. Nov. 10, 1805, daughter of Ekiakim & Rebecca (Mann) Maxfield, d. Aug. 2, 1848 ae 42 yrs., 9 mos. Casco. He m. (3) int. Jan. 7, 1849 in Casco, Eunice Elkins of Raymond. She d. Feb. 10, 1882 ae 67 yrs., 5 mos., 12 das. Children:
Mary M., b. Nov. 3, 1816, d. Oct. 24, 1826 ae 10 yrs.
Joanna, b. June 26, 1819, d. Oct. 13, 1826 ae 7 yrs., 8 mos.
Susanna, b. Feb. 11, 1822, d. Nov. 2, 1826 ae 4 yrs., 8 mos.
Eleanor, b. Sept. 6, 1824, d. Nov. 4, 1826 ae 2 yrs., 2 mos.

SKINNER, Peter Joseph b. Jan. 17, 1784, d. July 23, 1874 ae 90 yrs., 6 mos., 6 das. He m. Susanna, who d. Sept. 28, 1820 ae 30 yrs. He m. (2) Sally Meserve. She b. Feb. 1799, daughter of Elias & Betsey (Shaw) Meserve, d. Oct. 20, 1889 ae 90 yrs., 8 mos. Children:
Catherine, b. Jan. 24, 1816, d. Oct. 1, 1839 ae 23 yrs., 9 mos.
John, b. Sept. 14, 1822, d. Apr. 27, 1905 ae 82 yrs., 8 mos.
Elias, b. Jan. 30, 1824, d. May 27, 1897 ae 73 yrs., 4 mos.
Frederic B., b. Feb. 13, 1826, (see below)
Andrew J., b. Mar. 25, 1828, d. 1910.
Joseph, b. Mar. 10, 1829, d. June 9, 1913. He m. Ellen Maria Gay.
Susan, b. Sept. 1830, d. Feb. 10, 1904.
Elizabeth, b. June 25, 1832, d. Jan. 25, 1912. She m. Hezekiah Jordan.
George F., b. Nov. 10, 1833, d. May 13, 1865.
Emeline, b. Apr. 25, 1836, d. Sept. 1837.
Emeline, b. Feb. 2, 1838, d, 1915. She m. Samuel Fogg.
Freeman, b. Dec. 1, 1839.

Maria, b. 1840 Casco, d. Jan. 1907 ae 67 yrs., 4 mos. She m. Timothy Hanson.

SKINNER, Charles Herman b. July 25, 1858, son of Joseph Jr. & Ellen M. (Gay) Skinner of Casco, d. May 23, 1917 ae 58 yrs. He m. Oct. 17, 1881, Annie M. Libby of Raymond. She b. July 10, 1861, daughter of Levi & Esther (Knight) Libby, d. Aug. 8, 1849. Children:
Bertha E., b. Sept. 1, 1884, d. Dec. 31, 1899 ae 15 yrs.
Margaret B., b. July 31, 1888, d. July 17, 1863 ae 74 yrs.

SKINNER, Horace son of Joseph and Eleanor Skinner of Casco, d. June 28, 1858 ae 63 yrs., 6 mos. He m. Annie M. Williams of Sebago. She b. May 24, 1849 Limington, d. Mar. 17, 1917 Waterford. Child:
Eddie, b. Aug. 1875, d. Mar. 17, 1917 Waterford.

SKINNER, Frederick B. b. Feb. 13, 1826, son of Peter J. He m. Clara Rice. Child:
Ida M., b. Mar. 24, 1864.

SMALL, Daniel bapt. Nov. 25, 1734, Truro, Mass, son of Daniel & Sarah Small, d. Jan. 1, 1812 Raymond. He served in the Revolution and moved to Raymond in 1780. He m. Jan. 23, 1761, Thankful Strout both of Cape Elizabeth. She b. 1740 Cape Elizabeth, daughter of George & Keziah (Doane) Strout, d. June 9, 1809 Raymond. Children: first 6 born at Cape Elizabeth.
George, b. 1761, (see below)
Daniel, b. July 9, 1763, (see below)
James, b. 1767, (see below)
Mary, b. Oct. 3, 1769, d. Dec. 2, 1849 Raymond. He m. Mar. 1, 1792, Elijah Nash both of Raymond.
John, b. 1772, (see below)
Simeon, b. 1774, (see below)
Levi, b. Jan. 19, 1781, (see below)
Francis, b. 1785, (see below)

SMALL, George b. 1761 Cape Elizabeth, son of Daniel, d. Nov. 7, 1845 ae 84 yrs. Raymond. He m. Mar. 10, 1784 in Gorham, Lydia Strout of Gorham. She b. Sept. 5, 1763 Gorham, daughter of George & Rebecca (Freeman) Strout, d. Feb. 8, 1841 ae 77 yrs. Raymond. He m. (2) Aug. 26, 1841 in Otisfield, Dorcas Barton of Raymond. She b. Aug. 1, 1786, daughter of isaac & Hepsibah (Davis) Barton, d. Jan. 13, 1874.

SMALL, Daniel 3rd., b. July 9, 1763 Cape Elizabeth, son of Daniel, d. Nov. 15, 1841 ae 67 yrs. Raymond. He m. July 1, 1784 in Windham, Sarah Starbird of Raymond, he of Cape Elizabeth. She b. Jan. 5, 1765, d. May 11, 1819 ae 54 yrs. He m. (2) Nov. 14, 1819, Mary Files of Gorham, he of Raymond. She b. Sept. 1771, d. Feb. 14, 1860 ae
88 yrs., 7 mos. Raymond. Children:
Moses S., b. Mar. 24, 1785, (see below)
Daniel, b. Mar. 31, 1787, d. June 30, 1806, drowned in Raymond.
George, b. Apr. 23, 1789, d. June 1, 1789.

Mary, b. June 9, 1791, d. Aug. 24, 1827. She m. Feb. 10, 1810, Josiah Davis of Raymond.
Martha, b. Sept. 27, 1793, d. May 19, 1866 ae 72 yrs., 8 mos. She m. Nov. 25, 1819 in Raymond, Samuel Jordan Jr. of Raymond.
George, b. Apr. 8, 1796, (see below)
Achsah S., b. July 12, 1798, d. June 26, 1861 ae 62 yrs., 11 mos., 16 das. She m. Jan. 4, 1829, Daniel Nash both of Raymond. He d. Mar. 9, 1864 ae 62 yrs., 3 das.
John, b. Mar. 17, 1801, (see below)
Lydia, b. Dec. 22, 1803, d. June 27, 1829 ae 27 yrs. She m. July 20, 1828, Valentine Davis of Raymond. He d. Dec. 14, 1871 ae 65 yrs., 4 mos., 7 das.
James, b. July 30, 1807, (see below)
Sarah S., b. Jan. 5, 1810, d. Nov. 13, 1836.
Emily R.P., b. Oct. 24, 1814. She m. Feb. 2, 1841, James Maxwell.
F.M. Thayer, adopted son, b. Oct. 14, 1836.

SMALL, Moses Starbird b. Mar. 24, 1785, son of Daniel, d. Nov. 20, 1856 ae 71 yrs., 8 mos. Portland. He m. Dec. 1810, Dorcas Weeks Burnell of Bridgton. She b. Aug. 9, 1790 Gorham, daughter of Joseph (who d. Sept. 15, 1828 Raymond) & Mary (Weeks) Burnell. He m. (2) Dec. 12, 1841. in Cape Elizabeth, Mrs. Jane (Davis) Cobb both of Portland. She was the widow of Sewall Cobb. Widow Jane Small applied for her husband's pension for service in the War of 1812 and d. Jan. 1, 1890. Children:
Rosilla R., b. Dec. 3, 1815.
Clement F., b. Sept. 13, 1817.
Harriet B., b. Mar. 4, 1819.
Ebenezer Horace, b. Apr. 23, 1821, d. 1891 Portland.
William Burnell, b. Jan. 21, 1824, d. Feb. 20, 1870 Portland.
Stephen A., b. Apr. 12, 1826.

SMALL, George Jr., b. Apr. 6, 1796, son of Daniel, d. Dec. 14, 1843 ae 48 yrs., 8 mos., 9 das. (death also given as Dec. 17, 1844) He m. Oct. 22, 1818, Keziah Duran of Raymond. She b. May 3, 1801, daughter of George & Keziah (Cash) Duran, d. June 14, 1825 ae 24. yrs., 1 mo., 11 das. He m. July 25, 1825, Polly Jordan both of Raymond. She d. May 28, 1828 ae 38 yrs., 6 mos. He m. (3) Jan. 4, 1829 (or Nov. Nov. 8, 1828), Joanna Tripp. She d. Mar. 12, 1879 ae 80 yrs., 10 mos., 16 das. See Biographical Review of Cumberland County, p. 674. Children:
Charles B., b. July 21, 1820, (see below)
Rufus, b. Sept. 19, 1822, d. Sept. 26, 1823 ae 1 yr.
Harrison, by third wife, b. Mar. 14, 1830 Harrison, d. Sept. 3, 1831 ae 1 yr., 6 mos.
Sophronia, b. Mar. 14, 1830 (twin), d. Jan. 10, 1902. She m. Albinus Jordan. He d. July 13, 1883 ae 62 yrs., 2 mos.
Eunice, b. Dec. 26, 1832, d. June 16, 1910 New Gloucester. She m. Feb. 19, 1853, David Edwards.
George, b. Mar. 31, 1835, d. Oct. 2, 1840 ae 5 yrs., 6 mos.

SMALL, Charles B. b. July 21, 1820, son of George Jr., d. Feb. 4, 1895 ae 74 yrs., 7 mos., 15 das. He m. Mar. 24, 1846, Almira Small both of Raymond. She b. Dec.

6, 1812, daughter of Levi & Betsey (Bailey) Small, d. Feb. 24, 1900 ae 87 yrs., 10 mos., 18 das. Charles after his father's death was raised by Levi and later married his daughter. Children:

Rufus, b. Feb. 31, 1849, (see below)
Albinus I., b. Mar. 31, 1855, d. Apr. 16, 1855 ae 16 das.
George L., b. June 17, 1853, (see below)

SMALL, Rufus b. Feb. 31, 1849, son of Charles B., d. Sept. 12, 1919. He m. Nov. 17, 1876, Calista W. (Edwards) Latham, widow of Charles Otis Latham, they both of Raymond. She b. June 6, 1849, daughter of William & Sarah W. (Elwell) Edwards, d. Nov. 21, 1934. Children:

Laurette E. (Flora Etta), b. Feb. 23, 1878, d. Oct. 31, 1880.
Kezia Bell, b. Aug. 17, 1881. She m. Nov. 27, 1907, Ernest Raymond Edwards.
Charles William, b. Sept. 27, 1883. He m. Dec. 29, 1912, Lena Strout.
Bessie Robinson, b. May 23, 1885. She m. Nov. 28, 1907, Elmer Lovell Estes.
Susie A., b. June 1, 1887, d. Nov. 4, 1894.

SMALL, George L. b. June 17, 1853 Raymond, son of Charles B., d. Mar. 10, 1928 Raymond. He m. Feb. 1, 1880, Lunetta Currier both of Raymond. She b. Oct. 13, 1860 Brighton, Vt., daughter of Alonzo & Melissa B. (Strout) Currier. Children:

Melissa B., b. Jan. 26, 1881, d. Aug. 12, 1907 ae 26 yrs., 6 mos. She m. Watson Eaton Tingley.
Edward J., b. Oct. 1, 1884, d. Oct. 17, 1894.
Annie N., b. Aug. 27, 1887, d. June 20, 1926. She m. Sept. 15, 1908, Watson Eaton Dingley.
Leonard S., b. Aug. 31, 1889. He m. Mar. 31, 1923, Anna Small.
George G., b. May 8, 1883, d. May 8, 1883.
Hattie B., b. Nov. 4, 1891, d. June 4, 1893.
Almira S., b. Dec. 17, 1894, d. Oct. 26, 1963. She m. Amos J. Coffin.
Viola G., b. Dec. 28, 1898. She m. Walter Cutter.

SMALL, John b. Mar. 16, 1801, son of Daniel, d. Jan. 15, 1887 ae 85 yrs., 10 mos. Webbs Mills, Casco. He m. Feb. 13, 1825, Charlotte Latham of Gray. She d. Aug. 27, 1827 ae 26 yrs. He m. (2) Mar. 2, 1828, Ann (Lawrence) Small of Gray, widow of Robert Small. She b. May 31, 1797 Groton, mass., d. Dec. 5, 1886 ae 89 yrs., 6 mos., 5 das. Casco. Children:

Climena, b. Aug. 27, 1825. She m. James Libby of Gray.
Cyrus L., b. May 8, 1827, d. Sept. 12, 1883 Greenwood.
Robert, by second wife, b. Nov. 29, 1828.
John Henry, b. Nov. 29, 1830.
Charlotte L., b. Feb. 16, 1834. She m. Jan. 14, 1865, Dr. Charles L. Holt of Gray.
Horace, b. Feb. 27, 1837, d. May 8, 1837 ae 10 mos.
Sidney B., b. Mar. 16, 1840.

SMALL, James b. July 30, 1807, son of Daniel, d. Oct. 18, 1882 Madrid, Me. He m. int. Sept. 21, 1828, Elvira Latham of Gray, he of Raymond. She b. Apr. 4, 1804, d. Oct. 30, 1894 ae 90 yrs., 6 mos. Phillips. Child:

Charlotte, b. Oct. 3, 1829. He m. Ezekial Wheelock.

SMALL, James b. 1767 Cape Elizabeth, son of Daniel, d. May 21, 1841 ae 74 yrs. Raymond. He m. Mar. 17, 1790, Peggy Dyer of Cape Elizabeth, he of Raymond. She d. Jan. 7, 1834. Children:
Thankful, b. Dec. 22, 1790.
Elsie, b. Feb. 23, 1798, d. Oct. 12, 1875 ae 76 yrs. She m. Aug. 7, 1817, Samuel Jordan Symonds of Raymond. He d. May 17, 1862 ae 68 yrs., 8 mos., 3 das.

SMALL, John b. 1772 Scarboro, son of Daniel, d. Mar. 20, 1854 ae 81 yrs., 9 mos. Raymond. In 1791 he was one of the first members of Raymond Free-will Baptist Church. He m. Thankful, who d. May 29, 1849 ae 75 yrs. He m. (2) Sept. 26, 1849 in Raymond, Sally (Stinchfield) Tenney, widow of John Tenney, both of Raymond. She b. June 15, 1784 New Gloucester, d. Aug. 26, 1862.

SMALL, Simeon b. Apr. 6, 1774, son of Daniel, d. Sept. 8, 1848 ae 73 yrs., 5 mos. Raymond. He m. Aug. 14, 1800, Deborah Strout of Limington, he of Raymond. She d. Oct. 31, 1843 ae 64 yrs. Raymond, daughter of Richard & Deborah (Strout) Strout of Limington and Raymond. Children:
Lydia, b. Sept. 3, 1801, d. Oct. 3, 1871. She m. Joshua Adams of Raymond. He d. Mar. 4, 1846 ae 66 yrs., 1 mo.
Levi, b. Jan. 7, 1803, (see below)
Deborah, b. June 7, 1804, d. Oct. 15, 1851. She m. Dec. 25, 1827, David Hooper Strout of Raymond.
Francis, b. Apr. 7, 1806, (see below)
Elizabeth, b. Nov. 20, 1807, d. mar. 26, 1842.
Rebecca, b. Jan. 20, 1810. She m. Nov. 16, 1832, John Small Staples of Casco. He b. Jan. 20, 1811.
Mary, b. Jan. 15, 1813, d. Apr. 15, 1863 ae 51 yrs., 3 mos.
Richard, b. Feb. 16, 1815, (see below)
Simeon, b. May 9, 1818, (see below)
Thankful, b. Nov. 14, 1821, d. Dec. 22, 1866 ae 46 yrs. She m. Alexander Strout of Raymond. He bapt. Sept. 4, 1810 Limington, living Mar. 1873 Raymond.
Alonzo, b. Apr. 12, 1823, (see below)

SMALL, Levi Jr., b. Jan. 7, 1803, son of Simeon, d. Feb. 9, 1877. He m. June 20, 1828, Jane Leavitt. She b. June 1809, d. Sept. 13, 1860 ae 53 yrs., 3 mos. He m. (2) Mar. 4, 1861, Deborah Strout of Raymond. She b. Dec. 1, 1839, daughter of Joseph & Mary (Strout) Strout, d. Jan. 14, 1918 Harrison. Children:
Marriam, b. July 3, 1829, d. Apr. 25, 1830 ae 10 mos.
Lydia M., b. Mar. 23, 1831, d. May 18, 1905. She m. July 16, 1848, Jeremiah Berry of Raymond. She m. (2) June 13, 1875, William Bean of Limington, she of Casco.
Caroline, b. May 10, 1833, d. May 31, 1833.
Deborah, b. Apr. 26, 1834. She m. Hamm. She m. (2) Cyrus Littlefield. One Deborah of Casco m., Mar. 26, 1860, Abner Witham of Lyman.
Elizabeth L., b. Mar. 18, 1836, d. Apr. 25, 1886. She m. int. Jan. 25, 1860, Orin B. Spiller.

Rhoda Jane, b. May 11, 1838. She m. Thomas Spiller of Casco.
Alonzo, b. July 1, 1840, d. Jan. 16, 1913. He m. int. Apr. 4, 1861, Sarah Ellen Stone.
Rebecca Small, b. July 14, 1841, d. Jan. 1, 1847.
Levi Greenleaf, b. Feb. 16, 1845 Casco, d. Dec. 31, 1912 65 yrs., 10 mos., 25 das. Buried in Gray.
Rebecca Ann, d. June 10, 1853 ae 4 yrs.
Horace M., d. Dec. 28, 1864 ae 17 yrs., 11 mos.
Mary A., b. Jan. 4, 1864. She m. William H. Shackford. He d. Mar. 12, 1905 ae 70 yrs, 2 mos., 16 das.
David S., b. Apr. 15; 1867, drowned June 29, 1879 in Little Rattlesnake Pond.
Israel S., b. Jan. 4, 1869, d. Mar. 29, 1895.

SMALL, Francis b. Apr. 7, 1806, son of Simeon, d. Dec. 4, 1843 ae 43 yrs., 9 mos. Raymond. He m. int. Apr. 24, 1833, Rhoda Johnson Strout She b. Mar. 11, 1807 Limington, daughter of William & Sarah (Bowie) Strout of Limington, d. Apr. 21, 1876 ae 69 yrs., 1 mo., 10 das. She m. (2) in 1849, Henry Spiller of Raymond. He d. Jan. 14, 1892 ae 85 yrs., 1 mo., 22 das. Children:
Joseph S., b. Mar. 24, 1834, d. Oct. 18, 1897 Raymond. Unm.
Levi, b. Apr. 3, 1836, d. Nov. 22, 1900 Harrison. He m. Mar. 4, 1861, Deborah Strout of Raymond.
Simeon S., b. Sept. 20, 1338, (see below)
Thankful, d. Jan. 2, 1840 ae 2 yrs.
Mary Ann, b. Apr. 4, 1841, d. Apr. 4, 1841.
David, b. Jan. 22, 1842, d. Jan. 31, 1842.
Sarah J., b. Dec. 25, 1842, d. May 15, 1846 ae 3 yrs, m 5 mos.
Enoch S., b. Feb. 27, 1846, (see below)
David S., b. Feb. 10, 1848, d. June 22, 1864 in battle of Petersburg, Va.

SMALL, Simeon S. b. Sept. 20, 1838, son of Francis, d. May 10, 1922 Mechanic Falls. He m. Susanna Gerry of Raymond. She b. Feb. 11, 1848, daughter of Timothy & Deborah (Strout) Gerry, d. Aug. 5, 1925. Children:
Almon T., b. May 16, 1868, d. Nov. 30, 1931.
Lizzie E., b. Feb. 17, 1871, d. July 21, 1893. She m. Valentine Latham.
Ada Alberta, b. Feb. 3, 1875. She m. Oct. 26, 1901, Charles E. Strout.
Sarah Frances, b. June 17, 1877. She m. Oct. 26, 1901, Samuel H. Strout.

SMALL, Enoch S. b. Feb. 27, 1846, son of Francis, d. June 4, 1913 ae 67 yrs., 3 mos., 4 das. Raymond. He m. Oct. 6, 1867, Rosilla Harris of Poland. She b. Jan. 15, 1848 Poland, daughter of Lyman & Jane (Patch) Harris, d. Oct. 29, 1894 ae 46 yrs., 9 mos., 6 das. Raymond. Children:
Henry S., b. Apr. 6, 1869, d. July 24, 1936 ae 67 yrs. He m. Dec 5, 1897, Edna P. Verrill.
Simeon, b. June 13, 1874, d. Dec. 17, 1908.
Jennie R., b. Mar. 17, 1877.

SMALL, Richard b. Feb. 16, 1815, son of Simeon, d. May 13, 1894 ae 79 yrs., 2 mos., 29 das. Raymond. He m. Ruth Strout both of Raymond She b. Feb. 6, 1815,

daughter of Richard & Lucy (Strout) Strout of Raymond; d. Sept. 5, 1852 ae 37 yrs., 7 mos. He m. (2) int. Aug. 26, 1853 in Casco, Sarah (Strout) Gerry of Limerick, he of Casco. She was the widow of Elliot Gerry of Limerick. She b. June 1817 Baldwin, daughter of Francis Small & Susannah (Strout) Strout of Limington, d. Apr. 7, 1897 ae 79 yrs., 9 mos., 11 das. Children:
Lucy Jane, b. Feb. 8, 1837, d. Oct. 23, 1839.
Tobias L., b. Apr. 28, 1839, (see below)
Arthur Richard, b. May 16, 1840, (see below)
Lucy Jane, b. May 1, 1843, d.y.
Lucy A., b. Jan. 18, 1849, d. Mar. 26, 1933 Casco. She m. George Gerry of Raymond.

SMALL, Tobias L. b. Apr. 28, 1839, son of Richard, d. Sept. 20, 1904 ae 64 yrs., 4 mos., 22 das. He m. int. Oct. 24, 1862, Sarah B. Strout. She b. 1839 So. Limington, daughter of Nehemiah & Alice (Lewis) Strout of Limington, d. Mar. 30, 1874 Raymond. He m. (2) Dec. 9, 1897 in Raymond, Mrs. Annie Doughty both of Raymond. Children:
Florence A., b. Sept. 1, 1864.
William K., b. Aug. 11, 1867. He m. Eleanor Tripp.
George N., b. Oct. 19, 1869.

SMALL, Arthur Richard b. May 16, 1841, son of Richard, d. Mar. 5, 1905 ae 63 yrs., 9 mos., 19 das. He m. Jan. 28, 1862, Harriet Angeline Strout both of Raymond. She b. July 14, 1842 Limington, daughter of Nehemiah & Alice (Lewis) Strout of Limington, d. Nov. 10, 1894 ae 52 yrs., 3 mos., 26 das. Children:
William N., b. Oct. 30, 1864, d. Apr. 3, 1952 Raymond. He m. Georgianna Small.
Richard, b. Sept. 20, 1867, d. Feb. 6, 1963 Auburn. He m. Abbie T. Small.
Francis S., b. June 22, 1870, d. Mar. 3, 1940 Raymond.
Sarah E., b. July 16, 1873. She m. Nov. 8, 1912, Steven H. Coffin.

SMALL, Simeon Jr., b. May 9, 1818, son of Simeon, d. May 30, 1861 ae 43 yrs., 21 das. Raymond. He m. Nov. 24, 1840, Elmira Strout both of Raymond. She b. 1822 Limington, daughter of George Bowie & Eunice (Butler) Strout of Casco, d. June 7, 1872 ae 50 yrs. She m. (2) by Oct. 1865, Edward Files of Raymond. He b. June 25, 1817, d. Oct. 8, 1896. Children:
William K., b. Dec. 21, 1841, d. Sept. 9, 1844 ae 3 yrs.
Sarah E., b. Dec. 6, 1842, d. Sept. 15, 1844.
Sarah E., b. Aug. 25, 1843, d. Sept. 9, 1867 ae 21 yrs., 9 mos. Raymond. She m. Josiah Winslow.
Augustus W., b. Apr. 11, 1849, d. Sept. 7, 1853 ae 1 yr., 5 mos.
George C., b. Feb. 10, 1851, d. Oct. 10, 1860. ae 9 yrs. Raymond.
Francis, b. Aug. 4, 1853, d. Apr. 10, 1876.

SMALL, Alonzo b. Apr. 12, 1823, son of Simeon, d. Mar. 17, 1876 ae 53 yrs. Raymond. He m. Feb. 14, 1847, Miranda Strout of Raymond. She b. Apr. 11, 1830, daughter of Charles & Maria (Cash) Strout, d. Aug. 3, 1900 ae 73 yrs., 3 mos., 23 das. Children:
William K., b. Feb. 24, 1848, d. Feb. 16, 1865 ae 17 yrs. in the Army.

Augusta Abbie, b. Mar. 18, 1850, d. Nov. 11, 1878. She m. __ Sewall. She m. (2) William L. Knight.
Basbabe S., b. Mar. 6, 1852, d. Mar. 13, 1901 Raymond. She m. William L. Knight.
Augustus W., b. Nov. 24, 1855, d. July 20, 1858.
Nellie N., b. Nov. 19, 1859, d. Apr. 6, 1920 Portland. She m. Apr. 3, 1876, Emerson F. Gilson. He b. Apr. 13, 1851 Poland, d. Mar. 27, 1918 Windham.
Isaac A., b. Apr. 2, 1864, d. Apr. 12, 1864.
Georgianna, b. May 4, 1865, d. Nov. 16, 1909. She m. William N. Small.
Hattie, b. July 23, 1870, d. Dec. 23, 1870 ae 5 mos.
Abbie T., b. Jan. 8, 1870, d. Mar. 27, 1941 Auburn. She m. Richard Small. He b. Sept. 20, 1867, d. Feb. 6, 1963 Auburn.

SMALL, Levi b. Jan. 19, 1781, son of Daniel, d. Dec. 25, 1858 ae 78 yrs. Raymond. He m. May 21, 1805 in Poland, Elizabeth Bailey of Poland, he of Raymond. She b. Apr. 21, 1778 Poland, d. Dec. 30, 1858 (gravestone d. Jan. 1, 1859) ae 80 yrs., 8 mos., 11 das. Children:
Anna, b. Apr. 9, 1806, d. Nov. 8, 1864 ae 58 yrs., 7 mos. She m. Nov. 12, 1842, Noah Ricker. He d. May 12, 1888 ae 76 yrs.
Daniel, b. Mar. 6, 1808, (see below)
Betsey, b. Sept. 21, 1809, d. Sept. 14, 1881 ae 71 yrs., 11 mos., 24 das. Raymond. She m. Apr. 17, 1828, John Robinson of Raymond.
Levi, b. Mar. 13, 1811, (see below)
Almira, b. Dec. 6, 1812, d. Feb. 24, 1900, Raymond. She m. Mar. 24, 1846, Charles B. Small both of Raymond.
John, b. Jan. 25, 1816, (see below)

SMALL, Daniel b. Mar. 6, 1808, son of Levi, d. Aug. 18, 1859 ae 51 yrs., 6 mos. Raymond. He m. Apr. 22, 1830, Peggy C. Brown of Raymond. She b. Apr. 4, 1811, daughter of Joseph & Sarah (Jordan) Brown, d. Mar. 27, 1833 ae 22 yrs. Raymond. He m. (2) Jan. 30, 1839, Julia Ann Woodbury of Westbrook, he of Raymond. She b. Nov. 19, 1808, d. Jan. 25, 1865 ae 59 yrs. Raymond. She is buried in Highland Lake Cemetery in Westbrook. Children:
Joseph Brown, b. Sept. 8, 1832, living in 1850 ae 17 yrs.
Margaret J., by second wife, b. Mar. 30, 1850, d. Dec. 17, 1902 ae 52 yrs., 8 mos., 17 das. Lewiston.

SMALL, Levi 3rd., b. Mar. 13, 1811, son of Levi, d. Feb. 24, 1857 ae 45 yrs., 11 mos. Raymond. He m. Oct. 6, 1834, Mrs. Lucy (Strout) Doane, widow of John Randall Doane. She b. Apr. 24, 1809 Raymond, daughter of Prince & Rachel (Strout) Strout, d. Sept. 5, 1895 Auburn. She m. (3) Samuel Easter Jr. of Auburn. He b. 1820, d. Nov. 5, 1913 Swampscott, Mass. Children:
John Melville, b. Aug. 8, 1836, d. Oct. 2, 1886 ae 50 yrs., 1 mo., 24 das.
Caroline, b. 1838. She m. Charles Stubbs of Casco.
Lucy N., b. 1842. She m. Robert Heath of Gorham, N.H.
Polly Jane, b. Feb. 23, 1844, d. Feb. 24, 1867.
Elizabeth, b. June 6, 1847, d. Nov. 4, 1878. She m. Charles Hilton of R.I.
Fannie P., d. ae 23 yrs. unm.

Lafayette, d. ae 5 mos.

SMALL, John S. 3rd, b. Jan. 25, 1816, son of Levi, d. May 17, 1892 Raymond. He m. Nov. 19, 1833, Dorcas Jordan. She b. Oct. 18, 1807, daughter of James & Abigail F. (Wight) Jordan, d. June 9, 1845 ae 37 yrs., 7 mos., 23 das. He m. (2) Nov. 23, 1845, Esther F. Jordan both of Raymond. She b. June 5, 1823, daughter of Edward & Esther (Brown) Jordan, d. Feb. 17, 1851 ae 27 yrs., 8 mos., 12 das. He m. (3) Nov. 26, 1851, Mary Ann Jordan. She b. Apr. 17, 1824, daughter of John 3rd. & Thirza (Brown) Jordan, d. Dec. 14, 1878 ae 54 yrs., 1 mo., 11 das. He m. (4) May 22, 1881 in Raymond, Mrs. Harriet M. (Wilson) (Bartlett) Thompson of Raymond. She was the widow of Prince Thompson who she m. Feb. 22, 1849. She b. Apr. 12, 1808, daughter of Gowen & Tammy (Gower) Wilson of New Gloucester, d. Oct. 27, 1884 ae 76 yrs., 6 mos., 15 das. Children:
Edmund B., b. Dec. 14, 1837.
Marcus W., b. Apr. 21, 1842, d. Mar. 20, 1917.
Warren C., by second wife, b. Oct. 8, 1847, d. Apr. 7, 1873 ae 25 yrs.

SMALL, Francis b. Apr. 12, 1785 Cape Elizabeth, son of Daniel, d. May 2, 1852 ae 67 yrs., 1 mo. He m. Dec. 1, 1808, Jane Davis of Raymond. She b. Jan. 14, 1791, daughter of John & Jane (Stanford) Davis, d. mar. 18, 1859 ae 68 yrs., 2 mos. Raymond. She later lived with her son Francis and at the time of her death left 6 children, six died before her. Children:
Francis, b. Nov. 9, 1809, (see below)
Thankful, b. June 16, 1811, d. May 9, 1870. She m. Dec. 3, 1840, Dana Richards. (see below)
Daniel b. Apr. 2, 1813, m. Apr. 12, 1835, Julia A. Buckley. Their son, Francis H. C., d. Dec. 30, 1839 ae 1 yr., 4 mos., 5 das. Raymond, (see below)
George, b. Apr. 10, 1815, (see below)
Mary D., b. May 27, 1817, d. Sept. 8, 1896 Medford, mass. She m. Dec. 12, 1837, Nathaniel Tay of Medford, Mass, she of Raymond.
Jane, b. July 20, 1819, d. Sept. 16, 1845 ae 26 yrs., 1 mo., 25 das.
Melissa B., b. Dec. 5, 1821, d. June 24, 1888 ae 66 yrs., 6 mos., 19 das. She m. Sept. 14, 1846, John Witham of Raymond. He d. Jan. 18, 1877 ae 54 yrs., 3 mos.
Benjamin Davis, b. Nov. 29, 1823, d. Nov. 30, 1823.
Benjamin Davis 2nd., b. Dec. 21, 1824, (see below)
Hubbard Chandler, b. Apr. 2, 1827, d. Nov. 1, 1832 ae 5 yrs., 7 mos.
Araminta, b. Sept. 8, 1829, d. Sept. 26, 1829.
John Davis, b. Feb. 4, 1831, d. Aug. 15, 1890 Medford, Mass.

SMALL, Daniel Jr., b. Apr. 2, 1813, son of Francis, d. May 22, 1853. ae 40 yrs., 2 mos. He m. Apr. 12, 1835, Julia Ann Buckley. Children:
Francis H.C., b. Aug. 25, 1839, d. Dec. 30, 1839 ae 1 yr., 4 mos. Raymond.
Eliza Jane
Melissa T., b. Jan. 23, 1852, d. Dec. 9, 1852 ae 10 yrs., 15 das.

SMALL, George 3rd., b. Apr. 10, 1815, son of Francis, d. Apr. 29, 1852. He m. May 21, 1841 in Raymond, Eleanor Blanchard Patten. She B. Sept. 9, 1819

Richmond, Me., d. May 19, 1872 Gorham. She m. (2) Nov. 22, 1860. Samuel S. Waterhouse of Gorham, she of Raymond. Children:
Ellen J., b. Nov. 12, 1841, d. Oct. 9, 1931 Raymond. unm.
Francis Hubbard, b. June 13, 1844, d. Sept. 5, 1865 ae 21 yrs., 2 mos., 21 das. Baraneas, West Fla. He was a member of Co. B., 2nd. Me. Calvary.
William P., b. Feb. 14, 1849.
Daniel Harmon, b. July 18, 1851.

SMALL, Benjamin Davis b. Dec. 21, 1824, son of Francis, d. Jan. 21, 1884. He m. Apr. 8, 1847, Mary Brown. She b. Oct. 9, 1825, daughter of Daniel & Polly (Witham) Brown, d. 1901 Gorham. They are buried in Hillside Cemetery in Gorham. Child:
Daniel B., b. Jan. 27, 1848, d. Mar. 29, 1872 ae 24 yrs., 2 mos.

SMALL, Rev. Carleton b. Oct. 20, 1805 Montville, Me. son of Joseph & Sarah (Nash) Small of Limington. He m. int. July 22, 1832, Sarah L. Drew of Ossippee, N.H., he of Limington. Children:
Joseph C. b. Aug. 22, 1834 Lisbon, N.H., d. Sept. 14, 1915 Kennebunkport.
John P., b. Aug. 29, 1837.

SMALL, James b. 1767, Cape Elizabeth, son of Daniel and Thankful (Strout) Small of Raymond. d. May 21, 1841, Raymond. He m. Mar. 17, 1790, Peggy Dyer of Cape Elizabeth, he of Raymond. She d. Jan. 7, 1834. Children:
Thankful, b. Dec 22, 1790
Elsie, b. Feb. 23, 1798. m Aug 6, 1817, Samuel J. Symonds.

SMALL, Francis 2nd., b. Nov. 9, 1809, son of Francis, d. Dec. 3, 1868 ae 59 yrs. Gorham. He m. Feb. 27, 1840, Mehitable Jordan both of Raymond. She b. Mar. 16, 1817, daughter of Nathaniel & Mary (Brown) Jordan, d. May 12, 1843 ae 26 yrs., 2 mos. Raymond. He m. (2) June 30, 1844, Ruth W. Files of Gorham. She b. Mar. 18, 1811, d. June 26, 1897. She and some of her children are buried in the Hillside Cemetery in Gorham. He moved to the Files place in White Rock, Gorham. Children (all born in Raymond):
Mary Jane, b. Apr. 25, 1841, d. Sept. 17, 1842.
Mehitable Jane, b. Mar. 30, 1845, d. Mar. 11, 1846.
Davis Richards, b. June 5, 1847, d. Oct. 20, 1930 Allston, Mass.
(Nathaniel) Howard Tay, b. June 6, 1848, d. Nov. 11, 1936 Gorham.
John, b. Aug. 12, 1850, d. May 2, 1851.
Jane, b. Sept. 18, 1851, d. July 4, 1936 Gorham.
Ann Haskell, b. Feb. 27, 1855, d. June 22, 1878 ae 22 yrs. Gorham.

SMALL, Thankful Davis was born Raymond, Maine June 16, 1811, and died Medford, Massachusetts on the 9th of May, 1871. She was married to Dana Richards December 3, 1840. They had one child:

Esmerelda, born Medford, Massachusetts in 1840 or 1841, married January 31, 1876 Zachary Barton and had children.

Thankful and Davis Richards adopted their nephew William Patten Small changing his name to William Small Richards who was born Raymond, Maine February 4, 1849.

SMALL, Robert b. Feb. 8, 1791, son of Elisha & Deborah Small of Gray. He m. Apr. 24, 1817 in Gray, Ann Lawrence both of Gray. She m. (2) Mar. 2, 1828, John Small. He b. Mar. 16, 1801, d. Jan. 15, 1887. She b. May 31, 1797, d. Dec. 5, 1886 ae 86 89 yrs., 6 mos., 5 das. Casco. Children:
Ephraim, b. Dec. 16, 1827. He lived in Lowell, Mass.
Ann Lawrence, b. May 21, 1821, d. 1889. She m. in 1848, William Rolfe Jr. of Casco. He d. Mar. 10, 1914 ae 95 yrs., 9 das. Auburn.
Deborah Roberts, b. Feb. 14, 1823 d. Sept. 3, 1859 Otisfield. m. Dec. 27, 1846, Matthew Franklin Winslow.

SMALL, William d. Dec. 18, 1886 ae 70 yrs., 6 mos. No. Raymond. He m. Mar. 26, 1845, Sarah Ann Churchill of Raymond, he of Gray. She b. Apr. 25, 1825 Raymond, daughter of Matthew & Dorothy (Hall) Churchill, d. Sept. 29, 1912 ae 86 yrs., 5 mos. Children:
Charles E., b. Nov. 25, 1845, living in 1912 Portland.
George L., b. Apr. 17, 1848, d. Dec. 2, 1877 ae 29 yrs., 7 mos. Raymond.
Roland (Rolen), b. Oct. 27, 1855, d. Mar. 8, 1864 ae 8 yrs., 4 mos.
Clarence E., b. July 3, 1858, d. Apr. 2, 1864 ae 5 yrs., 10 mos.
William E.B., b. Dec. 19, 1863, d. Mar. 22, 1864 ae 1 yr., 3 mos.

SMITH, Benjamin d. Mar. 31, 1831 ae 82 yrs. (or 1832 by gravestone) He m. Mar. 13, 1772 in Cape Elizabeth, Bridget Jordan of Cape Elizabeth, he of Dover, N.H. She d. Mar. 17, 1803. She was a sister to Hezekiah and Mrs. Sarah (Jordan) Clark, both of early Raymond. Children:
Providence, b. Feb. 19, 1773, d. Apr. 23, 1831. She m. William Welch.
James, b. Sept. 9, 1776, (see below)
John, b. May 5, 1779, (see below)
Phebe, b. Jan. 14, 1782.
Sarah, b. Aug. 6, 1784, d. May 28, 1853 ae 68 yrs. She m. Joshua W. Adams. He b. July 23, 1791 Saco, d. Sept. 1821.
Benjamin, b. Oct. 17, 1791, (see below)

SMITH, James b. Sept. 9, 1776, son of Benjamin, d. Jan. 29, 1843 ae 66 yrs. He m. Ruth __. She was living by 1850 census of Poland, age 76 yrs. Children:
Mehitable, b. July 27, 1802.
John, b. Sept. 27, 1803.
Sally, b. Mar. 5, 1805.
James, b. Nov. 14, 1806, d. Jan. 29, 1851 ae 40 yrs.
Dorcas, b. Jan. 3, 1808.
Mary, b. Sept. 10, 1810. She m. David Duran.
Samuel, b. Sept. 12, 1812, d. Sept. 28, 1838 ae 28 yrs.
William, b. July 26, 1814, lived in Poland, Me. He m. Sept. 16, 1846 in Poland, Apphia Duran.
Benjamin, b. Feb. 1, 1817, d. Mar. 26, 1818.

Benjamin 2nd., b. Apr. 22, 1819, d. Jan. 25, 1820 ae 14 mos.
Keziah, b. Feb. 3, 1821. She m. Benjamin Walker of Poland.
Christianna, b. Feb. 3, 1824.

SMITH, John b. May 5, 1779, son of Benjamin. He m. int. Feb. 11, 1805, Lydia Cleaves of Hollis, he of Raymond. Children:
Israel C., b. Feb. 1, 1808.
Peggy, b. May 27, 1809.
Lorana, b. Dec. 3, 1810, d. Oct. 6, 1881 ae 70 yrs. She m. George Morrill.
Benjamin, (changed his name to Rufus in 1836,) b. July 8, 1812, (see below)
John, b. Aug. 11, 1813.
Robert, b. Oct. 15, 1814. He m. int. July 1, 1838, Emeline B. Hilton of New Gloucester.
Phebe, b. Nov. 30, 1815.
Johnson, b. July 8, 1819, d. June 6, 1896 Gray.
Sally, b. Nov. 7, 1821, d. Jan. 26, 1850 ae 28 yrs., 2 mos. She m. Sept. 25, 1845 in Gray, Jacob Morrill of Raymond. He d. Apr. 4, 1894 ae 72 yrs., 6 mos.
Joseph, b. Sept. 17, 1823, d. Sept. 15, 1850 ae 27 yrs.

SMITH, Rufus b. July 8, 1812, son of John, d. Nov. 30, 1860 ae 48 yrs., 5 mos. Raymond. His name was Benjamin and he changed it to Rufus Smith in 1836. He m. Sarah Thurlow of Raymond. She b. Jan. 4, 1810, daughter of Robert & Hannah (Proctor) Thurlow, d. June 5, 1883 ae 75 yrs., 5 mos. Children:
Lydia Ann, b. Feb. 12, 1836, d. Apr. 11, 1850 ae 14 yrs., 2 mos.
Robert Thurlow, b. Sept. 26, 1837, (see below)
Henrietta E., (adopted), b. Jan. 1, 1845, d. Nov. 17;, 1919. -

SMITH, Robert Thurlow b. Sept. 26, 1837, son of Rufus, d. June 7, 1902 ae 67 yrs. Raymond. He m. Aug. 14, 1860 in Raymond, Lydia E. Jordan of Raymond. She b. Jan. 15, 1838, daughter of Lemuel & Amanda F. (Strout) Jordan of Raymond, d. Apr. 13, 1867 ae 29 yrs. He m. (2) June 1, 1868, Mrs. Abbie M. (Gerry) Sawyer, widow of Joseph C. Sawyer. She b. Sept. 9, 1842, daughter of Elbridge & Abigail (Hayden) Gerry, d. Apr. 23, 1917. Children:
Clarence, b. Oct. 13, 1862, d. June 13, 1863 ae 9 mos.
Fred, b. Apr. 20, 1871, d. Mar. 3, 1897.

SMITH, Benjamin Jr., b. Oct. 19, 1791, son of Benjamin. He m. Nov. 13, 1817 in New Gloucester, Susan Witham of New Gloucester. She b. July 20, 1793 New Gloucester, d. Aug. 28, 1829 ae 44 yrs. He m. (2) int. June 14, 1830 in Windham, Hannah Hardy of Windham. He m.(3) Nancy Witham of New Gloucester, sister of his first wife. She b. Nov. 19, 1804 New Gloucester. (Was she the Nancy Witham who m. (1) May 24, 1821, Ezra Tobie of New Gloucester?) Children:
Nancy W., b. Apr. 4, 1820, d. Jan. 23, 1873. She m. Robert Thurlow of Raymond.
Alice P., b. July 5, 1822, d. May 27, 1914 ae 90 yrs., 10 mos., 22 das. Auburn. She m. Isaac Thurlow of Raymond.
Thomas, b. Aug. 18, 1824, (see below)
Priscilla, b. June 5, 1828.
Susan, b. July 9, 1829, d. Dec. 5, 1829.

Benjamin H., by second wife, b. May 18, 1835.
Jacob, b. May 18, 1837.
Mary S., b. June 18, 1839.

SMITH, Thomas b. Aug. 18, 1824, son of Benjamin. He m. Nov. 13, 1851 in Poland, Eliza Cotton Tripp. She b. 1835, daughter of Nicholas & Charlotte (Thurlow) Tripp. Child:
Susan E., b. Dec. 5, 1856.

SMITH, Henry b. Sept. 12, 1794 Portland, son of Gen. John Kilby Smith of Portland, d. Jan. 10, 1871 ae 76 yrs., 4 mos. Windham. He m. Jane Elizabeth Waite. She b. Nov. 2, 1799, d. July 18, 1864 ae 64 yrs., 8 mos. He m. (2) Dec. 1, 1867, Mrs. Esther (Fickett) Brown, widow of Capt. William Brown. She d. Nov. 25, 1891 ae 82 yrs. and buried at cemetery at Raymond village. The others mentioned are buried at Windham Hill Cemetery at Windham. His son, William Henry Smith kept a public house at Windham and from there went to Raymond and opened the Central House there. He b. Nov. 30, 1824, d. Mar. 20, 1911 Westbrook. He m. Joanna Frye Mooar, who m. Oct. 11, 1897 ae 75 yrs., 3 mos.

SMITH, Bernard b. about 1807, d. May 21, 1859 ae 52 yrs. Steep Falls, Limington. He m. Sept. 14, 1834 in Standish, Mrs. Sarah H. Smith both of Standish. She d. Mar. 13, 1849 ae 47 yrs., 5 mos. He m. (2) Aug. 12, 1849 in Casco, Ann Glover of Providence, R.I. Child:
Sarah Ann, b. Feb. 8, 1848, d. Sept. 19, 1850 ae 2 yrs., 7 mos.

SMITH, Seba b. Oct. 20, 1807, son of Sally Davis & Topial Smith, d. Mar. 10, 1891 ae 83 yrs., 4 mos., 18 das. Casco. He m. Eliza Davis of Casco. She b. Mar. 27, 1811, daughter of John & Rhoda (Jordan) Davis, d. June 27, 1845 ae 34 yrs., 2 mos. He m. (2) Jan. 20, 1846, Rebecca Foster (Winslow) Welch, widow of Robert B. Welch. She b. Sept. 25, 1816, daughter of Cyrus & Frances (Foster) Winslow of Casco, d. June 25, 1855 ae 38 yrs., 7 mos. He m. (3) int. Nov. 13, 1871 in Casco, Mary Ann (Walker) Jordan, widow of William Jordan. (He d. Apr. 1, 1872 ae 77 yrs) She b. Feb. 20, 1809, daughter of Curtis & Sarah (Poole) Walker of Poland, d. June 14, 1911 ae 102 yrs., 3 mos., 25 das. Casco. Children:
Margaret A., b. Sept. 5, 1832, d. July 1, 1845 ae 12 yrs.
Sarah, b. Aug. 8, 1834, d. June 5, 1883. She m. Oct. 29, 1861, Daniel Nash of Raymond.
Valentine Davis, b. Aug. 20, 1836, d. Jan. 15, 1855 ae 29 yrs., 5 mos., 13 das. He m. Eliza Jane Spiller.
Mary, b. May 2, 1839, d. Apr. 26, 1935 ae 95 yrs., 11 mos., 26 das. She m. May 18, 1856, James Monroe Jordan of Casco.

SMITH, Frank H. b. Dec. 1840, d. Sept. 29, 1927 ae 87 yrs., 9 mos., 1 da. Raymond. He m. Nellie M. Barton. She b. Aug. 1854. Children:
Harry G., b. May 10, 1881, d. Sept. 30, 1883.
Abbie H., b. Apr. 8, 1883.

SMITH, Frank O.J. b. 1834, d. 1904. He was a brother of Hannah B. (Smith) Welch, wife of Sewall Welch. He m. Margaret Welch, daughter of Thomas & Rhoda (Smith) Welch. She d. Jan. 26, 1911 ae 73 yrs., 6 mos., 6 das. Standish.

SPILLER, John b. Oct. 20, 1766 Ipswich, Mass., d. Mar. 28, 1845 ae 78 yrs., 5 mos. He m. Feb. 17, 1789, Rebecca Day both of Ipswich, Mass. She b. Apr. 30, 1765, d. Jan. 15, 1845 ae 79 yrs., 8 mos. Children:
John, b. Nov. 11, 1789, (see below)
Isaac, b. Sept. 17, 1791, d. Feb. 13, 1863 ae 72 yrs. New Gloucester. He m. Mar. 19, 1815, Hepsibah Bemis. Their daughter, Emeline, d. Feb. 28, 1853 ae 37 yrs. (Buried in Gray Village Cemetery in Gray)
Amos, b. Oct. 19, 1793, d. June 27, 1826 ae 32 yrs., 8 mos., 8 das. He m. Oct. 3, 1824, Elizabeth Lombard.
Rebecca, b. Dec. 16, 1795, d. July 23, 1820. She m. Apr. 6, 1817, William Bryant. He d. Dec. 26, 1819 ae 24 yrs.
Benjamin, b. Nov. 27, 1797, (see below)
Thomas Day, b. Mar. 29, 1800, (see below)
Elizabeth, b. May 18, 1802, d. Nov. 10, 1876 ae 74 yrs. She m. Jan. 14, 1823, Daniel Barton. He d. Apr. 28, 1883 ae 81 yrs., 10 mos.
Richard Manning, b. Mar. 24, 1804, (see below)
Henry, b. Nov. 22, 1806, (see below)
Robert, b. July 17, 1809, (see below)

SPILLER, John Jr., b. Nov. 11, 1789, son of John, d. Feb. 11, 1862 ae 72 yrs., 3 mos. He m. Jan. 10, 1814 in Raymond, Elizabeth Strout of Raymond. She d. May 16, 1826 ae 39 yrs., daughter of Richard & Deborah (Strout) Strout of Limington & Raymond. He m. (2) Polly Strout both of Raymond. She b. May 15, 1807, daughter of Prince & Rachel (Strout) Strout of Raymond, d. Feb. 6, 1891. She m. (2) Dec. 26, 1864 in Raymond, Joseph Cook of Windham. The old Spiller place was located in Raymond at the base of Pessimire Mountain, under the ledges. Children:
Susanna, b. Aug. 22, 1815, d. Oct. 30, 1889 Harrison. She m. Oct. 8, 1840, Benjamin Strout of Raymond.
Mary, b. Dec. 20, 1817, d. 1866. She m. Aug. 13, 1840 in New Gloucester, Elias Strout both of Raymond.
Amos, b. Mar. 3, 1822, (see below)
Daniel, by second wife, b. Aug. 15, 1832, d. Nov. 27, 1844 ae 12 yrs., 3 mos.
Lucy Emmeline, b. Jan. 15, 1919 Westbrook. She m. int. Jan. 2, 1853, Albert Foster. She m. (2) int. Sept. 14, 1868, Josiah Winslow. He b. Mar. 15, 1834, d. Nov. 13, 1913.
John, b. Jan. 14, 1841, (see below)
Hamden S., b. Sept. 8, 1844. He m. Oct. 4, 1865, Clara Scribner Spurr.
Harriet S., b. Oct. 6, 1847, d. Apr. 23, 1916. She m. Nov. 19, 1863, James Edward Tripp. He b. Sept. 2, 1841 New Gloucester, d. Dec. 20, 1915.

SPILLER, Amos b. Mar. 3, 1822, son of John Jr., d. Aug. 6, 1891 ae 69 yrs., 5 mos., 3 das. Raymond. He m. Mary Ann Strout of Raymond. She b. Feb 11, 1822, daughter of Samuel Dyer & Mary (Thurlow) Strout. Children:

Delana T., b. Oct. 17, 1844, d. Jan. 11, 1917. She m. Dec. 14, 1862, William Henry Harrison Spiller of Raymond.
Collins Strout, b. Sept. 17, 1846, (see below)
Ruth D., b. Feb. 5, 1849, d. Oct. 24, 1877. She m. Almon R. Strout both of Raymond.
Mary E., b. May 10, 1850, d. Dec. 2, 1928 Raymond. She m. Dec. 21, 1898, Oliver W. Symonds of Raymond.

SPILLER, Collins Strout b. Sept. 17, 1846, son of Amos, d. Aug. 6, 1917 ae 70 yrs. He m. int. Dec. 26, 1868, Melissa Chute of Casco. She b. 1848, d. 1921. He m. (2) Jan. 29, 1901, Mrs. Phebe A. (Robinson) Ramsey, daughter of Henry Robinson. Children:
Mary A., b. June 12, 1870. She m. Edgar L. Poore.
George S., b. Oct. 24, 1872, (see below)

SPILLER, George b. Oct. 24, 1872, son of Collins S., d. Feb. 19, 1949. He m. Aug. 21, 1892 in Casco, Hattie S. Strout both of Raymond. She b. May 23, 1875, daughter of Almon & Ruth D. (Spiller) Strout, d. Dec. 28, 1946. Children:
Robert E., b. Jan. 21, 1890, d. Jan. 27, 1890.
Roscoe F., b. Jan. 21, 1890, d. Feb. 6, 1890.

SPILLER, John Day b. Jan. 14, 1841, son of John Jr., d. Mar. 31, 1904 Portland, was of Westbrook. He m. Melvina E. Thurlow of Raymond. She b. Aug. 25, 1841, daughter of William & Joanna (Estes) Thurlow, d. Mar. 1, 1925. Children:
Ellen, b. Mar. 6, 1864.
Richard Manning, b. Aug. 21, 1865, d. May 12, 1886 ae 20 yrs., 8 mos., 21 das.

SPILLER, Benjamin b. Nov. 27, 1797, son of John, d. Jan. 17, 1856 ae 58 yrs., 2 mos. He m. Dec. 30, 1819, Thankful Small of Raymond. She d. Dec. 11, 1827 ae 27 yrs. He m. (2) June 15, 1828 in Durham, Mary Dyer of Durham, he of Raymond. She b. Sept. 30, 1798 Durham, Me., daughter of Moses & Mary (Patrick) Dyer, d. June 22, 1879 ae 80 yrs., 8 mos. She was a sister to Mrs. Hannah (Dyer) Duran. Children:
Alpheus, b. Mar. 18, 1822, d. Nov. 24, 1845.
Zilpha W., b. Jan. 24, 1824, d. May 30, 1901 Alfred. She m. May 10, 1842, George W. Plummer of Raymond.
Selina, b. Dec. 24, 1826, d. Feb. 17, 1849 ae 22 yrs., 1 mo., 20 das.
Benjamin, by second wife, b. Feb. 22, 1831, (see below)
Leonard, b. Jan. 2, 1835, d. Dec. 20, 1896 ae 61 yrs., 11 mos. Raymond.
Otis, b. Sept. 29, 1837, d. June 20, 1858.
Eleanor, b. Aug. 27, 1839, d. July 4, 1910, d. July 4, 1910 Raymond. She m. Mial Witham of Raymond. He d. Feb. 13, 1918 ae 90 yrs., 3 mos. Gray.
William Henry Harrison, b. Dec. 25, 1841, (see below)

SPILLER, Benjamin b. Feb. 22, 1831, son of Benjamin, d. June 22, 1914 ae 83 yrs. New Gloucester. He m. Lucinda J. Foster. She b. Oct. 10, 1841 Windham, d. June 17, 1905. Children:

Edward C., b. Aug. 9, 1858, d. Aug. 16, 1939. He m. Aug. 9, 1880 in Otisfield, Lizzie W. Bolster.
Warren, b. Aug. 20, 1860, d. Nov. 10, 1861.
Willard A., b. Mar. 21, 1863, d. Apr. 31, 1931 He m int Dec 16, 1893, Gussie York.
Jennie, b. Feb. 14, 1866, d. June 8, 1866 ae 3 mos., 24 das.
Vernon Winslow, b. Oct. 10, 1867, d. Jan. 28, 1958. He m. Oct. 12, 1893, Beulah A. Thurlow.
Lindley, b. Nov. 24, 1868, d. Oct. 31, 1870 ae 1 yr., 10 mos., 6 das
James F., b. Apr. 5, 1871
Sarah G., b. Dec. 26, 1872, d. Aug. 2, 1950 She m Nov 12 1892 Roland Morrill.
Fred M., b. May 3, 1876, d. Oct. 2, 1960 ae 84 yrs. He m. Jan. 6, 1894, Maud R. Verrill.
Lizzie E., b. Oct. 17, 1879. She m. May 27, 1897, Clarence S. Johnson. She m. (2) Jan. 1, 191, Roland P. Rowe.

SPILLER, William Henry Harrison b. Dec. 25, 1841, son of Benjamin, d. Jan. 1, 1914 Raymond. He m. Dec. 14, 1862, Delana T. Spiller. She b. Oct. 17, 1844, daughter of Amos & Mary A. (Strout) Spiller, d. Jan. 11, 1917 ae 81 yrs. Children:
Wallace, b. June 8, 1863.
Samuel D., b. July 27, 1865, (see below)
Amos F., b. Dec. 18, 1878. He m. July 2, 1898, Lizzie D. Knight.

SPILLER, Samuel D. b. July 27, 1865, son of William H.H., d. Aug. 30, 1935 ae 70 yrs. He m. Annie Ruth Strout of Raymond. She b. July 6, 1864, daughter of Richard Howe & Mary Jane (Taylor) Strout, d. Jan. 29, 1889 Raymond. He m. (2) Dec. 24, 1890 in Gray, Ola Elwell Strout of Raymond. She b. Dec. 20, 1872, daughter of John Elwell & Lovinia E. (Thurlow) Strout, d. Aug. 4, 1952 Mechanic Falls. Child:
Perley H., b. Jan. 19, 1889.

SPILLER, Thomas Day b. Mar. 29, 1800, son of John, d. July 24, 1879 ae 79 yrs., 4 mos., 26 das. He m. Mar. 10, 1823, Jane M. Pride. She d. Apr. 18, 1867 ae 65 yrs. Children:
George H., b. June 1, 1824, d. in Civil War.
Amos, b. Nov. 4, 1826, d. in Civil War.
Josiah Goodue Merrill, b. Oct. 4, 1830, d. Dec. 17, 1909. He m. Nov. 8, 1853, Margaret Maria Hall. She b. Apr. 4, 1836 Casco, d. Oct. 19, 1898.
Isaac, b. Nov. 11, 1832.
Thomas, b. Oct. 4, 1834, d. Jan. 6, 1871. He m. Nov. 15, 1858, Rhoda Jane Small both of Casco. He m. (2) Mary Elizabeth Hanson of Windham. She m. (2) Nov. 20, 1881, James Freeland Strout of Raymond.
Moses, b. May 31, 1836, d. Feb. 22, 1923. Norway He m. Elizabeth Holden.
Joshua Silas, b. Nov. 5, 1837 Casco. He m. June 6, 1861 in Poland, Caroline Thurlow of Raymond, he of Casco.
Orren B., b. Feb. 24, 1840, (see below)
Eliza Jane, b. Apr. 30, 1841, d. Jan. 4, 1904 ae 62 yrs., 8 mos., 5 das. Casco. She m. Valentine Davis Smith. She m. (2) Francis J. Spiller.

SPILLER, Orren B. b. Feb. 24, 1840, son of Thomas D., d. June 2, 1923. He m. int. June 25, 1860, Elizabeth L. Small of Raymond. She b. Mar. 18, 1836, daughter of Levi Jr. & Jane (Leavitt) Small, d. Apr. 25, 1886. Children:
George E., b. Nov. 7, 1864.
__, b. Aug. 24, 1866.
Fred L., b. Nov. 11, 1868.

SPILLER, Richard Manning b. Mar. 24, 1804, son of John, d. Apr. 1, 1850 ae 46 yrs. E. Raymond. He m. Sept. 25, 1825 in Raymond, Eunice Jordan of Raymond. She b. May 7, 1799, daughter of Hezekiah & Eunice (Davis) Jordan, d. Oct. 10, 1856 ae 56 yrs., 6 mos. She m. (2) Dec 4, 1851, Hooper David Strout of Casco. Children:
Fanny N., b. Nov. 29, 1826, d. Aug. 21, 1906 ae 79 yrs., 8 mos., 22 das. She m. int. May 27, 1851, Thomas Mitchell of Raymond. He d. Oct. 20, 1888 ae 65 yrs., 5 mos., 10 das.
William J., b. Oct. 1, 1828, (see below)
John, b. Aug. 26, 1831, (see below)
Richard Manning, b. Dec. 29, 1833, (see below)
Burbank, b. Dec. 6, 1835, (see below)
Rebecca B., b. May 10, 1838.
Joseph T., b. Nov. 25, 1840, d. May 3, 1866 ae 25 yrs., 6 mos. He m. Apr. 10, 1864 in Casco, Sophia Rogers.
James Freeman, b. Nov. 6, 1843, d. Mar. 13, 1865 Baltimore, MD. in the Civil War.

SPILLER, William J. b. Oct. 1, 1828, son of Richard M., d. Dec. 13, 1880 ae 52 yrs., 1 mo. He m. Delphina Cash of Raymond. She b. Apr. 20, 1833, daughter of John & Priscilla (Adams) Cash, d. Jan. 11, 1917. Children:
Adelaide, b. Feb. 9, 1853, d. Aug. 1, 1857.
Charles F., b. July 30, 1856.
Hattie M.; b. Aug. 12, 1863. (One of Raymond m. int. Nov. 1, 1881 George W. Brann of New Gloucester).
William B., d. Oct. 25, 1946 ae 78 yrs., 1 mo., 17 das. Bridgton.

SPILLER, John b. Aug. 26, 1831, d. Nov. 11, 1912 ae 81 yrs. He m. int. June 25, 1852, Esther Morrill. She b. Jan. 18, 1835, daughter of George A. & Lorana (Smith) Morrill, d. Jan. 26, 1896 ae 61 yrs., 8 mos. Raymond. Children:
Laura J., b. Mar. 7, 1854, d. July 17, 1914 ae 59 yrs., 4 mos., 10 das. New Gloucester. She m. Charles W. Shackford.
Ella C., b. Apr. 26, 1867, d. May 23, 1937. She m. Jan. 20, 1877, Charles Foster of Gray, she of Raymond. She m. (2) Nov. 11, 1893, Horace Strout of Raymond.
Georgia, b. July 20, 1867. She m. Sept. 12, 1908, Rupert J. Eaton.

SPILLER, Richard Manning b. Dec. 29, 1833, son of Richard M., d. July 9, 1863 ae 29 yrs., 6 mos. during the Civil War. He m. Mar. 11, 1856 in Poland, Ellen C. Thurlow both of Raymond. She d. Nov. 3, 1862 ae 20 yrs., 8 mos.

SPILLER, Capt. Burbank b. Dec. 6, 1835, son of Richard M., d. Apr. 12, 1863 ae 27 yrs., 3 mos., 6 das. He m. Oct. 27, 1859 in Raymond, Lucinda Strout of Casco. She b. Oct. 10, 1833, daughter of George B. & Eunice (Butler) Strout, d. Mar. 29, 1860 ae 26 yrs., 5 mos., 19 das. Raymond. Child:
Lucinda, b. Mar. 29, 1860.

SPILLER, Henry b. Nov. 22, 1806, son of John, d. Jan. 14, 1892 ae 85 yrs., 1 mo., 22 das. He m. Matilda Cash of Raymond. She b. Nov. 4, 1804, daughter of John & Elsie (Cash) Cash, d. Dec. 1, 1845 ae 41 yrs. He m. (2) Bashaba Strout of Raymond. She b. May 30, 1825, daughter of Joseph & Deborah (Strout) Strout, d. Oct. 14, 1849 ae 24 yrs., 4 mos. Raymond. He m. (3) in 1849, Mrs. Rhoda Johnson (Strout) Small of Raymond, widow of Francis Small Jr. She b. Mar. 11, 1807 Limington, daughter of William & Sarah (Bowie) Strout of Limington, d. Apr. 21, 1876 ae 69 yrs., 1 mo., 10 das. Raymond. He m. (4) Dec. 10, 1876, Christianna (Strout) (Libby) Foster both of Raymond. She b. July 6, 1816, daughter of Samuel Dyer & Mary (Thurlow) Strout, d. Jan. 6, 1907 ae 96 yrs., 11 mos., 6 das. No. Raymond. She m. Aug. 2, 1840, Edward Libby of New Gloucester and m. (2) Oct. 20, 1869, Solomon B. Foster of Gray. Children:
Francina, b. Sept. 5, 1835, Webbs Mills, d. Jan. 11, 1917 Raymond. She m. Nov. 16, 1856, John Nelson Brown. He d. Feb. 9, 1898 ae 71 yrs.
Elsie Cash, b. Mar. 4, 1838, d. Jan. 16, 1922 Portland. She m. George William Allen.
John Cash, b. Oct. 9, 1845, d. Dec. 1848.
Matilda, b. Dec. 8, 1847. d. Jan. 13, 1904 Brockton, Mass. She m. John Henry Allen.
Sarah J., b. Mar. 26, 1849, d. Jan. 2, 1850 ae 9 mos.
Rebecca B., b. Mar. 4, 18__

SPILLER, Robert M. b. July 17, 1809, son of John, d. Apr. 7, 1879 ae 69 yrs., 8 mos., 20 das. Casco. He m. June 27, 1833, Elizabeth Ann Winslow. She b. Jan. 21, 1812, d. Aug. 8, 1860 ae 49 yrs., 7 mos. He m. int. Nov. 26, 1860, Eunice Tripp of Raymond. She b. 1808, d. Feb. 23, 1891 ae 83 yrs., 3 mos., 5 das. Children:
Jonas Davis, b. Apr. 21, 1834, d. Oct. 12, 1852 ae 18 yrs., 5 mos., 22 das.
Isaiah Winslow, b. June 5, 1836.
Francis J., b. July 25, 1838, d. Sept. 3, 1917. He m. Nov. 14, 1864, Cordelia P. (Strout) Duran both of Casco. She d. Feb. 13, 1866 ae 26 yrs., 26 das. Saco. He m. (2) May 6, 1866 in Casco, Eliza J. (Spiller) Smith.
William Henry, b. Oct. 23, 1840, d. Dec. 31, 1840 ae 2 mos., 8 das.
Phoebe Jane, b. Jan. 29, 1842, living in 1911 in the west. She m. ___ Benton.
Emma, b. June 11, 1844, d. Dec. 13, 1919 Gorham. She m. int. Apr. 30, 1870, Fred P. Gould of Lisbon.
Alpheus E., b. Sept. 24, 1846, d. June 21, 1929 Limington.
Elizabeth Ann, b. Jan. 24, 1849, d. Mar. 20, 1878.
Cyrus W., b. Mar. 6, 1852, d. Dec. 13, 1911 Westbrook.
Philinda, b. May 14, 1854.

SPILLER, Joshua Silas (given, but not his children). Children:
George E., b. Nov. 7, 1864

___, b. Aug. 24, 1866
Fred L., b. Nov. 11, 1868

SPOSEDO, William b. May 8, 1812 Cape Elizabeth, d. Feb. 28, 1908 ae 95 yrs. Windham. He m. Feb. 23, 1838, Eunice Strout both of Limington. She d. Feb. 14, 1886 ae 64 yrs., 9 mos. So. Casco. Both are buried at No. Windham. Children:
Michael, b. Nov. 11, 1838, d. Sept. 20, 1911 Windham.
Viola, b. Aug. 14, 1840 Casco, d. Feb. 16, 1901 No. Windham. She m. Jan. 13, 1867, George A. Proctor of No. Windham.
Cyrus, b. Mar. 30, 1843, d. May 15, 1843.
Elihua A., b. 1846, d. May 1907 Casco.
Elizabeth, b. May 2, 1850 Casco, d. Jan. 3, 1923 ae 72 yrs., 8 mos., Windham.
Melissa E., b. 1852 Casco, d. Jan. 2, 1916 ae 63 yrs., 6 mos. No. Windham. She m. Frank Mayo of No. Windham.
William G., b. 1853, d. Sept. 7, 1933. He m. May 26, 1889 in Gray, Emma Strout of Raymond.
Frank P., b. 1856, d. Sept. 19, 1917 ae 82 yrs. Portland.

STACKPOLE, John S. b. May 3, 1802 Portsmouth, N.H., d. June 6, 1856 Gorham. He m. June 1826, Rachel Leach of Raymond. She b. June 23, 1799, daughter of James & Sally (Boswell) Leach, d. Dec. 5, 1861 ae 61 yrs., 3 mos. Children:
Sally L., b. Nov. 28, 1827.
Rachel, b. Nov. 8, 1829, d. Dec. 8, 1829.
Rebecca, b. Nov. 8, 1829, (twin)
Mary A., b. Jan. 1, 1832, d. Sept. 22, 1846 ae 14 yrs., 9 mos.
Jane L., b. Mar. 15, 1834, d. Apr. 20, 1910 Rochester, N.H. She m. _ Chivers.
Augustus I.L., b. June 22, 1836.
Bertha J., b. Oct. 3, 1839.

STAPLES, Peter b. Mar. 1, 1752, d. Dec. 21, 1846 ae 95 yrs. Casco. He m. Nov. 6, 1775 in Windham, Sally Dingley both of Raymond. She b. Sept. 20, 1754, daughter of Joseph & Mary (Jackson) Dingley, d. May 8, 1854 ae 99 yrs., 8 mos. Casco. He came to Raymond in 1775 from Cape Elizabeth. Children:
Joseph Dingley, b. Apr. 12, 1777, (see below)
Elliot, b. Oct. 4, 1779, (see below)
Nathaniel, b. Oct. 12, 1781, d. July 13, 1799 Raymond.
Mary, b. Jan. 12, 1784, d. May 22, 1820 ae 36 yrs., unm.
James, b. Apr. 14, 1786, (see below)
Paulina, b. Apr. 20, 1788, d. Nov. 22, 1870 ae 82 yrs., 7 mos. Raymond. She never married.
Frost, b. Oct. 2, 1790, d. Jan. 13, 1867. He m. Apr. 15, 1821, New Gloucester, Elizabeth McIntire both of New Gloucester.
Sally, b. Feb. 28, 1793, d. June 22, 1859 ae 66 yrs. She never married.
Peter, b. June 25, 1795, (see below)

STAPLES, Joseph Dingley b. Apr. 12, 1777, son of Peter, d. Nov. 4, 1861 ae 84 yrs., 7 mos. He m. Nov. 7, 1799 in Standish, Elizabeth Davis both of Raymond.

She b. Nov. 12, 1779 Raymond, son of John & Jane (Stanford) Davis, d. Aug. 2, 1857 ae 77 yrs., 9 mos. Casco. Children:

Elizabeth, b. Nov. 1, 1800, d. Apr. 1, 1887 ae 86 yrs., 5 mos. Webb's Mills. She never married.

Mary Dingley, b. Mar. 31, 1802, d. Jan. 6, 1816.

Jane, b. Nov. 29, 1803, d. Dec. 27, 1860 Utica Wisc. She m. May 12, 1826, Ebenezer Hayden of Raymond. He b. Oct. 30, 1804, d. Apr. 25, 1891 Bloomington, Wisc.

Nathaniel, b. Aug. 13, 1805, (see below)

Sally, b. May 5, 1807, d. Dec. 30, 1815.

John D., b. Feb. 14, 1809, d. Jan. 5, 1816.

Lydia, b. July 17, 1810, d. Feb. 16, 1899 ae 88 yrs. Raymond. She m. May 23, 1839, Daniel Jackson of Poland.

Paulina, b. Apr. 25, 1812, d. Apr. 11, 1895 Raymond. She m. Apr. 23, 1834, Thomas W. Davis of Raymond. He d. Feb. 1, 1882 ae 77 yrs. Raymond.

Martha, b. May 23, 1815, d. Jan. 18, 1816.

John, b. Jan. 15, 1817, d. 1847 New Orleans of yellow fever.

Joseph, b. Oct. 5, 1818, d. Sept. 19, 1820.

Mary D., b. May 23, 1820, d. Sept. 14, 1894. She m. Oct. 26, 1862, Lemuel Jordan of Raymond.

Martha, b. May 23, 1820 (twin), d. Oct. 2, 1826.

Joseph, b. Mar. 23, 1822, (see below)

Sally 2nd., b. May 11, 1824, d. Dec. 27, 1907 ae 83 yrs. She m. Sept. 25, 1849 in Poland, William H. Johnson of Poland, she of Raymond. She m. (2) in 1858, Joseph P. Yates.

Daphne, b. Dec. 20, 1825, d. Oct. 2, 1826.

STAPLES, Nathaniel b. Aug. 13, 1805, son of Joseph D., d. Oct. 21, 1891 Raymond. He m. Dec. 22, 1834, Esther Mann. She b. Oct. 20, 1815, daughter of Fisher & Eleanor (Plummer) Mann, d. Mar. 7, 1911 ae 95 yrs. Children:

Hosea Quimby, b. Feb. 8, 1836, d. Oct. 19, 1935. He m. Jan. 26, 1858 in Casco, Annorilla Shaw.

Minerva, b. May 2, 1838, d. May 18, 1914 Raymond. She m. May 11, 1859, in Raymond. Osmyn Jordan of Raymond.

Mary, b. June 26, 1840, d. July 8, 1900. She m. Nov. 24, 1866, Alonzo Chute. She m. (2) July 3, 1876, Luther Longley of Raymond.

John, b. Oct. 23, 1842, d. Oct. 24, 1938 ae 96 yrs. Lynn, Mass. He m. Nov. 26, 1868, Ellen M. Rolfe of Raymond.

Esther Ann, b. Oct. 4, 1844, d. Dec. 21, 1898 ae 50 yrs. He m. Oct. 30, 1863, Albert Brock of Westbrook.

Edward M., b. Mar. 24, 1849, d. July 23, 1923. He m. Arzelia Glazier. She m. (2) Carrie Saltmarsh.

William G., b. Apr. 15, 1847, d. Nov. 11, 1868.

Herman S., b. Mar. 30, 1851, d. Apr. 18, 1899 ae 48 yrs.

Judith Ellen, b. Sept. 26, 1853, d. May 25, 1925 ae 73 yrs. Auburn. She m. Jan. 10, 1880, Curtis B. Merrill Sawyer.

Lizzie J., b. Feb. 26, 1856, d. Jan. 3, 1857.

STAPLES, Joseph b. Mar. 23, 1822, son of Joseph D., d. Aug. 1, 1891 Kennebunkport. He m. Mar. 1, 1854, Betsey Jane Walker of Poland. She d. May 29, 1888. They lived in Saco. Children:
Joseph D., b. Oct. 7, 1855, d. Nov. 25, 1925 Biddeford.
Jane, d. ae 2 yrs.
Mary, d. about 2 yrs.
Edwin T., b. Feb. 16, 1863.

STAPLES, Elliot b. Oct. 4, 1779, son of Peter, d. Apr. 18, 1869 ae 89 yrs., 6 mos, 14 das. Bridgton. He m. Jan. 10, 1812, Mary Swett. She b. May 18, 1785 Stroudwater, Me., d. Oct. 17, 1876. They are buried in Bridgton. See Biographical Review of Cumberland County. Children:
Elizabeth G., b. May 9, 1812, d. Dec. 15, 1838 LaGrange. She m. Mar. 6, 1836 in Milo, Thompson Trott.
Harriet S., b. May 13, 1814, d. Oct. 11, 1815.
Louisa S., b. Aug. 23, 1816. She m. Nov. 25, 1843 in LaGrange, Thompson Trott.
Rebecca E., b. Feb. 21, 1819, d. May 20, 1888 W. Harpswell. She m. (2) Capt. Joseph Lubee.
Charles Milton, b. Feb. 25, 1823, d. Mar. 23, 1916 ae 93 yrs. Bridgton. He m. Sarah Nichols Senter of Lovell.
Sarah H., b. Apr. 19, 1825, d. 1916. She m. Edward Carroll of Mass.
Samuel Adams, b. Aug. 19, 1827, d. Apr. 12, 1857 in Ca.
Edward Russell, b. Dec. 8, 1829 Milo, d. Jan. 10, 1911. He m. Apr. 6, 1857, Abbie Chadboure of Sebago, he of Naples.
Marietta, b. Nov. 3, 1832. She m. Jan. 9, 1855, Benjamin Larrabee of Bridgton.

STAPLES, James b. Apr. 4, 1786 Raymond, son of Peter, d. Aug. 6, 1874 Casco. He m. June 10, 1822, Anna Jordan. She b. July 30, 1798, daughter of Ezekiel & Anne (Mayberry) Jordan, d. Aug. 15, 1849 ae 49 yrs. Casco. He m. (2) Aug. 12, 1849 in Casco, Jane Libby. She b. July 4, 1814, daughter of Jonathan & Abigail (Libby) Libby,
living in 1879 ae 62 yrs. Casco. His widow was a pensioner for his service in the War of 1812. Children:
Edward M., b. Apr. 3, 1825, d. Aug. 11, 1845 ae 20 yrs. unm.
Whitman J., b. Oct. 10, 1829, d. Aug. 15, 1849 ae 49 yrs. Casco. He m. Rebecca Libby. She m. (2) May 12, 1866 in Standish, Andrew Gay both of Casco.
William G., d. July 26, 1847 ae 23 yrs.
Calvin, b. Jan. 26, 1854.

STAPLES, Peter Jr., b. June 22, 1795 Casco, son of Peter, d. Mar. 27, 1870 ae 74 yrs. Casco. He m. Jan. 26, 1829, Sarah Maxwell. She b. Sept. 30, 1804, daughter of William & Hannah Maxwell, d. Nov. 1, 1846 Buxton. He m. (2) Jan. 31, 1848, Sarah M. Jordan of Poland. She b. Feb. 2, 1822, d. Aug. 22, 1886 Mechanic Falls. Children:
Louisa, b. June 15, 1830, d. Feb. 16, 1832.
Franklin, b. Nov. 9, 1833, d. Feb. 22, 1904 Casco.
Edwin, b. Nov. 13, 1835, d. Sept. 16, 1864 Sycamore Church, Va.
Harriet Louisa, b. Jan. 15, 1840 Buxton, d. July 16, 1887.

Emma, b. Dec. 5, 1842.

STAPLES, John Small b. Nov. 2, 1811, son of David & Elizabeth (Small) Staples. He m. Nov. 16, 1832, Rebecca Small of Raymond. She b. Jan. 20, 1811, daughter of Simeon & Deborah (Strout) Small. He m. (2) int. Aug. 10, 1865, Cynthia I. Jones of Gray. Children:
William, b. Jan. 28, 1835
John M.E., b. July 17, 1837
Elisha S., b. Mar. 9, 1840

STARBIRD, Charles W. b. July 4, 1799, d. Feb. 7, 1863 ae 63 yrs., 7 mos., 3 das. He m. Eliza S., who d. Nov. 3, 1839 ae 44 yrs. E. Raymond. He m. (3) Lydia __, who was living in Poland in 1860 ae 52 yrs. with her husband. Children:
Adaline A., b. Sept. 3, 1826, d. Nov. 20, 1842 ae 16 yrs., 2 mos.
Henry, b. Apr. 22, 1828, d. May 15, 1828.
Levi M., b. May 31, 1830.
Charles H., b. Apr. 23, 1832, d. Apr. 12, 1875 Oxford. See Biographical review of Oxford & Franklin Counties, p. 559.
Amos S., b. Sept. 26, 1836.
Benjamin F., b. Jan. 19, 1842.

STARBIRD, Moses b. July 9, 1743 Dover, N.H. He m. May 1765, Martha Atwood. She b. June 15, 1743 Cape Elizabeth. Their daughter, Martha m. Nathaniel Symonds. A Henry Starbird m. Sept. 24, 1799 in Gray, Joanna Wilson both of Raymond.

STEVENS, John b. Apr. 18, 1802, son of Eliab & Rebecca (Pendexter) Stevens of Wells & Limington, d. Sept. 25, 1867 ae 65 yrs., 5 mos., 7 das. Thorndike, Me. He m. Esther Hayden of Raymond. She b. Dec. 19, 1802, daughter of Jeremiah & Margaret (Davis) Hayden of Raymond. When he was 2 years old his parents moved to Limington, then to Raymond and in 1842 to Thorndike. Children:
Margaret, b. Sept. 1823.
Jeremiah, b. Dec. 8, 1824.
William, b. Sept. 15, 1827, d. Oct. 7, 1827.
Eliot, b. Apr. 2, 1830.
Gideon, b. Nov. 24, 1831.
Joseph B., b. June 20, 1834.
John C., b. June 20, 1836.
Sarah E., b. Feb. 1515, 1838.
Joseph H., b. July 30, 1840.

STEVENS, Eliab d. Aug. 1, 1820 Raymond, son of Moses Stevens of Arundel. He m. Nov. 23, 1792, Rebecca Pendexter both of Wells. She d. Oct. 3, 1857 ae 81 yrs. Thorndike. They came from Limington in 1818 and later she and the children moved to Thorndike, Me. Their daughter, Sally was b. May 8, 1820 and their son, Wheelwright m. int. Oct. 13, 1836 in Windham, Jane Varney of Windham.

STIMSON, Russel. Child:
Stephen W., b. May 12, 1878, d. Dec. 9, 1878.

STINCHFIELD, Ephraim. Child:
Ellis M., b. Dec. 18, 1836.

STINCHFIELD, Stephen b. Feb. 15, 1792 New Gloucester, d. Dec, 30, 1860 New Gloucester. He m. Nancy Chipman of Poland. She b. 1795, daughter of Daniel & Anna (Tripp) Chipman, d. June 12, 1823 ae 29 yrs. He m. (2) Oct. 26, 1823 in Bridgton, Betsey Welch both of Raymond. He is buried in the Raymond Hill Cemetery.
Children:
Ephraim, b. May 14, 1813, d. Jan. 2, 1881 Minot.
Royal, b. Apr. 17, 1815, d. Oct. 26, 1853 Honolulu, Hawaii.
Levi, b. Feb. 18, 1817, d. Sept. 8, 1901 Boston, Mass.
Mary A., b. Sept. 27, 1818. She m. John Norwood.
Louisa, by second wife, b. Mar. 7, 1824, d. June 16, 1884 Reading, Mass.
Sarah J., b. Mar. 18, 1825, d. Oct. 10, 1898 Bedford, N.H.
John, b. Oct. 21, 1826, d. Dec. 14, 1880 Sweden, Me.

STONE, John b. Apr. 16, 1809 Otisfield, d. Aug. 23, 1893 ae 92 yrs., 3 mos., 23 das. Windham. He m. Apr. 5, 1832, Catherine b. Sept. 28, 1807, d. Dec. 27, 1892 ae 86 yrs., 3 mos. They had 10 Children:
Julia, b. Sept. 25, 1832, d. Jan. 20, 1905. She m. Zadoc Sylvester.
Veranus, b. Mar. 9, 1834
Abigail, b. Oct. 25, 1835. She m. Stepeh Libby.
Eli, b. Jan. 1, 1838 Casco, d. Nov. 24, 1911 ae 72 yrs. Windham. He left 2 sisters and one brother.
James M., b. Nov. 3, 1839, d. Dec. 10, 1926 State Hospital at Augusta.
John F., b. Mar. 21, 1849, d. Sept. 1, 1863.

STONE
Elizabeth J., b. Feb. 24, 1853, d. Aug. 13, 1863.
Ellen, m. Alonzo Small.
Mark, lived in Denmark.

STROUT, Prince b. 1754 Cape Elizabeth, son of John & Ruth (Mayo) Strout of Cape Elizabeth, d. July 3, 1834 Raymond. He m. Dec. 11, 1775, Christiana Dyer both of Cape Elizabeth. She d. 1837 ae 81 yrs. Raymond. He was a Revolutionary soldier and was living in Gorham in 1786 and soon after removed to Limington. In 1799 they moved to Raymond. Children:
Prince, b. Dec. 25, 1777, (see below)

Ruth, m. Nov. 4, 1796, Richard Strout of Limington, she of Cape Elizabeth.
Samuel Dyer, b. 1786 Gorham, (see below)
Dorcas, b. Apr. 1787 Limington, d. Jan. 10, 1881 ae 93 yes., 9 mos. Raymond. She m. Solomon Thurlow both of Raymond. He d. May 18, 1864 ae 79 yrs., 8 mos., 4 das. Raymond.
Lucy, b. Apr. 3, 1789 Limington, d. Dec. 24, 1861 ae 72 yrs., 8 mos., 21 das. Raymond. She m. int. Jan. 21, 1813 in Limington, Richard Strout Jr. of Limington, she of Raymond. He d. Oct. 9, 1843 ae 68 yrs., 6 mos. Raymond.
Sarah, b. July 1792 Limington, d. Apr. 14, 1865 ae 72 yrs., 9 mos., Poland. She m. Nathan Hanscom of Poland. He d. Feb. 28, 1860 ae 72 yrs. Poland.
Peter, bapt. Nov. 6, 1796 Limington.
Elias, b. ca 1797, (see below)
William W., b. Aug. 1, 1800 Raymond, (see below)

STROUT, Prince Jr., b. Dec. 27, 1777 Cape Elizabeth, son of Prince, d. Jan. 1, 1867 Raymond. He m. Jan. 15, 1799 in Limington, Rachel Strout both of Limington. She b. Nov. 12, 1781 Cape Elizabeth, daughter of Eleazer & Patience (Cash) Strout of Cape Elizabeth, d. Mar. 26, 1868 Raymond. Children:
Christiana, b. Nov. 8, 1799, d. Sept. 20, 1825. She m. July 31, 1823 in Poland, John Walker. He m. (2) May 11, 1829, Sally Austin of Thompson Pond, he of Poland. Her only child was Albion K. P. Walker, b. Mar. 9, 1824, who was raised by his Uncle Charles Strout and took the name of Strout. (See below)
Patience, b. Sept. 27, 1801, d. Mar. 23, 1853 Raymond. She m. Samuel Brown of Raymond. He d. Jan. 14, 1871 ae 66 yrs., 9 mos.
Samuel, b. Feb. 7, 1803, d. Feb. 12, 1803.
Charles, b. Jan. 18, 1805, (see below)
Polly, b. May 15, 1807, d. Feb. 6, 1891 Raymond. She m. Jan. 10, 1814 in Raymond, John Spiller Jr. both of Raymond. He d. Feb. 11, 1862 ae 72 yrs., 3 mos. Raymond. She m. (2) Jan. 1, 1865, Joseph Cook of Windham, she of Raymond.
Lucy, b. Apr. 24, 1809, d. Sept. 5, 1895 Auburn. She m. May 19, 1832, John Randall Doane of Durham, she of Raymond. He b. Jan. 29, 1799, Durham, d. June 18, 1834 Raymond. She m. (2) Oct. 6, 1824, Levi Small Jr. of Raymond. He d. Feb. 24, 1858 ae 45 yrs., 11 mos. Raymond. She m. (3) Samuel Easter Jr. of Auburn, Me.
Eliza C., b. May 11, 1811, d. June 27, 1898 Raymond. She m. Feb. 22, 1835, Collins Strout both of Raymond. He d. Jan. 5, 1869 ae 55 yrs., 9 mos. Raymond.
Rev. Daniel, b. Nov. 17, 1812, (see below)
Sally, b. Aug. 18, 1816, d. Aug. 29, 1901 Mechanic Falls. She m. June 18, 1839, Cyrus L. Tenney both of Raymond. He d. Feb. 16, 1884 ae 64 yrs.
Samuel Dyer, b. Mar. 10, 1818, (see below)
Elsie O., b. Mar. 8, 1819, d. Sept. 29, 1896 Raymond. She m. Dec. 24, 1840, Joseph Allen of Raymond. He d. Sept. 4, 1903 ae 83 yrs., 1 mo., 9 das.. Raymond.
Rachel, b. Mar. 10, 1820, d. 1891 So. Casco. She m. Stephen Tenney of Raymond. He d. Aug. 24, 1844 ae 27 yrs., 6 mos. She m. (2) Daniel C. Foster. He b. Apr.

11, 1830 Gray, d. May 7, 1918 ae 88 yrs. Buried in South Casco Cemetery at So. Casco.
Prince, b. Dec. 16, 1823, (see below)
Lafayette, b. Nov. 25, 1825, d. Apr. 30, 1826 Raymond.

STROUT, Albion Knight Prince b. Mar. 5, 1825 Poland, son of Christiana, d. June 22, 1900 ae 76 yrs., 3 mos., 13 das. Raymond. He was adopted by his Uncle Charles Strout and took the name Strout. He m. Jan. 10, 1850, Mary E. Donahue of Freeport, Me. He m. (2) Mar. 30, 1867, Mary Elizabeth (Dolly) Strout, widow of his Uncle Prince Strout. She b. Sept. 22, 1829 Gray, d. July 8, 1902 ae 72 yrs., 6 mos., 11 das. Raymond. Children:
Nellie Ellen, b. July 24, 1852 Freeport, d. Sept. 30, 1910 Raymond. She m. June 16, 1871, Willard Strout both of Raymond. He b. Dec. 10, 1848, d. Mar. 31, 1929 Raymond.
Carrie Belle, b. July 15, 1867, d. Jan. 14, 1947 Alfred. She m. Dec. 31, 1892, Daniel Edwin Leach both of Raymond. He son of James E. & Frances J. (Plummer) Leach.
Edward, b. Dec. 17, 1871, d.y.
Myra Evelyn, b. July 28, 1872, d. Dec. 31, 1928 Raymond. She m. Aug. 27, 1889, James Elliot Gerry both of Raymond.
Hamden, b. Nov. 14, 1873

STROUT, Charles b. Jan. 18, 1805, son of Prince Jr., d. Mar. 6, 1890 Gray. He m. in 1826, Maria Cash of Raymond. She b. Aug. 17, 1807, daughter of John & Elsie (Cash) Cash, d. Nov. 26, 1871 Raymond. Children:
Miranda, b. Apr. 11, 1830, d. Aug. 4, 1900 Raymond. She m. Feb. 14, 1847, Alonzo Small of Raymond. He d. Mar. 17, 1876 ae 53 yrs.
Sophronia B., b. June 4, 1831, d. June 13, 1831.
Sophronia B., b. Nov. 14, 1832, d. June 15, 1914 Raymond. She m. Moses Dyer Duran of Raymond. He d. Aug. 25, 1889 ae 58 yrs., 1 mo., 15 das.
Levi Norris, b. Apr. 1, 1835, (see below)
William Oren Henry, b. Feb. 14, 1838, (see below)
Cyrus Tenney, b. June 26, 1841, (see below)
Daniel Spiller, b. June 26, 1845, (see below)
Augusta J., b. June 4, 1848, d. June 26, 1848 Raymond.
Augustus W., b. June 4, 1848, d. June 20, 1848 Raymond.

STROUT, Levi Norris b. Apr. 1, 1835, son of Charles, d. May 25, 1909 Mechanic Falls. He m. Sept. 26, 1860, Mary Elizabeth Plummer of Naples. She b. Feb. 27, 1843, daughter of Alonzo & Sarah (Mitchell) Plummer, d. July 6, 1907 Lewiston. He was a member of Co. A., 16th. Me. Reg't. Children:
Warren Augustus, b. May 10, 1862.
Sarah Frances, b. Oct. 10, 1864, d. June 5, 1944 Poland. She m. Linwood L. Morrell of Buckfield. He b. Apr. 6, 1861, d. May 11, 1912.
Eugene Herman, b. Oct. 11, 1866, d. Feb. 25, 1926 Portland. He m. May 29, 1886, Ulvilda Edes Tenney of Minot, he of Poland. She b. Jan. 19, 1868 New Gloucester, d. Jan. 23, 1940 Falmouth.

Clara Ellen, b. July 30, 1869, d. Mar. 29, 1949 Bath. She m. Oct. 5, 1891, Rowland Hanscom of Poland.
Charles Alonzo, b. June 29, 1871, d. Dec. 19, 1936 Mechanic Falls. He m. May 30, 1896, Velora J. Fox.
Myrtie Lee, b. Nov. 2, 1875. She m. Oct. 7, 1896, in Portland, Roscoe R. Reed both of Portland.
Irving Royal, b. July 26, 1879, d. Mar. 11, 1950 Mechanic Falls.
Jennie Edith, b. Oct. 6, 1884, d. 1967 Omaha, Neb. She m. Oct. 12, 1903 in Mechanic Falls, Harry Feilding both of Mechanic Falls.

STROUT, William Oren Henry b. Feb. 14, 1838, son of Charles, d. Oct. 22, 1897 Gray. He m. Dec. 5, 1867, Sarah Jane Strout of Raymond. She b. Apr. 13, 1850, daughter of John Wesley & Mary A. (Tripp) Strout, d. July 23, 1929 Gray, She m. (2) Samuel Glimes. Children:
Mary Ellen, b. Sept. 15, 1868. She m. Oct. 20, 1883, Charles E. Knight of Poland. She m. (2) Nov. 22, 1902, George C. Hanson of Windham. She m. (3) Dec. 18, 1926, George L. Mains both of Gorham.
Freedom H., b. May 29, 1870 Portland, d. Oct. 13, 1951 Gray. He m. Dec. 16, 1893 in Gray, Phebe Verrill of Raymond.
Maria K., b. Dec. 17, 1873, d. Aug. 15, 1961 Gorham. She m. Feb. 22, 1894 in Gray, Dwinal Verrill both of Gray.
Woodbury Dale, b. May 4, 1878 Gray, d. May 30, 1941 Gorham. He m. Augusta B. Spring of New Gloucester.

STROUT, Cyrus Tenney b. June 26, 1841, son of Charles, d. July 22, 1918 Raymond. He m. June 25, 1862, Lovina Purington Tripp. She b. June 25, 1845, daughter of Nicholas & Charlotte (Thurlow) Tripp, d. Nov. 29, 1895 Casco. He m. (2) Nov. 18, 1896 in Casco, Mary J. (Lombard) Bennett both of Casco. She d. Aug. 30, 1901 ae 63 yrs. No. Yarmouth. He m. (3) Feb. 1, 1904 in Gray, Nancy (May) Thurlow, widow of Sewall Thurlow. She b. Nov. 25, 1828, daughter of John & Hannah (Verrill) May, d. Sept. 20, 1915 Gray. Children:
Emma U., b. July 18, 1865, d. Apr. 1945. She m. Nov. 4, 1882, Frank W. Knight of Raymond. She m. (2) James Ganer of No. Woodstock, N.H.
Abbie L., b. Oct. 6, 1866, d. June 30, 1964 Raymond. She m. Feb. 19, 1881, Ezra Edwards of Raymond.
Dora Lizzie, b. Dec. 29, 1868, d. July 27, 1899 Mechanic Falls. She m. Apr. 13, 1884 in Raymond, Alonzo D. Bartlett of Raymond.
Perley Cyrus, b. Apr. 8, 1871, d. Jan. 8, 1950 Lewiston. He m. Jan. 19, 1893 in Minot, Iola E. Libby. He m. (2) Nov. 24, 1909 in Portland, Winnefred S. (Cousins) Sparrow of Gorham.
Prince Edward, b. Dec. 11, 1872, d. Apr. 10, 1943 Casco. He m. July 13, 1895 in Norway, Rachel M. Weeks of Gray. He m. Nov. 12, 1914 in Auburn, Abbie Albertina Record.
Ellen A., (Nellie), b. June 6, 1875, d. July 15, 1951. She m. Nov. 28, 1896 in Mechanic Falls, Edward C. Rawson both of Mechanic Falls.
Guy R., b. Feb. 21, 1879, d. Oct. 31, 1947 Westbrook. He m. Dec. 29, 1906 in Raymond, Mauricia Lombard of Poland. He m. (2) Jan. 12, 1917 in Casco, Mildred J. (Blair) Tenney.

STROUT, Daniel Spiller b. Jan. 26, 1845, son of Charles, d. Jan. 28, 1918 Portland. He m. Jan. 13, 1865, Catherine Priscilla Decker of Southport. She b. Jan. 27, 1846 Northport, d. May 19, 1884 ae 35 yrs., 4 mos., 12 das. Raymond. He m. (2) Aug. 24, 1887 in Portland, Martha Louise (Withrop) Whitney of Swan's Island. She d. Aug. 29, 1911 ae 52 yrs. Portland. Children:
Curtis Kingsbury, b. Feb. 14, 1866, d. July 6, 1890 Cape Elizabeth.
Cora Anna, b. Dec. 25, 1867, d. Nov. 14, 1940 Mechanic Falls. She m. Aug. 10, 1884, Frederick H. Bragdon of Poland, she of Raymond.
Lenora Victoria, b. Mar. 7, 1870. She m. Thomas Trundy of Southport, Me.
Hattie Alice, b. Mar. 6, 1875, d. Oct. 1890 Raymond. She m. Sept. 3, 1890, Warren Bartlett of Raymond, she of Portland.
Katie Athalane, b. Aug. 2, 1888 Portland, d. June 4, 1955 Salt Lake City, Utah.
Norris Withrop, b. Nov. 26, 1889 Portland, d. Nov. 10, 1916 Portland.
Henry Kingsbury, b. Oct. 22, 1891 Gray, d. Sept. 5, 1892 Portland.
Ralph Alton Lee, b. June 28, 1893 Portland, d. Apr. 19, 1983 Portland.
Daniel Scott, b. July 12, 1895 Portland, d. July 29, 1896.
Lendall Forest Arthur, b. Apr. 19, 1899 Portland, d. Feb. 6, 1921

STROUT, Rev. Daniel b. Nov. 17, 1812, son of Prince Jr., d. Aug. 23, 1885 Henry, Ill. He m. Jan. 2, 1836, Harriet Rollins of Poland, he of New Gloucester. She b. Nov. 1, 1814 New Gloucester, d. Aug. 23, 1872 Ill. He was a Methodist minister. Children:
Hamden A., b. Nov. 24, 1837 Poland, d. Apr. 4, 1906.
Martin Van Buren, b. Nov. 25, 1841 New Gloucester, d. Jan. 4, 1845.
Emma, b. Oct. 14, 1846 Pittsburgh, Pa., d. July 29, 1922. She m. Dec. 24, 1868 in Shackwine, Ill., Noah Pellit.
Celia Ann Augusta, b. Jan. 12, 1854 Henry, Ill. She m. Jan. 12, 1869, Charles Brown.

STROUT, Samuel Dyer b. Mar. 10, 1818, son of Prince Jr., d. Mar. 3, 1911 Casco. He m. Dec. 9, 1843, Jerusha Lamb of Windham, he of Raymond. She d. Apr. 2, 1896 ae 78 yrs. Windham. They moved from Raymond to Windham in 1881. Children:
Araminta, b. Oct. 20, 1844, d. Oct. 12, 1923. She m. Isaac Edwards. She m. (2) Jacob Skinner. She m. (3) __ Stiles of Cambridge, Mass.
Florenda, b. May 7, 1846, d. May 22, 1846 Raymond.
Edwin White, b. Oct. 8, 1848, d. Aug. 23, 1913 Windham. He m. June 2, 1900 in No. Windham, Clara (Goodhue) Brooks both of Windham.
Nathaniel Lamb, b. Apr. 11, 1851, d. Nov. 15, 1918 Casco. He m. Nov. 1, 1875, Sophronia Swett Maxfield of Casco, he of Windham. She b. Mar. 20, 1848 Casco, daughter of Nathan & Sarah (Cook) Maxfield, d. Dec. 18, 1925 So. Paris.
John Sherwood, b. June 12, 1854, d. July 23, 1927 Mechanic Falls. He m. Nov. 27, 1874, Marcia B. Weymouth of New Gloucester, he of Windham. She b. Sept. 23, 1852 New Gloucester, d. Dec. 22, 1923 Mechanic Falls.

STROUT, Prince b. Dec. 16, 1823, son of Prince Jr., d. May 10, 1857 Raymond He m. Sept. 20, 1846, Mary Elizabeth Dolley of Gray. She b. Sept. 22, 1829 Gray, daughter of George & Martha (Foster) Dolley, d. July 8, 1902 Raymond. She m. (2) Mar. 14, 1867, Albion Knight Prince Strout. He d. June 22, 1900 ae 76 yrs., 3 mos., 13 das. Raymond. Children:
Erastus Greenville, b. July 25, 1847, (see below)
Martin Van Buren, b. July 5, 1850, d. Apr. 14, 1931 Alfred, Me. He m. Barbara Calder. She b. May 6, 1846 in Canada, d. May 31, 1910 Gray.
Martha Elizabeth, b. Apr. 3, 1853, d. Feb. 1, 1894 Raymond. She m. Joseph Plummer both of Raymond.
Francis E., b. Sept. 26, 1855, d. June 13, 1857 Raymond.

STROUT, Erastus Greenville b. July 25, 1847, son of Prince Jr., d. Jan. 4, 1915 Biddeford. He m. Apr. 5, 1869 in Portland, Eliza Leavitt Chase of Waterboro. She b. Sept. 3, 1847 Wolfeboro, N.H., d. Jan. 9, 1909 Melrose, Mass. He m. (2) Dec. 3, 1912 in Biddeford, Lois A. (Chase) Drew, sister to his first wife. She b. Mar. 10, 1852 Waterboro, d. July 12, 1929 Biddeford. Children:
Stella May, b. Apr. 8, 1875. She m. Oct. 27, 1898, John Victor Day of Melrose, Mass.
Edgar Eugene, b. June 29, 1870 Waterboro, d. 1915 Denver, Col.
Florence Ethel, d. June 10, 1881 ae 3 yrs. Chelsea, Mass.
Harry, b. Feb. 11, 1881 Waterboro, d. Aug. 7, 1956 Stoneham, Mass.
Clara, b. Jan. 2, 1884 Chelsea, Mass., d. Nov. 15, 1886 Chelsea, Mass.

STROUT, Samuel Dyer b. 1786 Gorham, son of Prince, d. Aug. 20, 1838 ae 52. He m. Mar. 14, 1806, Mary Thurlow both of Raymond. She d. May 19, 1853 ae 71 yrs., daughter of Davis & Abigail (Manchester) Thurlow, May 19, 1853 ae 71 yrs. Children:
Collins Raymond, b. Apr. 14, 1812, (see below)
Ruth, b. Aug. 11, 1813, d. July 5, 1894 Raymond. She m. John Cash Duran of Raymond. He d. Apr. 18, 1876 ae 69 yrs. Raymond.
Christiana, b. July 6, 1816, d. Mar. 6, 1907 No. Raymond. She m. Aug. 2, 1840, Edward Libby of New Gloucester, she of Raymond. He b. Aug. 8, 1804, d. Jan. 13, 1867 Raymond. She m. (2) Oct. 20, 1869, Solomon B. Foster both of Gray. She m. (3) Dec. 10, 1876, Henry Spiller both of Raymond.
Elias, b. Apr. 2, 1818, (see below)
Benjamin, b. Nov. 30, 1819, (see below)
Mary Ann, b. Feb. 11, 1822, d. Aug. 12, 1904 Raymond. She m. Amos Spiller of Raymond. He d. Aug. 6, 1891 ae 69 yrs., 5 mos., 3 das. Raymond.
Melissa, b. June 2, 1826, d. May 5, 1830 ae 3 yrs., 11 mos. (also Apr. 26, 1831)

STROUT, Collins Raymond b. Apr. 14, 1812, son of Samuel D., d. Jan. 5, 1869 ae 55 yrs., 9 mos. He m. Feb. 22, 1835, Eliza Strout of Raymond. She b. May 3, 1811, daughter of Prince Jr. & Rachel (Strout) Strout, d. June 26, 1898 ae 85 yrs., 1 mo., 23 das. Children:
Melissa B., b. Oct. 21, 1835. She m. Oct. 9, 1859 in Charleston, Vt., Alonzo Currier. He b. Nov. 7, 1834 Brighton, Vt., d. Mar. 19, 1910 Island Pond, Vt.

Eliza Ann, b. Nov. 17, 1837. She m. Feb. 1, 1859, Isaiah W. Bennett of Chesterville, Me. She m. (2) Mar. 4, 1872, Oren F. Wheeler both of Charlestown, Mass.
James Freeland, b. Aug. 20, 1839, (see below)
Amos S., b. Oct. 29, 1841, d. June 27, 1863. He was a member of Co. K., 17th Me. Reg't.
Annie, b. 1843, d. June 8, 1845 Raymond.
Mary Jane, b. Mar. 27, 1846, d. June 5, 1927 Minot. She m. July 30, 1863 in Danville, Woodbury Pollas Libby of Minot. He b. Oct. 17, 1840 Minot, d. Mar. 1913.
Willard, b. Dec. 11, 1847, (see below)
Anna Christianna, b. Oct. 16, 1849, d. Dec. 15, 1932 Portland. She m. William Albert Parker. He d. Aug. 17, 1914 ae 64 yrs., 4 mos., 15 das. Raymond.
Rufus S., b. July 16, 1852, (see below)
Narcissa, b. Nov. 15, 1853, d. Mar. 214, 1939 Raymond. She m. Dec. 14, 1871, Erastus A. Files both of Raymond. He b. 1849, d. 1939.

STROUT, James Freeland b. Aug. 20, 1839, son of Collins R., d. Sept. 25, 1904 Casco. He m. Elmira Tenney of Raymond. She b. Feb. 19, 1839, daughter of Reuben & Charity W. (Dodson) Tenney, d. Jan. 16, 1878 He m. (2) Nov. 20, 1881 in Raymond, Mary Elizabeth (Hanson) Spiller, widow of Thomas Spiller of Casco. She b. Feb. 1838 Windham, daughter of William P. & Fidela (Wight) Hanson of Windham, d. Feb. 21, 1918 Portland. Children:
Amos S., b. Mar. 26, 1865, d. Feb. 2, 1938 Middleton, Mass.
Jennie M., b. 1866, d. 1940 Casco. She m. Winborn L. Lomdon of Middleton, Mass.
Grace D., b. Mar. 13, 1875. She m. Feb. 16, 1900, George E. Walker of Poland, she of Raymond. She m. (2) Walter H. Walkup of Salem, Mass.
Myra L., b. June 13, 1879, d. Sept. 15, 1943 Mechanic Falls. She m. Jan. 8, 1899 in Raymond, Harlen L Emery of Poland, she of Raymond. She m. (2) May 27, 1903 in Mechanic Falls, Alfred B. Taylor of Oxford, she of Mechanic Falls.

STROUT, Willard b. Dec. 11, 1847, son of Collins R., d. Mar. 31, 1929 Raymond. He m. June 17, 1871, Nellie Ellen Strout of Raymond. She b. July 24, 1852 Freeport, Me., daughter of Albion K. P. & Mary E. (Donahue) Strout, d. Sept. 30, 1910 Raymond. He m. (2) Ella L. (Peabody) Condrey of Swampscott, Mass. Children:
Frances Gertrude, b. Sept. 9, 1873, d. Dec. 30, 1886 Raymond.
Berty F., b. 1874, d.y.
Lillian Lena, b. Apr. 13, 1878, d. Apr. 20, 1958 Mechanic Falls. She m. Nov. 28, 1895, Adelbert L. Strout of Mechanic Falls. She m. (2) Mar. 21, 1914 in Auburn, Percy C. Cox both of Mechanic Falls. She m. (3) July 28, 1927 in Casco, James Strout Plummer both of Raymond.
Archie H., b. 1893, d. Apr. 13, 1894 Raymond.

STROUT, Rufus S. b. July 16, 1852, son of Collins R., d. Sept. 27, 1919 Portland. He m. Oct. 28, 1897 in Raymond, Lydia A. (Welch) Strout both of Raymond. She was the divorced wife of James A. Strout of Raymond. She b. Nov. 18, 1850,

daughter of Joseph D. & Mehitable (Edwards) Welch, d. Oct. 20, 1926 Portland. Child, but raised her children by her former husband.
Harris, b. July 17, 1900, d. Apr. 27, 1922 Raymond.

STROUT, Elias b. Apr. 2, 1818, son of Samuel D., d. July 3, 1863 Gettysburg, Pa. He was a member of Co. C., 17th Me. Reg't. and killed in battle. He m. Aug. 10, 1840 in New Gloucester, Mary Spiller of Raymond. She b. Dec. 20, 1817, daughter of John & Elizabeth (Strout) Spiller, d. 1886. Children:
Daniel Spiller, b. Aug. 25, 1846, (see below)
Horace, b. July 21, 1853, (see below)

STROUT, Daniel Spiller b. Aug. 25, 1846, son of Elias, d. Feb. 9, 1928 Casco. He m. Nov. 12, 1865, Priscilla Decker. She b. Jan. 27, 1847. He m. (2) Harriet E. Woods. She b. Mar. 17, 1851 Nashua, N.H., d. Aug. 9, 1922 Casco. Children:
Lizzie, b. Apr. 7, 1867, d. 1969 Casco. He m. May 1, 1913 in Mechanic Falls, Frederic Bishop Nichols of Casco.
Harold Dexter, b. Feb. 3, 1890, a grandson raised by them, d. Aug. 27, 1952 So. Portland.

STROUT, Horace b. July 21, 1853, son of Elias, d. July 6, 1928 Raymond. He m. Jan. 17, 1874, Elizabeth W. Hodgdon of New Gloucester. She b. Sept. 30, 1856, daughter of Samuel S. & Persis M. (Churchill) Hodgdon, d. Oct. 20, 1893. He m. (2) Nov. 11, 1893 in E. Poland, Ella C. (Spiller) Foster. She b. Apr. 26, 1857, daughter of John & Esther (Morrill) Spiller, d. May 23, 1937. Children:
Horace, b. May 26, 1875, d. Dec. 4, 1876.
Elias Ralph, b. Aug. 22, 1878, d. Feb. 26, 1962 Old Orchard. He m. Oct. 16, 1902 in Gorham, Frances E. Thurston.
Zenas Haines, b. Jan. 19, 1882, d. May 8, 1968 Raymond. He m. Dec. 9, 1907, Etta W. Symonds of Raymond. She b. May 20, 1889, daughter of Charles F. & Elvina (Allen) Symonds, d. May 23, 1981 Lewiston.
Alfred H., b. Apr. 23, 1885, d. Nov. 20, 1980 Portland. He m. May 13, 1905 in Windham, Persis D. Brown of Raymond. She b. Feb. 5, 1888, daughter of Samuel Boothby & Nettie B. (Martin) Brown. She m. (2) Feb. 7, 1933, Merle C. Brackett of No. Yarmouth.
Roland, b. Aug. 21, 1891, d. Apr. 10, 1894 Raymond.

STROUT, Benjamin b. Nov. 30, 1819, son of Samuel D., d. Jan. 3, 1910 Harrison. He m. Oct. 8, 1840, Susan Spiller of Raymond. She b. Aug. 22, 1815, daughter of John & Elizabeth (Strout) Spiller, d. Oct. 30, 1889 Harrison. They moved to Harrison in 1854. Children:
Mary Elizabeth, b. Apr. 24, 1841, d. Oct. 31, 1880 Harrison. She m. Jan. 1, 1873, William J. Woodbury of Westbrook, she of Harrison.
Viola, b. July 6, 1843, d. Apr. 1, 1918 Raymond. She m. Jan. 14, 1865, James Frank Gerry of Raymond. He b. Aug. 27, 1844 Limerick, d. Dec. 14, 1935 Raymond.
Mary S., b. Feb. 5, 1846, d. June 9, 1912 Raymond. She m. July 20, 1872, John Berry of Casco, she of Harrison.

Bela, b. Nov. 27, 1847, d. Mar. 14, 1931 Auburn. He m. Dec. 15, 1874, Adda Moses of Standish. He m. (2) Apr. 15, 1875 in Harrison, Frances D. Moulton of Naples. She b. June 5, 1858 Naples, d. June 25, 1912 Poland. He m. (3) Jan. 26, 1919 in E. Poland, Agnes (Brown) Durrell.
Josiah Goodhue, b. Jan. 13, 1851, d. Oct. 1, 1943 Harrison. He m. Mar. 25, 1873, Martha Helen Wentworth of Raymond. She b. Mar. 30, 1852, d. Feb. 19, 1939 Harrison.
Samuel Durand, b. Aug. 13, 1853, (see below)
Lucy Emmeline, b. Feb. 3, 1856, d. Oct. 8, 1-869 Harrison.
John, b. Feb. 3, 1859, d. July 27, 1863 Harrison.

STROUT, Samuel Durand b. Aug. 13, 1853, son of Benjamin R., d. Aug. 6, 1936 Mechanic Falls. He m. Sept. 8, 1873, Laura Etta Spiller of Casco. She b. Mar. 19, 1855 Casco, daughter of Josiah G.M. & Margaret (Hall) Spiller, d. July 13, 1937 Mechanic Falls. Children:
Lucy Emmeline, b. Jan. 30, 1875, d. Apr. 10, 1974 ae 99 yrs. Norway. She m. Aug. 28, 1898 in Livermore Falls, Daniel L. Day of Jay, she of Casco.
Elias Millard, b. July 3, 1877, d. Aug. 5, 1946 Lewiston. He m. July 31, 1901 in Mechanic Falls, Lillian Herrick of Poland.
Benjamin Roberts, b. Sept. 3, 1879, d. Apr. 24, 1960 Mechanic Falls. He m. Dec. 24, 1905 in Mechanic Falls, Alice M. (Goodwin) Thorpe.
Stephen Hall, b. Apr. 14, 1882, d. July 17, 1966 Jay. He m. July 19, 1913 in Cape Elizabeth, Nellie May Fletcher.
Harold Leroy, b. Apr. 4, 1884 Casco, d. July 12, 1970 Lewiston.
Burton Linwood, b. Sept. 29, 1886, d. Oct. 7, 1965 Salinas, Ca.
Agnes Hattie, b. Feb. 28, 1889, d. Mar. 19, 1891 Harrison.
Winfred Mortimer, b. June 18, 1893, d. Aug. 25, 1976 So. Portland.

STROUT, Elias b. ca 1797 Limington, son of Prince, d. Jan. 24, 1827 No. Raymond. He froze to death returning home in a blizzard. He m. Oct. 9, 1820, Rhoda Strout of Limington, he of Raymond. She d. Aug-Sept. 1831 Limington, visiting relatives there.
Children:
Deborah, b. Jan. 21, 1823, d. Oct. 21, 1892 Raymond. She m. Mar. 6, 1841, Stephen Bartlett of Raymond. He d. Aug. 2, 1887 ae 69 yrs., 8 mos.
Jane, b. July 17, 1824, d. Oct. 7, 1904 Raymond. She m. June 18, 1843, John Jordan Symonds of Raymond. He d. Aug. 15, 1913 ae 90 yrs.
Elizabeth, b. Apr. 1827, d. Sept. 1828 Raymond.

STROUT, William W. b. Aug. 1, 1800 Raymond, son of Prince, d. Mar. 22, 1875 ae 74 yrs., 6 mos. Windham. He m. Cynthia Estes both of Raymond. She b. Jan. 5, 1803, d. Nov. 21, 1886 ae 83 yrs., 10 mos., 16 das. Windham. They are buried at No. Windham. Children:
Lydia E., b. May 22, 1822, living 1860 Boxford, Mass. She m. Nov. 26, 1846 in Boxford, John P. Dresser of Boxford, Mass.
Peter, b. June 27, 1824, d. July 16, 1901 Boxford, Mass. He m. Oct. 1848, Margaret R. Knight both of Windham. She b. Aug. 22, 1828, d. Mar. 2, 1892 Boxford.

Hannah R., b. 1827. She m. June 29, 1851, Andrew Dennis Mayberry of Westbrook. He b. Dec. 26, 1826, d. July 5, 1863 Gettysburg, Pa. She m. (2) Nathan K. Fowler of Boxford, Mass.
Ebenezer, b. July 1829, d. May 1, 1890 Groveland, Mass. He m. June 21, 1853 in Newbury, Mass., Elizabeth Jane Rogers of Newbury. She b. Sept. 24, 1832 Newbury, d. Feb. 18, 1912 Groveland, Mass.
Betsey, b. Mar. 20, 1833, d. Mar. 1, 1903 Windham. She m. Mar. 15, 1855 in Boxford, Mass., Joseph B. Jordan of Windham.
Nathan Allen, b. Mar. 20, 1836, d. Jan. 17, 1904 Windham. He m. Jan. 26, 1865, Ellen Miranda Megquire of Falmouth, he of Windham. She d. Jan. 4, 1873 ae 25 yrs. Windham. He m. (2) June 1873 in Conway, N.H., Etta S. Meguire both of Windham.
Mary A., b. Nov. 14, 1838, d. Feb. 23, 1879 Windham. She m. Oct. 21, 1865, Joseph B. Jordan both of Windham.
Jonathan Estes, b. 1842, d. Sept. 28, 1877 Portland. He m. Apr. 4, 1864, Sarah Irvin of Portland, he of Windham.
Ellen M., d. Jan. 4, 1873 ae 25 yrs., 11 mos. Windham.

STROUT, Samuel b. Apr. 13, 1767 Gorham, son of George & Rebecca (Freeman) Strout, d. Feb. 13, 1856 ae 88 yrs., 10 mos. Otisfield. He moved to Limington after his marriage and in 1816 removed to Raymond. He m. June 21, 1787, Jerusha Emery of Gorham, he of Raymond. She b. Jan. 9, 1769 Buxton, d. Oct. 14, 1831 ae 62 yrs., 9 mast Raymond. He m. (2) Hannah (Murch) Hamlin of Otisfield, widow of Jonathan Hamlin. She b. July 20, 1785 Buxton, d. Dec. 10, 1860 Otisfield. His parents, George Strout, d. Apr. 22, 1814 ae 75 yrs. Raymond and mother, Rebecca, d. Mar. 12, 1822 ae 88 yrs. Raymond. Children:
Daniel, b. Jan. 15, 1738 Limington, (see below)
Samuel, b. Dec. 15, 1789, d. Mar. 20, 1878 Waterboro. He m. Nov. 20, 1823 in Hiram, Nancy Chadbourne of Hiram.
Joshua, b. Nov. 9, 1791 Limington, (see below)
Mercy, b. Oct. 9, 1796 Limington, d. Oct. 29, 1867. She m. Dec. 19, 1816 in Gorham, Samuel Brown both of Gorham.
Hannah, b. May 29, 1799, d. Jan. 20, 1828 Sweden, Me. She m. Apr 4, 1827, Nathaniel P. Hilton both of Bridgton.
Dorcas, b. Apr. 3, 1802, d. June 8, 1830 Raymond. She m. Josiah Swett. He b. Oct. 22, 1805, d. Mar. 10, 1855 ae 49 yrs. Casco. He m. (2) Elizabeth Cook. She b. Dec. 1, 1806, d. June 8, 1850.
Rev. Nathaniel, b. Mar. 13, 1805, (see below)
Sally, b. May 15, 1807, d. July 2, 1838 ae 26 yrs., 4 mos. Raymond. She m. Joshua Brackett of Casco. He b. May 15, 1815, d. Feb. 21, 1899 Portland.
James, b. Feb. 14, 1809, (see below)
Cyrus, b. Nov. 25, 1811, d. Apr. 23, 1831 Raymond.
Lydia, b. Mar. 29, 1814, d. June 7, 1834 ae 20 yrs., 5 mos. Raymond.
Flowrinda, b. May 2, 1819 Raymond, d. May 7, 1819 ae 15 yrs. Raymond.

STROUT, Daniel b. Jan. 15, 1788 Limington, son of Samuel, d. July 19, 1854 Casco. He m. int. Dec. 29, 1816, Hannah Strout of Raymond, he of Limington. She

b. ca 1792, daughter of Levi & Rebecca (Strout) Strout of Cape Elizabeth, d. June 10, 1863 ae 71 yrs. Casco. Children:
Harriet N., b. Aug. 28, 1818, d. Sept. 14, 1900 Casco. She m. July 22, 1855, William Gay both of Raymond. He b. May 20, 1811, d. Nov. 26, 1860. She m. (2) May 31, 1870, Caleb Edwards of Otisfield.
Adeline, b. Jan. 10, 1823, d. June 27, 1899 Lewiston. She m. in 1856, Anthony Varney of Naples.
Maria, b. Feb. 14, 1824, living in 1850 Casco.
George, b. Aug. 23, 1829, d. Mar. 31, 1889 Gorham. He m. int. Oct. 28, 1849, Mary B. Estes both of Poland. She d. Oct. 30, 1903 ae 74 yrs. Westbrook.
Rev. Thomas Brackett, b. July 7, 1830, d. Jan. 4, 1904 Standish. He m. Aug. 5, 1854, Ruth Chute both of Casco. He m. (2) Oct. 22, 1858, Rachel Hicks of Gorham.

STROUT, Joshua b. Nov. 9, 1791 Limington, son of Samuel, d. Aug 26, 1831 ae 39 yrs., 6 mos. Raymond. He m. May 9, 1816, Martha Tyler both of Limington. She b. Dec. 30, 1794 Limington, daughter of Capt. Joseph Stevens & Jane (March) Tyler, d. Dec. 2, 1867 Raymond. She m (2) Edward Jordan both of Raymond. He d. Jan. 2, 1856 ae 72 yrs. Raymond. Children:
Mary Ann, b. Dec. 18, 1816, d. June 28, 1869 Biddeford. She m. July 13, 1833 in Windham, Rufus Hanson.
Cyrena, b. Feb. 17, 1818, d. Aug. 1, 1861 Falmouth. She m. Dec 11, 1844 in Portland, Joseph Knight of Falmouth. He d. Mar. 11, 1885 ae 72 yrs. Falmouth.
Jane Tyler, b. Aug. 15, 1819, d. Sept. 17, 1889 Gray. She m. Jan. 18, 1838, Joseph Parker Sawyer of Gray. He b. June 6, 1814, d. Jan. 10, 1898 Gray.
Alonzo D., b. Jan. 3, 1821, (see below)
Albert, b. May 17, 1822, (see below)
Edwin, b. Mar. 25, 1824, d. Dec. 24, 1869 Portland. He m. Sept. 16, 1845 in Portland, Lydia Ellen Bishop. She d. Jan. 1, 1873 ae 51 yrs
Freeman, b. Sept. 17, 1825, (see below)
Albronia, b. Mar. 27, 1827, d. Apr. 23, 1906 ae 79 yrs. Hopkinton, Mass. She m. June 21, 1845 in Milford, Mass, Henry L. Tyler of Sebago.
Elizabeth B., b. Oct. 25, 1828, d. Jan. 2, 1899 ae 70 yrs., 2 mos., 8 das. Gorham. She m. Aug. 28, 1849, Rev. Samuel B. Sawyer of Gray. He b. Feb. 18, 1828 Poland, d. Dec. 3, 1910 Gorham.
James, b. July 20, 1830, (see below)
Margaret, b. Jan. 26, 1832, d. Aug. 23, 1914 Mechanic Falls. She m. May 8, 1849 in Casco, Samuel Estes of Poland. He b. Mar. 4, 1822, d. 1895.

STROUT, Alonzo D. b. Jan. 3, 1821, son of Joshua, d. Jan. 8, 1899 ae 78 yrs., 5 das. Raymond. He m. June 29, 1845, Harriet W. Sawyer of Gray, he of Raymond. She d. Mar. 9, 1874 ae 52 yrs., 15 das. Raymond. He m. (2) Oct. 2, 1880, Jennie Esther (Davis) (Wentworth) Robinson of Windham, he of Raymond. (She m. Oct. 22, 1862, William H. Wentworth & m. (2) George B. Robinson) She b. Aug. 31, 1841, daughter of Thomas & Paulina (Staples) Davis, d. Nov. 22, 1907 Raymond. (Alonzo Strout of Raymond m. Oct. 2, 1880 in Raymond, Jennie E. Robinson of Windham) Children:

Adelaide W., b. July 9, 1845 Gray, d. Mar. 19, 1923 Topsham, Me. He m. Dec. Nov. 29, 1863, Charles Davis both of Raymond. He b. Nov. 28, 1840 Raymond, d. Mar. 25, 1915.
Sumner, b. Nov. 13, 1848, d. Apr. 21, 1921 Topsham, Me. He m. Dec. 24, 1871, Melissa Jane Witham of Raymond. She b. Apr. 3, 1852, d. Sept. 28, 1874 Raymond. He m. (2) Mar. 23, 1879, Eliza G. Greene of Barre, Vt. She b. Dec. 1, 1852 Rutland, Vt., d. Apr. 14, 1917 Topsham. They moved to Topsham in 1879.
Alonzo Raymond, b. Sept. 14, 1884.

STROUT, Albert b. May 17, 1822, son of Joshua, d. Jan. 24, 1903 Raymond. He m. Frances B. Jordan of Raymond. She b. July 13, 1826 Raymond, daughter of Levi & Dorcas (Brown) Jordan, d. July 27, 1904. Children:
Edna Delora, b. Jan. 29, 1848, d. Mar. 1, 1922 Mechanic Falls. She m. Herman Whittle of Mechanic Falls.
Elizabeth E., b. Sept. 2, 1849, d. Jan. 19, 1866 ae 16 yrs., 4 mos., 1 da.
Charles H., b. Dec. 18, 1851, d. June 13, 1908 Westbrook. He m. May 13, 1879, Adelaide L. Libby both of Westbrook.
James A., b. Apr. 25, 1854, (see below)
Frederick Lincoln, b. Apr. 5, 1860, (see below)
Elizabeth B., b. Oct. 18, 1868, d. Nov. 19, 1876 ae 8 yrs., 1 mo.
Mattie E., b. Feb. 14, 1870, d. Apr. 18, 1928 ae 56 yrs. Portland. She m. Sept. 23, 1888, Ira B. Witham both of Raymond. She m. (2) __ Giloth, they divorced and she m. (3) Thomas Somond.

STROUT, James A. b. Apr. 25, 1854, son of Albert, d. Jan. 23, 1923 Portland. He m. May 4, 1872, Lydia A. Welch of Casco. She b. Nov. 18, 1851, daughter of Joseph D. & Christiana (Edwards) Welch, d. Oct. 20, 1926 Portland. They divorced and she m. (2) Oct. 28, 1897, Rufus S. Strout both of Raymond. He m. (2) ca 1890, Georgianna Knowlton. She d. Feb. 23, 1899 ae 35 yrs. E. Livermore. He m. (3) Mary B. Hutton. She b. June 15, 1854 England, d. June 13, 1920 Portland. Children, first wife children raised by Rufus Strout:
Frank Peter, b. Nov. 27, 1873, d. Aug. 7, 1910 Portland. He m. Sept. 6, 1899 in Portland, Helen M. Miller. She b. Nov. 16, 1875 Northfield, N.S., d. July 12, 1925 Portland.
Madge May, b. Nov. 16, 1876. She m. Sept. 30, 1894, Stephen Barbrick of Portland, she of Raymond. She m. (2) Aug. 30, 1914, John B. Pellerin both of Portland.
Fanny Edna, b. Nov. 2, 1878, d. Aug. 27, 1912 Westbrook. She m. Jan. 21, 1900, Merton H. Weeks of Westbrook, she of Raymond.
Mary, b. Nov. 4, 1881, d. Aug. 18, 1914 Raymond. She m. Oct. 22, 1913 in New Gloucester, Joseph C. Melville of Raymond, she of South Portland.
Alberta Mehitable, b. June 22, 1883, d. May 11, 1952 Portland.
Leah Mabel, b. Mar. 1, 1885, d. May 17, 1912 Portland. She m. Jan. 21, 1905, Randall Barton Morrill both of Raymond.
Mildred R., b. Apr. 24, 1889. She m. May 8, 1909, George W. Hall both of Raymond. She m. (2) Nov. 3, 1923, Lester C. Call both of Portland.

Marion A., b. Jan. 9, 1890 E. Livermore, d. Dec. 8, 1976 Farmington, Me. She m. Feb. 4, 1904 in E. Livermore, Ralph Butler.

Fannie S., b. Dec. 13, 1893 Bradford, living 1980 Brookline, Mass.

STROUT, Frederick Lincoln b. Apr. 5, 1860, son of Albert, d. Mar. 29, 1931 New Gloucester. He m. Jennie M. Falker of Raymond. She b. July 13, 1861 Windham, daughter of Ezra & Jane (Smith) Felker, d. Dec. 25, 1908 Raymond. He m. (2) June 5, 1915 in Raymond, Hattie J. (Eaton) Perley of New Gloucester. Children:
Alta Edith, b. Feb. 4, 1879, d. Sept. 29, 1930 Portland. She m. Sept. 14, 1904, Charles W. Munson of Westbrook, she of Raymond.
Walter B., b. July 8, 1881, d. Jan. 27, 1967. He m. July 13, 1903 in Portland, Cora M. Holland. He m. (2) May 21, 1926 in Portland, Carolyn Etta Beck of Newton, Mass., he of Portland.
Irma Louise, b. July 24, 1902. She m. Apr. 3, 1921 in No. Yarmouth, Perley A. Tibbetts of Pownal, she of New Gloucester.

STROUT, Freeman b. Sept. 17, 1825 Raymond, son of Joshua, d. Dec. 14, 1903 Raymond. He m. Aug. 30, 1849, Anna B. Jordan both of Raymond. She b. Jan. 5, 1831, daughter of Levi & Dorcas (Jordan) (Brown) Jordan, d. Oct. 23, 1897 Raymond. Children:
Almon R., b. Jan. 15, 1849, (see below)
Gertrude C., b. Jan. 18, 1863, d. 1891 Raymond. She m. Dec. 8, 1881, Llewellyn W. Welch both of Raymond.

Almon R. Strout, b. Jan. 15, 1849, son of Freeman, d. Nov. 8, 1926 Windham. He m. Ruth D. Spiller both of Raymond. She b. Feb. 5, 1849, daughter of Amos &Mary Ann (Strout) Spiller, d. Oct. 24, 1877 Raymond. He m. (2) Feb. 4, 1900 in Raymond, Eldora Morton both of Raymond. She b. July 27, 1862 Naples, daughter of Charles G. & Elizabeth (Proctor) Morton, d. Oct. 26, 1930 Windham. Children:
Herbert Leroy, b. Apr. 11, 1869, d. 1947 Windham. He m. Feb. 11, 1899 in Casco, Cora Ella Libby of Casco.
Lizzie Ella, b. Feb. 25, 1871, d. Jan. 7, 1948 No. Windham. She m. June 25, 1898 in Windham, Willie S. Mann of Windham, she of Casco.
Hattie L., b. May 23, 1875 Raymond, d. Dec. 28, 1946 Casco. She m. Aug. 21, 1892 in So. Casco, George S. Spiller both of Raymond. He b. Oct. 24, 1872, d. Feb. 19, 1949.

STROUT, James Cyrus b. July 20, 1830 Raymond, son of Joshua, d. Sept. 5, 1883 ae 53 yrs., 2 mos. Raymond. He m. int. Mary Ann Haines both of Raymond. She d. June 20, 1875 ae 43 yrs. Raymond. Children:
Eva Frances, b. July 24, 1855, d. Mar. 18, 1926 Raymond. She m. Stephen Harmon Plummer of Raymond.
Georgianna, b. Sept. 10, 1857, d. July 3, 1880. She m. George H. Moses of Gorham. Emma J., b. Jan. 27, 1862, d. Jan. 12, 1872 Raymond.
Charles Edgar, b. Feb. 26, 1864, (see below)
George Butler, b. Nov. 27, 1866, d. July 6, 1950 Westbrook. He m. Nov. 29, 1888, Adelaide M. (Lambert) Seigers both of Topsham. He m. (2) May 4, 1929, Alice M. (Knight) Huston.

Jennie H., b. Jan. 8, 1869.
Martha M., b. Apr. 29, 1870. She m. Oct. 29, 1895, Mellon N. Jackson both of Portland.
Irving Joshua, b. Dec. 1872, living in Brunswick in 1898.

STROUT, Charles Edgar b. Feb. 26, 1864 Raymond, son of James, d. Apr. 3, 1935 Portland. He m. Sept. 22, 1889, Mabella Bartlett both of Raymond. She b. July 15, 1871, daughter of Elias & Adelaide Josephine Edwards, d. Sept. 26, 1900 ae 27 yrs. Raymond. He m. (2) Oct. 26, 1901 in Raymond, Ada Alberta Small both of Raymond. She b. Feb. 3, 1875, daughter of Simeon S. & Susannah (Gerry) Small, d. July 14, 1968 So. Portland. Children:
Annie Mary, b. May 15, 1892, d. Aug. 1970. She m. Aug. 11, 1909, Leroy Edwards of Poland, she of Raymond.
Walter Haines, b. Nov. 24, 1893, d. Mar. 2, 1955 Auburn. He m. Sept. 19, 1924, Bernice Jeanette Edwards.
Adaline Josephine, b. June 17, 1896. She m. Oct. 3, 1913, Clifford Howe Strout of Raymond.
Isabel Emma, b. Nov. 26, 1898. She m. Oct. 13, 1917, Irving A. Tourtleotte. She m. (2) Sept. 30, 1942, John James Knapp both of Portland. She m. (3) Feb. 24, 1949, Charles G. Bickford.
Infant, b. d. July 20, 1900.
Leon Everett, d. July 1, 1902, d. May 4, 1979 Lewiston. He m. Apr. 8, 1922, Freda Lillian Grant.
Melvin Simeon, b. Nov. 9, 1905, d. May 4, 1939 Palermo, Me.
Doris Irene, b. June 30, 1909.
Infant, b. Sept. 13, 1910, d. Nov. 11, 1910 Raymond.

STROUT, Rev. Nathaniel b. Mar. 15, 1805 Limington, son of Samuel, d. June 23, 1872 So. Casco. He m. Feb. 18, 1827, Mary Elwell of Westbrook, he of Raymond. She b. July 11, 1798 in Buxton, d. Feb. 5, 1834 Raymond. He m. (2) int. May 1, 1836, Martha Emery of Limington, he of Raymond. She b. Nov. 4, 1797 Gorham, d. Jan. 11, 1838. He m. (3) int. Dec. 14, 1838. Susannah Davis of Limington, he of Raymond. She b. Apr. 4, 1806 Limington, d. Dec. 12, 1868 So. Casco. He m. (4) int. Aug. 26, 1871 in Casco, Lois (McLellan) (Cobb) Ridlon of Windham, widow of Jonathan Rildon. She b. May 13, 1810 Gorham, d. June 22, 1869. Children: first born in Buxton, remainder in Raymond.
Fanny, b. June 19, 1827, d. May 7, 1900 Westbrook. She m. int. May 12, 1844, Joshua Kimball Jr. both of Casco. She m. (2) Simeon Austin of Westbrook.
Samuel, b. Jan. 17, 1829, d. Jan. 4, 1896 Philadelphia, Pa. He m. Aug. 18, 1850, Frances Maria Jose of Saco. He m. (2) by 1858, Elizabeth Cowl.
Dorcas, b. Jan. 17, 1831.
Eliza H., b. Dec. 18, 1833. She m. Dec. 30, 1851, Robert Knowles Estes of China, she of Naples.
Jeremiah, by second wife, b. Mar. 1837, d. Jan. 1838 Raymond.
Lydia H., by third wife, b. Nov. 25, 1839, d. May 28, 1910 Westbrook, Me. She m. Jan. 2, 1864 in Gorham, James L. Hall both of Gorham. She m. (2) Jan. 16, 1886 in Westbrook, Albert Cannell both of Gorham.

Rev. Mary E., b. Oct. 3, 1841, d. June 11, 1920 Bridgton. She m. Mar. 15, 1860, Samuel Farnsworth Kilborn of Bridgton, she of Casco.

Ethalinda, b. May 2, 1843, d. July 20, 1924 Windham. She m. Mar. 18, 1860, John McLucas both of Casco. She m. (2) Daniel A. Foster of Gray.

Rev. Jerusha, (Jessie E.), b. Oct. 16, 1846, d. Aug. 26, 1914 Mechanic Falls. She m. Dec. 31, 1870, Cyrus F. Jordan both of Raymond.

STROUT, James b. Feb. 14, 1809 Limington, son of Samuel, d. Jan. 5, 1887 ae 77 yrs., 10 mos., 21 das. Raymond. He m. Nov. 1843, Marinda Barton both of Raymond. She b. Feb. 9, 1825, daughter of John & Elizabeth (Mayberry) Barton, d. Sept. 26, 1851 ae 26 yrs., 7 mos. Raymond. He m. (2) Apr. 11, 1852, Hannah Bolton of Gorham. She b. Nov. 29, 1805 Gorham, d. Apr. 25, 1878 Raymond. He m. (3) May 11, 1879, Ruth (Strout) Duran, widow of John Cash Duran. She b. Aug. 11, 1813, daughter of Samuel Dyer & Mary (Thurlow) Strout, d. July 4, 1894 Raymond. James came from Limington to Raymond in 1820 to live with his uncle George Small and aunt Lydia (Strout) Small. Children:

Cyrus, b. July 23, 1844, d. July 10, 1862 ae 18 yrs. Raymond.

Mary Elizabeth, b. Jan. 26, 1848, d. Feb. 10, 1883 Raymond. She m. Feb. 15, 1868, Francis H. Witham both of Raymond. He b. Feb. 15, 1847, d. Dec. 11, 1916 Raymond.

STROUT, Richard b. ca 1752 Cape Elizabeth, d. Sept. 5, 1825 Limington. He m. Mar. 24, 1774, Deborah Strout both of Cape Elizabeth. She d. Mar. 21, 1845 ae 90 yrs. Raymond. He was a Revolutionary soldier who settled by 1783 in Limington. His widow and many of their children are buried in Mountain Cemetery in Raymond. Children:

Richard Jr., b. Mar. 1775, (see below)

Deborah, b. 1779, d. Oct. 31, 1843 Raymond. She m. Aug. 14, 1800, in Limington, Simeon Small of Raymond, she of Limington. He d. Sept. 6, 1847 ae 73 yrs., 3 mos. Raymond.

John, b. 1782, d. Apr. 30, 1860 ae 78 yrs. Raymond. He was blind and never married.

Rebecca, b. 1785, d. Feb. 15, 1840 ae 55 yrs. Raymond. She never married.

Elizabeth, b. 1787, d. May 16, 1826 ae 39 yrs. Raymond. She m. June 10, 1814 in Limington, John Spiller Jr. of Raymond, she of Limington. He b. Nov. 11, 1789, d. Feb. 11, 1862 Raymond.

Susanna, b. 1793, d. Dec. 22, 1816, living in 1860 Limington. She m. int. Dec. 22, 1816 in Limington, Francis Small Strout both of Limington. He d. July 23, 1860 ae 70 yrs. Limington.

Joseph, b. 1796, (see below)

STROUT, Richard Jr., b. Mar. 1775 Cape Elizabeth, son of Richard, d. Oct. 9, 1843 ae 68 yrs., 6 mos. Raymond. He m. Nov. 4, 1796, Ruth (Strout) Strout, widow of George Strout of Cape Elizabeth. He m. (2) int Jan. 31, 1813, Lucy Strout of Raymond, he of Limington. She b. Apr. 31, 1789, daughter of Prince & Christiana (Dyer) Strout, d. Dec. 24, 1861 ae 72 yrs., 8 mos., 21 das. Raymond. Accept for brief stay in Raymond, he lived in Limington until 1835 when came to Raymond with other members of his family. Children:

Rhoda, b. ca 1797 Limington, d. Aug. 25, 1831 by Raymond and Limington records. She m. int. June 3, 1820, Elias Strout of Raymond, she of Limington. He d. Jan. 24, 1827 Raymond, by freezing to death in a snowstorm.
Jane, b. 1803, d. June 15, 1876 ae 72 yrs., 8 mos. Casco. She m. Sept. 10, 1839, William C. Thompson both of Limington. He d. May 18, 1878 ae 77 yrs., 7 mos. Casco.
Richard, b. 1813
Ruth, b. Feb. 6, 1815, d. Sept. 5, 1852 Raymond. She m. Richard Small of Raymond. He d. May 13, 1894 ae 79 yrs., 7 mos. Casco.
Dorcas W., b. June 26, 1818, d. July 4, 1852 Raymond. She m. Apr. 17, 1851 in Raymond, James Henry Foster both of Raymond.
Richard Howe, b. July 4, 1825, (see below)
Elias, b. Feb. 15, 1829, (see below)

STROUT, Richard Howe b. July 4, 1825 Limington, son of Richard, d. Dec. 15, 1871 ae 45 yrs., 4 mos., 13 das. Raymond. He m. Jan. 2, 1855, Mary Jane Taylor of Poland. She b. Sept. 9, 1836, daughter of Zebulon & Polly Taylor of Poland, d. Oct. 30, 1879 ae 43 yrs., 1 mo., 21 das. Raymond. Children:
Emma A., b. Dec. 23, 1855, d. Sept. 8, 1857 Raymond.
Warren C., b. Aug. 26, 1858, (see below)
Emma, b. Apr. 6, 1860, d. June 14, 1942 Windham. She m. May 26, 1889 in Gray, William G. Sposedo of No. Windham. He b. 1853, d. Sept. 7, 1933.
Ella Clara, b. Mar. 4, 1862, d. June 10, 1931 Windham. She m. Aug. 1, 1885, David Gerry both of Raymond. He b. 1851, d. 1929.
Annie Ruth, b. July 6, 1864, d. Jan. 29, 1889 Raymond. She m. Samuel D. Spiller. He d. Aug. 30, 1935 ae 70 yrs.

STROUT, Warren C. b. Aug. 28, 1858 Raymond, son of Richard H., d. Oct. 8, 1942 Raymond. He m. Mar. 23, 1884 in Casco, Mary Ann Bartlett of Raymond. She b. Mar. 23, 1865, daughter of Stephen & Deborah (Strout) Bartlett, d. June 23, 1956. Children:
Myrtie May, b. Sept. 7, 1884, d. June 5, 1945 Portland. She m. Walter Foss of Portland.
Angie D., b. Nov. 5, 1885. She m. Sept. 29, 1906, Charles E. Cobb of Poland, she of Raymond.
Lena M., b. Mar. 16, 1888, d. Jan. 26, 1973 Raymond. She m. Dec. 29, 1912 in Windham, Charles William Small both of Raymond. He b. Sept. 27, 1883.
Annie Goldie, b. Nov. 26, 1889, d. 1956. She m. May 3, 1911 in Windham, Arthur H. Foss both of Raymond.
Clifford Howe, b. Jan. 31, 1392, d. Feb. 10, 1977 Raymond. He m. Oct. 3, 1913, Adaline Josephine Strout of Raymond. She b. June 17, 1896, d. Dec. 8, 1971 Portland.
Granville Gerry, b. Apr. 27, 1895, d. July 11, 1978 Raymond. He m. June 10, 1936 in Westbrook, Velma Gertrude Douglas.
Forrest E., b. Aug. 7, 1897, d. July 5, 1901 Raymond.
Marjorie, b. ca 1899, d.y.
Alvin Warren, b. Nov. 28, 1903, d. Sept. 6, 1976. He m. Apr. 6, 1927 in Portland, Hazel Bertha Hatt.

Alma Mary, b. Nov. 28, 1903. She m. June 26, 1929, Everett R. Clough both of Raymond.
Marjorie Ella, b. Oct. 27, 1908. She m. June 29, 1930, Hewitt McDonald of Northboro, Mass., she of Westbrook.

STROUT, Elias Jr., b. Feb. 15, 1829 Raymond, son of Richard, d. Nov. 28, 1854 Raymond. He m. Dorcas Strout of Raymond. She b. Jan. 23, 1833, daughter of George W. & Mary (Thurlow) Strout, d. June 6, 1856. Their children were adopted by John Elwell & Lavinia E. (Thurlow) Strout of Raymond. Children:
Elias Loring, b. June 16, 1852, d. June 16, 1927 Paris, Me. He m. May 1882, Phila Alma Stevens. She b. June 2, 1860 W. Minot, d. Feb. 25, 1929 Paris.
Dorcas Abby, b. Sept. 13, 1853, d. Apr. 10, 1899 Lewiston. She m. Oct. 26, 1875, Albert A. Cary of Gray, she of Raymond.

STROUT, Joseph b. 1797 Limington, son of Richard, d. Apr. 6, 1855 ae 59 yrs. Raymond. He m. Feb. 25, 1824, Mary Strout both of Limington. She b. June 13, 1801 Limington, daughter of William & Sarah (Bowie) Strout of Limington, d. Nov. 7, 1868 ae 67 yrs., 5 mos. Raymond. His sister, Rebecca Strout, d. Feb. 15, 1840 ae 55 yrs. They moved from Limington to Raymond in 1835. Children:
Infant, d. 1824 Limington.
Bashaba, b. May 30, 1825, d, Oct. 14, 1849 ae 24 yrs., 4 mos. Raymond. She m. Henry Spiller both of Raymond.
Richard, b. Mar. 19, 1828, d. May 30, 1853 Raymond ae 25 yrs., 2 mos
Albion, b. Mar. 1, 1830 Limington, d.y.
Child, d, Dec. 16, 1831 Limington.
Child, d. Apr. 1832 Limington.
Enoch, b. Apr. 2, 1833, d. Sept. 19, 1842 ae 9 yrs., 5 mos. Raymond
William, b. Feb. 16, 1336 Limington, (see below)
Daniel, b. Sept. 23, 1838 Raymond, d. Oct. 7, 1838 Raymond.
Infant daughter, b. Sept. 23, 1838, d. Oct. 3, 1838 ae 11 das. Raymond.
Deborah, b. Dec. 1, 1839 Raymond, d. Jan. 14, 1918 Harrison. She m. Mar. 4, 1861, Levi Small Jr. both of Raymond.
Mary E., b. Sept. 11, 1843 Raymond, d. Oct. 29, 1881. She m. Apr 25, 1864, Isaac Edwards of Poland, she of Raymond.

STROUT, William b. Feb. 16, 1836 Limington, son of Joseph, d. Sept. 1, 1861 ae 25 yrs., 6 mos. Raymond. He m. Oct. 1, 1858, Lydia Margaret Edwards of Poland. She b. Feb. 18, 1842 Poland, d. Apr. 29, 1917 Otisfield. She m. Feb. 4, 1865, Caleb E. Winslow of Otisfield. Children:
Joseph Collins, b. Aug. 5, 1859, d. July 7, 1906 Otisfield. He m. Mar. 23, 1882 in Otisfield, Lelia Brittania Hamblen of Otisfield. She b. Mar. 2, 1867 Harrison, d. Jan. 7, 1951 Portland.
Mary Elizabeth, b. July 19, 1861, d. Sept. 7, 1861 Raymond.

STROUT, Ebenezer b. 1788 Cape Elizabeth, d. Mar. 10, 1866 Raymond. He m. June 12, 1813 in Scarboro, Betsey Moses of Cape Elizabeth, he of Raymond. She b. Dec. 16, 1789 Scarboro, d. Oct. 15, 1878 ae 88 yrs., 10 mos. Raymond. He was a pensioner of the War of 1812. Children:

Amanda F., b. May 7, 1815, d. Oct. 28, 1853 ae 38 yrs., 6 mos. She m. Lemuel Jordan of Raymond. He d. June 4, 1885 ae 77 yrs., 6 mos.
Rev. Lorenzo Dow, b. Mar. 11, 1820, (see below)
Melvina D., b. Jan. 16, 1823, d. Oct. 31, 1859 ae 36 yrs., 10 mos., 16 das. Raymond. She m. John Rolfe of Raymond. He b. Oct. 11, 1821, d. Mar. 5, 1913.

STROUT, Rev. Lorenzo Dow b. Mar. 11, 1820, son of Ebenzer, d. Dec. 3, 1887 Portland. He m. Oct. 28, 1841, Eliza C. (Symonds) Leach of Raymond, widow of James Leach. She b. Apr. 11, 1811, daughter of Nathaniel & Martha (Starbird) Symonds. He m. (2) Dec. 27, 1869 in Portland, Alice G. Deane both of Portland. She d. July 9, 1909 ae 65 yrs. Portland. He was a Free-Will Baptist minister, preaching in Raymond, (1856-58), in Gorham (1859-1860) and in Cape Elizabeth (1861-63). Children:
Helen M., b. Jan. 4, 1844 Topsham, d. Apr. 24, 1874 Charlestown, Mass. She m. Mar. 13, 1864 in Topsham, Lt. John Haskell Fogg of Washington, D.C., she of Topsham. She m. (2) Feb. 24, 1873 in Somerville, Mass. Samuel Roberts Barstow both of Charlestown, Mass.
Cynthia E.J., b. Mar. 15, 1849 (or 1851), d. May 24, 1922 Pepperell, Mass. She m. int. Apr. 10, 1872, Charles H. Pratt both of Portland. She m. (2) Oliver M. Nash of Raymond. He b. July 1, 1860 Raymond.

STROUT, Alexander bapt. Sept. 4, 1810 Limington, son of William & Sarah (Bowie) Strout, living in Mar. 1873 Poland. He m. Aug. 1, 1830 Sarah B. Dyer of Waterboro, he of Limington. She d. Aug. . 12, 1844 ae 21 yrs. He m. (2) Thankful Small of Raymond. She b. Nov. 14, 1821, daughter of Simeon & Deborah (Strout) Small, d. Dec. 22, 1866 ae 46 yrs. Children:
Quincy A., b. Jan. 20, 1831, d. Apr. 21, 1847 ae 16 yrs., 3 mos.
Alvah Dyer, b. Dec. 28, 1835, d. Sept. 12, 1856 ae 20 yrs., 9 mos.
Mary E., b. Feb. 6, 1837, d. Sept. 20, 1840 ae 3 yrs., 7 mos.
William K., b. Nov. 1, 1838.
Martha D., b. July 12, 1840, d. Apr. 20, 1845 ae 3 yrs., 10 mos.
Nathaniel D., b. June 12, 1842, d. Sept. 13, 1843.
Sarah B., b. May 11, 1844, d. Aug. 9, 1929 Medford, Mass. She m. Francis S. Adams. She m. (2) by 1878, Charles Getchell of Bangor.
Quincy, b. Aug. 12, 1848, (see below)

STROUT, Quincy A. b. Aug. 12, 1848, son of Alexander, d. Sept. 8, 1902 ae 55 yrs., 8 mos., 8 das. He m. Apr. 29, 1877, Ida E. Knight of Raymond, he of Casco. She m. (2) Dec. 27, 1903 in Raymond, Benjamin M. Coffin both of Raymond. She b. June 19, 1860, daughter of William L. & Adaline E. (Gilson) Knight, d. May 28, 1904. Children:
Alvah Dyer, b. Oct. 12, 1878, d. May 14, 1944 Poland. He m. Dec. 25, 1905 Ida Chipman of Poland.
Florence M., b. June 20, 1884, d. July 27, 1962 Casco. She m. Aug. 20, 1904, Clarence Tripp of Casco, she of Raymond.
Eva M., b. June 23, 1887, d. Jan. 23, 1943 Harrison. She m. Nov. 24, 1904, Frank Irving Stackford of Harrison, she of Raymond.

William, b. Oct. 10, 1880, d. Nov. 21, 1880.
William Lewis, b. May 29, 1904, d. June 7, 1988 Baldwinville, Mass.

STROUT, Nehemiah b. 1815, son of William & Sarah (Bowie) Strout, d. Mar. 19, 1885 Raymond. He m. June 12, 1834, Alice Lewis of Waterboro, he of Limington. She d. June 10, 1879 ae 67 yrs. Raymond. They moved to Raymond in 1867. Children:

Mary, b. ca 1835, living 1850 in Limington.
George, ca. 1836. He m. Mar. 29, 1856, Lucy A. Gordan both of Lowell, Mass.
William Harrison, b. ca 1837, living in 1850 Limington.
Mehitable, b. ca 1837, living in 1850 Limington.
Sarah B., b. 1839, d. Mar. 30, 1874 Raymond. She m. int. Oct. 24, 1862, Tobias L. Small of Raymond, she of Limington.
child, d. 1842 Limington.
Harriet Angeline, b. July 14, 1842, d. Nov. 10, 1894 Raymond. She m. Jan. 28, 1862, Arthur R. Small of Raymond. He b. May 16, 1841, d. Mar. 5, 1905.
Nehemiah Jr., b. Aug. 15, 1843, (see below)
Alice E., d. Aug. 6, 1866 ae 19 yrs. Raymond.

STROUT, Nehemiah Jr., b. Aug. 15, 1843 Limington, son of Nehemiah, d. Jan. 6, 1914 Mechanic Falls, Me. He m. Aug. 7, 1867, Eliza Jane Bartlett both of Raymond. She b. Apr. 20, 1847, daughter of Stephen Deborah (Strout) Bartlett, d. Oct. 23, 1934. Mechanic Falls. Children:

Alice Elizabeth, b. Aug. 6, 1868, d. Apr. 20, 1913 Mechanic Falls. She m. Apr. 4, 1885, William Henry Edwards both of Raymond. She m. (2) Dec. 20, 1911, Chesley A. Bowen both of Mechanic Falls.
Mary A., b. Aug. 29, 1869, d. Nov. 16, 1926 Mechanic Falls. She m. May 24, 1886, William H. Coffin of Raymond.
Stephen Bartlett, b. Sept. 4, 1871, d. June 18, 1954 Old Town, Me. He m. Oct. 19, 1895, Annie E. Walker of Poland.
Adelbert L., b. Apr. 29, 1873, d. June 5, 1912 Mechanic Falls. He m. Nov. 28, 1895, Lillian Lena Strout of Raymond.
Rhoda Jane, b. Mar. 9, 1876, d. June 26, 1932 Poland. She m. Mar. 30, 1902, Joseph F. Strout.
Samuel H., b. Dec. 10, 1878, d. Feb. 8, 1952 Mechanic Falls. He m. Oct. 26, 1901, Sadie Frances Small both of Raymond. She b. June 17, 1877, d. Oct. 10, 1956 Bethel.
Nehemiah, b. Sept. 7, 1881.
Grace Annie, b. Sept. 12, 1882, d. Dec. 10, 1940 Mechanic Falls. She m. Feb. 9, 1900, George E. Walker of Poland, she of Raymond.
Carrie E., b. Sept. 28, 1884, d. Jan. 3, 1937 Mechanic Falls. She m. Dec. 23, 1899, Leo S. Tenney of Casco, she of Raymond.
Edith Maude, b. Sept. 4, 1888, d. Nov. 20, 1928 Mechanic Falls. She m. Ja. 16, 1916, George Oliver Holt both of Mechanic Falls.

STROUT, David b. Oct. 29, 1803 Limington, son of William & Sarah (Bowie) Strout, d. Apr. 2, 1883 ae 78 yrs., 6 mos. New Gloucester. He m. June 17, 1828, Hannah Butler of Limerick, he of Limington. She b. 1806 Limerick, daughter of

Thomas & Olive (Abbott) Butler, d. Sept. 16, 1886 ae 80 yrs. New Gloucester. Children, all born in Limington.

John Wesley, b. June 16, 1830, d. Sept. 24, 1894 Oxford. He m. ca. 1849, Mary A. Tripp. She d. Dec. 25, 1861 ae 32 yrs. Casco. He m. (2) Oct. 10, 1862, Sarah Frances Small both of Poland. She b. Dec. 21 1845 New Gloucester, d. Nov. 19, 1934 Poland.

Andrew J., b. Jan. 21, 1833, d. May 10, 1904 Watertown, Mass. He never married.

child, b. May 12, 1835 Limington.

Oliver Butler, b. 1839, d. June 3, 1884 Lisbon Falls, struck by a train. He m. int. June 26, 1860, Eunice Thurlow both of Poland. She b. Oct. 24, 1841, d. Mar. 12, 1867. He m. (2) Jennie (Edwards) Fickett of Durham.

Charles Edwin, b. 1840, d. Aug. 14, 1863 Port Hudson, in Civil War.

Almon, b. Oct. 8, 1846, d Aug. 25, 1864 Libby Prison, Danville, Ga.

STROUT, Albert G. b. July 17, 1851 Limington, d. Sept. 19, 1911 New Gloucester. He m. Dec. 1, 1875, Lucy S. Wormwood of Kennebunkport, he of Limington. He m. (2) June 6, 1889, Lizzie Ella Edwards of Raymond, he of Limington. She b. June 7, 1862, daughter of David H. & Eunice (Small) Edwards, d. Apr. 20, 1952 New Gloucester. Children:

Amy Gertrude, b. July 6, 1890, d. 1985 New Gloucester. She m. Sept. 18, 1909, Bernard Segars of New Gloucester, she of Raymond.

Ralph Joseph, b. Sept. 27, 1895, d. Nov. 16, 1961.

Eunice Anna, b. Jan. 28, 1903. She m. Jan. 1, 1925, John G. Griffith both of Lewiston. She m. Apr. 18, 1953, Harold P. Lawrence both of Lewiston.

STROUT, John b. ca. 1768 Standish, son of John & Lydia Strout, d. Feb. 28, 1849 Raymond. He m. June 25, 1795, Rebecca Strout of Cape Elizabeth, he of Limington. She was probably the widow of Levi Strout late of Cape Elizabeth. If correct she b. Feb. 13, 1770, daughter of George & Rebecca (Freeman) Strout, later of Raymond. He m. (2) Sept. 18, 1826 in Poland, Hannah (Young) Elwell, both of Thompson Pond Plantation (the gore between Raymond & New Gloucester) She was the daughter of John & Elizabeth (Starbird) Young of Gray and had m. (1) Oct. 23, 1808, William Elwell Jr., both of Gray. John Strout moved to Raymond from Limington in Oct. 1799. Children:

Elsie or Elcy, b. about 1797, d. Oct. 23, 1870. She m. Moses Thurlow of Raymond. He b. July 30, 1795 Poland, d. Mar. 25, 1870.

Sarah, b. 1800, living in 1850 New Gloucester. She m. Abraham Strout Berry of Raymond.

Daughter, d. Apr. 1814 Raymond.

John, b. 1802, living Sept. 1878 Raymond. He m. Oct. 25, 1820 in Poland, Clarissa (Tripp) Elwell both of Raymond.

George W., b. Apr. 1810, (see below)

John Elwell, adopted son from wife's first marriage, b. Mar. 23, 1823 Gray, d. June 18, 1892 No. Raymond. He m. Nov. 7, 1845 in Poland, Lovinia E. Thurlow both of Raymond. She b. Apr. 11, 1828 Raymond, d. Nov. 22, 1910 Raymond.

STROUT, George W. b. Apr. 1810 Raymond, son of John & Rebecca (Strout) Strout, d. Dec. 18, 1896 ae 86 yrs., 7 mos., 27 das. Boston, Mass. He m. Mary

Thurlow of Raymond. She b. Sept. 6, 1812, daughter of Solomon & Dorcas (Strout) Thurlow, d. July 25, 1870 Portland. She is buried at No. Raymond. Children:

Elizabeth A., b. Mar. 23, 1830. She m. int. Oct. 4, 1845, Silas Verrill of Raymond. She m. (2) William Henry Verrill.

Dorcas, b. Jan. 25, 1833, d. Jan. 6, 1856 Raymond. She m. Elias Strout Jr. of Raymond. He b. Feb. 15, 1829, d. Nov. 28, 1854 Raymond.

Anson, b. Jan. 25, 1833, d. Oct. 2, 1833 ae 7 mos. Raymond.

Mary A., b. Feb. 18, 1834, d. Jan. 5, 1856 ae 21 yrs., 9 mos. Biddeford. She m. Jan. 5, 1854, Simeon S. Strout both of Biddeford.

Anson, b. Feb. 29, 1836, d. Sept. 1836.

Levi Peter, b. Jan. 18, 1837, d. Mar. 3, 1914 Auburn. He m. Mar. 9, 1865 in Portland, Hannah J. Collins of Scarboro.

Rhoda J., b. Jan. 18, 1839.

George Allen, b. 1842. He m. in 1873 in Bradford, Mary Louisa Trott, he of Lewiston. They settled in Fargo, No. Da.

Rosella, b. Sept. 27, 1846, d. May 14, 1883 Buffalo, N.Y. He m. Sept. 23, 1867, John E. Cushing both of Portland.

Rosanna Thurlow, b. Sept. 27, 1846, d. Dec. 17, 1927 Portland. She m. Nov. 28, 1866, James H. Gilson both of Portland.

Delia, b. Oct. 8, 1847, d. Apr. 1, 1893 Boston, Mass. She m. Dec. 5, 1867, George H. Poor both of Portland.

Lavina E., b. July 15, 1849, d. Aug. 22, 1896 Raymond. She m. ____Jenkins.

Freedom, b. July 15, 1849, d. Jan. 5, 1851 ae 13 mos., 12 das. Raymond.

Freedom, b. 1855, d. Jan. 30, 1873 ae 17 yrs., 8 mos. Quincy, Mass.

STROUT, Hooper David b. July 16, 1806. He m. Dec. 25, 1827, Deborah Small both of Raymond. She b. June 7, 1806, daughter of Simeon & Deborah (Strout) Small, d. Oct. 15, 1851. He m. (2) Dec. 4, 1851, Eunice (Jordan) Spiller, widow of Richard Manning Spiller. She b. May 7, 1799, daughter of Hezekiah & Eunice (Davis) Jordan, d. Oct. 10, 1856 ae 56 yrs., 6 mos. Raymond. He was a resident of Minneapolis, Minn in the census of 1870. Children:

Elizabeth Ann, b. Jan. 2, 1829, d. Nov. 20, 1912 Greenview, Ca. She m. Apr. 18, 1847, John Cash Dyer of Raymond, she of Casco. He b. Apr. 18, 1822, d. Oct. 4, 1914 Greenview, Ca.

Simeon S., known as Frank S., b. Apr. 22, 1831, d. Sept. 4, 1874 ae 42 yrs., 4 mos., 11 das., Lawrence, Mass. He m. Jan. 5, 1854, Mary E. Strout both of Biddeford. She d. Jan. 5, 1856 ae 21 yrs., 9 mos. Biddeford. He m. (2) Sept. 2, 1857 in Lowell, Mass. Augusta Blaisdell of Rochester, N.H.

Elisha, b. Apr. 8, 1833, d. Mar. 4, 1837 ae 3 yrs., 11 mos. Raymond.

Hooper, b. Apr. 4, 1836, d. Mar. 12, 1837 ae 9 mos.

Hooper D., b. May 29, 1838, living in 1870 Minneapolis, Minn.

Thankful S., b. July 14, 1841 Casco. She m. May 4, 1863, James W. Small of Bowdoin, she of Casco.

William H., b. 1842, living in 1860 Raymond. He was a resident of Ouray, Col. in 1880.

STUART, Wentworth b. Feb. 6, 1791 Standish, son of Wentworth & Hannah (Shaw) Stuart. He m. Patience Thomes. She d. May 11, 1863 ae 71 yrs. Bridgton. (See Shaw Gen.) Children:
Thomas F., b. Apr. 9, 1824, d. Mar. 31, 1827
Edmund T., b. July 20, 1826, d. Dec. 7, 1899 ae 73 yrs., So. Portland.

SYLVESTER, Zachariah b. Feb. 24, 1745 Duxbury, Mass., d. winter of 1817-8. He m. Nov. 14, 1771, Mehitable Carey, who d. June 17, 1787. He m. (2) Feb. 24, 1788, Lucy Bradford. She b. Nov. 9, 1758, d. Feb. 21, 1842 ae 82 yrs., 3 mos. He came from Duxbury to Casco in 1789. Children:
Mehitable, b. Jan. 31, 1773, d. Sept. 2, 1826. She m. Zachariah Snell of Bridgton.
Daniel, b. Mar. 30, 1775, d. Aug. 15, 1852 ae 77 yrs. Hopkinton, N.Y.
Zachariah, b. Apr. 20, 1778, d. about 1848 Turner, Me.
Susanna, b. July 14, 1781, d. Dec. 6, 1800.
Hannah, b. May 12, 1789 Duxbury, Mass., d. Jan. 25, 1852 Windham. She m. Feb. 28, 1816, James Winslow.
Eliphalet, b. Dec. 18, 1790 Raymond, (see below)
Zadoc, b. Sept. 5, 1792, (see below)
George, b. June 14, 1794, d. Nov. 4, 1797.
Abigail, b. June 6, 1796, d. June 1807.
Bradford, b. June 9, 1796 (twin), d. June 18, 1796.
Lucy, b. Jan. 7, 1799, d. Mar. 10, 1889 Cohasset, Mass. She m. Apr. 5, 1822, Frank Pride.

SYLVESTER, Eliphalet b. Dec. 18, 1790 Raymond, son of Zachariah, d. Sept. 15, 1880 Solon, Me. He m. Annie Cook. She b. Nov. 10, 1790, daughter of Nathan & Polly (Maxfield) Cook, d. Aug. 29, 1880 Embden, Me. Children:
Mary Ann, b. Dec. 18, 1815, d. Jan. 19, 1894. She m. Apr. 10, 1840, Joseph Dingley of Casco.
Harriet Hill, b. Apr. 15, 1818, d. Feb. 5, 1893 Central Falls, R.I. She m. May 3, 1847, Francis Mayberry.
James Winslow, b. June 5, 1820, d. Dec. 27, 1905.
Nathan Cook, b. Oct. 11, 1822, d. Feb. 6, 1902 Haverhill, Mass. He m. Margaret Jordan.
Samuel Cook, b. July 12, 1825, d. Feb. 4, 1908 Harrison.
Edward Jordan, b. July 2, 1827, d. Apr. 30, 1907 Candia, N.H.
Henniettta, b. Oct. 17, 1830, Apr. 9, 1915 Madison, Me.
Hannah Foster, b. Aug. 5, 1837, d. Oct. 17, 1911. She m. Moses Thompson of Embden, Me.

SYLVESTER, Zadoc b. Sept. 5, 1792, son of Zachariah, d. June 27, 1878. He m. Mar. 15, 1818, Mrs. Mary (Jordan) Tukey, who was a widow with 4 children. She b. June 25, 1793, daughter of Ezekiel & Ann (Mayberry) Jordan, d. Apr. 21, 1826. Her first husband, John Tukey, d, Mar. 5, 1816 ae 49 yrs. He m. (2) Aug. 26, 1826, Rebecca Tukey. She b. Nov. 22, 1806, daughter of John & Martha (Mayberry) Tukey, d. Jan. 8, 1878. Children:
Martha Ann, b. Feb. 15, 1819, d. Jan. 17, 1893. She m. Mar. 3, 1854, Charles H. Perkins of Chelsea, Vt.

George Bradford, b. May 6, 1821, d. Oct. 8, 1894 Lowell, Mass.
Ezekiel Jordan, b. Oct. 8, 1823, d, Apr. 16, 1905.
Eliphalet, b. Apr. 5, 1826 (twin), living in 1896 Washington, Ind.
Zadoc, b. Apr. 5, 1826, d. Oct. 29, 1908 ae 82 yrs.
Richard Tukey, by second wife, b. Dec. 17, 1828.
Joseph Tukey, b. Oct. 10, 1834, d. Apr. 29, 1890.
William Tukey, b. May 1, 1829, d. Libby Prison during the Civil War. He m. Mary Ann Tenney of Raymond.

SYMONDS, Nathaniel b. Oct. 28, 1764 Danvers, Mass., d. Feb. 19, 1824 ae 58 yrs. Raymond. He came from Denmark, Me. to Raymond when young. (See Driver Gen.) He m. Sept. 29, 1791 in Gray, Martha Starbird of Raymond, he of Bridgton. She d. May 30, 1854 ae 87 yrs. Raymond. Children:
Joseph, b. June 12, 1793, (see below)
Henry, b. May 17, 1796, drowned June 30, 1806 Raymond.
Moses, b. Sept. 30, 1798, drowned June 30, 1806 Raymond.
Martha, b. Mar. 25, 1801.
Hannah, b. Dec. 1, 1803, d. Oct. 8, 1885 No. Yarmouth. She m. July 8, 1827, Isaac Shurtleff.
Huldah, b. Aug. 16, 1806. She m. Feb. 16, 1856, Lemuel Jordan both of Raymond.
Sally, b. Apr. 12, 1809, d. Sept. 24, 1904 New Gloucester. She m. Sept. 24, 1833, James Jordan both of Raymond.
Eliza C., b. Apr. 19, 1811. She m. Oct. 8, 1839, James Leach of Raymond. She m. (2) Oct. 29, 1841, Rev. Lorenzo Dow Strout of Raymond.
Henry Atwood, b. Apr. 13, (see below)

SYMONDS, Henry Atwood b. Apr. 13, 1813, son of Nathaniel, d. Dec. 18, 1888 ae 75 yrs. New Gloucester. He m. Dec. 4, 1845 in New Gloucester, Abbie Foxcroft White of New Gloucester. She b. Apr. 7, 1818, d. Mar. 7, 1853 New Gloucester. He m. (2) Oct. 15, 1864, Mary J. (Symonds) Brown, widow of Ephraim L. Brown of Poland. She b. Mar. 21, 1819, d. June 20, 1891.

SYMONDS, Joseph b. June 12, 1793, son of Nathaniel, d. Apr. 6, 1873 Portland. He was born in Denmark and at an early age moved to Raymond where he lived until Mar. 1845 when he moved to Portland. (Morning Star, July 2, 1873) He m. Oct. 7, 1819, Isabella Jordan of Raymond. She b. July 4, 1799, daughter of Samuel & Rachel (Humphrey) Jordan. Children:
David Jordan, b. Mar. 14, 1821, d. Mar. 29, 1821 ae 16 das.
Lydia Merrill, b. Jan. 23, 1823, d. Feb. 11, 1823 ae 21 das.
Rachel J., b. Mar. 22, 1827.
Elizabeth, b. June 26, 1829, d. Feb. 28, 1915 ae 85 yrs. Portland.
William L., b. Apr. 29, 1833. d. 1861.
Cynitha J., b. Aug. 30, 1835, d. July 16, 1876 Portland.
Joseph White, b. Sept. 2, 1840. He graduated from Bowdoin College in 1860 and was a Judge in Portland.
Anson J., d. Oct. 8, 1846 ae 10 mos.

SYMONDS, Francis b. Aug. 29, 1762 Danvers, Mass., son of John & Ruth (Metcalf) Symonds, d. Oct. 24, 1852 ae 90 yrs., 2 mos. Raymond. He m. Mary Jordan of Raymond. She b. Oct. 20, 1766, daughter of Samuel & Sarah (Jackson) Jordan, d. Dec. 23, 1812. He m. (2) May 1, 1814 in Windham, Sarah Hodgdon of Windham, he of Raymond. She d. July 21, 1843 Raymond. He was the oldest inhabitant in town when he died. Children:

John Jordan, b. Nov. 26, 1790, d. May 18, 1806 Raymond. He unmarried.
Samuel Jordan, b. Aug. 12, 1794, (see below)

SYMONDS, Samuel Jordan b. Aug. 12, 1794, son of Francis, d. May 17, 1862 ae 68 yrs., 8 mos., 3 das. He m. Aug. 6, 1817, Elsie Cash Small of Raymond. She b. Feb. 23, 1795, daughter of James & Peggy (Dyer) Small, d. Oct. 12, 1875 ae 77 yrs., 7 mos. Raymond. See Biographical Review of Cumberland County, p. 179. Children:

Mary Jordan, b. Mar. 21, 1819, d. June 20, 1891. She m. May 1841, Ephraim L. Brown of Poland. She m. (2) Oct. 15, 1864 in Raymond, Henry Atwood Symonds.
Orsamus, b. Nov. 5, 1820, d. Mar. 25, 1880. He m. Oct. 1848, Mrs. Mary Ann Whitney.
John Jordan, b. Oct. 8, 1822, (see below)
Almina, b. Jan. 7, 1825, d. Aug. 23, 1851. She m. in 1850, Marville H. White.
Irene F., b. Nov. 30, 1827, d. May 25, 1857 ae 29 yrs., 6 mos. She m. June 4, 1851, Benjamin F. Davis of Poland.
Clarinda Jordan, b. Mar. 27, 1830, d. Nov. 22, 1899 New Gloucester. She m. June 12, 1859, William Lewis Shurtleff of Raymond.
Eliza Jane, b. Oct. 29, 1832. She m. Nov. 30, 1856, Nathaniel Shurtleff of Raymond.
Francis, b. June 24, 1836, (see below)
Phebe N., b. Mar. 17, 1841. She m. Aug. 1865, George W. Hatch of New Gloucester.

SYMONDS, John Jordan b. Oct. 8, 1822, son of Samuel J., d. Aug. 15, 1913 ae 90 yrs. He m. June 18, 1843, Jane Strout of Raymond. She b. July 15, 1823, daughter of Elias & Jane (Strout) Strout, d. Oct. 4, 1904. ae 80 yrs., 2 mos., 20 das. Children:

Rhoda J., b. July 9, 1844, living in 1913 Caribou, Me. She m. Apr. 7, 1865 in Raymond, Almond L. Brown.
Oliver W., b. July 28, 1847, (see below)
Charles F., b. Oct. 14, 1860, (see below)
Arabella, b. Dec. 1, 1862, d. May 31, 1932 Yarmouth, Me. She m. Jan. 6, 1888, Elmer C. Riggs both of Raymond.

SYMONDS, Oliver Warren b. July 28, 1847, son of John J., d. Dec. 2, 1923. He m. Dec. 21, 1898, Mary E. Spiller of Raymond. She b. May 10, 1850, daughter of Amos & Mary Ann (Strout) Spiller, d. Apr. 10, 1928 ae 77 yrs., 11 mos. Children:

Lewis W., b. Oct. 30, 1870, d. Sept. 27, 1862. He m. Dec. 21, 1898, Nellie V. Morrill both of Raymond.
John, b. Mar. 1, 1875, d. Aug. 26, 1957.

Ruth I., b. June 21, 1881. She m. Jan. 3, 1906, Lewis G. Stanton of Mechanic Falls.
Lillian, b. July 24, 1885, d. Dec. 12, 1888.
Ina, b. June 19, 1889, d. Sept. 26, 1889.
Flossie, b. May 2, 1883, d. Oct. 4, 1883.
Maud, b. Dec. 3, 1892.

SYMONDS, Charles Freemont b. Oct. 14, 1860, son of John J., d. 1930. He m. Dec. 31, 1881, Elvena S. Allen of Raymond. She b. Mar. 13, 1860, daughter of Joseph & Elsie (Strout) Allen, d. July 19, 1938. Children:
Lula E., b. July 1, 1887, d. 1890.
Etta, b. May 20, 1889. She m. Dec. 9, 1907, Zenas Haines Strout of Raymond.

SYMONDS, Francis b. June 24, 1836, son of Samuel J., d. Oct. 10, 1875 ae 39 yrs., 3 mos. Raymond. He m. June 8, 1865 in Norway, Martha J. Hall of Norway. She b. July 27, 1838 Norway, d. Jan. 12, 1923 Norway. She survived by William C. and Dr. Irving P. Symonds of North Conway, and Mrs. Emma Packard of Norway and Mrs. Rose Tribou of Aroostook County. Children:
William C., b. Apr. 19, 1866.
Irving P., b. Dec. 17, 1868.
Delia H., b. Oct. 10, 1870.
Martha F., b. Nov. 21, 1871, d. 1967. She m. Otis Witham of Raymond.
Emma L., b. Jan. 10, 1873. She m. (2) Mar. 29, 1905, Franklin Spencer Packard.
Rose M. (Rosa), b. Oct. 14, 1874.
Grace R., b. Jan. 28, 1876, d. July 28, 1904.

SWETT, Nathaniel b. Oct. 2, 1771, d. Sept. 2, 1835. He m. Dec. 25, 1794 in Scarboro, Olive Moody. His widow in 1844 was living in Raymond. Nathaniel's brother, Stephen, (b. Apr. 11, 1781, d. Apr. 26, 1853/4) m. July 18, 1803, Jane March of Otisfield, he Raymond. Children:
Gardner, who had Olive, b. Oct. 11, 1818 & Harriet, b. May 16, 1821.
Josiah, b. Oct. 22, 1805, (see below)

SWETT, Josiah b. Oct. 22, 1805, son of Nathaniel Swett, d. Mar. 10, 1855 ae 49 yrs. Casco. He m. Dorcas Strout. She b. Apr. 3, 1801, Limington, daughter of Samuel & Jerusha (Emery) Strout, d. June 8, 1830 ae 28 yrs. Raymond. He m. (2) Elizabeth Cook of Casco. She b. Dec. 1, 1806, daughter of Ephraim & Mary (Gould) Cook, d. June 8, 1850 ae 43 yrs., 6 mos., 7 das. Casco. He m. (3) Oct. 12, 1850 in Casco, Nancy M. Newbegin. She d. Apr. 13, 1857 ae 32 yrs. Portland. Josiah was a minister. Children:
Sophronia, b. Sept. 4, 1826.
Hannah, b. Dec. 24, 1828, d. Nov. 24, 1833.

TARBOX, Jeremiah bapt. July 17, 1774 Biddeford, d. Mar. 17, 1819. During the winter of 1819-20, Mr. Tarbox who lived on what was then known as Standish Cape went to the local mill to have a bag of corn milled and on the way back to his cabin perished in a snowstorm as did his wife hunting for him. (There is a question

as to Mr. Tarbox's name, was his name Jeremiah or was it his brother Samuel who married June 7, 1804, Dorcas Plaisted of Buxton?) They left five children:
Jeremiah, the oldest who was 16 (went to Ca.)
Isabel, age 12 (who later m. Jonathan Estes),
Olive, age 9 (who later m. William Henry Dyer and lived in Portland),
William Henry, age 6
Betsey age 2 years (adopted by the Mannings)
Child, only one given in Raymond records:
Betsey, b. Aug. 15, 1815.

TENNEY, Henry b. June 1, 1772, d. Nov. 23, 1853 ae 81 yrs., 8 mos. He m. Elizabeth __, who d. Jan. 7, 1796. He m. (2) May 8, 1797, Polly Hayden of Gray, he of Raymond. She d. Feb. 4, 1846 ae 78 yrs. 11 mos. Children:
Elizabeth, b. Aug. 2, 1795.
Anna, by second wife, b. Aug. 15, 1799, d. 1886. She m. Feb. 23, 1825 in Poland, Elias W. Hayden.
Thankful, b. Dec. 22, 1800, d. Dec. 1874. (in 1870 of Poland)
John, b. Dec. 25, 1801, (see below)
David, b. Jan. 22, 1803, (see below)
Samuel, b. Apr. 26, 1804, d. Jan. 16, 1828 ae 24 yrs. He m. Dec. 29, 1825, Louisa Pierce of Poland, he of Raymond.
Sarah, b. Aug. 28, 1805, d. May 20, 1882 ae 76 yrs., 9 mos.
Henry, b. Sept. 6, 1807, d. Sept. 20, 1807.
Mary, b. July 19, 1809. She m. Samuel Simpson.
Henry, b. July 19, 1809, (see below)
Keziah, b. Sept. 18, 1816, d. Oct. 9, 1882 ae 66 yrs. She m. Dec. 11, 1846, Nathaniel Walker Archibald of Poland.

TENNEY, John Jr., b. Dec. 25, 1801, son of Henry, d. July 22, 1875 ae 73 yrs., 6 mos., 7 das. He m. int. Apr. 26, 1821, Lydia Gooding both of Minot. She d. Feb. 17, 1826 ae 29 yrs. Raymond. He m. (2) Rebecca Emery. She b. Oct. 20, 1810, d. Nov. 6, 1871 Poland. They are buried in Highland Cemetery at West Poland. Children:
John, b. Mar. 17, 1827. He m. Margaret Libby.
Eliphalet Nelson, b. Feb. 19, 1837, d. Mar. 12, 1907 Poland.

TENNEY, David b. Jan. 22, 1803, son of Henry, d. Jan. 14, 1873 ae 69 yrs., 11 mos., 6 das. He m. Mar. 8, 1827 in Portland, Roxanna Gilson of Poland, he of Raymond. (m. int. Feb. 17, 1827) Children:
Samuel, b. Sept. 10, 1828, (see below)
William H., b. Mar. 5, 1834, d. May 10, 1834.
William H., b. Dec. 7, 1834, d. June 16, 1884 ae 49 yrs., 6 das. He m. Mary Boody Cook. She b. June 30, 1830. He m. (2) int. Nov. 17, 1864, Mrs. Margaret K. (Edwards) McLellan of Otisfield. He m. (3) Katherine Meserve of Casco.
Francis A., b. Apr. 17, 1838, d. Aug. 8, 1909 ae 71 yrs., 2 mos., 23 das. Lynn, Mass. She m. ___Morgan.

TENNEY, Henry Jr., b. Apr. 11, 1810, son of Henry, d. Feb. 25, 1881 ae 70 yrs., 10 mos. Raymond. He m. July 14, 1844, Maria Dodson Symonds both of Raymond. She b. June 23, 1821 Gray, daughter of Joseph Dodson and adopted by Joseph & Isabella (Jordan) Symonds, d. June 12, 1901 ae 79 yrs., 11 mos., 19 das. Auburn. He is buried in Poland. Children:
Margaret E., b. Apr. 25, 1845.
James F., b. Sept. 9, 1846, killed Apr. 23, 1864 at Cane River, La.
John H., b. Jan. 28, 1848.
Joseph S., b. Aug. 7, 1849.
Charles E., b. May 12, 1852.
Emma J., b. May 12, 1852.
Isabella S., b. Apr. 27, 1854.
Clement H., b. Jan. 4, 1856, d. July 7, 1887 ae 30 yrs., 6 mos.
Susan M., b. May 3, 1858. She m. Oct. 1, 1893, Herbert Mayberry.
Mary A., b. July 19, 1860, d. Nov. 30, 1904.
Frederick A., b. Mar. 7, 1863.

TENNEY, Samuel b. Sept. 10, 1828, son of David. He m. Sarah Ann Clark. Children:
Emma J., b. July 15, 1852, d. Aug. 2, 1852 Raymond.
Clara W., b. Apr. 6, 1860, d. May 3, 1897. She m. May 10, 1881 in Auburn, Llewellyn Edwards.
Emma Sarah, b. Dec. 1, 1862 Casco, d. Aug. 31, 1883.

TENNEY, Samuel b. June 2, 1764, d. June 28, 1841. He m. Deborah Wilbur. She b. Aug. 16, 1765, living in 1850 ae 85 yrs. Raymond. Children:
Samuel, b. Feb. 11, 1787. He m. Apr. 1809, Ann Allen.
Mary, b. June 18, 1788.
Elizabeth, b. Aug. 3, 1790. She m. Mr. Wood.
Merrill, b. May 5, 1792.
John, b. Sept. 24, 1797.
Daniel, b. mar. 27, 1801. He m. Almira Bradley.
Deborah, b. Feb. 8, 1805, d. Aug. 16, 1864 ae 50 yrs. She m. Benjamin Davis of Raymond. He d. Sept. 14, 1854 ae 66 yrs., 1 mo.
Zachariah, b. May 1807, (see below)

TENNEY, Zachariah b. May 1807, son of Samuel, d. Mar. 13, 1890. He m. June 25, 1835, Harriet Plummer of Raymond. She b. Sept. 28, 1812, daughter of Samuel & Mehitable (Brown) Plummer, d. Mar. 19, 1852 ae 39 yrs., 6 mos. Windham. He m. (2) Nancy (Graffam) King. She b. Sept. 10, 1809. Children:
Eliza B., d. Apr. 29, 1914 ae 72 yrs., 4 mos., 7 das. Auburn. She m. William Plummer.
Franklin, b. Apr. 6, 1836, d. Nov. 25, 1855 Sebago.
Nelson, b. May 25, 1838.
Mary C., b. Nov. 24, 1839.
Sophia, b. Sept. 20, 1843.
Harriet J., b. May 28, 1845.

TENNEY, John b. July 1, 1779 Great Diamond Island (Hog Island), Casco Bay, d. Sept. 15, 1845 ae 66 yrs. Raymond. He m. Apr.. 3, 1803, Sally Stinchfield Of New Gloucester, he of Raymond. She b. June 15, 1784 New Gloucester, d. Aug. 26, 1862 ae 78 yrs., 2 mos., 11 das. She m. (2) Sept. 26, 1849, John Small both of Raymond. He d. Mar. 20, 1854 ae 81 yrs., 9 mos. Raymond. Elizabeth Tenney, mother of John, d. Apr. 16, 1830 ae 92 yrs., 6 mos. His sister, Lydia Tenney, d. Oct. 30, 1849 ae 81 yrs. Raymond. Children:

Judith, b. Jan. 26, 1804, d. Aug. 25, 1838.
Keziah, b. Oct. 16, 1805, d. Sept. 15, 1859 ae 54 yrs. She m. Mar. 10, 1825, Henry Jordan Jr. of Raymond.
Esther S., b. Feb. 5, 1808, d. Aug. 3, 1900 Lynn, Mass. She m. Ezra Woodward. He b. July 20, 1803 Auburn, d. Nov. 12, 1878 Poland.
Ephraim Stinchfield, b. July 15, 1810, (see below)
Reuben C., b. July 31, 1812, (see below)
George L., & Job W., (twins), b. Mar. 14, 1815, d. Apr. 1816.
Stephen S., b. Feb. 19, 1817, (see below)
Cyrus L., b. Mar. 29, 1819, (see below)
Eliza Ann, b. Aug. 1, 1821, d. Dec. 25, 1848. She m. Feb. 1844, James Williams of Winthrop, she of Raymond.
Hannah Johnson, b. Aug. 9, 1824, d. Dec. 3, 1888 ae 64 yrs., 3 mos., 24 das. She m. May 1842, Joseph W. Allen. He d. Mar. 24, 1844 ae 24 yrs. She m. (2) Sept. 4, 1848, Rev. Isaac Libby. She m. (3) William Young of Auburn.

TENNEY, Ephraim Stinchfield b. July 15, 1810, son of John, d. Nov. 20, 1879. He m. Desire Davis of Casco. She b. Mar. 22, 1809, daughter of John & Rhoda (Jordan) Davis of Casco. Children:

John, b. June 26, 1833, d. July 18, 1901 Casco. He m. Sept. 12, 1857 in Windham. Hannah A. Hawkes of Windham. She b. Apr. 5, 1837, d. Apr. 21, 1860 ae 23 yrs., 16 das. He m. (2) June 30, 1861, Margaret B. Libby of Raymond.
Sarah A., b. Dec. 22, 1834. She m. int. Dec. 25, 1852 in Casco, Colby Jordan.
Mary Ann, b. Apr. 15, 1840, d. Apr. 13, 1869. She m. Nov. 11, 1860, William Tukey Sylvester.

TENNEY, Reuben b. July 31, 1812, son of John, d. June 16, 1869 ae 56 yrs., 1 mo. Raymond. He m. Charity W. Dodson. She b. Aug 12 1819 Gray, daughter of Joseph Dodson and raised within the family of Simeon S. Nash of Raymond, d. Apr. 4, 1860 ae 40 yrs., 7 mos. Raymond. Children:

Octavia, b. Mar. 13, 1837, d. Apr. 3, 1911. She m. Nov. 9, 1856 in Casco, William Duran of Casco.
Elmira, b. Feb. 19, 1839, d. Jan. 16, 1878 ae 39 yrs. She m. James F. Strout of Raymond.
Eleanor N., b. Dec. 23, 1840, d. Jan. 13, 1912 ae 71 yrs., 17 das. Naples. She m. ___ Brackett.
Ambrose, b. Jan. 11, 1843, d. Jan. 2, 1866 ae 21 yrs., 11 mos., 21 das.
Joseph, b. Aug. 22, 1845.
Franklin, b. May 17, 1847.
George H., b. July 13, 1849.
David N., b. Mar. 5, 1851.

James A., d. Aug. 30, 1855 ae 1 yr., 6 mos.

TENNEY, Stephen b. Feb. 19, 1817, son of John, d. Aug. 24, 1844 ae 27 yrs., 6 mos., Raymond. He m. Rachel Strout both of Raymond. She b. Mar 10, 1820, daughter of Prince & Rachel (Strout) Strout, d. 1891 So. Casco. She m. (2) Daniel C. Foster. He b. Apr. 11, 1830 Gray, d. May 7, 1918. Children:
Horace Franklin, b. 1841, d. Sept. 22, 1902 Haverhil, Mass. He m. Mary Olive Burbridge.
Stephen Allen, b. Nov. 27, 1846, d. Nov. 30, 1866.

TENNEY, Cyrus L. b. Mar. 29, 1819, son of John, d. Feb. 16, 1884 ae 64 yrs. He m. June 18, 1839, Sarah Strout of Raymond. She b. Aug. 18, 1815, daughter of Prince & Rachel (Strout) Strout, d. Aug. 19, 1901 Mechanic Falls. Children:
Ulvilda, b. Sept. 9, 1840, d. June 28, 1864 ae 23 yrs. She m. Freeland L. Robinson.
Walter D., b. Apr. 25, 1842. He m. Sarah Robinson.
Lafayette, b. Nov. 1, 1843, d. July 14, 1899 ae 55 yrs., 9 mos., 16 das. He m. Mary Emmeline Tripp.
Charles Strout, b. Jan. 21, 1846, d. July 31, 1907 Mechanic Falls.
Oscar B., b. Sept. 16, 1847, d. Sept. 16, 1849 ae 2 yrs.
Ann Mariah, b. Dec. 23, 1848, d. Sept. 20, 1849 ae 11 mos.
Prince Albert, b. Sept. 10, 1850, d. May 13, 1854 ae 3 yrs., 7 mos.
Uriah Eugene, b. Apr. 13, 1851, d. Oct. 22, 1855.
Eugene H., b. Oct. 11, 1853, d. Sept. 22, 1855 ae 11 mos.
Uriah Ervin, b. Oct. 11, 1854, d. Dec. 25, 1908 Brockton, Mass.
Margaret E., b. Nov. 23, 1856, d. Feb. 17, 1896.

THOMPSON, Joshua M. b. about 1807 Pownal, son of Edward & Sophia (Pote) Thompson, d. Mar. 15, 1850 ae 43 yrs. Raymond. He m. Eleanor Pote. She b. July 31, 1807, d. Oct. 23, 1871 Windham. She m. (2) Timothy Kennard of Windham. (See Winslow Gen.) Children:
Arthur, b. Dec. 19, 1841.
Sophia Pote, b. Nov. 21, 1844.
Edward William, b. Oct. 6, 1846.

THOMPSON, Nathaniel Y. b. about 1798 Alfred, d. Sept. 7, 1873 Cape Elizabeth. He m. Jane, who was living in 1878 ae 78 yrs. They were living in 1860 in Portland. He was a pensioner for his service in the War of 1812. Children:
Daniel B., b. Aug. 16, 1821.
Caroline, b. Jan. 5, 1824.

THOMPSON, Stephen. Child:
Joan, b. Apr. 10, 1827.

THORP, Frederick K. b. July 16, 1833, d. Feb. 21, 1900 ae 77 yrs. He m. Mary N. Nash of Raymond, he of Bridgton. She b. Nov. 1838, daughter of John & Hannah (Moses) Nash, d. Jan. 16, 1899 ae 60 yrs., 11 mos., 8 das. Children:
Charles K., b. Jan. 8, 1868. He m. Mar. 18, 1896, Mary W. Gowell of Portland.
John H., b Oct. 23, 1871, d. Apr 14 1903 He m. June 10, 1894, Alice M. Goodwin.

THURLOW, Robert d. Feb. 23, 1825 ae 46 yrs., 6 mos. Raymond, found dead in the road. His parents, Richard & Miriam (Lowell) Thurlow married int. Sept. 1, 1773 in Windham, they both of Windham. Richard b. Dec. 19, 1750, d. Jan. 18, 1835 ae 84 yrs. and Miriam, b. 1755 Falmouth, d. Feb. 7, 1823 Buckfield. Robert m. Dec. 25, 1807 in New Gloucester, Hannah Proctor both of New Gloucester She d. Apr. 5, 1850 ae 69 yrs., 5 mos., 16 das. Children:
Aurelia, b. Jan. 15, 1807.
William, b. Aug. 10, 1808, (see below)
Sarah, b. Jan. 4, 1810, d. June 5, 1883 ae 75 yrs., 3 mos. She m. Rufus Smith of Raymond. He d. Nov. 30, 1860 ae 45 yrs., 5 mos.
Stephen, b. Aug. 4, 1813, d. Aug. 1, 1893 ae 80 yrs. Raymond. He m. Eliza Fogg of Raymond.
Emily Jane, b. Sept. 25, 1815. She m. Jan. 1843, William H. Cobb of New Gloucester.
Robert, b. May 10, 1817, (see below)
Isaac, b. July 8, 1819, (see below)
Rufus, b. Nov. 11, 1821, (see below)
Roxanna, b. Jan. 13, 1824, d. May 5, 1907 ae 83 yrs., 3 mos. Raymond. She m. Apr. 7, 1867, William Thurlow both of Raymond. She m. (2) Levi Jordan of Raymond.

THURLOW, William b. Aug. 10, 1808, son of Robert, d. July 20, 1857 ae 49 yrs. No. Raymond. He m. int. Nov. 9, 1834, Joanna Estes of Poland. She b. 1816, daughter of William & Betsey (Stanton) Estes, d. Apr. 8, 1843 ae 27 yrs., 2 mos. (See Wentworth Gen. p. 142) Children:
Ellen, b. Mar. 11, 1836.
Melvina E., b. Aug. 26, 1842, (also Aug. 25, 1841), d. Mar. 1, 1925. She m. John Day Spiller.
son, b. Feb. 4, 1843, d. Apr. 30, 1843.

THURLOW, Robert b. May 10, 1817, son of Robert, d. Feb. 11, 1872 ae 53 yrs., 9 mos. Minot. He m. Nancy Smith of Raymond. She b. Apr. 4, 1820, daughter of Benjamin & Nancy (Witham) Smith, d. Jan. 23, 1873. Children:
Stephen A., b. July 18, 1842, d. Jan. 4, 1912 Pottsville, Pa. He was a professor.
Ursula C., b. Jan. 23, 1848.
Hannah S., b. Mar. 12, 1851.
Elizabeth A., b. Feb. 15, 1853.
Robert F., b. Feb. 26, 1856.

THURLOW, Isaac b. July 8, 1817, son of Robert, d. Jan. 12, 1880 ae 61 yrs. New Gloucester. He m. Alice Priscilla Smith of Raymond. She b. July 5, 1822, daughter of Benjamin Jr. & Susan (Witham) Smith, d. May 29, 1914 ae 90 yrs., 10 mos., 22 das. Auburn. Children:
Isaac S., b. Dec. 12, 1848, d. May 1, 1850 ae 2 yrs., 4 mos.
Lydia Ann, d. May 12, 1850 ae 18 mos.
Laura A., d. Oct. 17, 1896 ae 45 yrs., 4 mos., 3 das. New Gloucester. She m. ___ Harmon.

Eudora M., d. July 5, 1914 ae 52 yrs., 5 mos., 28 das. Auburn. She m. int. Mar. 25, 1886, Charles M. Burr of Greene.

THURLOW, Rufus H. b. Nov. 21, 1821, son of Robert, d. Apr. 14, 1888 ae 65 yrs., 5 mos. Gray. He m. Jan. 1, 1852 in Poland, Elizabeth D. Weston of Poland, he of Raymond. She b. Feb. 9, 1834, d. Feb. 22, 1857 ae 25 yrs., 13 das. He m. (2) int. Feb. 25, 1863, Sophronia M. Eveleth of New Gloucester, he of Dorchester, Mass. She b. Jan. 24, 1834 New New Gloucester, d. Nov. 7, 1913 ae 79 yrs., 10 mos., 11 das. Child:
Sidney W., b. Sept. 3, 1852.

THURLOW, Richard Jr. m. Feb. 19, 1794 at Sabbathday Pond (Thompson Pond Plantation), Eunice Tripp. Children:
Moses, b. June 30, 1795, (see below)
Abigail, b. Oct. 13, 1796. She m. John Sawyer.
John, b. June 3, 1799.
Charlotte, b. Aug. 29, 1804, d. 1846. She m. Jan. 22, 1825, Nicholas Tripp. He b. 1802 Poland, d. 1884.
Abraham, b. Aug. 14, 1806, (see below)
Susan, b. Sept. 15, 1809, d. Sept. 13, 1885 Oxford, Me. She m. Abraham Strout of Raymond.
Annie, b. Oct. 21, 1812.
Dolly, b. June 25, 1815. She m. Feb. 21, 1838, John Verrill.
Charles, b. Nov. 10, 1818, living in 1850 ae 32 yrs. Poland.

THURLOW, Moses b. July 30, 1795 Poland, son of Richard Jr., d. Mar. 25, 1870. He m. Elsie Strout of Raymond. She b. about 1797, daughter of John & Rebecca (Strout) Strout, d. Mar. 25, 1870. ae 72 yrs. Raymond. Children:
Isaiah, b. Nov. 12, 1817, (see below)
John, b. Sept. 16, 1819, d. Apr. 24, 1896 ae 76 yrs., 7 mos. Yarmouth. He m. Dec. 24, 1841 in New Gloucester, Dorcas Verrill.
Esther, b. Jan. 14, 1822. She m. Sept. 20, 1839 in Raymond, Atwood Young of Raymond. He was killed Aug. 11, 1863 at Morris Island, So. Ca. during the Civil War.
Eunice, b. Nov. 4, 1823, d. Dec. 2, 1823.
Rebecca, b. Jan. 3, 1824, d. Sept. 1827.
Davis, b. Jan. 27, 1827, (see below)
Richard, b. Aug. 20, 1829, (see below)
James, b. Feb. 9, 1832, (see below)
William Emerson, b. June 20, 1834, d. June 7, 1919 ae 85 yrs., 11 mos., 19 das. Raymond. He m. Nancy Pratt.
Charles, b. Aug. 15, 1835, d. Aug. 1839.

THURLOW, Isaiah b. Nov. 12, 1817, son of Moses, d. Aug. 21, 1902 ae 84 yrs., 9 mos., 9 das. Mechanic Falls. He m. Oct. 31, 1839 in New Gloucester, Betsey Elwell both of Raymond. She was a daughter of William & Hannah (Young) Elwell and d. Mar. 13, 1905 ae 86 yrs. Auburn, Me. She was a sister to Mrs.

Abraham Thurlow, their mother m. (2) Sept. 18, 1826 in Poland, John Strout, both of Thompson Pond Plantation. Children:
Anna, b. Oct. 24, 1841. She m. ____ Andrews.
Caroline S., b. Jan. 6, 1844. She m. June 2, 1861 in Poland, Joshua Silas Spiller of Casco, she of Raymond.
Erastus, b. Mar. 30, 1846., d. July 4, 1897 Poland.
Hannah, b. June 7, 1848.
Cyrus, b. Aug. 20, 1851
Martha J., b. Mar. 11, 1854.
Eben, b. May 3, 1857, d. Apr. 7, 1858 ae 11 mos.
Alford, b. Aug. 3, 1859.
William Elwell, b. Jan. 6, 1862, d. Jan. 5, 1953 Mechanic Falls.

THURLOW, Davis b. Jan. 27, 1827, son of Moses, d. Nov. 14, 1906 ae 79 yrs., 9 mos., 19 das. Auburn, Me. He m. int. Sept. 10, 1854 in Poland, Emily J. Thurlow of Raymond, he of Woodstock, Me. She b. Apr. 5, 1839, daughter of Abram & Abigail (Elwell) Thurlow, d. July 27, 1873. Children:
Horace G., b. Nov. 9, 1857, d. Feb. 2, 1917 ae 58 yrs., 2 mos., 24 das. Raymond.
Robert, b. Mar. 25, 1861, d. Jan. 15, 1915 ae 73 yrs., 3 mos., 4 das. Raymond.
Royal, b. May 7, 1862, d. May 19, 1864 ae 2 yrs.
Manderville, b. May 1863, d. Jan. 11, 1864 ae 8 mos.
Lucy E., b. Aug. 25, 1855, d. Jan. 28, 1896 ae 41 yrs., 5 mos. New Gloucester. She m. June 16, 1872, Francis Edwards.
Fanny, b. Mar. 20, 1860. She m. Eliza Verrill.
Albert, b. Feb. 6, 1865.
Emanuel, b. 1867, d. 1937. He m. Oct. 14, 1892, Belinda Tripp of Poland.
Moses, b. Sept. 4, 1871.

THURLOW, Richard b. Aug. 20, 1829, son of Moses, d. May 16, 1908 ae 78 yrs., 3 mos., 4 das Raymond. He m. Patience Tripp. She b. June 2, 1832, daughter of Jeremiah & Patience (York) Tripp, d. Jan. 15, 1900 ae 67 yrs., 7 mos., 13 das. Raymond. Children:
Angeline A., b. Nov. 14, 1849.
Charles, b. June 15, 1851, d. Sept. 012, 1897 Poland.
Charles F., b. Feb. 18, 1853, d. Oct. 3, 1858.
Charles, d. Sept. 15, 1854., d. Sept. 12, 1897 Poland.
Othneil, b. Nov. 1, 1856, d. 1938 Hiram.
Lyman, b. Nov. 27, 1858. He m. Etta E. Brown.
Octavia, b. Dec. 12, 1860.
Carrie J., b. May 25, 1863.
Warren, b. May 28, 1865.
Eugenia H., b. Aug. 31, 1867.
George S., b. June 23, 1870.

THURLOW, James b. Feb. 9, 1832, son of Moses, d. Mar. 71. 1918 ae 86 yrs., 1 mo. He m. May 3, 1854, Irena Pratt both of Woodstock, Me. She d. 1855. He m. (2) July 29, 1859, Julia A. Lunt. She b. Mar. 3, 1842 Sumner, Me., d. Jan. 27, 1927. ae 84 yrs., 10 mos., 24 das. Raymond. Children:

James, b. about 1856 Woodstock, Me. He m. Oct. 9, 1897, Mabel Strout of Poland.
Walter W., b. Apr. 4, 1859, d. Dec. 3, 1876 ae 17 yrs., 8 mos.
John M., b. Sept. 28, 1863, d. Nov. 25, 1872 ae 9 yrs., drowned in Lower Range Pond.
Etta I., b. Dec. 5, 1864, d. Dec. 9, 1930 Raymond. She m. Luther W. Thurlow.
Frank, b. Mar. 22, 1867, d. June 23, 1917 ae 50 yrs., 3 mos., 1 da. New Gloucester.
Alice G., b. May 10, 1873. She m. Jan. 1, 1887, Anson Verrill both of Raymond.
Ernest L., b. June 28, 1882, d. 1934.

THURLOW, Abraham b. Aug. 14, 1806, son of Richard Jr., d. Mar. 14, 1890 No. Raymond. She m. Abigail Elwell of Gray. She b. Mar. 14, 1816, daughter of William & Hannah (Young) Elwell, d. Apr. 16, 1906 92 yrs., 2 mos. Raymond. Children:
David S., b. Apr. 17, 1827, d. Dec. 19, 1902.
Sarah A., b. May 19, 1833, d. Sept. 5, 1902 ae 70 yrs., 3 mos., 17 das.
Emily, b. Jan. 1835, d. July 1836.
Emily, b. Apr. 1837, d. Aug. 1838.
Emily, b. Apr. 5, 1839, d. July 28, 1873. She m. int. Sept. 10, 1854 in Poland, Davis Thurlow.
Eunice, b. Oct. 29, 1841, d. Mar. 17, 1867.
William, b. June 2, 1844, d. Dec. 20, 1846.
Preston, b. Nov. 20, 1846, d. Feb. 1847.
William P., b. Mar. 11, 1848, (see below)
Mary S., b. June 11, 1850 Poland, d. June 12, 1911. She m. Feb. 26, 1866 in Raymond, William Verrill.
Orrin, b. July 22, 1852, d. June 13, 1925 ae 73 yrs. He m. Mar. 2, 1875, Ellen Verrill both of Raymond.
Ruby, b. Oct. 29, 1854, d. June 1870.
Abbie, b. July 22, 1856, d. Aug. 17, 1875. She m. Jan. 17, 1872 in Hebron, Charles Ephraim Edwards.
Luther W., b. June 10, 1858, (see below)

THURLOW, William Preston b. June 10, 184 8, son of Abraham, d. Apr. 28, 1922 ae 74 yrs., 1 mo., 17 das. Auburn. He m. Apr. 9, 1867 in Poland, Rosanna Thurlow both of Raymond. She b. Jan. 13, 1824, daughter of Robert & Hannah (Proctor) Thurlow, d. May 5, 1907 (she m. (2) Levi Jordan) He m. (2) Nov. 28, 1894, Mrs. Esther L. (Curtis) Gooch of Portland, widow of Frank H. Gooch. Children:
William C., b. Dec. 31, 1868, d. Aug. 12, 1870.
Mary L., b. Oct. 26, 1871. d. June 16, 1897 ae 67 yrs., 5 mos., Gray.
Lizzie M., b. June 9, 1873.
Sherburne L., b. Sept. 29, 1875.

THURLOW, Luther W. b. June 10, 1858, son of Abraham, d. Jan. 7, 1949 ae 90 yrs. He m. Etta I. Thurlow. She b. Dec. 4, 1865, son of James & Julia A. (Lunt) Thurlow, d. Dec. 9, 1930 Raymond. Child:
Walter W., b. Dec. 1, 1881. He m. Oct. 21, 1905, Mary F. Small.

THURLOW, Isaac son of Richard Jr. & Eunice (Tripp) Thurlow. He m. Feb. 28, 1808, Ann Stevens of Windham, he of Raymond. She b. Apr. 3, 1784, d. spring of 1853 ae 76 yrs. Windham. They are buried in Stevens Farm Burial Ground on the Montgomey Road in Windham. Children:
Hannah, b. Oct. 41, 1805.
Horatio, b. July 4, 1808.
Martha, b. June 1, 1810.
Betsey, b. Aug. 24, 1813, d. Feb. 26, 1818.
Mariam, b. Aug. 25, 1815.
Cyrus, b. Oct. 29, 1829.
Susan A., d. Feb. 5, 1901 ae 73 yrs., 2 mos., 13 das. Auburn. She m. ___ Thurston.

THURLOW, Solomon b. Sept. 14, 1784, son of Davis & Abigail (Manchester) Thurlow, d. May 18, 1864 ae 79 yrs., 8 mos., 4 das. He m. Dorcas Strout of Raymond. She Apr. 1787 Limington, daughter of Prince & Christiana (Dyer) Strout, d. Jan. 10, 1881 ae 93 yrs., 9 mos. Raymond. Children:
Mary, b. Sept. 6, 1812, d. July 25, 1870 Portland. She m. George W. Strout of Raymond.
Peter, b. May 19, 1815, (see below)
Abigail, b. Apr. 5, 1817, d. Feb. 23, 1825.
John, b. Sept. 16, 1819, d. Apr. 23, 1896. He m. Jan. 14, 1842, Dorcas Verrill. Their son, John, b. about 1847, m. Dec. 19, 1875 in Gray, Annie Elnora Swan.
Rachel, b. July 20, 1820, d. Nov. 27, 1848.
Rosanna, b. Dec. 24, 1825, d. Mar . 27, 1848 ae 22 yrs., 3 mos.
Lavina, b. Apr. 11, 1828, d. Nov. 22, 1910 ae 82 yrs., 7 mos. 11 das. She m. Nov. 7, 1845 in Poland, John Elwell Strout of Raymond.

THURLOW, Peter b. May 19, 1815, son of Solomon, d. Mar. 13, 1890 ae 74 yrs., 9 mos., 26 das. He m. Sabrina Adams of Raymond. She b. Feb. 17, 1833, daughter of Joshua & Lydia (Small) Adams, d. Dec. 7, 1917 ae 79 yrs., 9 mos., 20 das. Raymond. Children:
Rosanna, b. Feb. 23, 1852, d. Mar. 2, 1923. They lived in Worcester, Mass.
Ruby A., b. Apr. 1, 1856, d. June 20, 1858 ae 2 yrs., 2 mos.
Willis C., b. July 15, 1858, d. Sept. 6, 1859 ae 1 yr., 2 mos.
Ruby Estella, b. Aug. 28, 1860, d. Aug. 30, 1937 ae 78 yrs., 2 das. New Gloucester. She m. July 21, 1878 in Raymond, William Edwards of New Gloucester.
Solomon, b. Dec. 1, 1864, d. Jan. 1, 1865.
Abbie Ann., b. Apr. 15, 1866, d. Aug. 15, 1955 Auburn. She m. May 1, 1888 in New Gloucester, Eben Snow of New Gloucester. She m. (2) J. Wallace Sturtevant of Lisbon.
Lavina P., b. Apr. 15, 1866, d. July 24, 1866.
Bryon H., b. Oct. 29, 1869, d. July 26, 1870.

THURLOW, Hiram b. July 2, 1810, son of Susan Thurlow, d. Mar. 6, 1883 ae 72 yrs., 7 mos., 4 das. He m. Anna C. Davis of Casco. She b. Apr. 1, 1816, daughter of Dominicus & Elsy (Cash) Davis, d. July 15, 1863 ae 47 yrs., 3 mos., 15 das. He m. int. (2) Sept. 4, 1865 in Minot, Mrs. Eunice C. (Verrill) Stevens, widow of Josiah R. Stevens of Minot. (He b. Jan. 27, 1827, d. Apr. 6, 1860) She b. Jan. 13,

1835 in Minot, daughter of Benjamin Verrill, d. Aug. 24, 1924 ae 89 yrs., 10 mos. No. Raymond. (Children of Josiah R. & Eunice Stevens were: Mary Crooker, b. Oct. 19, 1853, d. Feb. 16, 1936, m. Augustus F. Thurlow, Calvert S., b. Oct. 5, 1855, d. Aug. 2, 1934, Josiah Herbert, b. May 12, 1858, d. 1904, Phila Alma, b. June 2, 1860, d. Feb. 25, 1929, m. May 1862, Elias L. Strout) Children:
Sophronia J., b. Aug. 15, 1835.
Emeline D., b. Sept. 17, 1837, d. Apr. 8, 1911. She m. June 16, 1860, Frank W. Frank. He d. Oct. 12, 1881 ae 49 yrs.
Freeland, b. Mar. 15, 1840, d. July 17, 1842 ae 2 yrs., 4 mos.
Augustus Freeland, b. Oct. 6, 1842, d. Dec. 23, 1928 ae 86 yrs., 2 mos. So. Paris. He m. Dec. 15, 1872, Mary Crooker Stevens. She b. Oct. 9, 1853, d. Feb 16, 1936. She was his stepsister.
Cyrus W., b. Feb. 28, 1846, d. Sept. 11, 1852 ae 6 yrs., 6 mos.
Charles H., b. Nov. 25, 1849, d. Dec. 10, 1854 ae 3 yrs., 16 das.
Charles W., b. Oct. 14, 1854, d. Sept. 7, 1863 ae 8 yrs., 10 mos., 23 das.
Susie J., by second wife, b. Apr. 14, 1866, d. Feb. 5, 1936 Poland. She m. Chester E. Chipman.
Beulah A., b. Feb. 11, 1875, d. 1956. She m. Oct. 12, 1893, Vernon W. Spiller.

THURLOW, David Sewall Nelson b. Apr. 17, 1827, son of Susan Thurlow, d. Dec. 17, 1902 Otisfield. He m. Nancy May. She b. Nov. 25, 1828, daughter of John & Hannah (Verrill) May, d. Sept. 20, 1915. She m. (2) Feb. 1, 1904, Cyrus F. Strout of Raymond. Children:
Angeline, b. about 1841. She m. Apr. 13, 1854 in Poland, Timothy Berry of New Gloucester, she of Poland.
David S.N., b. about 1849. He m. July 13, 1865, Mary E. Verrill.
Hannah, b. Mar. 11, 1852.
John, b. Dec. 14, 1854, d. Nov. 13, 1899 Gray.
Charles Henry, b. May 29, 1857, d. May 12, 1927 Otisfield.
daughter, b. Feb. 6, 1860.
George W., d. Dec. 26, 1899 ae 31 yrs. Gray.
Stephen R., m. Apr. 22, 1899, Emily A. Jackson both of Poland.

THURSTON, Israel b. Jan. 9, 1810, son of Jacob & Nancy Ann (Edwards) Thuston of Otisfield, d. Oct. 16, 1865 Poland. He m. int. Oct. 28, 1832, Sarah Hunt Edwards both of Otisfield. She b. May 20, 1818, daughter of George Edwards of Casco, d. May 28, 1848. Children:
Thomas J., b. Dec. 20, 1833.
Francis A., b. Oct. 19, 1835.
Charles F., b. Jan. 26, 1838.
Rosella, b. Dec. 7, 1839.

TRIPP, Jeremiah b. about 1797, son of Silas & Dorcas (Verrill) Tripp, He m. (2) Patience York. She b. about 1800, maybe a daughter of Stephen & Sarah (Strout) York. Children:
Lydia, b. Nov. 11, 1820, d. Apr. 2, 1821.
Lydia S., b. May 1, 1823, d. July 20, 1897 Casco. He m. Mar. 3, 1842 in New Gloucester, Asa Edwards of New Gloucester.

Dorcas, b. Jan. 26, 1826.
Mercy, b. Mar. 29, 1828, d. May 30, 1890. She m. Sept. 25, 1845 in New Gloucester, Jeremiah Verrill.
Sally,
Jeremiah, b. about 1830, (see below)
Patience, d. Jan. 15, 1900 ae 67 yrs., 2 mos., 13 das. She m. Richard Thurlow of Raymond. He d. May 16, 1908 ae 78 yrs., 3 mos., 4 das.
John, b. 1835, (see below)

TRIPP, Jeremiah Jr., b. about 1830, son of Jeremiah, d. Mar. 25, 1865 in the Civil War. He m. Nov. 28, 1852 in Raymond, Sarah Elizabeth Berry. She b. Mar. 14, 1834, daughter of William & Lydia Berry, d. Mar. 19, 1917 Poland. Her other children were by Calvin Tripp. He b. 1828, d. 1913. Children:
Martha E., b. Apr. 10, 1853, d. June 18, 1853.
Hannah E., b. Oct. 6, 1854, d. Sept. 27, 1939. She m. George W. Walker.
Cinderilla, b. Feb. 1, 1857, d. Nov. 3, 1933. She m. July 3, 1879, Daniel S. Tripp.
Lydia, b. Jan. 11, 1860, d. May 17, 1880. She m. Jan. 20, 1870 in Poland, James Hale.
William E., b. Mar. 14, 1862, d, Nov. 27, 1943.
George M., b. Apr. 8, 1865, d. Dec. 21, 1945. He m. Sept. 30, 1890 Emma Tripp of New Gloucester.
Elmer U., b. Feb. 27, 1867.
Roland, b. June 4, 1869.
Lendall, b, June 4, 1870, d. 1938.
Belinda, b. June 24, 1874. She m. Oct. 14, 1892, Emanuel Thurlow.

TRIPP, John b. 1835, son of Jeremiah, d. May 7, 1915 ae 77 yrs. Augusta, Me. He m. Dec. 9, 1859, Melvina Cobb. She daughter of Chipman & Eunice (Tripp) Cobb. She was living in 1880 ae 37 yrs. Raymond. Children:
Eunice, b. June 22, 1860, d. Dec. 1884.
Mercy, b. Feb. 9, 1862, d. Feb. 17, 1933. She m. Apr. 22, 1882, Silas C. Spiller.
Sarah J., b. May 26, 1864. She m. Marcus E. Nash.
Lucy E., b. May 20, 1864, d. Oct. 28, 1884.
Robert, b. Feb. 13, 1869, d. June 14, 1939. He m. Anna W. Nash.
Hattie, b. July 1, 1871, d. Feb. 28, 1942. She m. George Spiller.
Rosamond, b. Apr. 18, 1877, d. Nov. 12, 1912 ae 41 yrs., 6 mos., 25 das. New Gloucester

TRIPP, John b. 1803, son of Silas & Dorcas (Verrill) Tripp, d. Sept. 6, 1861 ae 57 yrs., 8 mos., 16 das. Raymond. He m. int. July 8, 1830, Deborah Verrill (New Gloucester marriage records gives her as Nancy Verrill, she of Raymond, he of Poland). She b. May 25, 1806, d. Nov. 30, 1881 ae 76 yrs., 6 mos., 4 das. Children:
Mary Emmerline, b. Sept. 19, 1829, d. Oct. 19, 1913. She m. Apr. 3, 1845 in New Gloucester, Richard Verrill both of New Gloucester. She m. (2) Lafayette Tenney of Raymond.
Cibele C., b. Sept. 25, 1831, d. Dec. 2, 1902. She m. Sept. 11, 1848, Elisha P. Proctor.
Julia A., b. June 27, 1833, d. Feb. 24, 1909. She m. Jonas Morrill.

Hannah, b. June 24, 1835, d. June 1, 1864. She m. Mar. 11, 1857, Randall Barton both of Raymond.
Dorcas, b. July 12, 1838 New Gloucester. She m. Judah Hall.
James Edward, b. Sept. 2, 1842, (see below)

TRIPP, James Edward b. Sept. 2, 1842 New Gloucester, son of John, d. Dec. 20, 1915. He m. Nov. 19, 1863, Harriet S. Spiller of Raymond. She b. Oct. 6, 1847, daughter of John & Elizabeth (Strout) Spiller, d. Apr. 23, 1916. See biographical Review of Cumberland County p. 81.Children:
John Chester, b. Sept. 14, 1865, d. Dec. 28, 1883.
Eda, b. Dec. 17, 1871, d. Feb. 23, 1923. She m. June 7, 1890, Clarence Winslow.
Hamden, d. Nov. 14, 1873, d. Feb. 1, 1949.

TRIPP, Silas b. 1807, son of Silas & Dorcas (Verrill) Tripp, d. June 4, 1869 ae 62 yrs., 6 mos., 4 das. New Gloucester. He m. Deborah Verrill. She b. Mar. 20, 1815, daughter of John Millett Verrill, d. Dec. 21, 1903. Children:
Mary, b. May 18, 1837. She m. July 6, 1855, James Tripp.
Dorcas, b. Jan. 28, 1840, d. Sept. 20, 1844 ae 3 yrs. New Gloucester.
William Randall, b. Jan. 28, 1843, d. Sept. 16, 1844 New Gloucester.
Silas Willard, b. Sept. 22, 1844, d. Apr. 6, 1877. He m. Apr. 5, 1866 Zelpha H. Barrows both of Raymond.
Lucy Anne, b. May 9, 1847 New Gloucester.
Hannah Pride, b. Jan. 8, 1849. She m. Charles Cobb.
Ardella, b. Jan. 4, 1858.

TRIPP, Charles Henry b. Aug. 29, 1827 New Gloucester, son of Nicholas Charlotte (Thurlow) Tripp, d. June 3, 1920. He m. Mar. 31, 1850, in Poland, Keziah Duran. She b. Mar. 11, 1830, daughter of George & Ann S. Duran, d. July 8, 1863. He m. (2) int. Apr. 5, 1864, Nancy Verrill both of Poland. She d. Feb. 14, 1893 New Gloucester. He m. (3) Oct. 2, 1894, Hattie Glover of Rumford. She b. Sept. 18, 1851, d. Apr. 22, 1932.

TRIPP, David Gilman b. May 25, 1826, son of Abner & Priscilla (Hodgkins) Tripp, d. Dec. 28, 1894 ae 66 yrs. Gray. He m. Jan. 1, 1848. Lucy Ann May. She d. May 24, 1869 ae 40 yrs. He m. (2) Mar. 14, 1874. Rosanna J. Berry both of Gray. She b. Mar. 24, 1851, daughter of George W. & Clarissa (Strout) Berry, d. Spr. 30, 1894. He is buried in Gray Village Cemetery in Gray. Children:
William Henry, b. 1849. He m. Oct. 9, 1868, Hannah Thurlow both of Gray.
Sarah, b. Mar. 25, 1850. She m. Oct. 23, 1874, Hiram Strout. She m. (2) John Strout.
Martha W., b. 1852 Gray. She m. Rufus May. She m. (2) Simeon Coffin.
Franklin, b. 1859, d. July 16, 1908.
Ida, d. July 10, 1890 ae 29 yrs. She m. Apr. 7, 1881, Amos Farwell.
Hannah, b. Dec. 4, 1862, d. Jan. 8, 1940. She m. July 16, 1882, Dexter Taylor. She m. (2) in 1895, Simon McDonald.
Lucy Ella, (Abbie J.), b. May 2, 1866, d. Oct. 14, 1926 New Gloucester. She m. Nov. 26, 1888, Edward Benson of Gray.
Julia E., m. James McCollister.

George W., b. Oct. 28, 1871.

TUKEY, John b. about 1781, d. Mar. 5, 1816 ae 35 yrs. He m. int. Sept. 17, 1803 in Windham, Martha Mayberry of Raymond, he of Windham. She bapt. Sept. 1778, daughter of Richard & Martha (Bolton) Mayberry, d. Nov. 15, 1814 ae 34 yrs. He m. (2) Mary Jordan. She b. June 23, 1793, daughter of Ezekiel & Anne (Mayberry) Jordan, d. Apr. 21, 1826. She m. (2) Mar. 15, 1818, Zadoc Sylvester of Casco. He b. Sept. 5, 1792, d. June 27, 1878. Children:
Richard, b. June 5, 1804, (see below)
Rebecca, b. Nov. 22, 1806, d. Jan. 8, 1878. She m. Aug. 26, 1826, Zadoc Sylvester of Casco.
Joseph, b. Feb. 9, 1809, (see below)
William, b. May 9, 1811, lived at No. Windham.

TUKEY, Richard b. June 5, 1804, son of John, d. Feb. 26, 1863 ae 59 yrs., 11 mos., 11 das. He m. in 1831, Lydia Ann Plummer of Raymond. She b. July 2, 1808, daughter of Jesse & Mary (Marwick) Plummer, d. Dec. 8, 1858 ae 50 yrs., 5 mos. He m. (2) Aug. 19, 1860 in Lewiston, Mrs. Nancy Watson of Lewiston, he of Raymond. She d. Jan. 23, 1886 ae 67 yrs. Children:
Martha J., b. Mar. 25, 1833, d. Sept. 7, 1843 ae 10 yrs., 6 mos.
Hugh Plummer, b. Feb. 13, 1835, d. July 28, 1843 ae 8 yrs., 5 mos.
John E., b. Apr. 7, 1837, d. Mar. 1, 1863 ae 27 yrs., 11 mos. So. Windham. He m. Nov. 24, 1853 in Raymond, Jane Lamson Sawyer. She m. (2) Dec. 25, 1870, William Henry Bickford of Windham.
James A., b. Dec. 4, 1839, (see below)
Mary A., b. Apr. 17, 1842.
Daniel, b. Mar. 17, 1845.
Martha J., b. Mar. 6, 1847.

TUKEY, James A. b. Dec. 4, 1839, son of Richard, d. July 16, 1878 ae sea, Matanzus, Cuba. He m. Celestia A. Watson. She d. Oct. 30, 1905 ae 62 yrs., 1 mo., 23 das. She m. (2) Dec. 30, 1882 in Otisfield, Charles Henry Plummer. He b. May 27, 1850, d. May 1, 1925. Children:
Rosina B., b. Sept. 1, 1862.
Oscar W., b. Apr. 15, 1864, d. Oct. 15, 1865 ae 1 yr.
Atwood R., b. Nov. 7, 1870. He m. Jan. 15, 1891, Grace O. Day both of Raymond.

TUKEY, Joseph b. Feb. 4, 1809, son of John & Martha (Mayberry) Tukey, d. Nov. 5, 1895 ae 86 yrs., 9 mos. Raymond. He m. Dorothy Leach Plummer of Raymond. She b. Dec. 31, 1810, daughter of Jesse Mary (Marwick) Plummer, d. May 11, 1835 ae 24 yrs. He m. (2) Mary L. (Plummer) Leach, widow of Mark Leach of Raymond. She b. Dec. 4, 1802, daughter of Jesse & Mary (Marwick) Plummer, d. May 9, 1873 ae 70 yrs. Raymond. See Biographical Review of Cumberland County, p 451. Children:
infant, b. Feb. 5, 1835, d. Feb. 5, 1835.
Sarah C., by second wife, b. Sept. 30, 1836, d. May 15, 1883 ae 46 yrs., 7 mos. She m. Nov. 11, 1855, David Plummer Jr. He d. Dec 11, 1882 ae 60 yrs., 6 mos.

Rebecca J., b. Mar. 18, 1839, d. July 3, 1884 ae 45 yrs. She m. Jan. 31, 18558, Erastus Augustus Plummer of Raymond.

Emma R., b. June 3, 1841, d. Sept. 19, 1903 Raymond. She m. Nov. 29, 1866 Alvin E. Plummer both of Raymond.

VARNEY, Elijah b. 1795 Windham (See Hatevil Hall Gen.), d. June 16, 1836 ae 47 yrs. He m. Charity Proctor. She d. Sept. 23, 1883 ae 88 yrs. They are buried in Naples. Children:

Anthony, d. Nov. 17, 1820, d. Mar. 18, 1894 ae 73 yrs., 3 mos., 13 das. Naples.

Elijah, b. Nov. 26, 1825, d. Nov. 11, 1896 yrs. Naples. He m. Jan. 1847, Mary Elizabeth Proctor.

VARNEY, Abraham b. Aug. 18, 1785, d. Mar. 19, 1835 ae 49 yrs., 7 mos. Raymond. He m. Jan. 4, 1821, Hannah Cobb of Limington. She b. Dec. 31, 1789, d. Oct. 16, 1869. Children:

Nicholas Cobb, b. Oct. 5, 1821

Abigail C., b. Aug. 14, 1828 Windham, d. May 13, 1907 Brunswick. He. m. Oct. 27, 1847 in Unity, James M. Rich both of Jackson.

VARNEY, Ezekiel son of David & Peace Varney of Windham, d. Oct. 2, 1888 ae 92 yrs. He m. Mar. 9, 1825 in Gorham, Ann Gould both of Raymond. She b. June 12, 1799, daughter of Obediah & Mary (Cook) Gould, d. 1876. Children:

Isaiah, b. Mar. 5, 1827.

William, b. Apr. 18, 1829.

VERRILL, Nathaniel b. ca 1777/8, d. Nov. 23, 1833. He m. Aug. 20, 1802 in New Gloucester, Sally Elwell. She d. Apr. 14, 1862 ae 75 yrs. Children:

Nathaniel, b. Sept. 19, 1802, (see below)

Sarah, b. Aug. 26, 1804. She m. Apr. 10, 1822 in Gray, Jeremiah May.

Hannah, b. Apr. 26, 1806, d. Oct. 22, 1894. She m. May 5, 1825, John May.

Annie, b. Mar. 16, 1808, d.y.

Miniah, b. May 22, 1811, d.y.

Susan, b. June 10, 1817. She m. Mar. 18, 1839 in Poland, (New Gloucester record) Daniel Cobb.

Maria, b. Jan. 29, 1820, d. Sept. 7, 1896 ae 76 yrs. Gray. She m. Whitman Hodgkins.

Jeremiah, b. Mar. 22, 1823, d. July 14, 1829.

Rhoda, b. Aug. 7, 1825, d. May 8, 1897 Portland. She m. George Washington Strout.

Dwinal, b. Feb. 2, 1828, (see below)

Lewis, b. Mar. 25, 1830, d. July 19, 1853.

VERRILL, Nathaniel Jr., b. Sept. 19, 1802, living 1850 ae 46 yrs. Poland. He m. Margaret Merrithew (said to be an Indian) He m. (2) Susan ___, who was living in 1850 ae 52 yrs. Poland. Children:

Mary Jane, b. Oct. 1830.

Thomas, b. Mar. 23, 1833, d. Oct. 27, 1909.

Sally, b. July 4, 1835. She m. Wardsworth Strout.

Eliza, b. July 5, 1837, d. June 13, 1918 Poland. She m. Silas Strout.
Margaret, b. Aug. 11, 1843. She m. Oct. 26, 1852, John Farwell.
Andrew Cobb, b. Apr. 15, 1846, (see below)
Nancy P., b. Apr. 15, 1850, d. Feb. 14, 1893 New Gloucester. She m. int. Apr. 5, 1864, Charles Henry Tripp both of Poland.
Nathaniel M., b. Apr. 11, 1853, d. Aug. 5, 1864 ae 11 yrs.
Wilder L., b. Apr. 14, 1856, d. Jan. 8, 1877 ae 20 yes.
Ernestina, b. Apr. 18, 1859, d. Jan. 2, 1860 ae 1 yr.

VERRILL, Andrew Cobb b. May 20, 1846, son of Nathaniel Jr., d. 1925. He m. Aug. 14, 1870 in Raymond, Adaline Frank both of Raymond. She b. 1847, d. 1919. Children:
Georgianna, b. Sept. 27, 1867, d. Dec. 7, 1880 ae 13 yrs., 3 mos., 7 das.
Roland, b. May 20, 1871.
Nathaniel, b. Nov. 22, 1873, d. Dec. 8, 1934.
Wilder, b. Mar. 6, 1876, d. Nov. 19, 1880 ae 13 yrs., 3 mos., 7 das.

VERRILL, Jeremiah b. Mar. 11, 1825, son of William & Lydia (Tripp) Verrill, d. Nov. 15, 1907 ae 83 yrs., 8 mos., 4 das. He m. Sept. 25, 1845 in New Gloucester, Mercy Tripp of Raymond, he of New Gloucester. She b. Mar. 29, 1828, daughter of Jeremiah & Patience (York) Tripp, d. May 30, 1890. Children:
Anson, b. July 18, 1845, d. Apr. 6, 1865 City Point, Va.
William, b. Aug. 7, 1847, (see below)
Celia, b. Nov. 23, 1849, d. June 15, 1851.
Ezra, b. Apr. 12, 1853, d. Aug. 29, 1914.
Sarah A., b. Dec. 20, 1855. She m. Feb. 6, 1876, Nicholas Cobb both of Raymond.
Almeda, b. Apr. 19, 1858. She m. Feb. 9, 1873, Lewis W. Rogers.
Ellen, b. May 23, 1859, d. May 12, 1921 No. Raymond. She m. Mar. 2, 1875 in Poland Orren A. Thurlow.
Jefferson, b. Apr. 23, 1860, drowned Dec. 3, 1876 Dec. 3, 1876 Lower Range Pond
Annette, b. Mar. 7, 1863, d. July 2, 1927. She m. Llewellyn Byrant.
Anson, b. Mar. 20, 1865, d. 1932. He m. Jan. 1, 1870, Olive J. Thurlow.
Lavina, d. July 1, 1912 ae 44 yrs., 3 mos., 6 das. Poland. She m. Sept. 7, 1884, Royal G. Cobb.

VERRILL, William b. Aug. 7, 1847, son of Jeremiah, d. Apr. 1, 1916. He m. Feb. 26, 1866 in Raymond, Mary Susan Thurlow both of Raymond. She b. June 11, 1850 Poland, daughter of Abram & Abigail (Elwell) Thurlow, d. June 12, 1911. Children:
Allura P., b. June 26, 1872.
Jesse, b. Nov. 17, 1879, d. June 12, 1911.

VERRILL, Dwinal b. Feb. 2, 1828 Raymond, son of Nathaniel & Sally (Elwell) Verrill, d. July 10, 1884. He m. Rosetta Jones of Raymond. She b. May 3, 1834, daughter of Nicholas & Lucinda (Thurlow) Jones Children:
Bela, b. July 7, 1850, (see below)
Wadsworth, b. Feb. 6, 1852, d. Aug. 9, 1929.

Lewis, b. Apr. 19, 1853, d. Aug. 9, 1929. He m. Apr. 5, 1874 in Gray, Olive Verrill.
Howard D., b. Nov. 9, 1855, d. July 16, 1937.
Eunice, b. July 10, 1858.
James, b. Oct. 31, 1860, d. Sept. 22, 1916 ae 54 yrs., 10 mos., 22 das. Portland
Charles, b. Apr. 16, 1863
Ammi, b. Dec. 12, 1865
Abbie, b. Mar. 7, 1867.
Marzilla, b. Mar. 30, 1871.

VERRILL, Bela b. July 7, 1850, son of Dwinal, d. July 11, 1911 ae 62 yrs. He m. Aug. 18, 1872 in Gray, Mary Emmerline May of New Gloucester. She b. Nov. 25, 1855 New Gloucester, daughter of Silas P. & Dorcas Brown (Edwards) May, d. Sept. 25, 1911 ae 55 yrs. Children:
Dwinal, b. Oct. 6, 1872, d. Feb. 18, 1939.
Phebe, b. Sept. 17, 1877, d. May 3, 1960. She m. Oct. 16, 1893 in Gray, Freedom H. Strout.
Mildred (Millie), d. Sept. 18, 1930 ae 40 yrs., 3 mos., 4 das. Lewiston. She m. Fred Tripp.

VERRILL, Jeremiah b. about 1782 New Gloucester. He m. Nov. 28, 1799, Lydia Tripp of New Gloucester. She d. Mar. 23, 1858 ae 76 yrs. Children:
William, b. Dec. 15, 1802, d. 1888. He m. Lydia Tripp.
Eunice, b. Sept. 17, 1807, d. July 31, 1877. She m. Mar. 1827 in Portland, John May of Poland, she of Portland. She m. (2) int Feb. 5, 1837 in New Gloucester, David Rand both of New Gloucester.
Henry, b. Sept. 2, 1810.
Andrew, b. Aug. 27, 1813.
Dorcas, b. July 25, 1815, d. Jan. 20, 1879. She m. Dec. 24, 1841 in New Gloucester, John Thurlow.
Anna C., b. Nov. 8, 1820, d. May 23, 1902 Gray. She m. int. Dec. 24, 1841, Thomas May.
Richard, b. July 11, 1823 (see below)
Sarah J., b. Oct. 16, 1826. She m. Emmons True of Pownal.

VERRILL, Richard b. July 11, 1823, son of Jeremiah, d. Nov. 3, 1863 in the Army. He was a member of Co. C., 17th. Me. Reg't. He m. Apr. 3, 1845. Mary Emmeline Tripp both of New Gloucester. She b. Sept. 19, 1829, d. Oct. 4, 1913 ae 84 yrs. She m. (2) Lafayette Tenney of Raymond. Children:
Deborah, b. Aug. 3, 1845. d. May 22, 1895 ae 49 yrs. She m. Nov. 2, 1865, William S. Davis.
Emmons True, b. Mar. 29, 1847, d. Nov. 5, 1928.
James Addison, b. Nov. 4, 1850, d. Apr. 2, 1900 Poland.
Flora Luella, b. Oct. 7, 1855, d. Aug. 2, 1857 ae 1 yr., 10 mos.
Hannah B., b. Oct. 26, 1860, d. June 24, 1934. She m. Feb. 10, 1880, Deroma Bates Strout.
Richard E., b. Jan. 3, 1862, d. Dec. 2, 1939.

VERRILL, Otis G. b. Jan. 11, 1848, son of John & Pamelia (Weeks) Verrill, d. Mar. 5, 1890. He m. Sept. 13, 1888 in New Gloucester Dorcas Cobb both of New Gloucester. She b. Feb. 9, 1846, d. Dec. 23, 1893. Children:
George L., b. June 7, 1875, d. June 20, 1895 ae 20 yrs. New Gloucester.
Maud R., b. Feb. 25, 1878. She m. Jan. 6, 1894, Fred M. Spiller.
Claude, b. June 9, 1882.
Edna, b. July 21, 1883.
Otis M., b. June 13, 1887.

WALKER, John living in 1850 ae 55 yrs. Poland. He m. July 31, 1823 in Poland, Christiana Strout both of Raymond. She b. Nov. 8, 1799, daughter of Prince & Rachel (Strout) Strout, d. Sept. 20, 1825. He m. (2) May 11, 1829, Sally Austin of Thompson Pond, he of Poland. Her only child was Albion K. P. Walker who was raised by his Uncle Charles Strout of Raymond and took the name of Strout.

WALKER, Curtis d. Sept. 1849 ae 82 yrs. Casco. He m. Sarah Poole. He m. (2) Nov. 30, 1828, Mrs. Eliza (Smith) Davis, widow of Gideon Davis, both of Thompson Pond Plantation. She d. Sept. 25. 1869 ae 82 yrs., 6 mos. Poland. Child:
Phineas, b. July 26, 1829. He m. May 25, 1855 in Poland, Sarah A. Brown both of Poland.

WALKER, James Poole b. Bridgewater, Mass. He m. Joanna Snell and moved to Oasis, Wisc. Washouse County in 1860. Child:
Harriet, b. May 245, 1824, d. 1848 Poland. Unmarried.

WATKINS, Jacob S. b. Nov. 29, 1783, d. June 7, 1855 ae 71 yrs., 6 mos. He m. Dec. 7, 1806 in Boston, Maria Wheelwright. She d. May 18, 1872 ae 83 yrs., 6 mos. Children:
Mary, b. Mar. 27, 1806 Medford, d. Mar. 24, 1892. She m. William Ham.
Clark, b. Dec. 10, 1809, (see below)
George, b. Mar. 12, 1811, (See below)
Charles F., b. Apr. 7, 1813, d. Sept. 30, 1835 ae 22 yrs., 5 mos.
Sewall, b. Oct. 28, 1815 (see below)
Sally, b. Sept. 15, 1818. She m. Freeman Mitchell
Otis, b. Aug. 5, 1820, d. Dec. 26, 1865 ae 45 yrs., 4 mos., 21 das.
Olive, b. Oct. 1, 1822, d. Dec. 26, 1865
John, b. Mar. 16, 1824, d. Aug. 6, 1906 ae 78 yrs., 8 mos., 22 das.
Jacob, b. Nov. 24, 1824, d. Aug. 8, 1906. He m. Martha E. Nutting.
Eliza M., b. Apr. 6, 1826, d. Aug. 13, 1911. She m. May 30, 1849 William Dingley.
Caroline, b. Dec. 2, 1827, d. Nov. 27, 1851 ae 23 yrs., 11 mos., 25 das.
Orrin, b. Aug. 23, 1831, d. May 23, 1916.
Royal S., b. June 10, 1835, d. Apr. 4, 1916. He m. Caroline Richardson.

WATKINS, Clark b. Dec. 015, 1809, son of Jacob, d. Aug. 24, 1873 ae 63 yrs., 8 mos., 9 das He m. Nov. 4, 1838 in Otisfield, Mary Jane Jackson of Portland, he of Raymond. She b. June 16, 1818, daughter of William & Mary D. (Proctor) Jackson, d. June 13, 1892 ae 74 yrs, 3 mos. Child:

Maria Josephine, b. Oct. 18, 1839, d. Apr 16, 1924 ae 74 yrs., 3 das.

WATKINS, George F. b. Mar. 12, 1811, son of Jacob, d. Sept. 17, 1890 ae 79 yrs. So. Casco. He m. Jan. 6, 1840, Sally Staples both of Raymond. She b. July 15, 1822, daughter of Frost & Eliza (McIntire) Staples, d. Apr. 28, 1908. Children:
Charles S., b. Sept. 30, 1840, d. Apr. 26, 1913.
William, b. July 3, 1842
Winfield Scott, b. Mar. 25, 1848
George W., b. Feb. 25, 1850, (see below)
Eliza Maria, b. Feb. 23, 1852
Caroline, b. July 7, 1852
Louville, b. July 20, 1861

WATKINS, Sewall b. Oct. 29, 1815, son of Jacob, d. Apr. 27, 1890 ae 73 yrs. He m. Agness Green. She b. May 1822, d. Sept. 3, 1857 ae 35 yrs., 4 mos. Casco. He m. (2) July 7, 1859 in Casco, Caroline S. Bubier. She b. Greene, 1825, d. July 11, 1896 ae 71 yrs 4 mo 9 das Casco. Child:
Rosina, b. Feb. 18, 1841

WATKINS, George W. b. Feb. 25, 1850, son of George, d. Jan. 24, 1930. He m. int. May 4, 1874 in Casco, Cynthia McLucas of Casco. She b. July 24, 1854, d. Sept. 15, 1927. Children:
Fred, b. Oct. 9, 1875, d. Jan. 25, 1886
Perley, b. June 12, 1880
Alice, b. June 10, 1885.

WATKINS, Sumner C. b. Apr. 2, 1851, son of Clark & Mary Jane (Jackson) Watkins, d. Apr. 23, 1907. He m. Nov. 26, 1882, Abbie L. Mussey of Casco, he of Raymond. She b. Mar. 16, 1863, daughter of John E. & Rachel S. (Brown) Mussey, d. Nov. 9, 1929. Children:
Louisa Alcott, b. Aug. 17, 1883 So. Casco, d. Aug. 24, 1957. She m. Rev. Gilpatrick.
Mabel E., b. 1886, d. 1905. She m. Feb. 12, 1905, James Milford Ramsey
Charles S., b. May 28, 1889, d. Oct. 10, 1974.

WADSWORTH, Joseph M. d. Oct. 14, 1839 at John Sawyer's.

WARREN, James L. Children:
Charles W., b. Apr. 30, 1865
Freddy W., b. June 13, 1867
Martha, b. May 11, 1871
Sumner, b. Aug. 24, 1874
Gracia M., b. Aug. 16, 1878

WEBB, James b. Feb. 25, 1789, son of Joseph & Rebecca (Elder) Webb of Windham. He m. Apr. 1812 in Windham, Pamelia Paine of Windham. He came from Windham. Children:
Pamelia A., b. Feb. 2, 1813. She m. Robert Mayberry.

Mary, b. Dec. 21, 1814. She m. Dr. Daniels.
Sarah, b. Dec. 14, 1816, d.y.
Jason, b. Nov. 1, 1817. He m. Mrs. Lovina Boody Harding.
Josiah, b. Dec. 3, 1818, (see below)
Sarah, b. July 19, 1821. She m. Silas Morton.
James P., b. Dec. 26, 1823. He m. Dorcas Nutting.
William F., b. Feb. 21, 1827
Rebecca E., b. Jan. 27, 1829
Stephen, b. Nov. 4, 1834, d.y.

WEBB, Josiah b. Dec. 3, 1818, son of James, d. Mar. 5, 1899. He m. int. Sept. 18, 1842, Elizabeth J. Witham of Raymond. She b. June 9, 1824, daughter of Thomas & Martha (Davis) Witham, d. May 12, 1864. He m. int. Feb. 25, 1865, Mary J. (Graffam) Witham. She d. Jan. 19, 1903 ae 78 yrs., 6 mos., 11 das. Raymond. Children:
Thomas, b. Jan. 20, 1843
Stephen, b. May 16, 1844
John W., b. Oct. 20, 1848
Martha, b. Aug. 11, 1846, d. Dec. 18, 1847.
Charlotte P., b. July 1853.

WEBB, William b. Feb. 5, 1791 Windham, son of Josiah & Rebecca (Elder) Webb, d. Oct. 8, 1868 ae 77 yrs., 8 mos. He m. Apr. 15, 1815 in Otisfield, Mehitable Mayberry both of Raymond. She b. Apr. 13, 1793, daughter of Richard & Mary (Jordan) Mayberry of Casco, d. Sept. 16, 1883 ae 90 yrs., 5 mos. He came from Windham and settled in Casco. Children:
Rebecca, b. July 1, 1816, d. Jan. 11, 1818.
Richard, b. Jan. 31, 1818, d. Dec. 11, 1866. He m. Dorcas J. Winslow.
Stephen, b. Feb. 21, 1820, d. Aug. 17, 1822.
Meritt, b. Dec. 30, 1823, d. May 26, 1824.

WELCH, Gabriel b. Nov. 15, 1772, son of John & Catherine (Jordan) Welch of Cape Elizabeth, d. Jan. 12, 1837 Raymond. He m. int. Nov. 14, 14, 1818 in Windham, Dorcas Merrill of Windham, he of Raymond. She d. Apr. 26, 1833. He m. (2) int. Mar. 8, 1834 in Gorham, Mrs. Hannah (Gray) (Libby) Mitchell of Gorham, he of Raymond. (She was of Standish when she m. (1) John Libby of Gorham) His father, John Welch m. his mother, Katherine Jordan on June 25, 1762 and killed in 1782, during the Revolutionary War. His widow, Katherine Welch m. (2) June 24, 1793 in Windham, Thomas Crisp then both of Windham. Thomas Crisp later settled in Raymond and is buried there. The land at Panther Pond in Raymond was granted to widow Katherine Welch.

WELCH, James b. May 5, 1765 Cape Elizabeth, son of John & Catherine (Jordan) Welch, d. Apr. 30, 1845 Raymond. He is buried in Gray. He m. Dec. 31, 1787 in Otisfield, Margaret Davis both of Raymond. She b. June 30, 1765 in Scarboro, daughter of John & Mary (Trueworthy) Davis. He had a brother, George Welch who m. Abigail Fowler and had a daughter, Hannah, b. May 10, 1795, d. Nov. 30, 1869 Otisfield who m. Caleb Edwards. Children:

Hepsibah, b. Dec. 15, 1788. She m. Sept. 10, 1810, John Witham of New Gloucester.
John, b. July 13, 1791, (see below)
James, b. July 12, 1793, (see below)
Catherine, b. Jan. 16, 1796.
Thomas, b. Feb. 3, 1798, (see below)
Robert B., b. May 5, 1804, d. Oct. 14, 1806.
Millie, b. Oct. 22, 1806.
Robert, b. Apr. 18, 1811, (see below)

WELCH, John b. July 13, 1791, son of James, d. July 25, 1864 Raymond. He m. Susan Riggs. She b. about 1795, there was a Susanna Riggs, b. Jan. 31, 1795 in Gorham, daughter of William Tyng Riggs. Children:
John & James, b. Dec. 16, 1830, d. Dec. 16, 1830.
William R.T., b. July 28, 1826, (see below)
Margaret D., b. Apr. 12, 1832. She m. July 17, 1864, Edmund Mann of Naples. He b. Oct. 21, 1818, d. Feb. 14, 1898 Naples.
Mary Eliza, b. Jan. 18, 1839 (See Waterhouse Gen.)

WELCH, William R.T. b. July 28, 1826, son of John, d. Oct. 21, 1894 ae 68 yrs., 3 mos. He m. July 6, 1861, Virginia Allen of Raymond. She b. June 20, 1842, daughter of Joseph & Elsie O. (Strout) Allen, d. Sept. 7, 1874. He m. (2) Rebecca D. ___, who d. Sept. 6, 1923 ae 75 yrs., 7 mos., 16 das. Children:
Hannah, b. Mar. 29, 1866.
Orpha Woodbury, b. Jan. 6, 1871, d. July 7, 1950 Portland. She m. Ilus C. Cloudman. She m. (2) Fred Mayberry.

WELCH, James Jr., b. July 12, 1793, son of James, d. Apr. 14, 1870 ae 76 yrs., 9 mos., 2 das. He m. Mary Ann Welch (according to Edwards Gen.) She given by her son John's death record as born in Effingham, N.H. She d. Aug. 31, 1865 ae 67 yrs., 11 mos., 17 das. Casco. Children:
Joseph D., b. Sept. 23, 1819. (see below)
Mary, b. Sept. 22, 1821, d. Sept. 23, 1897 Otisfield. She m. Apr. 23, 1839, Leonard Edwards of Otisfield.
James, b. Aug. 28, 1823, d. June 10, 1889 ae 65 yrs., 10 mos., 13 das. He m. Hannah Archibald. He m. (2) July 16, 1854, Laura Jane Dudley both of Casco.
Isaac, b. Feb. 8, 1825, (see below)
Elizabeth, b. Mar. 23, 1827. She m. int. Nov. 16, 1848, Seth Archabald.
Margaret, b. May 31, 1829. She m. int. Oct. 15, 1848 in Casco, John Elwell.
Stephen S., b. Jan. 21, 1832, (see below)
William A.J., b. Apr. 16, 1834.
John F., b. Sept. 7, 1836, d. May 26, 1897 ae 60 yrs., 8 mos., 18 das. Raymond. He m. Mary A. Keene.
Robert Barton, b. Feb. 21, 1842, d. July 7, 1906 Malden, Mass. He m. Mary Ann (Edwards) Foster, widow of Willard C. Foster.

WELCH, Joseph Davis b. Sept. 23, 1819, son of James Jr., d. Mar. 18, 1877 ae 57 yrs., 6 mos. He m. int. Aug. 25, 1844 in Otisfield, Christiana Edwards of Otisfield,

he of Casco. She b. Apr. 24, 1824 Otisfield. He m. int. Jan. 15, 1848 in Casco, Mehitable Edwards. She b. Aug. 18, 1808, d. Mar. 1, 1895 ae 86 yrs., 6 mos. Children:
Edgar P., b. Sept. 21, 1849, d. Dec. 23, 1903 Windham.
Lydia A., b. Nov. 18, 1851, d. Oct. 20, 1926 Portland. She m. May 4, 1872, James A. Strout of Raymond. She m. (2) Oct. 28, 1897, Rufus Strout of Raymond.
Hannah E., b. Sept. 30, 1853, d. Apr. 26, 1934 Raymond. She m. Daniel Fickett Lombard.
James A., b. Oct. 18, 1855, d. Nov. 12, 1870 ae 15 yrs., 24 das.

WELCH, Isaac b. July 8, 1825, son of James Jr., d. Nov. 15, 1910 ae 85 yrs., 8 mos., 24 das. Raymond. He m. int. Jan. 29, 1852 in Casco, Margaret E. Lombard of Standish Cape, he of Raymond. She b. Aug. 1830, daughter of Nathaniel & Elizabeth (McLucas) Lombard, d. Dec. 27, 1901 Casco. Children:
Llewellyn, b. Jan. 12, 1865, (see below)
John F., b. Nov. 11, 1865. He m. Nov. 16, 1893, Grace C. Watkins.

WELCH, Llewellyn W. b. Jan. 11, 1855, son of Isaac, d. July 4, 1929 ae 74 yrs. He m. Dec. 8, 1881 in Raymond, Gertrude C. Strout of Raymond. She b, Jan. 18, 1863, daughter of Freeman & Anna B. (Jordan) Strout, d. 1891 Raymond. He m. (2) Jan. 1, 1893, Rosina Wiley of Naples. She b. June 8, 1873, d. Feb. 2, 1948. Children:
Angie, b. Feb. 29, 1883. She m. June 1, 1901, James H. Watkins.
Bertha R., b. June 21, 1886. She m. Oct. 9, 1906, Willard Clifford Libby.
Ina M., b. Jan. 10, 1888. She m. May 30, 1905, Harry Dingley.

WELCH, Stephen Stinchfield b. Jan. 21, 1832, son of James Jr., d. Apr. 25, 1919 ae 87 yrs. Portland. He lived with his son in Windham. He m. Sept. 15, 1855, Sarah P. Davis of Raymond, he of Casco. She b. Feb. 27, 1839, daughter of Thomas & Paulina (Staples) Davis, d. Oct. 13, 1910 ae 72 yrs., 16 das. Children:
Charles Herbert, b. Apr. 30, 1857. He m. Aug. 15, 1878 in Casco, Harriet Abigail Edwards.
Martha Jane, b. Apr. 14, 1859.
Paulina Mabel, b. Mar. 1, 1863.
Henry B., b. Mar. 1, 1863.
Hattie J., b. July 4, 1866.

WELCH, Thomas b. Feb. 3, 1798, son of James, d. 1885. He m. int Nov. 24, Rhoda Smith of Standish, he of Raymond. She b. 1798 Buxton, daughter of Thomas & Rhoda (Rounds) Smith of Buxton, d. 1872. Children:
James, b. Feb. 18, 1826, d. June 30, 1826.
Thomas, b. Aug. 31, 1827, d. May 7, 1913 ae 89 yrs., 9 mos., 15 das. Raymond. He m. Dec.. 20, 1856, Olive Eliza Smith of Buxton.
John W., b. Sept. 5, 1830, d. 1887. He m. int. Nov. 24, 1852 in Raymond, Mary H. Smith of Raymond. She b. 1827, d. 1882.
Ann S., b. Sept. 16, 1832, d. Aug. 26, 1910 ae 77 yrs., 11 mos., 10 das. Standish. She m. Uriah Mains, son of Benjamin & Mary (Knight) Mains.

Margaret, b. 1837, d. Jan. 26, 1911 ae 73 yrs., 3 mos., 6 das. Standish. She m. Frank O.J. Smith. He b. 1834, d. 1904.

Sewall, b. 1840, a. Jan. 6, 1907 ae 66 yrs., 11 mos., 6 das. Westbrook. He m. Sept. 6, 1863, Hannah B. Smith of Standish. She b. 1843, d. 1911.

Sarah Elizabeth, b. about 1825, d. Aug. 29, 1911. She m. John B. Evans.

WELCH, Robert B. b. Apr. 18, 1811, son of James, d. May 3, 1842 by an accident at Lexington, Me. He m. Jan. 14, 1835, Rebecca Foster Winslow. She b. Sept. 25, 1816 Freeport, daughter of Cyrus & Frances (Foster) Winslow, d. June 25, 1855 Casco. She m. (2) Jan. 20, 1846, Seba Smith of Casco. Children:

Cyrus Winslow, b. Dec. 10, 1835.

Alvin Francis, b. Aug. 15, 1837, served in the Civil War.

Freeman, b. June 22, 1839, d. May 11, 1890.

Robert B., b. Apr. 26, 1842.

Charles, b. Jan. 29, 1843 Lexington, Me. Served in the Civil War.

WELCH, William b. Dec. 12, 1768, d. Feb. 14, 1843 ae 75 yrs., 2 mos. He m. Providence Smith of Raymond. She b. Feb. 19, 1773, daughter of Benjamin & Bridget (Jordan) Smith of Raymond, d. Apr. 20, 1832 ae 59 yrs., 4 mos. Children

Benjamin, b. Apr. 26, 1798, d. Mar. 1, 1825.

John, b. Jan. 20, 1800, (see below)

Phebe, b. May 25, 1801. She m. George Welch Jr.

William, b. Dec. 25, 1803.

Joel, b. Dec. 25, 1803 (twin), d. Oct. 27, 1827.

Simon, b. June 26, 1805, d. Jan. 3, 1841.

Catherine, b. Oct. 16, 1806. She living in 1850 with her son, Sewall Welch.

Sally, b. May 1, 1808, living in 1850 Raymond with her brother-in-law, Ai Plummer.

Elizabeth, b. Aug. 24, 1809, d. Oct. 5, 1821.

Judith, b. Oct. 23, 1811, d. Apr. 29, 1812.

Judith, b. Feb. 27, 1814, d. Nov. 27, 1845 ae 31 yrs., 8 mos. She m. Ai Plummer of Raymond. He d. May 7, 1872 ae 61 yrs., 6 mos., 8 das.

Jordan, b. Sept. 20, 1815, d. June 23, 1887 ae 75 yrs., 2 mos., 28 das. He m. Mar. 20, 1859 in Otisfield, Hannah Eliza Scribner of Otisfield.

WELCH, John b. Jan. 20, 1800, son of William, d. Aug. 22, 1866 ae 66 yrs., 7 mos. He m. Feb. 20, 1825, Mary Blake of Bridgton, he of Raymond. She b. May 2, 1807, d. Jan. 3, 1876 ae 68 yrs., 8 mos. Children:

Fanny, b. June 19, 1825, d. Jan. 21, 1844.

Martha A., b. July 3, 1828.

Nathaniel, b. about 1830, living in 1850 ae 19 yrs.

Emeline B., b. about 1833.

Mary Eliza, b. Jan. 18, 1837. She in 1862, Elbridge Gerry Berry.

Sophronia J., b. July 1838, d. Aug. 4, 1843.

Frances A., b. about 1842.

Charles, (given as Albert W., by 1850 census report), b. Feb. 5, 1847.

WELCH, George Jr. He m. Phebe Welch of Raymond. She b. May 25, 1801, daughter of William & Providence (Smith) Welch of Raymond. His parents, George Sr and Abigail Fowler were filed m. int. Jan. 1, 1791 in Windham. (George d. Feb. 3, 1849 ae 85 yrs., 5 mos. and Abigail d. June 8, 1858 ae 96 yrs.) George Jr. and Phebe's children were living with their uncle and aunt, Ai & Sally (Welch) Plummer in 1850 at Raymond by census report. Children:
Eliza, b. Dec. 15, 1824, d. Feb. 14, 1886 ae 61 yrs., 2 mos. She m. int. Oct. 22, 1852 in Raymond, Ebenezer Plummer of Raymond.
Julia A., b. Feb. 10, 1826, d. Apr. 27, 1893 ae 65 yrs. Raymond.
Joel, b. Oct. 17, 1827, d. Feb. 21, 1909 ae 81 yrs., 8 mos., 11 das.
Randall, d. June 1, 1905 ae 74 yrs., 1 mo., 12 das. Raymond.
(Others listed by 1850 census were: Charles, ae 16 yrs., Mary J., ae 15 yrs., & Phebe, ae 13 yrs.)

WELCH, Sewall d. Jan. 16, 1889 ae 72 yrs., 10 mos. Raymond. He m. May 12, 1850, Abigail Libby of Raymond. She b. July 29, 1825, daughter of Henry & Dorcas (Jordan) Libby, d. June 5, 1901 ae 75 yrs., 10 mos. 7 das. Raymond. He was a son of Catherine Welch, b. Oct. 16, 1806, and lived with him, as late as 1880, then age 84 yrs. in Raymond. Randall Welch, b. Apr. 30, 1832, d. June 1, 1905 ae 74 yrs., 1 mo., 12 das. was another son of Catherine Welch, by George Welch. Children;
Joseph H., b. Feb. 5, 1850, d. July 19, 1905 ae 52 yrs., 5 mos. Raymond.
Abbie F., b. Nov. 16, 1852, d. Mar. 29, 1904 ae 48 yrs., 4 mos.
Annie E., b. Mar. 28, 1859.
Mary T., b. Nov. 7, 1861, d. Aug. 19, 1894. She m. Mar. 12, 1892, John O. Berry.

WELCOME, Joseph. Child:
Joseph, b. Feb. 8, 1788. in Haverhill, Mass.

WENTWORTH, William b. 1786, d. Sept. 22, 1869 ae 83 yrs. So. Casco. He m. int. June 25, 1808, Mehitable Bryant of Saco. She d. Nov. 28, 1862 ae 73 yrs. They came from Limington Children:
Ephraim, b. Sept. 18, 1807
Mehitable, b. Mar. 13, 1812
William, b. Aug. 18, 1813
Stephen, b. May 18, 1818. He m. in 1847, Mary Hilton of Naples.
Sarah, b. Jan. 24, 1822, d. Dec. 30, 1897. She m. Samuel L. Hovey. She m. (2) Francis Proctor
Julia A., b. Mar. 8, 1824.
Aurelia, b. Jan. 31, 1826.
Eunice, b. Dec. 12, 1827.
Benjamin, b. Aug. 11, 1829.

WENTWORTH, Horatio d. Dec. 3, 1841, son of Daniel & Esther (Hamlin) Wentworth, d. Oct. 16, 1876. His parents are buried in the North Street Cemetery in Gorham. Children:
Charles E., b. Apr. 12, 1871.
Albert, b. June 20, 1873.

WENTWORTH, George H. b about 1856, son Daniel & Esther (Hamblin) Wentworth. He m, June 10 1876 in Raymond, Melvina Cash of Raymond. Children:
Arthur, b. Aug. 26, 1876.
Amos M., b. July 27, 1878.
William H., b. June 18, 1880
Maguerite, b. June 14, 1882.
Addie F., b. Nov. 30, 1885.
Clifford, b. Apr. 30, 1889.

WENTWORTH, Enoch b. Apr. 13, 1843, son of Daniel & Esther (Hamlin) Wentworth of Limington & Raymond. Child:
Effie M., b. Feb. 14, 1883.

WESCOTT, Joseph b. Sept. 16, 1784, son of Reuben & Abigail (Dam) Wescott of Gorham, d. Jan. 20, 1852 ae 67 yrs. Raymond. He m. Oct. 9, 1817, Wealthy Morton of Gorham. She b. Aug. 30, 1795. He m. (2) Dec. 8, 1844 in New Gloucester, Joanna (Haskell) Merrill, widow of Amos Merrill Jr., he of Raymond. She b. June 18, 1806 New Gloucester, He served in the War of 1812. Children:
Joseph F., b. Mar. 31, 1845, d. Jan. 3, 1894 ae 48 yrs., 9 mos., 3 das. Poland.
Martha, b. Apr. 11, 1848.

WEST, Silas living in 1850 ae 62 yrs. Poland, his wife Lydia age 51 yrs. According to Otis West's death record his mother was Mary Leavitt. Children:
Julia A., b. Nov. 11, 1812. She m. int. Sept. 1, 1832 in Poland, Reuben Jackson of Poland, she of Raymond.
Joshua, b. Apr. 1816. He m. Apr. 5, 1843, Mary L. Witham both of Poland.
Son, b. July 26, 1819, d. Aug. 11, 1819.
Otis, b. Oct. 23, 1821, d. June 25, 1894 Sumner, Me. He m. int. Mar. 16, 1855 in Poland, Anna Cushman of Woodstock.

WHITMORE, Benjamin b. about 1795 Standish, son of John & Jane (Roberts) Whitmore of Standish, living in 1850 ae 56 yrs. Casco. He m. int. May 1, 1816 in Standish, Sarah Cressey of Windham. He was of Casco in Mar. 1855, when he applied for his pension for service in the War of 1812. Children:
William C.,
Mary Ann, b. Apr. 14, 1821

WHITNEY, Ephraim b. before 1772, son of Moses & Sarah (Gerry) Whitney, He froze to death Dec. 25, 1815. He m. Abigail. His widow m. (2) Apr. 3, 1819, Joshua Emery, as his third wife. Joshua was a Revolutionary pensioner and when he filed for his pension in June 1820, he gave his age as 64 and his wife Abigail was 44 year of age. Joshua Emery d. Apr. 6, 1827 in Gorham. Ephraim's parents, Moses (b. Jan. 11, 1747 Lunenburg, Mass., d. 1824 in the Raymond area), m. Aug. 16, 1766 in Petersham, Mass., Sarah Gerry (1741-1841) of Lunenburg, Mass. It is said that she was a sister to the Hon. Elbridge Gerry, signer of the Declaration of Independence, but that is in error. Besides Ephraim, the other children of Moses &

Sarah (Gerry) Whitney were: Moses, who d. Sept. 18, 1774 ae 6 yrs., Susannah, who m. Dec. 17, 1795, Ezra Carleton both of Raymond and later of Letter E. Plantation, Peletiah, who d. Apr. 25, 1862 ae 84 yrs. Madrid, Me., Jane, wife of Daniel Cook of Casco, Sarah, wife of Hezekiah Cook of Casco and Salmon who d. Feb. 28, 1859 ae 73 yrs. Madrid, Me. The only proven children of Ephraim and Abigail Whitney were:
Abigail, who m. Bradbury Hardy of Raymond
Mrs. Mary (Whitney) Proctor of Naples (living with her daughter, Jane (Proctor) Jackson)
Thomas G. Whitney.

WHITNEY, William d. Sept. 3, 1845 ae 49 yrs. Webbs Mills, Casco. He m. Mary Ann Mayberry. She b. Mar. 11, 1808, daughter of Richard & Mary (Jordan) Mayberry, d. Mar. 25, 1890 ae 82 yrs., 15 das. She m. (2) Orsamus Symonds. He b. Nov. 5, 1820, d. Mar. 25, 1880. He lived in Otisfield, also in Casco. Children. Martha I., b. Oct. 20, 1848, d. June 10, 1875 Saco. She m. Sept. 20, 1850, Albert H. Gilman of Saco.

WHITNEY, Moses living in 1850 ae 43 yrs. Casco. He m. June 24, 1832, Abigail Libby. She b. May 15, 1797, daughter of Samuel Libby. He and his wife, Abigail are buried in family cemetery, now gone, located in Sebago Lake State Park. Children:
Lydia, b. Aug 4, 1825, d. Nov. 1849 ae 25 yrs. Casco.
Mary A., b. Aug. 7, 1828.
Mary L., b. Aug. 4, 1834, d. May 4, 1905 ae 71 yrs., 9 mos. Windham. She m. Jason S. Knight.
Lucy J., b. Nov. 15, 1835.
Lewis, b. Oct. 14, 1836, d. Oct. 13, 1838.
Samuel L., b. May 6, 1840, d. May 24, 1898 ae 55 yrs., 18 das. Casco.

WHITNEY, Stephen m. May 23, 1819 in Windham, Nabby Mayberry both of Windham. Children:
Lewis, b. Aug. 9, 1819.
William M., b. Aug. 10, 1821.

WHITNEY, Ephraim b. 1805, son of Moses & Sarah (Hamblen) Whitney, d. July 17, 1877. He m. Deborah Thompson. Children:
Maria, b. July 24, 1837. She m. Joseph Robert Wadleigh Huntress.
Caroline, b. Feb. 24, 1840.

WHITNEY, Josiah d. Oct. 20, 1826. His wife Jane, d. June 12, 1834.

WHITNEY, Isaac b. May 29, 1781 Gorham, d. Oct. 18, 1856 ae 75 yrs., 6 mos. He m. Mar. 5, 1807, Peggy Leach of Raymond. She b. Feb. 12, 1785, daughter of Mark & Margaret (Jackson) Leach, d. Oct. 22, 1849 ae 64 yrs., 8 mos. (See Whitney Gen. p. 233) Children:
Zachariah Leach, b. Dec. 17, 1807, (see below)
Sophia, b. Sept. 11, 1810. She m. Jefferson Bray. She m. (2) Fernald.

Mark, b. Aug. 18, 1814, d. Oct. 1815.
Joseph, b. May 1816, d. June 8, 1825.
Evelina, b. Apr. 1818.
Mark F., b. Apr. 11, 1821, living in 1850 Raymond.
Samuel N., b. Apr. 29, 1823, living in 1850 Raymond.
Mary A., b. Aug. 6, 1826.
Joseph, b. Apr. 4, 1829, d. July 22, 1836.

WHITNEY, Zachariah Leach b. Dec. 17, 1807 Gorham, son of Isaac, d. Dec. 9, 1888 ae 81 yrs. Raymond. He m. Oct. 21, 1832 in Gray, Elizabeth C. Hayden of Gray, he of Raymond. She d. Sept. 3, 1888 ae 76 yrs. When he died he left two daughters, Mrs. E.M. Berry of Bridgton and Mrs. J. N. Whitney of Washington, D.C. Children:
Hervey Augustus, b. Oct. 15, 1834.
Joseph Newell, b. Sept. 13, 1836. He graduated from Bowdoin College in 1864.
Lucy A., b. June 24, 1838.
Maria A., b. Nov. 25, 1839, d. Apr. 5, 1864.
Isaac Walter, b. Oct. 20, 1844. He was a surgeon.
Lizzie Clara, b. Apr. 7, 1851, d. 1920. She m. Frank H. Brown.

WHITNEY, Thomas G. b. 1796, probably son of Ephraim & Abigail Whitney, d. Aug. 15, 1884 ae 88 yrs., 1 mo., 20 das. He m. Mar. 4, 1819 in Phillips, Thankful Blethen. She b. July 8, 1794, daughter of Increase & Isabella (Whitney) Blethen of Phillips, d. Sept. 5, 1868 ae 75 yrs., 1 mo., 28 das. He m. (2) May 30, 1874, Mrs. Emma R. Campbell of Gray, he of Casco. Children:
Isabella, b. Dec. 22, 1819.
Ephraim, b. Aug. 5, 1821, living in 1850 Casco.
Benjamin Blethen, b. Apr. 27, 1823 Casco, d. Mar. 3, 1910 Falmouth.
Abigail, b. Mar. 10, 1826.
Increase Blethen, b. ___ 30, 1827.
Betsey, b. Nov. 10, 1830.
Peter, b. Apr. 14, 1834.

WHITNEY, Moses m. May 26, 1804 in Otisfield, Sarah Hamlin of Raymond. Children:
Ebenezer, b. Aug. 26, 1803.
Rhoda, b. May 19, 1808, d. June 16, 1901 ae 62 yrs., 5 mos., 16 das. Waterford.
Levi B., b. Sept. 1, 1809, d. June 21, 1892 ae 81 yrs., 9 mos., 20 das. Standish. He m. Oct. 13, 1832 in Waterford, Abigail Walkins both of Waterford.
Elisha, b. June 6, 1811, d. Apr. 24, 1877 ae 64 yrs. Standish. He m. Emeline Lombard.
Hannah, b. Aug. 25, 1814, living in 1850 ae 34 yrs. Portland. She m. in 1847 Portland, Andrew C. Elliot.
William W., b. Aug. 17, 1816, d. Jan. 29, 1863 ae 44 yrs., 5 mos., 12 das. Frankfort, Me.
Joshua K., b. Nov. 1, 1818, d. 1893. Buried in Brunswick.
Richard M., b. Feb. 25, 1821, d. Dec. 9, 1887 ae 66 yrs., 9 mos. Buried in Standish.

Sarah, b. July 24, 1823. She m. Sept. 16, 1843, Amos Richardson Jr. both of Greenwood, Me.

WIGHT, Joseph Jr., b. Aug. 10, 1758, d. Nov. 27, 1846 Raymond. He m. Aug. 4, 1783 in Wrentham, Mass., Olive Mann. She b. Jan. 17, 1764 Worcester, Mass., d. Apr. 28, 1867 ae 103 yrs. Casco. He was a Revolutionary soldier. Children:
Virgil, b. Feb. 10, 1785, (see below)
Abigail F., b. Apr. 16, 1787, d. July 18, 1869 Casco. She m. James Jordan.
Horatio, b. Apr. 1, 1789, (see below)
Roxy, b. July 31, 1791, d. July 21, 1866.
Calista, b. Oct. 26, 1794, d. Feb. 19, 1875. She m. Walker Brackett.
Barclay, b. Sept. 15, 1796, d. Nov. 2, 1884.
Nelson, b. Jan. 11, 1799
Patience, b. June 14, 1801. She m. Joseph Baker Morton.
Marcus, b. Feb. 15, 1804
Joseph, b. Aug. 18, 1806, d. Jan. 16, 1887. He m. Aug. 16, 1829, Love Scribner.
Kaphisa, b. Jan. 21, 1809.

WIGHT, Virgil b. Feb. 10, 1785, son of Joseph, d. Aug. 18, 1873 ae 88 yrs. Casco. He m. Mar. 4, 1807 in Raymond, Anna Weeman of Limington. She d. May 13, 1871 ae 87 yrs. Children:
Amanda, b. Sept. 21, 1807
Betsey Small, b. Dec. 2, 1808
Homer, b. Sept. 6, 1810
Olive, b. Aug. 6, 1813, d. Oct. 29, 1835 ae 23 yrs. unm.
Fidelia, b. Aug. 9, 1814
Weeman, b. Nov. 26, 1816
Sylvanus H., b. Apr. 28, 1818
Annis, b. Apr. 21, 1821
Austin H., b. July 31, 1824, d. Apr. 18, 1829 ae 4 yrs.

WIGHT, Horatio b. Apr. 1, 1789, son of Joseph, d. Feb. 14, 1865. He m. Margaret Noble. She b. Aug. 8, 1798 Waterboro, d. Dec. 19, 1854 ae 56 yrs., 3 mos. Children:
Ambrose F., b. June 27, 1817. He m. Dec. 7, 1843, Maria Hall.
Albion P., b. Aug. 14, 1819
John M., b. Oct. 18, 1821

WIGHT, Nelson b. June 11, 1799, d. Jan. 14, 1869. He m. Dec. 23, 1822 in Otisfield, Harriet Pond Morse. She b. June 26, 1801. Children:
Solomon, b. Aug. 4, 1824
Harriet P., b. Nov. 10, 1826
Arthur, b. Sept. 11, 1828
Louis, b. Sept. 20, 1831
Calista, b. Feb. 19, 1830
Horace, b. Jan. 13, 1835
Clarissa, b. July 7, 1840

WIGHT, Barclay b. Sept. 15, 1796, d. Nov. 2, 1884 ae 88 yrs. Casco. He m. Oct. 1826 in Casco, Ann Mayberry. She b. Dec. 11, 1804, daughter of Maj. Daniel & Betsey (Nash) Mayberry, d. June 1, 1891. Children:
Marion, b. May 12, 1828
Martha, b. June 14, 1832, d. Jan. 6, 1849 ae 16 yrs., 7 mos.
Edward, b. Oct. 5, 1834, d. 1910.
Daniel W., b. Mar. 21, 1837, d. 1915.
Joseph E., b. June 1, 1840, d. Aug. 19, 142 ae 2 yrs., 2 mos.

WILSON, Frank C. b. Aug. 8, 1855 Shelburne, N.H., son of Moses & Sarah A. (Smith) Wilson, d. 1917. His father, Moses Wilson, b. Mar. 5, 1823 Webbs Mills, d. Apr. 23, 1894 ae 70 yrs., 11 mos., 18 das. Shelburne, N.H. Frank m. Helen M., who d. June 9, 1883 ae 22 yrs., 11 mos. He m. (2) Clara M. Jordan. She d. June 21, 1891 ae 29 yrs., 5 mos. Children:
Ernest C., b. Nov. 31, 1887, d. 1971.
Perley J., b. Apr. 28, 1891.

WILSON, Cepas b. July 29, 1812, son of Gowen & Tammy (Gower) Wilson, d. Jan. 22, 1885. He m. June 19, 1836 in New Gloucester, Hannah Johnson Preble Hall of Raymond, he of New Gloucester. She b. Dec. 6, 1812 Falmouth, d. July 25, 1876 ae 63 yrs., 7 mos., 19 das. (See Hatevil Hall Gen.) Children:
Harriet Neal, b. Nov. 11, 1836, d. Mar. 17, 1841 ae 5 yrs., 4 mos.
Helen L., b. Mar. 20, 1839, d. Nov. 20, 1839 ae 1 yr., 8 mos.
Helen Louisa, b. Mar. 31, 1841.
Charles Neal, b. June 26, 1843, d. Feb. 4, 1913.
Harriet Neal, b. Aug. 25, 1846, living in 1913 in Ill. She m. Stephen Sanford.
Edwin Quimby, b. Sept. 7, 1847, d. Dec. 14, 1872 ae 24 yrs., 3 mos.
Franklin, b. Nov. 19, 1849.
Alfred, b. July 20, 1851, d. Nov. 10, 1918 ae 66 yrs. Portland.
Gardner, b. Nov. 25, 1855, d. Dec. 23, 1892 ae 37 yrs., 5 mos., 5 das.
Hannah E., b. Jan. 11, 1860, d. June 17, 1860.

WINSLOW, William Foster b. Dec. 25, 1822, son of Cyrus & Frances (Foster) Winslow. He m. May 30, 1847, Lois M. Noble. She b. May 23, daughter of John & Elizabeth (Wight) Noble, d. Aug. 10, 1859 ae 36 yrs., 3 mos. He m. (2) Sept. 16, 1861 in Freeport, Lizzie D. Grant. Child:
Rossetta, b. Aug. 17, 1857.

WINSLOW, Josiah b. Mar. 15, 1834, son of Isaiah & Phebe (Pride) Winslow, d. Nov. 12, 1903. He m. Jan. 13, 1862, Eunice Strout Robinson. She d. Dec. 6, 1863 ae 28 yrs., 2 mos. He m. (2) Feb. 6, 1865, Sarah E. Small. She b. Aug. 25, 1843, daughter of Simeon & Elmira (Strout) Small, d. Sept. 9, 1867 ae 21 yrs., 9 mos. Raymond. He m. (3) int. Sept. 14, 1868, Lucy E. (Spiller) Foster, widow of Alfred Foster of Raymond. She b. Nov. 15, 1837, daughter of John & Elizabeth (Strout) Spiller, d. Nov. 5, 1919 ae 81 yrs. Westbrook. Children:
Clara F., b. Oct. 16, 1862.
Lizzie M., b. Nov. 24, 1867. She m. Dec. 8, 1894, Charles H. Berry of Raymond.
Edith A., b. Dec. 15, 1870.

WINSLOW, Gilbert m. int. Nov. 4, 1827, Rachel (Edwards) Gould, widow of Henry Gould, he late of Otisfield. She d. Jan. 16, 1885 ae 92 yrs., 3 mos. and buried in Otisfield. Child:
Gilbert, b. May 6, 1828 Otisfield.

WINSLOW, Cyrus b. July 25, 1793 Westbrook, d. Apr. 19, 1847 Casco. He m. Dec. 18, 1815, Frances Foster. She b. Mar. 6, 1798, daughter of Benjamin & Rebecca Foster, d. Sept. 25, 1874 ae 80 yrs. See Biographical Review of Cumberland County, p. 350. Children:
Rebecca Foster, b. Sept. 25, 1816 Freeport, Me. She m. Jan. 14, 1835, Robert B. Welch. She m. (2) Seba Smith of Casco.
James Allen, b. Aug. 8, 1818 Vassalboro. He m. Jan. 6, 1842, Eliza Jane Gerry.
Matthew Franklin, b. May 8, 1821, d. Mar. 13, 1905. He m. Dec. 27, 1847, Deborah Small both of Casco.
William Foster, b. Dec. 25, 1822. He m. May 30, 1847. Louisa M. Noble. He m. (2) Sept. 16, 1861 in Freeport, Lizzie D. Grant.
Olive Coffin, b. Nov. 28, 1825, d. 1901. She m. Oct. 1, 1852, Nathaniel Dunn of Casco.
John Bartlett, b. Sept. 14, 1827, d. 1909.
Lydia Robinson, b. Apr. 7, 1830. She m. Alvin Hall. She m. (2) Royal B. Todd.
Sarah J., b. Oct. 31, 1834, d. 1890. She m. Nov. 1, 1854, Benjamin B. Cook.

WINSLOW, Isaiah d. Feb. 26, 1858 ae 71 yrs. He m. Phebe Pride of Westbrook. She b. Oct. 6, 1788, daughter of Isaac & Miriam (Ray) Pride, d. June 29, 1870 ae 81 yrs., 9 mos. They lived at Webb Mills. Children:
Elizabeth, b. Jan. 21, 1812 Westbrook, d. Aug. 7, 1860 She m. Robert Spiller.
Francis, b. Nov. 4, 1814 Freeport
George R., b. Dec. 25, 1816, d. Oct. 30, 1900 ae 83 yrs., 10 mos Casco. He m. Sybil A. Dyer.
Mary Jane, b. Dec. 10, 1820. She m. Lemuel Dyer of Sebago.
Isiah Pride, b. Jan. 23, 1825, d. Mar. 15, 1834.
Harriet, b. Apr. 27, 1827, d. Oct. 5, 1828 ae 1 yr., 5 mos.
Miriam, b. Aug. 24, 1829
Noah, b. Apr. 28, 1832, d. Jan. 27, 1893 ae 81 yrs., 9 mos. He m. Dec. 12, 1864, Caroline Plummer.

WITHAM, John b. Apr. 16, 1786, son of Thomas & Sarah (Parsons) Witham of New Gloucester, d. Nov. 20, 1813 New Gloucester. He m. Sept. 10. 1810 in New Gloucester, Hepsibah Welch of Raymond, he of New Gloucester. She b. Dec. 15, 1788, daughter of James & Margaret (Davis) Welch. Child:
Sally P., b. Dec. 5, 1811, d. Jan. 11, 1855 New Gloucester. She m. May 7, 1829, Mark Penney.

WITHAM, Thomas Jr., b. Aug. 10, 1787 New Gloucester, son of Thomas & Sarah (Parsons) Witham, d. Aug. 7, 1849 ae 62 yrs., 7 das. He m. Oct. 16, 1820, Martha Davis both of Raymond. She b. Oct. 31, 1797, daughter of John & Jane (Stanford) Davis, d. June 20, 1846 ae 48 yrs., 8 mos. Children:

Samuel, b. Aug. 7, 1821, (see below)
John, b. Oct. 7, 1822, (see below)
Elizabeth J., b. June 9, 1824, d. May 12, 1864. She m. int. Sept. 18, 1842, Josiah Winslow of Raymond. He b. Dec. 3, 1818, d. Mar. 5, 1899.
Winthrop B., b. Nov. 28, 1825, d. Mar. 2, 1827 ae 3 mos.
Mial, b. Oct. 16, 1827, (see below)
Ira B., b. Aug. 1830.
Thomas, b. Aug. 8, 1833, (see below)
Hubbard, b. Oct. 1835, d. Nov. 21, 1835 ae 3 weeks.

WITHAM, Samuel b. Aug. 7, 1821, son of Thomas, d. May 16, 1907 ae 85 yrs., 9 mos. Raymond. He m. Martha Plummer. She b. 1828, daughter of Sewall & Eunice (Harmon) Plummer, d. Dec. 8, 1876. She was a sister to Woodbury Plummer.

WITHAM, John b. Oct. 7, 1822, son of Thomas, d. Jan. 18, 1877 ae 54 yrs., 3 mos. He m. Sept. 14, 1846, Melissa Bloomington Small. She b. Dec. 5, 1821, daughter of Francis & Jane (Davis) Small, d. June 24, 1888 ae 46 yrs., 6 mos., 19 das. Children:
Thomas Howard, b. May 21, 1847, d. July 21, 1912. He m. July 11, 1868, Mary Jordan.
Francis Hubbard, b. May 21, 1847 (twin), (see below)
Joseph, b. Jan. 24, 1849, d. Apr. 10, 1849 ae 10 weeks.
Melissa Jane, b. Apr. 3, 1852, d. Sept. 28, 1874. She m. Dec. 23, 1871, Sumner Strout of Raymond.
Hattie Mary, b. May 1, 1857, d. mar. 27, 1929 ae 71 yrs. She m. Jan. 1, 1875, Andrew L. Leavitt.
Esmeralda Thankful, b. Mar. 1, 1859, d. June 26, 1882 ae 23 yrs., 3 mos. She m. Zachariah Barton.
Ella Augusta L., b. Nov. 12, 1863, d. 1954. She m. Dec. 24, 1881, Arthur G. Mann of Casco.

WITHAM, Francis Hubbard b. Feb. 15, 1847, son of John, d. Dec. 11, 1916 Raymond. He m. Feb. 15, 1868, Mary Elizabeth Strout both of Raymond. She b. Jan. 26, 1848, daughter of James & Miranda (Barton) Strout, d. Feb. 10, 1883 Raymond. He m. (2) May 21, 1898, Lillian Rebecca Cole both of Raymond. She b. May 25, 1867, daughter of Charles & Ellen (Stinchfield) Cole, d. Feb. 17, 1904 ae 36 yrs., 8 mos., 23 das. Children:
Cyrus S., b. Apr. 29, 1870, d. 1904.
Jennie M., b. Feb. 12, 1875, d. July 8, 1899.
Ina Florence, b. Oct. 29, 1880, d. Mar. 20, 1978.

WITHAM, Mial b. Aug. 8, 1833, son of Thomas, d. Feb. 13, 1918 ae 90 yrs., 3 mos. Gray. He m. Eleanor Spiller of Raymond. She b. Aug. 27, 1839, daughter of Benjamin & Mary (Dyer) Spiller, d. July 4, 1910 ae 70 yrs., 10 mos., 7 das. Raymond. Children:
Martha A., by first wife, b. May 26, 1851.
Mary J., by second wife, b. Feb. 12, 1860.
Emma J., b. Dec. 26, 1862, d. Oct. 13, 1879 ae 16 yrs., 9 mos., 17 das.

Perley, b. Jan. 16, 1869, d. Oct. 26, 1881 ae 12 yrs., 9 mos., 10 das.
Otis, b. Jan. 15, 1871, d. Feb. 7, 1947 Gray. He m. Apr. 5, 1896, Martha F. Symonds of Raymond.
John, b. Aug. 26, 1873, living in 1918 Gray. He m. Aug. 21, 1894, Cora L. Thompson.
Orrin, b. Mar. 17, 1877, living in 1918 Gray. He m. Fannie Symonds.

WITHAM, Thomas Jr., b. Aug. 8, 1833, son of Thomas, d. July 13, 1903. He m. Sept. 21, 1856 in Raymond, Ann B. Jordan both of Raymond. She b. Nov. 27, 1838, daughter of Andrew & Olive (Shaw) Jordan, d. July 19, 1894. ae 55 yrs., 7 mos., 22 das. Children:
Andrew J., b. July 27, 1857. He m. Abbie Moody. She m. Myrtie Davis.
Marilla C., b. June 29, 1859, d. Sept. 5, 1896.
Ira B., b. Apr. 29, 1864, (see below)
Etta M., b. Apr. 26, 1867, d. Mar. 18, 1897.
Roscoe M., b. Aug. 19, 1869. He never married.
Gracie S., b. Nov. 16, 1873, d. Aug. 29, 1908 . She unmarried.

WITHAM, Ira B. b. Apr. 26, 1864, son of Thomas Jr., d. Mar. 16, 1891. He m. Sept. 23, 1888 in Raymond, Mattie E. Strout of Raymond. She b. Feb. 14, 1870, daughter of Albert & Fannie B. (Jordan) Strout, d. 1928. Child:
Carl B., b. Apr. 20, 1892, d. Nov. 25, 1944 ae 52 yrs.

WITHAM, Ebenezer b. Aug. 26, 1803, son of Moses, d. about 1864 in Hebron Way. He m. Abigail Fogg of Raymond. She b. Feb. 22, 1808, daughter of Silas & Charity (Hutchinson) Fogg. After his death she and her children came to New Gloucester to live. Her sister was Lydia (Fogg) Adams of Raymond. Children:
Charity A., b. June 23, 1836, d. May 18, 1843.
Sarah H., b. July 12, 1838, d. June 4, 1843.
Eliza, b. Nov. 21, 1840, d. June 7, 1843.
Abigail C., b. May 26, 1843, d. July 5, 1901 ae 58 yrs., 1 mos., 20 das. New Gloucester.
John A., d. Sept. 3, 1920 ae 73 yrs., 9 mos., 14 das. Hebron, Me.
Sarah E., d. Sept. 22, 1928 ae 78 yrs., 8 mos. New Gloucester. She m. ___ Dyer.

WOODBURY, William P. d. Sept. 28, 1904 ae 76 yrs. He m. Jan. 1, 1857, Orpha B. Jordan. She b. Mar. 23, 1830, daughter of Henry & Polly (Simonton) Jordan, d. Sept. 19, 1885 ae 55 yrs., 6 mos. He m. (2) Mary J. (Lane) Adams, widow of Joshua R. Adams. She b. Nov. 11, 1835, daughter of Wentworth R. & Lavina (Jordan) Lane, d. July 5, 1898. He m. (3) Mrs. Ellen F. (Libby) Libby, widow of Andrew Libby. She b. Nov. 22, 1843 Gray, d. Feb. 23, 1934. Children:
Elmestine, b. May 19, 1859, d. Nov. 25, 1863.
Henry Jordan, b. Mar. 25, 1865, d. Sept. 6, 1885 ae 20 yrs., 5 mos

WOODBURY, Ezra. Child:
Zenas, b. Sept. 29, 1833.

WOODMAN, James Oscar b. June 2, 1846 Sweden, Me., son of John & Sarah Ann (Evans) Woodman. He m. July 19, 1866, Mary Hannah (Nash) Lovewell of Raymond. She was the widow of Henry Knight Lovewell, who d. June 16, 1862. She b. Nov. 26, 1841, daughter of Daniel & Achsah S. (Small) Nash, d. July 31, 1881 ae 39 yrs., 9 mos. Children:
Lizzie E., b. May 1, 1867. She m. Elmer Craig.
James H., b. July 24, 1868, d. Aug. 30, 1868.
Ella H., b. Jan. 11, 1870. She m. Llewellyn Austin.
George H., b. July 20, 1871.
John W., b. Apr. 13, 1875.
Isabella P., b. Feb. 20, 1877.
Hattie E., b. June 22, 1878.
David E., b. May 10, 1880, d. June 16, 1881.

WOODMAN, John Francis b. Sept. 12, 1836 Sweden, Me. He m. Mar. 25, 1860, Sarah S. Nash of Raymond. She b. Apr. 21, 1839, daughter of Simeon S. & Sally (Moses) Nash, d. Oct. 9, 1873 ae 34 yrs., 5 mos., 18 das. He was a minister and lived in North Yarmouth, Me. Children:
Daniel M., b. Mar. 31, 1861.
John W., b. Apr. 25, 1867, d. May 18, 1868 ae 1 yr., 1 mo.
Sarah Ann, b. Jan. 15, 1872. She m. in 1895, William H. Merchant.
Alice M., b. Dec. 17, 1876.
Frankie E., b. Nov. 28, 1878.

YOUNG, Atwood was killed at Morris Island, So. Carolina, Aug. 11, 1863 in the Civil War. He m. July 25, 1839 in New Gloucester, Esther Thurlow of Raymond. She b. Jan. 14, 1822, daughter of Moses & Elsie (Elwell) Thurlow. Children:
Melissa J., b. Jan. 23, 1843.
Jane, b. Jan. 23, 1845.
Samuel, b. Feb. 3, 1847 (or Sept. 18,), d. May 19, 1940.
Samuel A., b. Nov. 23, 1851.

www.ingramcontent.com/pod-product-compliance
Lightning Source LLC
Chambersburg PA
CBHW070644160426
43194CB00009B/1578